面向十二五高职高专会计专业规划教材

出 纳 实 务

吴力佳　曾平华　主　编

清华大学出版社
北　京

内 容 简 介

本书是面向十二五高职高专会计专业的规划教材，主要内容包括出纳认知、出纳的基本技能、出纳凭证、出纳账簿与出纳报告单、现金管理与核算、银行存款账户管理与核算、银行结算业务、企业工商年检与涉税业务、出纳档案保管与工作交接、出纳业务综合实训共10个项目。

本书既可作为高职高专会计类专业的教材，也可作为出纳工作上岗培训或出纳员自学指导书。

图书在版编目(CIP)数据

出纳实务/吴力佳，曾平华主编. --北京：清华大学出版社，2013
(面向十二五高职高专会计专业规划教材)
ISBN 978-7-302-33092-9

Ⅰ. ①出…　Ⅱ. ①吴…　②曾…　Ⅲ. ①出纳—会计实务—高等职业教育—教材　Ⅳ. ①F233

中国版本图书馆CIP数据核字(2013)第150335号

责任编辑：李玉萍
封面设计：杨玉兰
版式设计：北京东方人华科技有限公司
责任校对：周剑云
责任印制：宋　林

出版发行：清华大学出版社
网　　址：http://www.tup.com.cn，http://www.wqbook.com
地　　址：北京清华大学学研大厦A座　　**邮　　编**：100084
社 总 机：010-62770175　　**邮　　购**：010-62786544
投稿与读者服务：010-62776969，c-service@tup.tsinghua.edu.cn
质 量 反 馈：010-62772015，zhiliang@tup.tsinghua.edu.cn
课 件 下 载：http://www.tup.com.cn,010-62791865
印 刷 者：清华大学印刷厂
装 订 者：北京市密云县京文制本装订厂
经　　销：全国新华书店
开　　本：185mm×260mm　　**印　张**：20.5　　**字　　数**：492千字
版　　次：2013年10月第1版　　**印　　次**：2013年10月第1次印刷
印　　数：1～3000
定　　价：39.00元

产品编号：048750-01

前言

高等职业教育是我国高等教育的重要组成部分。近几年来，高等职业教育招生人数占高等教育招生人数的 50%以上，为社会主义现代化建设和市场经济的发展培养了大批生产、建设、管理、服务等方面急需的高技术应用型人才。高等职业教育人才培养模式的基本特征，决定了其以应用为主旨、以就业为导向的教学内容体系。因此，加强高等职业教育教材建设，编写适合于高等职业教育教学改革并具有一定特色的教材是非常必要的。

教育部于 2006 年 11 月 16 日颁布的《关于全国提高高等职业教育教学质量的若干意见》(教高〔2006〕16 号文件)提出，应改革教学方法和手段，融“教、学、做”为一体，强化学生能力的培养。

“出纳实务”是一门实践性和操作性较强的会计专业核心课程，根据我国《会计法》的规定，出纳岗位是各类企事业单位必设的会计工作岗位，学生就业的初始岗位往往也是出纳岗位。因此，本书围绕出纳会计岗位的职业能力组织内容，以出纳岗位中常见的业务为主线，由发生的待处理经济业务引出相关的会计理论业务知识、法律法规、操作规范，让学生通过学习用理论、法规去处理会计业务，获得出纳岗位的职业核心能力。

本书的编写体现了以下特点。

1.“工学结合”的教材定位

本书的编写思路来源于专业调查和企业实践专家的走访结果，教材的内容、结构和举例既充分考虑了职业教育的需要和高职学生的特点，又完整吸收了企业出纳会计的工作流程和内容，符合职业能力培养和发展的需要。更重要的是，本书的编写人员中既有长期从事高职教育的双师型教师，又有具备较高理论水平的企事业单位的财务专家。

2.“项目导向”的教材结构

本书以企业出纳工作流程来确定教材结构，将出纳工作的不同业务确定为不同的项目，按每个项目应掌握的出纳技能来编写教材，充分体现了企业出纳会计工作过程的特点，更有利于学生职业能力的培养。

3.“高仿真性”的原始材料

本书所有反映经济业务的原始凭证全部采用真实企业的原始凭证，并加盖了各类模拟实训章，符合企业实际，且有利于学生职业能力的培养和职业迁移能力的发展。

4.“理论实践一体化”的教材体例

本书融“案例—理论知识—实践操作”于一体，既有分项实训，又有综合实训，教材体系充分体现了理论实践一体化的特点，是理想的进行行动导向教学的教材。为方便教学，本书配有教学课件及模拟试卷等，凡选用本书作为授课教材的学校均可在清华大学出版社网站上免费下载。

本书由湖南娄底职业技术学院的吴力佳和曾平华担任主编，舒金燕、马国伟担任副主编，吴力佳负责拟定编写思路和编写大纲，并对全书进行统稿。本书具体编写分工为：娄底职业技术学院的吴力佳编写项目 1、项目 4、项目 5，曾平华编写项目 6～项目 10，马国伟编写项目 3 的 3.3、3.4，娄底职业教育学院的舒金燕编写项目 2；湖南网络职业学院的刘嘉编写项目 3 的 3.1、3.2。娄底职业技术学院的朱阳生负责主审。

由于编者水平有限，书中难免有疏漏和错误之处，敬请广大读者批评指正。

编　者

目　　录

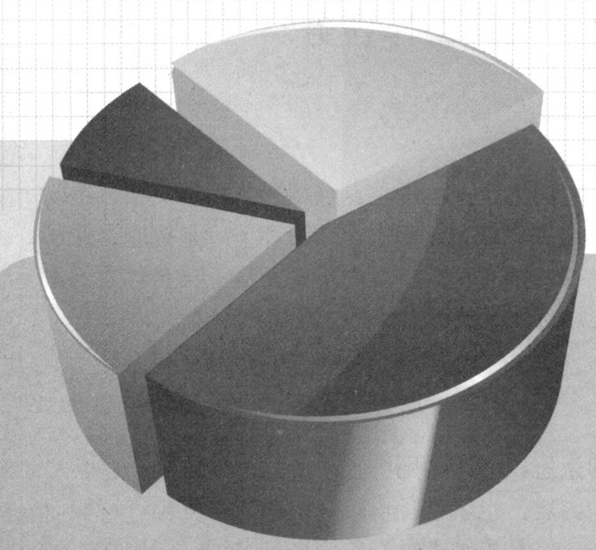
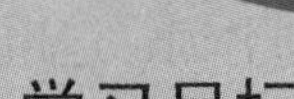

项目1

出纳认知

学习目标

了解“出纳”的基本概念；掌握出纳的工作内容和工作流程；明确出纳的岗位职责；了解出纳机构设置和人员配备。

项目重点与难点

出纳和会计的关系；出纳工作的内容和工作流程。

技能要求

通过本项目的学习，在今后的出纳工作中，具备良好的职业道德；能知法守法，坚持原则，依法办事；能正确处理出纳和会计的关系。

【项目导入】

陈兴高职会计专业毕业后进入兴娄锅业红有限公司，他应聘的岗位是出纳。陈兴学习过系统的会计理论，但没有学过出纳课程。他对出纳员的具体工作不是很熟悉，存在一些这样的疑问：①什么是出纳？②出纳的工作内容是什么？③怎样才能做好出纳？通过本章的学习，以上问题都能得到一一解答。

任务 1.1　出纳及其工作任务

在一般人看来，出纳是一个再平常不过的工作，不过是点点钞票、填填支票、跑跑银行等事务性工作。但事实并非如此。出纳工作是企业基本的会计环节，是控制企业每笔交易业务的第一道“关卡”，是财务主管的基石，其重要性不言而喻。一名优秀的出纳人员需要具备过硬的出纳业务技能和良好的职业道德修养。

1.1.1　出纳的概念

在“出纳”一词中，“出”即支出的意思，“纳”则为收入的意思，这两个字合二为一则非常准确地表明了出纳业务的核心内容，也就是货币资金的收入与支出。一般而言，出纳一词有两层含义：一是出纳工作，二是出纳人员。作为会计名词，运用在不同场合有着不同的含义。从这个角度来讲，“出纳”一词至少有“出纳工作”和“出纳人员”两种含义。

1. 出纳工作

出纳工作是管理货币资金、票据、有价证券进进出出的一项工作。具体地讲，出纳是按照有关规定和制度，办理本单位的现金收付、银行结算及有关账务，同时还要负责保管库存现金、有价证券、财务印章及有关票据等工作的总称。

出纳工作有广义与狭义之分。从广义上来说，只要是票据、货币资金和有价证券的收付、保管、核算，就都属于出纳工作；从狭义上来说，出纳工作仅指各单位会计部门专设的出纳岗位或人员的各项工作。

出纳的职能可概括为收付、反映、监督、管理四个方面。

(1) 收付职能。出纳最基本的职能是收付职能。企业经营活动中少不了货物价款、往来款项的收付，也少不了各种有价证券以及金融业务往来的办理。这些业务往来的现金、票据和金融证券的收付和办理，以及银行存款收付业务的办理，都必须经过出纳人员之手。

(2) 反映职能。出纳要利用统一的货币计量单位，通过其特有的现金与银行存款日记账、有价证券的各种明细分类账，对本单位的货币资金和有价证券进行详细的记录与核算，以便为经济管理和投资决策提供所需的完整、系统的经济信息。举一个最简单的例子，一个企业的老总经常会问出纳："我们还有多少钱"，而不会去问其他会计人员或财务经理，因为这个信息只有出纳最清楚，出纳对这个信息的掌握也是最及时的。

(3) 监督职能。出纳要对企业的各种经济业务，特别是货币资金收付业务的合法性、合理性和有效性进行全程的监督。

(4) 管理职能。对货币资金与有价证券进行保管，对银行存款和各种票据进行管理，对企业资金使用效益进行分析研究，为企业投资决策提供金融信息，甚至直接参与企业的方案评估、投资效益预测分析等都是出纳的职责所在。

具体来讲，出纳的工作内容主要包括货币资金的收支和记录、往来结算、工资核算和货币资金收支的监督等，如图 1-1 所示。

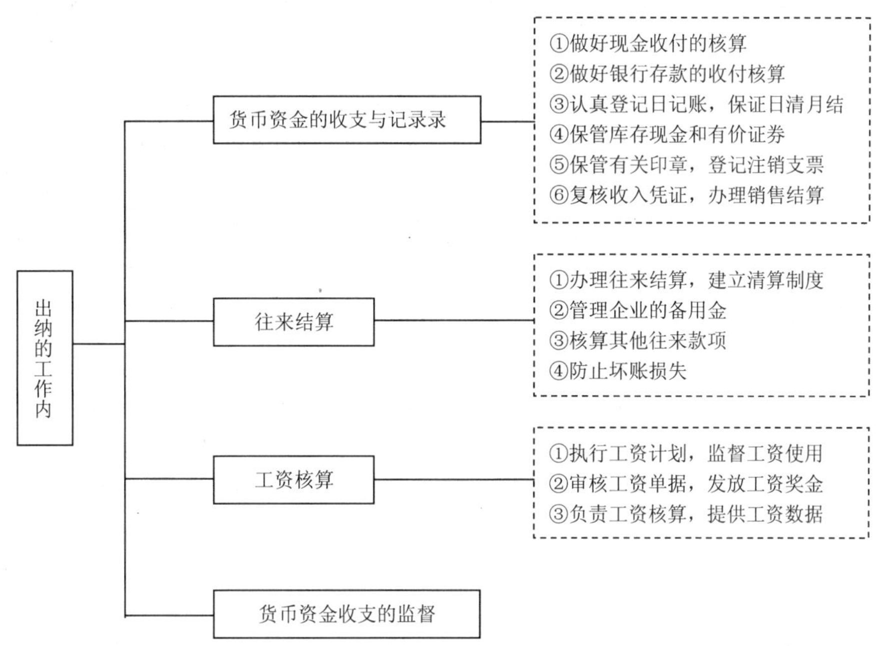

图 1-1　出纳的工作内容

出纳工作是会计工作的一个重要组成部分，具有一般会计工作的本质属性，但它又是一个专门的岗位、一项专门的技术，因此具有自身专门的工作特点。其主要特点有以下几点。

(1) 出纳工作具有广泛的社会性。该工作担负着一个单位货币资金的收付和存取工作，出纳人员需要经常往返于银行，需要了解国家有关的财会政策法规。

(2) 出纳工作具有较强的专业性。该工作作为会计工作的一个重要岗位，有着专门的操作技术和工作规则。诸如出纳凭证的填制与审核、出纳账簿的登记与书写、人民币的识别与处理、保险柜的使用与管理等，都是一名合格出纳人员应掌握的工作技能和方法。

(3) 出纳工作具有很强的政策性。该工作的每一环节都必须依照国家的有关规定进行。比如，办理现金收付要按照国家有关现金管理规定进行，办理银行结算业务要根据国家有关银行结算办法进行。出纳人员不掌握这些政策法规，就做不好出纳工作；不按这些政策法规办事，就会违反财会纪律。

(4) 出纳工作具有严格的时间性。出纳人员不但要及时完成货币资金的收付和核对工作，而且不得随意延误与银行对账、发放工资等具有严格的时间界定和限制的业务。因此，出纳人员要妥善安排好工作时间，及时办理各项业务，以保证出纳工作的时效。

出纳工作的基本原则主要是指钱账分管原则(或称内部牵制原则)。《中华人民共和国会计法》（以下简称《会计法》）第二十一条第二、三款规定："会计机构内部应当建立稽核制度。出纳人员不得兼管稽核、会计档案保管和收入、费用、债权债务账目的登记工作。"钱账分管原则是指凡是涉及款项和财物收付、结算及登记的任何一项工作，都必须由两人或两人以上分工办理，以起到相互制约的作用。例如，现金和银行存款的支付，应由会计主管人员或其授权的代理人审核、批准，由出纳人员付款，由记账人员记账；发放工资，应由工资核算人员编制工资单，由出纳人员从银行提取现金和分发工资，由记账人员记账。实行钱账分管，主要是为了加强会计人员相互制约、相互监督、相互核对，提高会计核算质量，防止工作误差和营私舞弊等行为。

《会计法》专门规定出纳员不得兼管稽核、会计档案保管和收入、费用、债权债务账目的登记工作，是由于出纳员是各单位专门从事货币资金收付业务的会计人员，根据复式记账原则，每发生一笔货币资金收付业务，必然引起收入、费用或债权、债务等账簿记录的变化，或者说每发生一笔货币资金收付业务都需登记收入、费用或债权、债务等有关账簿，如果这些账簿登记工作都由出纳员办理，就会给贪污者以可乘之机。同样道理，如果稽核、内部档案保管工作由出纳员经管，也难以防止其利用抽换单据，涂改记录等手段进行舞弊。当然，出纳员并不是完全不能记录，只要所记的账不是收入、费用、债权、债务方面的账目，还是可以承担一部分记账工作的。总之，钱账分管原则是出纳工作的一项重要原则，各单位都应建立健全这一制度，防止营私舞弊行为的发生，维护国家和单位财产的安全。

2. 出纳人员

出纳人员也有广义和狭义之分。从狭义上来讲，出纳人员仅指会计部门的出纳人员。从广义上讲，出纳人员既包括会计部门的出纳工作人员，也包括业务部门的各类收款员(收银员)。从工作内容、方法、要求以及他们自身应具备的素质等方面来看，收款员(收银员)与会计部门的专职出纳人员有很多相同点和不同点。

相同点：一是他们都要直接与货币打交道，主要工作都是办理货币资金和各种票据的收入，保证自己经手的货币资金和票据的安全性与完整性，并负责填制和审核相关的原始凭证；二是都需要具备过硬的出纳业务知识、良好的财经法纪素养和职业道德修养。

不同点：一是收款员(收银员)一般工作在经济活动的第一线，各种票据和货币资金的收入，特别是货币资金的收入，通常是由他们经手后再转交给专职出纳人员的；二是收款员(收银员)的工作过程一般只是负责款项的收入、保管、核对与上交，而不用专门设置账户进行会计核算。

一般情况下所称的出纳人员指的是狭义的出纳人员。也可以说，收款员(收银员)是出

纳(会计)机构的派出人员，是各单位出纳队伍中的一员，其工作是整个出纳工作的一部分。出纳业务的管理和出纳人员的教育与培训应从广义角度综合考虑。

1.1.2 出纳的岗位职责

出纳的工作任务涉及企业的现金收付、银行结算等活动，直接关系到个人、单位乃至国家的经济利益，一旦出现差错就会造成不可挽回的损失。因此，明确出纳人员的职责和权限，是做好出纳工作的基本条件。为此，《会计法》、《会计基础工作规范》等国家财会法规明确规定了出纳人员的岗位职责，如图1-2所示。

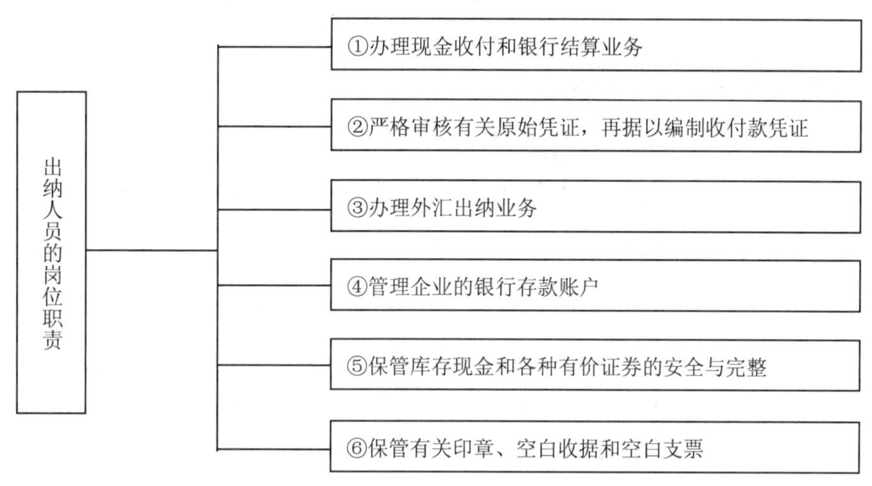

图1-2 出纳人员的岗位职责

(1) 按照国家有关现金管理和银行结算制度的规定，办理现金收付和银行结算业务。出纳员应严格遵守现金开支范围，非现金结算范围不得用现金收付；遵守库存现金限额，超限额的现金按规定及时送存银行；现金管理要做到日清月结，账面余额与库存现金每日下班前应核对，发现问题后应及时查对；银行存款账与银行对账单也要及时核对，如有不符，应立即通知银行调整。

(2) 根据会计制度的规定，在办理现金和银行存款收付业务时，要严格审核有关原始凭证，再据以编制收付款凭证，然后根据编制的收付款凭证逐笔顺序登记现金日记账和银行存款日记账，并结出余额。

(3) 按照国家外汇管理和结汇、购汇制度的规定及有关批件，办理外汇出纳业务。外汇出纳业务是政策性很强的工作，随着改革开放的深入发展，国际间经济交往日益频繁，外汇出纳也越来越重要。出纳人员应熟悉国家外汇管理制度，及时办理结汇、购汇、付汇，避免国家外汇损失。

(4) 掌握银行存款余额，不准签发空头支票，不准出租出借银行账户为其他单位办理结算。这是出纳人员必须遵守的一条纪律，也是防止经济犯罪、维护经济秩序的重要举措。出纳人员应严格使用和管理支票与银行账户，从出纳这个岗位上堵塞结算漏洞。

(5) 保管库存现金和各种有价证券(如国库券、债券、股票等)的安全与完整。要建立适合本单位情况的现金和有价证券保管责任制，如发生短缺，属于出纳员责任的要进行赔偿。

(6) 保管有关印章、空白收据和空白支票。印章、空白票据的安全保管十分重要，在实际工作中，因丢失印章和空白票据给单位带来经济损失的不乏其例。对此，出纳员必须高度重视，建立严格的管理办法。通常情况下，单位财务公章和出纳员名章要实行分管，交由出纳员保管的出纳印章应严格按规定的用途使用；各种票据要严格按照规定办理领用和注销手续，尤其是对于空白支票等专用票据，更要妥善保管。

1.1.3 出纳的工作流程

出纳人员每天都要面对大量的经济业务，如果不按照一定的程序工作，就会手忙脚乱，影响工作质量。出纳首先是资金收支的基本程序，其次是账务处理程序。

1. 资金支出的基本程序

办理资金支出是出纳的一项重要业务，也是出纳最容易出问题的地方。为此，在办理资金支出时，出纳人员应时刻保持认真谨慎的工作态度，并按特定的程序进行。

1) 明确支出的金额和用途

在支付任何一笔资金前，出纳人员都应该明确收款人、支出的金额和用途，而不能对其所支出的资金一概不知。

(1) 明确收款人。出纳人员应严格按合同、发票或有关依据记载的收款人进行付款。对于代为收款的，应当出具原收款人证明材料并与原收款人核实后，方可办理付款手续。

(2) 明确付款金额。出纳人员应清楚确切的付款金额，以合理安排款项。

(3) 明确付款用途。对于用途不明的，出纳人员可以拒付；对于不合法、不合理的付款，出纳人员应当坚决予以抵制，并向有关领导汇报，行使出纳人员的工作权力。

2) 付款审批

付款时，出纳人员还要严格审查付款单证。付款单证是由经办人填制的，从中要注明付款金额和用途，并要对付款事项的真实性和准确性负责。

(1) 有关证明人的签章。经办人的付款用途中，如果涉及实物，则应当有仓库管理员或实物负责人的签收；如果涉及差旅、销售费用等，则应当由证明人或知情人加以证明。

(2) 有关领导的签字。收款人应持证明手续完备的付款单据，报有关领导审阅并签字。只有经过审批的付款单据，出纳人员才能予以付款。

(3) 到财务部门办理付款。收款人应持内容完备的付款单据，经会计审核后才能由出纳办理付款。

3) 办理付款

办理付款是资金支出中最为关键的一个环节，出纳人员应当特别谨慎，因为款项一旦在付出以后才发现的差错是很难追回的。所以，出纳人员需要严格核实付款金额、用途及有关审批手续。

(1) 对于现金付款，双方应当面点清，在清点过程中如果发现短缺、假钞等情况，则要由出纳人员负责。

(2) 对于银行付款，在开具支票时，出纳人员应认真填写各项内容，保证要素完整、印鉴清晰、书写正确。办理转账或汇款时，出纳人员应书写准确、清晰、完整，保证收款人能按时收到款项。如果是现金支票，则应附领票人的姓名、身份证号码和单位名称等。

付款金额经双方确认后，出纳人员应让收款人在付款单据上签字并加盖“付讫”章。如为转账或汇款的，银行单据可以直接作为已付款证明。

在确认签字后，若再发现现金短缺或其他情况，则应由收款经办人负责。

4) 付款退回

对于因特殊原因造成支票或汇款被退回的，出纳人员应当立即查明原因，如因我方责任引起的，则应换开支票或重新汇款，不得借故拖延；如因对方责任引起的，则应由对方重新补办相关手续方可办理付款。

2. 资金收入的基本程序

1) 明确收入的金额和来源

与钱打交道是出纳人员工作的重要部分。对于每一笔资金，出纳人员不但应该清楚地知道它的来源、数额、性质，还要懂得进行账务处理。

(1) 确定收款的金额。如为现金收入，则要按照库存限额的要求，超过的部分应及时存入银行。

(2) 明确付款人。付款人的全称和有关情况是出纳人员应当明确的信息。对于收到的背书支票和其他代为付款的情况，应由经办人加以注明。为了保证账实相符，收到销售或劳务性质的收入时，出纳人员应当根据有关的销售或劳务合同确定收款额是否按协议执行，并对预收账款、当期实现的收入和收回的以前欠款分别进行处理，保证账实相符。收回代付、代垫及其他应收款(包括单位为职工代付的水电费、房租，职工的个人借款和差旅费借款，单位交纳的押金等)时，出纳人员应根据账务记录确定其收款额是否一致。

2) 清点收入并开具票据

确定款项的来源和数目后，出纳人员还要对资金进行清点核对，清点时应仔细谨慎，不能马虎。

(1) 清点现金。对于现金收入，出纳人员应当与经办人当面点清。在清点过程中，如果发现有短缺、假钞等特殊现象，要及时指出，并由经办人负责。

(2) 银行核实。对于银行结算收入，出纳人员应与银行进行核实，在取得银行有关的收款凭证后，才能确认收入，进行账务处理。对于电话询问或电话银行查询，则只能作为参考，不能据此入账，必须在取得银行有关的收款凭证后才能确认收入。

(3) 清点核对无误后，出纳人员要按规定开具发票或内部使用的收据。对一切现金收入都应开具收款收据，即使有些现金收入已有对方付款凭证，也应开出收据交付款人，以明确经济职责；收入现金签发收据与经手收款，也应当按要求分开，由两个经办人分工办理，如销货收入应由经销人员负责填制发票单据，出纳人员据以收款，以防差错与作弊。

如果收入金额较大，则还应及时上报有关领导，以便于资金的安排调度。手续办理完毕后，在有关收款收据上加盖“收讫”章。

在清点的过程中，出纳人员应该认真对待，一丝不苟，否则一旦在开出单据后才发现现金短缺或假钞，就应由出纳人员负责赔偿损失。

3) 收入退回

由于某些特殊原因，如支票印鉴不清、收款账号错误等导致收入退回的，应由出纳人员及时联系有关经办人和对方单位，重新办理收款。

4) 收入的处理

根据规定，企业收入的现金应于当日送存开户银行，如果收进的现金是银行当天停止收款以后发生的，则应在第二天送存银行。当日送存确有困难的，由开户银行确定送存时间。

3. 出纳的账务处理程序

我国常用的会计账务处理程序主要有记账凭证账务处理程序、科目汇总表账务处理程序、汇总记账凭证账务处理程序、日记总账账务处理程序和多栏式日记账账务处理程序。出纳业务账务处理的步骤基本上一致，具体如下。

第一步，根据原始凭证或汇总原始凭证填制收款凭证、付款凭证；对于转账投资有价证券业务，还要根据原始凭证或汇总原始凭证直接登记有价证券明细分类账(债券投资明细分类账、股票投资明细分类账等)。

第二步，根据审核无误的收款凭证、付款凭证逐笔登记现金日记账、银行存款日记账、有价证券明细分类账。

第三步，现金日记账的余额与库存现金每天进行核对，与现金总分类账定期进行核对；银行存款日记账与开户银行出具的银行对账单逐笔进行核对，每月至少一次，银行存款日记账的余额与银行存款总分类账定期进行核对；有价证券明细分类账与库存有价证券要定期进行核对。

第四步，根据现金日记账、银行存款日记账、有价证券明细账、开户银行出具的银行对账单等，定期或不定期编制出纳报告，提供出纳核算信息。

出纳账务处理程序如图 1-3 所示。

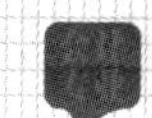

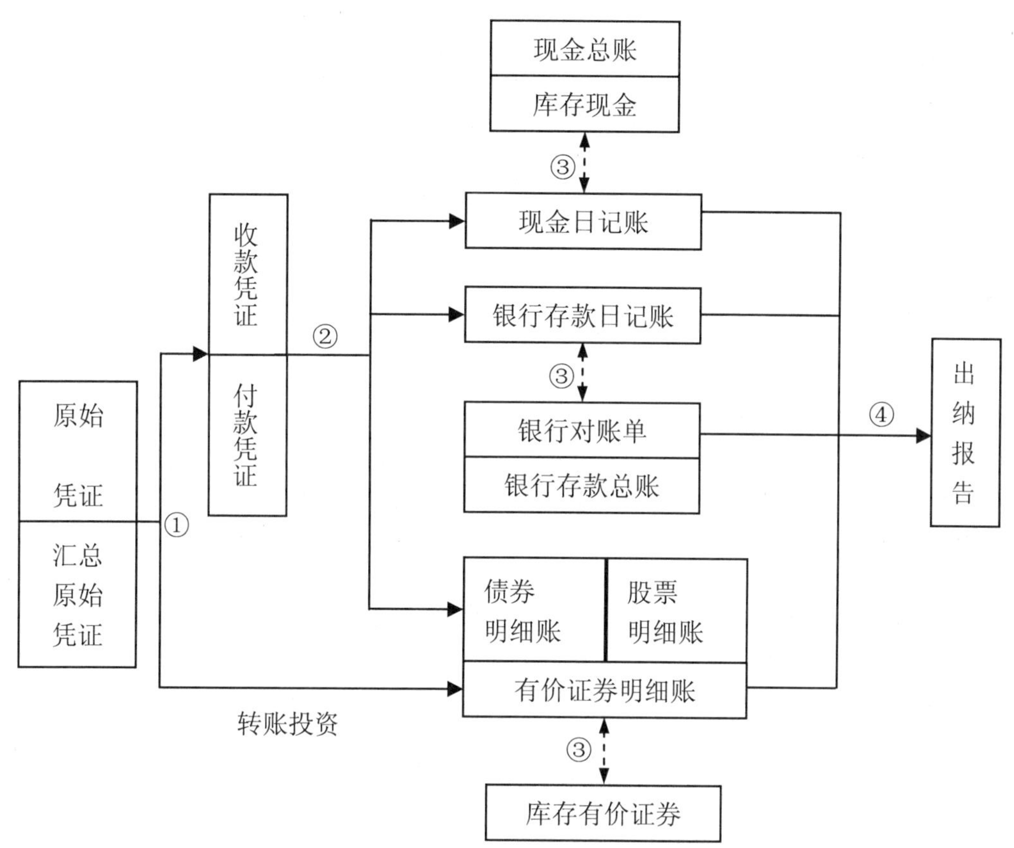

图 1-3　出纳账务处理程序

注：◄- - -►表示核对关系，─►表示记账程序。

任务 1.2　出纳人员应具备的基本素质

要想成为一名合格的出纳人员，做好出纳工作，并不是一件很容易的事。这不仅需要有全面精通的政策水平，熟练高超的业务技能，还需要具备良好的职业道德风范。

1.2.1　道德修养

出纳人员必须具备良好的职业道德修养，要热爱本职工作，敬业、精业；要科学理财，充分发挥资金的使用效益；要遵纪守法，严格监督，并且以身作则；要洁身自好，不贪、不占公家便宜；要实事求是，真实客观地反映经济活动的本来面目；要注意保守机密；要竭力为本单位的中心工作、为单位的总体利益、为全体员工服务。出纳是一项特殊的职业，工作中整天接触的是大把大把的金钱，成千上万的钞票，真可谓“万贯家财手中过”，若没有良好的职业道德，很难顺利通过“金钱关”。与其他会计人员相比，出纳人员更应严格地遵守职业道德。

【例 1-1】我是出纳，单位欠我钱，我能拿吗?

出纳小韩曾借给所在公司 1 万元。但到期后老板始终未还，小韩想从自己保管的公款里拿走应该还给自己的那部分，行吗?

【解析观点】：不行，这是两码事。一是公司向你借钱，公司没有按约定还给你，二是你利用职务之便拿走公司的钱。前者有理合法，可以通过法律途径获得解决。后者有理但违法，还要承担刑事责任。因为擅自拿走公款，可能构成职务侵占罪。

1.2.2 政策水平

“没有规矩，不成方圆。”出纳工作涉及的“规矩”很多，如《会计法》及各种会计制度、现金管理制度及银行结算制度、《会计基础工作规范》、成本管理条例及费用报销制度、税收管理制度及发票管理办法，以及有本单位自己规定的财务管理制度等。出纳如果不熟悉、不掌握这些法规和制度，是做不好出纳工作的。所以，要做好出纳工作的第一件大事就是学习、了解和掌握财经法规和制度，提高自己的政策水平。出纳应烂熟于心的八部法规及介绍如下：《中华人民共和国会计法》对会计行为和会计资料的真实完整、加强经济管理和财务管理、提高经济效益和维护秩序等作出了规范；《中华人民共和国税收征收管理法》对企业和个人的纳税义务履行作出了专项法律规定；《中华人民共和国票据法》对票据行为，保障票据活动中当事人的合法权益，维护社会经济秩序，促进社会主义市场经济的发展作出了规范；《中华人民共和国现金管理暂行条例》对改善现金管理，促进商品生产和流通，加强社会经济活动的监督作出了具体规定；《支付结算办法》对单位、个人在社会经济活动中使用票据、信用卡和汇兑、托收承付、委托收款等结算方式进行货币给付及其资金清算的行为作出了规范；《会计档案管理办法》对加强会计档案管理，统一会计档案管理制度作出了具体规定；《会计基础工作规范》对加强会计基础工作，建立会计工作秩序，提高会计工作水平作出了规范；《企业会计制度》对企业的会计核算，真实、完整地提供会计信息作出了规范。出纳人员只有努力掌握政策法规和制度，明白自己该做哪些事，不该做哪些事，哪些行为是该抵制的，工作起来才会得心应手，少犯或者不犯错误。

【例 1-2】违反制度轻信他人的恶果。

小张贷款购房需出示单位开具的收入证明，于是写了一份比实际收入高出 4000 元的证明，请保管印章的小李私下加盖了公章。不久，小张因辞职而与公司发生纠纷，便将这份收入证明提交法庭，要求赔偿其少发工资的损失。这件事给公司无端地增添了麻烦。

【解析观点】此案例从表面上看，出纳小李只是轻信他人所言而犯错，但根源在于她漠视规章制度。如果小李在人情面前仍能严格执行规章制度，至少不会给公司造成损失。如果法院采信了小张的证据，使公司处于不利境地，则小李也将要承担相应后果。

1.2.3 业务技能

“台上一分钟，台下十年功”这句话对出纳工作也是适用的。承担出纳工作需要具备很强的操作技巧。诸如操作电脑、填票据、防伪钞、点钞票等，都需要深厚的基本功。

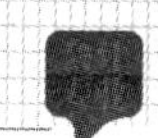

作为专职出纳人员，不但要具备处理一般会计事务的财会专业基本知识，而且还要具备较高的处理出纳事务的专业知识水平和较强的数字运算能力。出纳的数字运算往往在结算过程中进行，要按计算结果当场开出票据或收付现金，速度要快，且不能出错。这和事后的账目计算有很大的区别。若账目计算错了，可以按规定方法更改，但钱算错了就不一定说得清楚，不一定能“改”得过来了。所以说出纳人员要有很强的数字运算能力，不管是用计算机、算盘、计算器，还是用其他运算器，都必须具备较快的速度和非常高的准确性。在快和准的权衡上，作为出纳员，要把准确放在第一位，在准中求快。提高出纳业务技术水平的关键在于手上功夫，如盲打计算器、用电脑、开票据都离不开手。而要提高手上的功夫，关键又在勤，勤能生巧，巧自勤来。有了勤，就一定能达到出纳技术操作上的理想境界。另外，还要苦练汉字、阿拉伯数字，提高写作概括能力，使人见其字如见其人，一张书写工整、填写齐全、摘要精练的票据能表现出一个出纳员的工作能力。

【例 1-3】出纳粗心错打工资给辞职员工。

刘女士原系某金属加工有限公司的员工。2006 年 5 月，刘女士向公司提出辞职，双方因此在当时即终止了劳动关系。同年 8 月 4 日，因公司出纳一时疏忽，不慎将 1 174.17 元作为刘女士 7 月份的工资打入了她的工资卡内。一个月后，公司发现这一情况，与刘女士联系，要求返还误打入的工资，但刘女士却以工资卡已遗失为由拒绝返还钱款。无奈之下，公司诉至法院要求刘女士返还不当得利人民币 1 174.17 元。同年 11 月 13 日，上海嘉定区人民法院对该起不当得利案件作出一审判决，责令刘女士在判决生效之日起十日内归还原告某金属加工有限公司人民币 1 174.17 元。

【解析观点】此案是由于出纳人员处理业务时出了差错而给公司造成了不必要的麻烦和损失，因此出纳人员工作过程中追求效率的同时，一定不能忘记“准确”更重要。

1.2.4 工作作风

要做好出纳工作，首先要热爱出纳工作，养成严谨细致的工作作风和职业习惯。作风的培养在成就事业方面至关重要。出纳每天和金钱打交道，稍有不慎就会造成意想不到的损失，所以必须养成与出纳职业相符合的工作作风。其概括起来就是：精力集中，有条不紊，严谨细致，沉着冷静。精力集中就是工作起来要全身心地投入，不为外界所干扰；有条不紊就是计算器具摆放整齐，账款票据存放有序，办公环境整洁有序；严谨细致就是认真仔细，做到收支计算准确无误，手续完备，不发生工作差错；沉着冷静就是在复杂的环境中随机应变，化险为夷。

有位退休的老财务人员曾对新出纳讲，做出纳工作最应该注意的就是：闭上嘴巴；竖起耳朵；睁大眼睛。

闭上嘴巴，指的是言多必失。出纳不要随便讲谈与工作有关的事情，免得在不知不觉中泄露了财务信息。

竖起耳朵，指的是不要觉得别人的事与自己无关。要注意倾听周围人提及的与财务工作相关的内容。这样就可以做到提前了解，心中有数，早做准备。

睁大眼睛，指的是注意观察与财务相关的业务往来情况，及早发现财务隐患。

这位老财务人员用最朴实的语言，完整、形象地表达了出纳自我约束的方法。在实际工作中很有借鉴意义。

1.2.5　安全意识

现金、有价证券、票据、各种印鉴，既要有内部的保管分工，各负其责，并相互牵制；也要有对外的安保措施，从办公用房的建造，门、屉、柜的锁具配置，到保险柜密码的管理，都要符合安保的要求。出纳人员要密切配合安保部门的工作，更要增强自身的安保意识，学习安保知识，把保护自身分管的公共财产物资的安全、完整作为自己的首要任务来完成。

【例 1-4】由于缺乏安全意识丢失现金。

出纳小王在清点现金时，经理让他到隔壁的办公室取票据。本以为几秒钟就回来，小王便将钱放入抽屉，没加锁。大约 6 分钟后，小王返回办公室，发现抽屉里的现金没了，附近也没有人。结果，小王只能承担赔偿责任。

【解析观点】这是个典型的失窃案例。我们宁愿相信那个偷钱的人只是一念之差。但作为出纳，必须时刻保持警觉，采取有效的防范措施，不给任何人产生邪念的机会。

1.2.6　会计从业资格证

对于会计人员上岗实行会计从业资格证书管理制度，出纳人员上岗前必须先取得会计从业资格证书。出纳人员和所有的会计人员一样，必须持有财政部门颁发的会计从业资格证书，未取得会计从业资格证书的人员不得从事出纳工作。任何单位和个人不得聘用无会计从业资格证书的人员从事出纳工作，不得伪造、转借会计从业资格证书。

任务 1.3　出纳机构设置和人员配备

由于各单位实际情况不同，出纳机构的设置和人员配备也不可能完全一致，但无论是哪一种形式，都必须符合国家会计法律和法规的规定。

1.3.1　出纳机构的设置

《会计法》规定："各单位应当根据会计业务的需要，设置会计机构，或者在有关机构中设置会计人员并指定会计主管人员；不具备设置条件的，应当委托经批准设立从事会计代理记账业务的中介机构代理记账。"

会计法对各单位会计、出纳机构与人员的设置没有做出硬性规定，而是要求各单位根据自身情况和实际需要来设定。各单位可根据单位规模大小和货币资金管理的要求，结合出纳工作的繁简程度来设置出纳机构。以工业企业为例，大型企业可在财务处下设出纳科，中型企业可在财务科下设出纳室，小型企业可在财务科下配备专职出纳员。有

些主管公司，为了资金的有效管理和总体利用效益，把若干分公司的出纳业务(或部分出纳业务)集中起来办理，成立专门的内部“结算中心”，这种“结算中心”实际上也是出纳机构。

1.3.2　出纳人员的配备

出纳人员配备的多少，取决于各单位出纳业务量的大小和繁简程度，以业务需要为原则，既要满足单位工作的需要，又要避免徒具形式、人浮于事的现象。一般可采用一人一岗、一人多岗、一岗多人等形式。

(1) 一人一岗：规模不大的单位，出纳工作量不大，可设专职出纳员一名。

(2) 一人多岗：规模较小的单位，出纳工作量较小，可设兼职出纳员一名。

无条件单独设置会计机构的单位，至少要在有关机构中(如行政单位的办公室、后勤部门等)配备兼职出纳员一名，但兼职出纳不得兼管收入、费用、债权、债务账目的登记工作及稽核工作和会计档案保管工作。

(3) 一岗多人：规模较大的单位，出纳工作量较大，可设多名出纳员，如分设管理收付的出纳员和管账的出纳员，或分设现金出纳员和银行结算出纳员等。

1.3.3　出纳人员的内部分工

单位规模较大、业务复杂，需要设置两名或两名以上出纳的，要在出纳部门内部实行岗位责任制，对出纳人员的工作进行明确的分工，使每一项出纳工作都有出纳人员负责，每一个出纳人员都有明确的职责。

出纳人员的具体分工，要从管理的要求和工作便利等方面综合考虑。通常可按现金与银行存款，银行存款的不同户头，票据与有价证券的办理等工作性质上的差异进行分工；也可以将整个出纳工作划分为不同的阶段和步骤，按工作阶段和步骤进行分工。对于公司内部“结算中心”式的出纳机构中的人员分工，还可以按不同分公司的不同岗位的需要来确定。

1.3.4　出纳工作的回避要求

由于出纳工作的特殊性，特定人员需要回避。《会计基础工作规范》中明确规定了以下内容。

国家机关、国有企业、事业单位任用会计人员应当实行回避制度。

单位领导人的直系亲属不得担任本单位的会计机构负责人、会计主管人员。会计机构负责人、会计主管人员的直系亲属不得在本单位会计机构中担任出纳工作。

需要回避的直系亲属为：夫妻关系、直系血亲关系、三代以内旁系血亲以及配偶亲属关系。

1.3.5 出纳与会计的关系

出纳和总账会计、明细账会计之间既有区别又有联系，是分工与协作的关系。

1. 总账会计、明细账会计和出纳之间各有分工

总账会计负责企业经济业务的总括核算，为企业经济管理和经营决策提供总括的、全面的核算资料；明细账会计分管企业的明细账，为企业经济管理和经营决策提供明细分类核算资料；出纳则分管企业票据、货币资金以及有价证券等的收付、保管、核算工作，为企业经济管理和经营决策提供各种金融信息。总体上讲，必须实行钱账分管，出纳人员不得兼管稽核和会计档案保管，不得负责收入、费用、债权、债务等账目的登记工作。总账会计和明细账会计则不得管钱管物。

2. 总账会计、明细账会计和出纳之间又有着密切联系，既互相依赖又互相牵制

出纳与会计核算的依据是相同的，都是会计凭证。那些作为记账凭据的会计凭证必须在出纳、明细账会计、总账会计之间按照一定的顺序传递；他们相互利用对方的核算资料；他们共同完成会计任务，不可或缺。同时，他们之间又互相牵制与控制。出纳的现金和银行存款日记账与总账会计的现金和银行存款总分类账，总分类账与其所属的明细分类账，明细账中的有价证券账与出纳账中相应的有价证券账，有金额上的等量关系。这样，总账会计、明细账会计和出纳三者之间就构成了相互牵制与控制的关系，三者之间必须相互核对，保持一致。

3. 出纳与明细账会计的区别只是相对的

出纳核算也是一种特殊的明细核算，它要求分别按照现金和银行存款设置日记账，银行存款还要按照存入的不同户头分别设置日记账，逐笔序时地进行明细核算。现金日记账要每天结出余额，并与库存数进行核对；银行存款日记账也要在月内多次结出余额，与开户银行进行核对。月末都必须按规定进行结账。月内还要多次出具报告单，报告核算结果，并与现金和银行存款总分类账进行核对。

4. 出纳工作是一种账实兼管的工作

出纳的工作内容主要是现金、银行存款和各种有价证券的收支与结存核算，以及现金、有价证券的保管和银行存款账户的管理。现金和有价证券放在出纳的保险柜中保管；银行存款由出纳办理收支结算手续。出纳工作既要进行出纳账务处理，又要进行现金、有价证券等实物的管理和银行存款收付业务，在这一点上出纳工作与其他财会工作有着显著的区别。除了出纳，其他财会人员是管账不管钱，管账不管物的。对出纳工作的这种分工，并不违背财务“钱账分管”的原则，由于出纳账是一种特殊的明细账，因此总账会计还要设置“现金”、“银行存款”、“长期股权投资”等相应的总分类账对出纳保管和核算的现金、银行存款、有价证券等进行总金额的控制。其中，有价证券还应有出纳核算以外的其他形式的明细分类账核算。

5. 出纳工作直接参与经济活动过程

货物的购销必须经过两个过程——货物移交和货款的结算。其中，货款的结算即货物价款的收入与支付就必须通过出纳工作来完成；往来款项的收付、各种有价证券的经营以及其他金融业务的办理，更是离不开出纳人员的参与。这也是出纳工作的一个显著特点，其他财务工作一般不直接参与经济活动过程，而只对其进行反映和监督。

任务 1.4　专 项 实 训

【实训 1-1】出纳的职业前景

出纳人员在不断的工作实践中，其知识结构、业务技能、思想道德、人际交往等各个方面都可以得到充实和发展。在做好本职工作的同时，出纳人员可以树立更远大的目标，为自己的未来职业生涯规划一个蓝图，不断发展和完善自己。尤其是一些综合素质比较高的财务人员，在出纳这个基础岗位做得久了，还有机会向财会行业的更高层次发展。总体来说，一般可以有以下两种职业发展方向。

(1) 矢志不渝地做财会工作的纯职业化道路。主要是指在企业中从做出纳员转向做普通会计员，从会计师直至高级会计师，或者到会计事务所从最底层的职员做到高层经理。这是最传统的财会人员的发展之路。

(2) 以专业为跳板转向综合管理的半职业化道路。主要是指从最底层的财会人员做起，然后脱离财务岗位，走向领导岗位，进军会计服务行业。具体又可以分为以下三个方向。

① 会计服务之路，比如创办会计公司，提供代办记账、代办交税、代为编制报表、审计等专业性的会计和审计服务。

② 会计培训之路，即针对目前会计人员需要不断更新知识、接受继续教育的需求，为财会人员提供系统化、专业化、职业化培训，使其更好地适应时代、适应经济发展的要求。

③ 会计咨询之路，即创办咨询公司，专门解答企业财会人员、投资人甚至税务机关人员遇到的疑难问题。这条道路通向的是比较新兴的、侧重于会计服务的方向，需要财会人员不仅熟悉本专业的知识和工作技能，还要广泛学习相关的其他领域的知识和技能，因此需要更深入和广泛地学习和进修，以提高自身的综合素质。

问题：

(1) 如果你是一名财会专业的大学生，请谈谈你对未来所做的职业规划是怎样的？

(2) 进行职业规划只是一个开始，你将如何实现自己的宏伟目标，走上事业的成功之路呢？

【实训 1-2】出纳巧说“不”

甲、乙、丙三人同时去应聘出纳工作。

面试开始。老板拿出一张白条，“蛮横”地让“出纳”报销。

甲义正词严：“这不是正规发票，不可以报销。”

乙弯腰献媚："行，我先给您报了，然后另外找发票补上。"

丙一言不发，只在一张便签纸上写了几个字，递给老板，然后走了出去。老板看后也随即出门。

一周之后，人事部经理通知丙被正式录取。

有好事者去找老板问究竟。

老板说："甲只会办事不会处世；乙只会处世不会办事；丙会办事处世。"

原来丙私下里不但对老板讲明了白条不能使用的原因和后果，而且还提出了进行合法处理的技术意见。丙既坚持了原则，又提出了不违法违规的解决办法，还给老板保留了面子，表现出了良好的沟通能力和业务能力，当然是用人单位需要的人选。

问题：一个简单的"不"字谁都会说，但能说得让上级愿意接受才叫达到目的。其 k 友好、有效的沟通技巧你掌握了吗？

【实训 1-3】"老实"出纳不老实，"借用"公款达百万

出纳员虽不是官，可也经手公司的公款，万一做些手脚，吃亏的可是国家。

2004 年 1 月 13 日，经理要求徐林把他经手的银行对账单拿出来审核，又把对账单交给银行营业员看，营业员走到电脑前，拉出一张存底，马上就发现与公司拿来的不一样。

面对这两张不一样的账单，徐林崩溃了……

徐林自 1994 年 3 月起任上海市某公司第五分公司财务科出纳员，一直负责保管空白支票、制作银行对账单及调节表等工作。进入公司 20 年来，同事对他的评价是为人老实、工作卖力。当检察官指出他犯有贪污罪时，徐林竟说："我不是当官的，怎么会贪污呢?只是私借公款嘛!"

原来，8 年前，徐林拿出积蓄投入股市赚了好几万元。可不到两年，他就把赚的钱全赔了，还欠了好几万元。1998 年年底的一天，该公司准备到银行提一笔节余奖，现金支票已经开好，但突然这个发奖金的计划因故被取消了。财务科长将这张要作废的支票拿给徐林，吩咐他按规定处理掉。此事只要在支票上写上"作废"二字，划掉金额，剪下支票号码做账就可以了。但这天徐林因股票的事而心不在焉，便随手将其扔进了抽屉。

第二天一上班，徐林打开抽屉，一下子又看到了这张"废票"。严格来说，它还没有经过处理，不能算废票。徐林猛然想到：现在用这张支票是可以领到现金的，何不先取来用用，等到在股市赚回了钱再补进去，只要把账做平，没人会知道。

这张金额为 8000 元的现金支票最终并没有按原用途作为奖金发下去，而成了这个"老实人"走向犯罪深渊的导火索。徐林领出这 8000 元后，还嫌不够，又利用处理废票的机会陆陆续续领出几万元，全部投入股市中。

至于做账的问题，对于干了近 20 年出纳工作的徐林来说，自然算不上什么难事。银行每月都有对账单，只要在上面稍稍作一些修改，问题就可迎刃而解。但银行出具的第一张对账单是绿色的，无法修改，如果以损坏或遗失等理由让银行营业员再给一张，就会是一张白底黑字的。如果将这张单据进行涂改后再复印一遍，便足可以假乱真。

凭此手段，徐林数次得手，不过处理废票的机会毕竟太少，而且数额是限定的，徐林想来想去，下定决心要主动出击。徐林保管着单位的空白现金支票，只要盖一个印鉴，

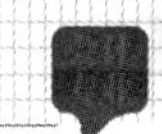

就可以放心地填好金额到银行领钱。这个印鉴由会计保管，原本难以下手，但会计一向对办公室内的人员不加防范，有时会暂时走开一会儿，就任由印鉴放在桌上，即使离开的时间较长，也只把印鉴放进抽屉，基本不锁。因此只要办公室里别的人一走，他就飞快地跳起来，冲到会计的桌前，迅速地拿出印鉴在早已准备好的空白支票上盖一下，再找一个僻静的角落，仔细填好金额、时间，然后不慌不忙到银行去领钱。就这样，到 2005 年，徐林共侵吞了 60 万元公款。他还觉得现金支票每次最多只能领取 2 万元，不够用，于是动起了转账支票的脑筋。2002 年 11 月，徐林偷盖印鉴后到银行开出了两张各 10 万元的转账支票，并找一赌友“老芋头”套现，“老芋头”帮忙兑了其中一张。

就这样，徐林利用其负责保管空白支票、现金和制作未达账款调节表等工作之便，从 1998 年至 2004 年期间，先后 45 次作案，共计贪污公款 107 万元。

问题：

(1) 在本案例中，犯罪嫌疑人主要是钻了企业支票管理中的哪些漏洞？

(2) 企业为加强支票管理与控制，应该采取哪些措施？

(3) 本案例给出纳人员的警示是什么？

项目小结

“出”即支出，“纳”即收入，合在一起反映货币资金的收入与支出。“出纳”一词包含两层含义，即“出纳工作”和“出纳人员”。

出纳工作有广义与狭义之分。从广义上来说，只要是票据、货币资金和有价证券的收付、保管、核算，就都属于出纳工作。从狭义上来说，出纳工作仅指各单位会计部门专设的出纳岗位或人员的各项工作。出纳工作具有社会性、专业性、政策性、时间性等特点。

出纳人员也有广义和狭义之分。从广义上讲，出纳人员既包括会计部门的出纳工作人员，也包括业务部门的各类收款员(收银员)。从狭义上来讲，出纳人员仅指会计部门的出纳人员。一般情况下所称的出纳人员指的是狭义的出纳人员。

出纳人员的岗位职责是：①办理现金收付和银行结算业务；②严格审核有关原始凭证，再据以编制收付款凭证；③办理外汇出纳业务；④管理企业的银行存款账户；⑤保管库存现金和各种有价证券的安全与完整；⑥保管有关印章、空白收据和空白支票。

出纳的账务处理程序是：①根据原始凭证填制收、付款凭证；②根据审核无误的收付款凭证登记现金、银行存款日记账及有价证券明细分类账；③现金日记账要做到日清月结，银行存款日记账每月至少对账一次，有价证券明细账定期进行核对；④根据日记账编制出纳报告单。

出纳人员应具备的基本素质是：①良好的职业道德修养；②全面精通的政策水平；③熟练高超的业务技能；④严谨细致的工作作风；⑤很强的安全意识；⑥考取会计从业资格证。

各单位可根据单位规模大小和货币资金管理的要求，结合出纳工作的繁简程度来设置出纳机构；出纳人员配备的多少，取决于各单位出纳业务量的大小和繁简程度，一般可采用一人一岗、一人多岗、一岗多人等形式。

出纳与会计的关系：①各有各的分工；②即相互联系又相互牵制；③出纳与明细账会计的区别只是相对的；④出纳工作是一种账实兼管的工作；⑤出纳工作直接参与经济活动过程。

练 习 题

一、单项选择题

1. 按《会计法》的规定出纳人员可以兼管的工作是(　　)。
   A. 固定资产明细账　　B. 会计档案
   C. 收入、费用账目登记　　D. 债权、债务账目登记
2. 出纳工作的基本原则是(　　)。
   A. 稳健原则　　B. 实质重于形式原则
   C. 客观原则　　D. 钱账分管原则
3. 出纳人员上岗应具备的首要条件是(　　)。
   A. 经财务负责人同意　　B. 经单位负责人同意
   C. 取得从业资格证书　　D. 取得注册会计师资格
4. 以下不属于出纳人员的工作内容的是(　　)。
   A. 清点现金　　B. 管理银行存款
   C. 登记总账　　D. 登记现金日记账
5. 以下企业出纳岗位设置错误的是(　　)。
   A. 一人一岗　　B. 一人多岗
   C. 代理记账　　D. 多人多岗

二、多项选择题

1. 以下人员属于出纳人员的是(　　)。
   A. 商场收银员　　B. 医院收费员
   C. 财务处的收费员　　D. 财务处的出纳员
2. 出纳人员的日常业务主要有(　　)。
   A. 现金收支业务　　B. 银行结算业务
   C. 保管库存现金、有价证券　　D.开具发票
3. 出纳人员的权限主要有(　　)。
   A. 抵制不合法的收支和弄虚作假行为
   B. 参与货币资金计划定额管理
   C. 管好用好货币资金的权力
   D. 安排资金使用的权力

4. 出纳与会计的主要区别表现在(　　)。
   A. 出纳管钱不管账，会计管账不管钱
   B. 出纳是一种账实兼管的工作，其他财会人员管账不管钱
   C. 会计管账，出纳分管企业票据、货币资金和有价证券等的收付、保管、核算工作
   D. 出纳直接参与经济活动过程，其他财务工作一般不直接参与经济活动过程

5. 出纳的日常核算工作内容主要有(　　)。
   A. 货币资金核算　　B. 往来结算
   C. 工资结算　　D. 财务报告编制

6. 出纳的业务处理程序主要(　　)。
   A. 填制收付款凭证
   B. 逐笔登记现金日记账和银行存款日记账
   C. 做到日清月结
   D. 定期或不定期编制出纳报告

三、判断题

1. 出纳工作是管理货币资金、票据、有价证券收付的一项工作。(　　)

2. 从广义上讲，出纳人员既包括会计部门的出纳工作人员，也包括业务部门的各类收款员(收银员)。(　　)

3. 出纳工作不需要什么技巧，谁都可以干。(　　)

4. 《中华人民共和国会计法》规定出纳员不得兼管稽核、会计档案保管和收入、费用、债权、债务账目的登记工作，也就是只能管钱，不能管任何账簿。(　　)

5. 出纳人员只要能打算盘或使用计算器就可以上岗，没有必要取得会计从业资格证。(　　)

6. 出纳核算也是一种特殊的明细核算。(　　)

7. 出纳工作是会计工作的重要组成部分，出纳人员是会计部门的成员之一。(　　)

四、简答题

1. 什么是出纳?
2. 出纳工作有什么特点?
3. 出纳工作的基本要求是什么?
4. 出纳工作应遵循的基本原则是什么?
5. 出纳人员的职责是什么?
6. 出纳人员应具备哪些素质?
7. 出纳与会计有什么关系?
8. 出纳的日常工作内容都有哪些?

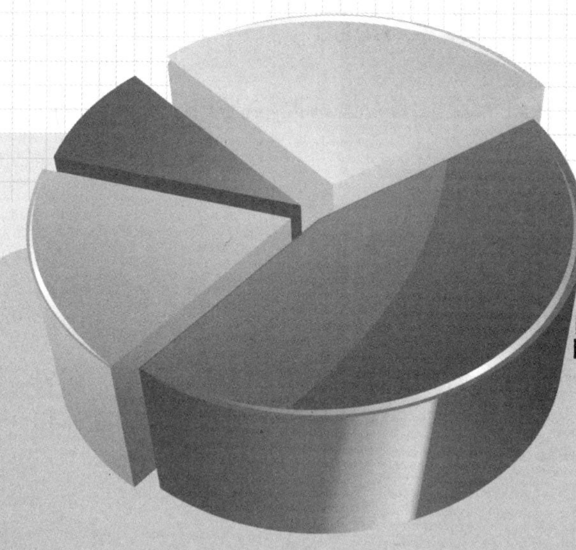

项目 2

出纳的基本技能

学习目标

掌握数码字的书写技能、人民币识别技能及点钞技能；了解人民币的使用与保护；熟悉防伪点钞机的使用及票据的识别。

项目重点与难点

重点是数码字的书写技能、假币的识别技能和点钞技能；难点是票据的识别技能。

技能要求

通过本项目的学习，在出纳工作中能正确填写单据，准确识别假人民币，点钞水平能达到三级以上。

【项目导入】

前面我们已经了解了什么是出纳人员和出纳工作。在出纳工作中，出纳人员要管钱，就要掌握人民币的清点和识别假币的方法；出纳人员要填写单据，就要掌握大小写金额数字的书写及票据日期的书写要求；同时出纳人员经常要与票据打交道，故要掌握票据真伪的识别技能。

任务 2.1　数码字书写技能

出纳人员在工作中要填制票据、记账，这就需要出纳人员掌握数码字的书写规范，这是出纳人员的一项基本技能。

2.1.1　小写金额数字的书写

小写金额数字是用阿拉伯数字来书写的。阿拉伯数字原为印度人所创造，公元 8 世纪传入阿拉伯，后又从阿拉伯传入欧洲，始称为“阿拉伯数字”。其书写笔画简单，不必标注数位，是世界上通用的数字，使用很广泛。如日常登账，填写单据、发票、账表中的明细数以及记录计算结果等，都是使用阿拉伯数字。阿拉伯数字的写法有印刷体和手写体两种，日常工作中普遍使用的是手写体。

1. 手写体示范

手写体阿拉伯数字书写示范如图 2-1 所示。

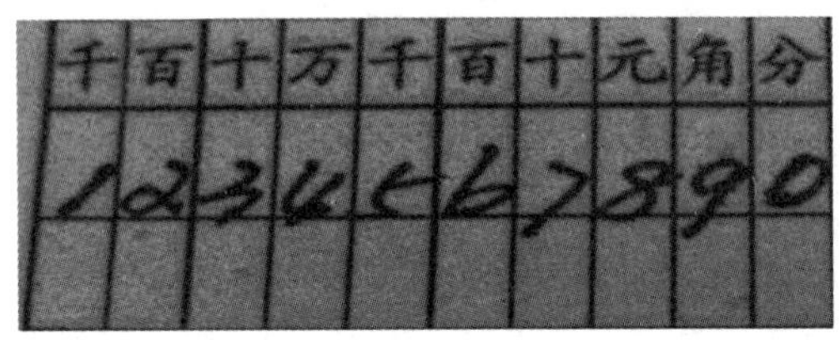

图 2-1　阿拉伯数字手写体

2. 小写金额数字的书写要求

在日常登账或填写单据、发票、账表时，小写金额数字的书写有一定的格式和要求。

(1) 数字书写要工整、流畅，不能潦草，否则会模棱两可，似是而非。如“1、7、9”，“3、5、8”，“4、6、9”，“0、2、6”书写时一潦草就会使人分辨不清。

(2) 数字上端稍向右倾斜 60°，不要像文字那样端正，否则，字形会显得呆板。

(3) 数字要紧靠底线书写，不要写在格子中间，这样便于更正错数。

(4) 除 6、7、9 外，其余数字的书写高度只占表格的一半(或表格的三分之一)。“6”的上端可以超过表格中线约 1/4，“7、9”上端可以低于中线 1/4，下端可以超过底线约 1/4，“0”要封口。

(5) 同数位要对齐。在有数位线的会计凭证、账簿和报表上，每一个格只写一个数字；

没有账格数位线的，数字书写时数位要对齐，且整数部分要采用国际上通用的“三位分节制”，即从个位起向左每三位空半格，如 2 768 530. 26。

(6) 票据上的小写金额前要冠以人民币符号“¥”，元以下无角分的要用“0”补齐，数字后面不再写货币单位。如“人民币叁仟陆佰玖拾肆元整”写成小写金额应为“¥3694.00”，而不要写成“¥3694 元”或“¥3694.00 元”。

2.1.2　大写金额数字的书写

凡填写正式单据和文件 (如发票、收据、支票及经济合同等)的金额时，必须填写大写数字，目的是防止篡改。作为一名出纳工作人员，必须掌握中文大写数字的书写，做到要素齐全、数字正确、字迹清晰、不错漏、不潦草。

1. 大写金额数字的汉字写法

(1) 数码：零、壹、贰、叁、肆、伍、陆、柒、捌、玖。

(2) 数位：拾、佰、仟、万、亿。

(3) 金额单位：元、角、分。

2. 大写金额数字的书写要求

(1) 书写工整、清楚，用正楷或行书书写，不得随意简写。不能使用一、二、三、四、五、六、七、八、九、十、毛、块、另。

(2) 数字要用数码和数位结合起来表示，小写金额数的首位为“1”时，大写必须写上“壹”字。如“¥10.00”写成大写应为“人民币壹拾元整”。

(3) 大写金额前必须冠以“人民币”三字，且二者要靠拢，防止篡改。如“人民币叁佰贰拾元整”不能写成“人民币：叁佰贰拾元整”。

(4) 小写金额中连续有几个“0”时，大写可只写一个“零”字。如“¥2005.70”，写成大写应为“人民币贰仟零伍元柒角”。不连续的“0”一般不省略，只有在万位或元位是“0”，而千位或角位不是“0”时，大写的“零”才可以省略。如“¥709 500.80”的大写可以写成“人民币柒拾万零玖仟伍佰元零捌角”，也可写成“人民币柒拾万玖仟伍佰元捌角”。

(5) 到“元”为止的金额单位后面须加“整”或“正”字。到“角”为止的金额单位后可加可不加“整”或“正”，到“分”为止的金额单位后不要加“整”或“正”字。

(6) 写错后不准涂改。为了防止作弊，银行、单位或个人填写的各种票据和结算凭证的大写金额一律不准涂改，一旦写错，则该凭证作废，需要重新填写。因此，会计人员在书写中文大写数字时必须认真，以减少书写错误的发生。

2.1.3　票据日期的填写

就《票据法》所规定的狭义票据来说，票据可分为汇票、本票和支票。为防止变造票据的出票日期，这些票据的出票日期必须使用中文大写。

票据日期的填写要求主要有如下几点。

(1) 在填写年时，不要标数位，只写数码，如“贰零零玖年”。

(2) 在填写月、日时，月为壹、贰和壹拾的，日为壹至玖和壹拾、贰拾和叁拾的，应在其前加“零”字。如“2011 年 10 月 20 日”应写成“贰零壹壹年零壹拾月零贰拾日”。

(3) 日为拾壹至拾玖的，应在其前加“壹”字。如“2009 年 1 月 15 日”应写成“贰零零玖年零壹月壹拾伍日”。

(4) “11 月”要写成“壹拾壹月”，“12 月”要写成“壹拾贰月”。

(5) 票据出票日期使用小写填写的，银行不予受理。大写日期未按要求规范填写的，银行可予受理，但由此造成损失的，由出票人自行承担。

任务 2.2　人民币识别技能

2.2.1　认识人民币

人民币是指中国人民银行成立后于 1948 年 12 月 1 日首次发行的货币，新中国成立后为中华人民共和国法定货币 (可缩写成 RMB)，至 1999 年 10 月 1 日启用新版为止共发行五套。目前第一、二、三套人民币都已经停止流通，市场上流通的人民币以第五套为主，还有少量第四套人民币。

1. 第一套人民币

1948 年 12 月 1 日，中国人民银行成立并发行第一套人民币，共 12 种面额、62 种版别，其中 1 元券 2 种、5 元券 4 种、10 元券 4 种、20 元券 7 种、50 元券 7 种、100 元券 10 种、200 元券 5 种、500 元券 6 种、1000 元券 6 种、5000 元券 5 种、10 000 元券 4 种、50 000 元券 2 种。第一套人民币于 1955 年 5 月 15 日起停止流通。

2. 第二套人民币

第二套人民币于 1955 年 3 月 1 日开始发行，同时收回第一套人民币。第二套人民币和第一套人民币折合比率为 1∶10000。第二套人民币共有 1 分、2 分、5 分、1 角、2 角、5 角、1 元、2 元、3 元、5 元、10 元 11 种面额。

第二套人民币中的 3 元、5 元、10 元三个券种于 1964 年 5 月 15 日起停止流通，由于第三套、第四套、第五套人民币均未发行分布。因此纸分币(包括 5 分纸币、2 分纸币、1 分纸币)于 2007 年 4 月 1 日起停止流通，其余券种于 1998 年 12 月 31 日起停止流通。

3. 第三套人民币

第三套人民币于 1962 年 4 月 20 日开始发行，共有 1 角、2 角、5 角、1 元、2 元、5 元、10 元 7 种面额、13 种版别。

第三套人民币票面设计图案比较集中地反映了当时中国国民经济以农业为基础，以工业为主导的方针。这套人民币是较有社会主义特色和创新意识的货币，并成为了世界上少有的稳定货币。第三套人民币于 2000 年 7 月 1 日起停止流通，是我国首次完全独立设计、印制的一套纸币。

4. 第四套人民币

第四套人民币于 1987 年 4 月 27 日开始发行。共有 1 角、2 角、5 角、1 元、2 元、5 元、10 元、50 元、100 元 9 种面额，其中 1 角、5 角、1 元有纸币、硬币 2 种。与第三套人民币相比，其增加了 50、100 元大面额人民币。

5. 第五套人民币

1999 年 10 月 1 日，中国人民银行发行了第五套人民币，共有 1 元、5 元、10 元、20 元、50 元、100 元六种面额纸币，以及 1 角、5 角、1 元三种硬币。第五套人民币根据市场流通需要增加了 20 元面额，取消了 2 元面额，使面额结构更加合理。

第五套人民币继承了中国印制技术的传统经验，借鉴了国外钞票设计的先进技术，在防伪性能和适应货币处理现代化方面有了较大提高。各面额纸币正面均采用毛泽东主席新中国成立初期的头像，底衬采用了中国著名花卉图案，背面主景图案选用了有代表性的富有民族特色的图案。图案做工细致、精美，六种币值中分别选择了中国的一种传统名花图案置于纸币中央。

1 元纸币：正面花卉图案为兰花，背面的主景图案为杭州西湖。

5 元纸币：正面花卉图案为水仙，背面的主景图案为泰山。

10 元纸币：正面花卉图案为月季，背面的主景图案为长江三峡。

20 元纸币：正面花卉图案为荷花，背面的主景图案为桂林山水。

50 元纸币：正面花卉图案为菊花，背面的主景图案为布达拉宫。

100 元纸币：正面花卉图案为茶花，背面的主景图案为人民大会堂。

2.2.2　第五套人民币的防伪特征

我国当前流通的人民币主要是第五套人民币。第五套人民币于 1999 年开始流通，在基本图案不变的情况下，2005 年又开始发行 2005 年版第五套人民币，所以当前流通的第五套人民币有 1999 年和 2005 年两种版别，从中应用了多项成熟的具有国际先进水平的防伪技术。

1. 1999 年版第五套人民币的防伪特征

(1) 固定水印：均位于各面额正面左侧空白处，迎光透视，可以看到立体感很强的水印。100 元、50 元纸币的固定水印为毛泽东头像图案；20 元、10 元、5 元、1 元纸币的固定水印分别为荷花、月季花、水仙花和兰花图案。

(2) 手工雕刻头像：各券别正面主景均为毛泽东头像，采用手工雕刻凹版印刷工艺，形象逼真、传神，凹凸感强，易于识别。

(3) 隐形面额数字：各券别正面右上方均有一装饰图案，将票面置于与眼睛接近平行的位置，面对光源作平面旋转 45 度或 90 度角，可分别看到面额数字“100”、“50”、“20”、“10”、“5”、“1”字样。

(4) 胶印缩微文字：纸币各券别正面或背面胶印图案中，多处均印有缩微文字。100 元券的缩微文字为“RMB”和“RMB100”；50 元券的为“50”和“RMB50”；20 元券的为“RMB20”；10 元券的为“RMB10”；5 元券的为“RMB5”和“5”字样；1 元券的为“人民币”和“RMB1”字样。

(5) 雕刻凹版印刷：各券别正面主景毛泽东头像、“中国人民银行”行名、面额数字、盲文面额标记和背面主景图案(20 元、1 元纸币除外)等均采用雕刻凹版印刷，用手指触摸有明显凹凸感。

(6) 冠字号码：各券别冠字号码均采用两位冠字，八位号码。100 元、50 元纸币票面正面均采用横竖双号码印刷，横号码均为黑色，竖号码分别为蓝色和红色。20 元、10 元、5 元、1 元票面正面均采用双色横号码印刷，左侧部分均为红色，右侧部分均为黑色。

(7) 红、蓝彩色纤维：在 100 元、50 元、20 元、10 元、5 元纸币票面上均可以看到纸张中有不规则分布的红色和蓝色纤维。

(8) 安全线：100 元、50 元、20 元、10 元、5 元纸币票面正面中间偏左均有一条安全线。100 元、50 元纸币的安全线迎光透视，分别可以看到微缩文字“RMB100”、“RMB50”；10 元、5 元纸币安全线均为开窗式，即安全线局部埋入纸张中，局部裸露在纸面上，开窗部分分别可以看到由微缩字符“¥10”、“¥5”组成的全息图案；20 元纸币迎光透视，则是一条明暗相同的安全线。

(9) 光变油墨面额数字：100 元、50 元纸币票面正面左下方分别印有“100”、“50”字样，以与票面垂直角度观察分别为绿色和金色，倾斜一定角度则分别变为蓝色和绿色。

(10) 阴阳互补对印图案：100 元、50 元、20 元和 10 元纸币票面正面左下角和背面右下角均有圆形局部图案，迎光透视，均可以看到正背面图案合并组成一个完整的古钱币图案。

(11) 白水印：10 元、5 元纸币票面正面的双色横号码下方，迎光透视，分别可以看到透光性很强的水印图案“10”和“5”。

2. 2005 年版第五套人民币与 1999 年版第五套人民币的相同之处

(1) 2005 年版第五套人民币规格、主景图案、主色调、“中国人民银行”行名和汉语拼音行名、面额数字、花卉图案、国徽、盲文面额标记、民族文字等票面特征，均与现行流通的 1999 年版的第五套人民币相同。

(2) 2005 年版第五套人民币 100 元、50 元纸币的固定人像水印、手工雕刻头像、胶印缩微文字、雕刻凹版印刷等防伪特征，均与现行流通的 1999 年版的第五套人民币 100 元、50 元纸币相同。

(3) 2005 年版第五套人民币 20 元纸币的固定花卉水印、手工雕刻头像、胶印缩微文字、双色横号码等防伪特征，均与现行流通的 1999 年版的第五套人民币 20 元纸币相同。

(4) 2005 年版第五套人民币 10 元、5 元纸币的固定花卉水印、白水印、全息磁性开窗安全线、手工雕刻头像、胶印缩微文字、雕刻凹版印刷、双色横号码等防伪特征，均与现行流通的 1999 年版的第五套人民币 10 元、5 元纸币相同。2005 年版第五套人民币 10 元纸币的阴阳互补对印图案，与现行流通的 1999 年版的第五套人民币 10 元纸币相同。

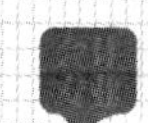

3．2005 年版第五套人民币与 1999 年版第五套人民币的区别

1) 调整防伪特征布局

2005 年版第五套人民币 100 元、50 元纸币正面左下角阴阳互补对印图调整到主景图案左侧中间处，光变油墨面额数字左移至原阴阳互补对印图处，背面右下角阴阳互补对印图调整到主景图案右侧中间处。

2) 调整防伪特征

(1) 隐形面额数字：调整 2005 年版第五套人民币各券别纸币的隐形面额数字观察角度。2005 年版第五套人民币各券别纸币正面右上方有一装饰性图案，将票面置于与眼睛接近平行的位置，面对光源做上下倾斜晃动，分别可以看到面额数字字样。

(2) 全息磁性开窗安全线：2005 年版第五套人民币 100 元、50 元、20 元纸币将原磁性缩微文字安全线改为全息磁性开窗安全线。2005 年版第五套人民币 100 元、50 元纸币背面中间偏右，有一条开窗安全线，开窗部分分别可以看到由缩微字符“¥100”、“¥50”组成的全息图案安全线由 1.5mm 加宽到 2mm。2005 年版第五套人民币 20 元纸币正面中间偏左，有一条开窗安全线，开窗部分可以看到由缩微字符“¥20”组成的全息图案。

(3) 双色异形横号码：2005 年版第五套人民币 100 元、50 元纸币将原横竖双号码改为双色异形横号码。正面左下角印有双色异形横号码，左侧部分为暗红色，右侧部分为黑色。字符由中间向左右两边逐渐变小。

(4) 雕刻凹版印刷：2005 年版第五套人民币 20 元纸币背面主景图案桂林山水、面额数字、汉语拼音银行名、民族文字、年号、行长章等均采用雕刻凹版印刷，用手触摸起来有明显凹凸感。

3) 增加防伪特征

(1) 白水印：2005 年版第五套人民币 100 元、50 元纸币位于正面双色异形横号码下方，2005 年版第五套人民币 20 元纸币位于正面双色横号码下方，迎光透视，分别可以看到透光性很强的水印面额数字字样。

(2) 凹印手感线：2005 年版第五套人民币各券别纸币正面主景图案右侧，有一组自上而下规则排列的线纹，采用雕刻凹版印刷工艺印制，用手指触摸起来有极强的凹凸感。

(3) 阴阳互补对印图案：2005 年版第五套人民币 20 元纸币正面左下角和背面右下角均增加一圆形局部图案，迎光透视，可以看到正背面的局部图案合并为一个完整的古钱币图案。

4) 增加人民币单位的汉语拼音并改年号

2005 年版第五套人民币各券别纸币背面主景图案下方的面额数字后面，增加了人民币单位的汉语拼音“YUAN”；年号改为“2005 年”。

5) 取消各券别纸币纸张中的红蓝彩色纤维

2005 年版第五套人民币取消了 1999 年版第五套人民币纸币纸张中的红蓝彩色纤维，增加了部分专业防伪和专家防伪的措施内容，提高了 2005 年版第五套人民币纸币的防伪科技含量和技术水平。

2.2.3 常见假钞的类型及特点

假钞是指仿照真钞的纸张、图案、水印、安全线等原样，利用各种技术手段非法制造的假币。目前在流通中常见的假币主要有两种：一种是伪造币，另一种是变造币。

1. 伪造币

伪造币是模仿真票币非法制作、印刷的票币，欺骗性强，极易以假乱真，稍不注意就会上当受骗。一旦伪造币投入流通，其带来的恶劣影响显而易见，不仅会扰乱金融市场的秩序，而且也会损害企事业单位和个人的利益，危害性极大。伪造币的特征主要有如下几点。

(1) 纸张光滑较脆，在紫外光下无荧光反应，纸张中无荧光纤维。

(2) 固定人像水印模糊不清、无立体感，为白色油墨在正面印刷而成。

(3) 白水印透光效果较差。

(4) 安全线系印刷而成。

(5) 缩微文字模糊不清。

(6) 阴阳互补对印图出现漏白和错位。

(7) 光变油墨面额数字采用绿色油墨印刷而成，无光变效果。

(8) 冠字号码系胶印印刷，字符排列不齐、间隔不规则。

(9) 有些假币无凹印手感，有些假币凹印手感为压印而成。

(10) 有些假币没有仿造无色荧光油墨及有色荧光油墨印刷图案；有些假币仿造的无色荧光油墨及有色荧光油墨印刷图案颜色与真币偏差较大。

2. 变造币

变造币是指在真币的基础上，利用挖补、揭层、涂改、拼凑、移位等多种方法制作的货币，主要有以三种类型。

1) 涂改币

涂改币是使用消字、消色等方法，将小面额票币的金额消去，涂改成大面额的票币。这种变造币的钞票金额数字部位有涂改或用力刮过的痕迹，花纹、图案、颜色、尺寸都与相应面额的真钞不符。

2) 剪贴币

剪贴币是用剪贴的方法，将多张钞票进行剪剪拼拼，从而多拼出钞票的张数。这种变造币花纹不衔接，钞票背面有纸条或叠压粘贴痕迹。

3) 揭层币

揭层币是将真钞正、背两面揭开，再贴上其他纸张而成。这种变造币与真钞相比纸质薄，挺度差，易辨别。

变造币的特征是：采用手工“拼凑”与“挖补”，花样繁多，比机制伪造币更难鉴别。变造币是“伪造币”与真币的混合体，由于是手工作假，变造币形式更加多样化，也比机制伪造币更难辨别。变造币大多看起来比较残旧，多用胶纸或胶水粘贴，拼凑方

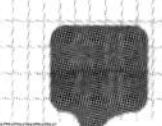

法多种多样，如果不仔细用手摸，或进行全面仔细的观察，很难分辨出真假。

2.2.4　识别假钞的方法

在我国经济迅速发展的今天，一些不法分子为了牟取经济利益，利用高科技手段制造假钞，因此，作为从事收付款的工作人员，必须掌握辨别真假钞票的基本要领及其常识，不断提高鉴别假钞的能力。掌握一些假钞的识别方法，不仅可以减少个人损失，对于一个国家而言还可以稳定币值，整治金融流通领域的紊乱。

假钞主要可以从如下几方面去识别。

1. 纸张识别

人民币纸张采用专用钞纸，主要成分为棉短绒和高质量木浆，具有耐磨、有韧度、挺括、不易折断，抖动时声音脆响等特点；而假币纸张绵软、韧性差、易断裂，抖动时声音沉闷。

2. 水印识别

人民币水印是在造纸中采用特殊工艺使纸纤维堆积而形成的暗记，分为满版水印和固定水印两种。如现行人民币 1 元、2 元、5 元券为满版水印暗记；10 元、50 元、100 元券为固定人头像水印暗记。其特点是层次分明、立体感强，透光观察清晰易辨。而假币特点是水印模糊，无立体感，变形较大，用浅色油墨加印在纸张正、背面，不需迎光透视就能看到。

3. 凹印技术识别

真币的技术特点是图像层次清晰，色泽鲜艳浓郁，立体感强，触摸起来有凹凸感，如 1～100 元券人民币在人物、字体、国徽、盲文点处都采用了这一技术。而机制假钞大多是用平版印刷，票面全胶印，手感光滑，花纹图案较模糊，无凹凸感。

4. 荧光识别

1999 年版 50 元、100 元人民币分别在正面主景图两侧印有在紫外光下显示纸币面额阿拉伯数字“100”或“50”和汉语拼音“YIBAI”或“WUSHI”的金黄色荧光反应，但整版纸张无任何反应。而假币一般没有荧光暗记，个别的虽有荧光暗记但与真币比较，颜色有较大差异，并且纸张会有较明亮的蓝白荧光反应。

5. 安全线识别

真币的安全线是立体实物与钞纸融为一体的，有凸起的手感。假币一般是印上或画上的颜色，如果仿造加入立体实物，则会出现与票面皱褶分离的现象。

此外，还可通过观察光变油墨面额数字及隐形面额数字来识别或借助仪器进行检测，可用紫外光、放大镜、磁性简便仪器等对可疑票券进行多种检测。

假币的识别方法归纳起来可用四个字来概括——看、摸、听、测。“看”主要是指看水印、安全线、光变油墨、对印图案、白水印、看隐形面额数字等地方。“摸”主要是指摸凹印手感线、人像、盲文点、中国人民银行行名等处是否有凹凸感以及摸纸币是否薄厚适中，挺括度好。“听”即通过抖动钞票使其发出声响，根据声音来分辨人民币的真伪。人民币的纸张，具有挺括、耐折、不易撕裂的特点，手持钞票用力抖动、手指轻弹或两手一张一弛轻轻对称拉动，能听到清脆响亮的声音。“测”即借助一些简单的工具和专用的仪器来分辨人民币真伪。如借助放大镜可以观察票面线条清晰度及胶、凹印缩微文字等；用紫外灯光照射票面，可以观察钞票纸张和油墨的荧光反映；用磁性检测仪可以检测黑色横号码的磁性。

任务 2.3 人民币的使用与保护

人民币作为我国的法定货币，本应受到每个公民的精心呵护，但在现实生活中却存在着随意损坏人民币的现象。

2.3.1 残缺、污损人民币的概念与处理

1．残缺、污损人民币的概念

残缺、污损人民币是指票面撕裂、损缺，或因自然磨损、侵蚀，外观、质地受损，颜色变化，图案不清晰，防伪特征受损，不宜再继续流通使用的人民币。

2．残缺、污损人民币的处理

依据《中国人民银行残缺污损人民币兑换办法》的规定，残缺、污损人民币兑换分“全额”和“半额”两种情况。

1) 能辨别面额，票面剩余 3/4(含 3/4)以上，其图案、文字能按原样连接的残缺、污损人民币，金融机构应向持有人按原面额全额兑换。

2) 能辨别面额，票面剩余 1/2(含 1/2)至 3/4 以下，其图案，文字能按原样连接的残缺、污损人民币，金融机构应向持有人按原面额的一半兑换。纸币呈正十字形缺少 1/4 的，按原面额的一半兑换。兑付额不足一分的，不予交换；五分按半额兑换的，兑付二分。

金融机构在办理残缺、污损人民币兑换业务时，应向残缺、污损人民币持有人说明认定的兑换结果。不予兑换的残缺、污损人民币，应退回原持有人。残缺、污损人民币持有人同意金融机构认定结果的，对兑换的残缺、污损人民币纸币，金融机构要当面将带有本行行名的“全额”或“半额”戳记加盖在票面上；对兑换的残缺、污损人民币的硬币，金融机构应当面使用专用袋密封保管，并在袋外签上加盖“兑换”戳记。残缺、污损人民币持有人对金融机构认定的兑换结果有异议的，经持有人要求，金融机构应出具认定证明并退回该残缺、污损人民币。持有人可凭认定证明到中国人民银行分支机构申请鉴定，中国人民银行应自申请日起 5 个工作日内做出鉴定并出具鉴定书。持有人可凭中国人民银行的鉴定书及可兑换的残缺、污损人民币到金融机构进行兑换。金融机构应按照中国人民银行的有关规定，将兑换的残缺、污损人民币交存当地中国人民银行分支机构。

2.3.2　人民币的使用

1. 使用人民币应注意的事项

人民币是我国的法定货币，爱护人民币是每个公民的义务。在使用人民币时要注意以下几点。

(1) 收付人民币时要平铺整理，不要乱揉乱折。

(2) 不得在人民币上乱涂、乱画、乱写和乱盖印记。

(3) 不要让油污弄脏人民币。

(4) 防止化学物品侵蚀人民币。

(5) 机具收款时避免损伤人民币。

(6) 不要在金属币上凿字、打眼、锤击、折弯，以免使硬币变形受损。

(7) 对残损币要及时粘补，对于不宜继续使用的残损币要及时到银行营业部门办理兑换。

(8) 对在人民币上乱写乱画的不良行为要进行批评教育。

2. 假币的处理

(1) 出纳人员收付现金时如果发现假币，则应立即送交附近银行鉴别，由银行开具没收凭证，予以没收处理。

(2) 出纳人员发现可疑币不能断定真假时，不得随意加盖假币戳记或没收，应向持币人说明情况，开具临时收据，连同可疑币及时送当地中国人民银行鉴定。经中国人民银行鉴定确属假币后，应按发现假币后的办法处理，如确定不是假币，则应及时将钞票退还持币人。

(3) 广大群众在日常生活中收到假币后，应立即送交就近银行进行鉴定，如有追查线索的应及时就近报告公安部门，协助其侦破。

(4) 银行收到假币时，予以没收，并当面在假币上加盖假币戳记，同时开具统一格式的“假人民币没收收据”给顾客，并将所收假币登记造册，妥善保管，定期上交中国人民银行当地分行。

(5) 假币没收权属于银行、公安和司法部门。其他单位和个人如发现假币应按上述办法处理或按当地反假币法规所规定的办法处理。

任务 2.4　点 钞 技 能

点钞俗称数钱。掌握正确的手工点钞方法和技巧是每一个出纳人员必备的技能。

2.4.1　点钞的基本程序

出纳员在办理现金收付业务时，一般按下列程序办理。

(1) 审查现金收款或付款凭证及所附的原始凭证的内容，看其是否填写齐全清楚，两者的内容是否一致。

(2)依据现金收款或付款凭证的金额，先点整数，再点零数，即先点大面额数，再点小面额数；先点成捆、成把数，再点零散数。在清点过程中，一般要边清点边在算盘上或计算器上加计金额，点数完毕，再与现金收、付款凭证上的金额核对相符。

(3) 将成捆、成把的钞票拆开清点，清点无误后，即可办理具体的现金收付款业务。

2.4.2 纸币点钞方法

纸币点钞分为手工点钞和机器点钞。目前许多单位尽管都配备了点钞机，但由于种种原因，机器点完后，出纳人员往往还要手工点验。这就要求出纳人员必须熟练掌握机器点钞和手工点钞的方法。机器点钞方法将在 2.5 节介绍，下面介绍几种出纳常用的手工点钞方法。

1. 手持式单指单张点钞法

点钞时，左手持钞，使钞票离开桌面，用右手大拇指一次点一张的方法叫手持式单指单张点钞法。手持式单指单张点钞法是实际工作和生活中应用最广泛的一种基本的点钞方法，适用于收款、付款和各种新旧大小钞票的清点。这种点钞方法由于持票面小，能看到票面的四分之三，故便于发现假钞票和剔除残破票。具体操作方法如下。

1) 持钞

将整理齐的钞票正面斜对点钞者，左手手心朝上，用左手中指和无名指夹住钞票底端的正中部，中指、无名指和小拇指自然弯曲，无名指与中指夹紧钞票，食指伸直托在钞票背面，大拇指贴在正面左侧边沿的 1/2 或 1/3 处，将钞票向后压并稍向前推，使钞票向外倾斜成瓦形。持钞姿势如图 2-2 所示。

2) 清点

左手持钞票斜对自己，右手食指托住钞票背面右上角，用大拇指尖逐张向下捻动钞票右上角，捻动幅度要小，不要抬得过高。要轻捻，食指在钞票背面的右端配合大拇指捻动，左手大拇指按捏钞票不要过紧，要配合右手起自然助推的作用。右手的无名指将捻起的钞票向怀里弹，要注意轻点快弹。在无名指弹拨的同时大拇指微微抬起，并迅速移回右上角捻第二张钞票，依次连续操作，将钞票点完。点钞姿势如图 2-3 所示。

图 2-2 手持式单指单张持钞姿势

图 2-3 手持式单指单张点钞姿势

3) 记数

记数要与清点同时进行。在点数速度快的情况下，如采用从“1”数至“100”的习惯记数法，往往由于记数迟缓而影响点钞的效率，因此，记数一般采用单数记数法，即将 100 张分成 10 组去记，可以把组号放在每一组的前面，如“1 2 3 4 5 6 7 8 9 10”、“2 2 3 4 5 6 7 8 9 10”、“3 2 3 4 5 6 7 8 9 10”，直到“10 2 3 4 5 6 7 8 9 10”，即为 100 张。也可以把组号放到每组的后面，如“1 2 3 4 5 6 7 8 9 1”、“1 2 3 4 5 6 7 8 9 2”、“1 2 3 4 5 6 7 8 9 3”，直到“1 2 3 4 5 6 7 8 9 10”，即为 100 张。采用这种记数法记数既简单又快捷，省力又好记。注意记数时要默记，不要有口型，更不要念出声，在分组记数时要将组号印在脑中，以免记错。

4) 挑残破票

在点数过程中如发现残破票，右手大拇指和食指捻住残破券随手向外一扭，掖于一边，待清点完 100 张后，抽出残破券，补上完整票再扎把。

5) 扎把

点完一把(100 张)钞票后要立即将钞票横立在桌面墩齐并扎把。常用的扎把方法是缠绕式扎把法。

扎把时左手将墩齐的钞票横执，大拇指在前，中指、无名指、小拇指在后，食指在钞票上侧分一条缝，右手将纸条一端在票面 1/2 或 1/4 处插入缝内，左手食指移至背面，提起钞票，左手大拇指压住插入纸条处，使钞票微呈弧形，右手将纸条由怀里向外缠绕两圈，将腰条纸的尾端留在钞票的上部，拉紧并沿内侧边沿向右平行打折成 45°，如图 2-4 所示。然后用右手食指或中指将腰条从圈内向左掖，最后将钞票放在桌面压平即可。扎好后的效果如图 2-5 所示。

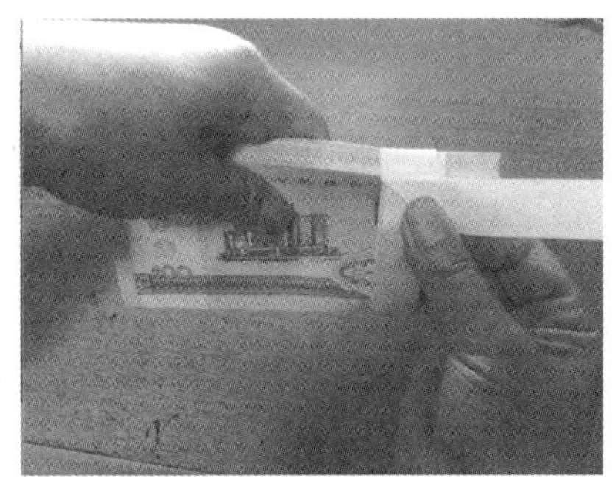

图 2-4　缠绕式扎把姿势

图 2-5　缠绕式扎把效果

6) 盖章

在银行临柜的营业员对于扎好的票币，要在腰条上加盖经办人名章，以示负责。

特别提示：

点钞时右手肌肉要放松，大拇指捻钞面积要小，捻动幅度要小，大拇指捻起一张后不要抬起让钞票下去，而是让无名指将钞票弹下去；右手的食指和中指要始终放在右上角的扇面上托住钞票；要掌握好记数的节奏，逢整数时在意念上要稍停顿，以提高记数的准确率。

2. 手持式单指多张点钞法

点钞时，左手持钞，使钞票离开桌面，右手大拇指同时点两张或两张以上的方法叫手持式单指多张点钞法。这种点钞法除了清点和记数外，其他均与单指单张点钞法相同。

1) 清点

清点时，右手食指、中指放在钞票背面右上角，大拇指肚放在正面右上角，点双张时，用大拇指肚先捻第一张，大拇指尖捻第二张，无名指向怀里弹。点多张时，右手大拇指肚要均衡用力，在右手大拇指往下捻多张(如三张或四张)的同时，左手大拇指稍抬起，使票面拱起，从侧边分层错开，以便看清张数，每捻一次，用无名指弹拨一次，如此循环，直至点完。

2) 记数

采用单数脑记数法。如每次点两张时，以每两张作为一个单位去记，当记数到第五组“1 2 3 4 5 6 7 8 9 5”(或“5 2 3 4 5 6 7 8 9 10”)时即为100张。其余类推。

特别提示：

点钞时要充分发挥大拇指肚的作用。根据每手点钞张数的不同，大拇指指尖伸出钞票右上角的长短应有所不同；右手大拇指用力要均匀，捻的幅度要小，左手大拇指要配合向后移动；捻钞时，眼睛要看清张数，看钞票的左侧，无误时用无名指弹拨。

3. 手持式四指四张点钞法

点钞时，左手持钞且离开桌面，用右手的小拇指、无名指、中指和食指依次各捻一张钞票，一次清点四张的方法叫手持式四指四张点钞法。该点钞方法是一种点钞轻松、记数方便、速度快捷的点钞方法。缺点是不便于剔除破损钞票及假钞。适用于清点整把较新的钞票及复点和竞赛。此方法应重点掌握以下三步。

1) 持钞

先将钞票墩齐侧立在桌面，左手手心朝下，左手中指与无名指分开夹住钞票上侧左端 (注意左手小拇指、无名指和中指要自然弯曲夹紧钞票)，右手将钞票右端往左压成弧形，左手大拇指轻压在左端扇面上，左手食指斜靠在钞票的外侧面，用指尖管住钞票，防止钞票下滑。然后，左手提起钞票，离开桌面，并使“U”口对左，接着，右手大拇指将钞票里侧轻轻往里推，使扇面朝里，右手准备清点。

2) 清点

右手大拇指贴在钞票的右里角，托住少量钞票，其余四指同时弯曲并拢，四个指尖略呈一条斜线。先用小拇指从钞票的右上角开始与大拇指摩擦捻起第一张，接着用无名指、中指及食指与大拇指摩擦分别捻起第二、三、四张，即每指捻动一张钞票，依次下滑四个手指，每次下滑时捻下四张钞票，循环操作，直至点完100张。

清点时要注意，一是动作要连续，当食指捻下本次最后一张时，小拇指要紧紧跟上，每次下滑之间不要间歇。二是捻钞幅度要小，手指离票面不要过远，四个指头要一起动作，加快往返速度。三是四个指头与票面接触面要小，应用指尖接触票面进行捻动。四是右手大拇指随着钞券的不断下捻向前移动，托住钞券，不能离开钞券。五是在右手捻

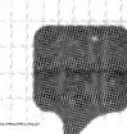

钞的同时左手要配合动作，每当右手捻下一次钞券，左手大拇指、食指要稍松开，使下钞顺畅自如。手持式四指四张点钞姿势如图 2-6 所示。

3) 记数

采用单数记数法。以四张一手作为一个单位去记数，25 手为 100 张。

特别提示：

点钞时左手持钞略低，右手手腕抬起高于左手；右手捻钞动作要连贯，捻钞幅度要小，右手大拇指始终托住钞票不离开。

4．扇面式点钞法

把钞票捻成扇面状进行清点的方法叫扇面式点钞法。这种点钞方法速度快，但它只适合清点新票币，不适于清点新、旧、破混合钞票。此方法重点应掌握以下几点。

1) 持钞

钞票竖拿，左手大拇指在票前下部中间票面约 1/4 处。食指、中指在票后同大拇指一起捏住钞票，无名指和小拇指弯曲向手心。右手大拇指在左手大拇指的上端，用虎口从右侧卡住钞票成瓦形，食指、中指、无名指、小拇指均横在钞票背面，做开扇准备。

2) 开扇

开扇是扇面点钞的一个重要环节，扇面要开得均匀，为点数打好基础，做好准备。其方法是，以左手为轴，右手食指将钞票向胸前左下方压弯，然后再猛向右方闪动，同时右手大拇指在票前向左上方推动钞票，食指、中指在票后用力向右捻动；左手手指在钞票原位置向逆时针方向画弧捻动，食指、中指在票后用力向左上方捻动；右手手指逐步向下移动，至右下角时即可将钞票推成扇面形。如有不均匀的地方，可双手持钞抖动，使其均匀。打扇面时，左右两手一定要配合协调，不要将钞票捏得过紧，如果点钞时采取一按十张的方法，则扇面要开小些，便于清点。

3) 点数

左手持扇面，右手中指、无名指、小拇指托住钞票背面，大拇指在钞票右上角 1cm 处，一次按下 5 张或 10 张；按下后用食指压住，大拇指继续向前按第二次，以此类推，同时左手应随右手点数速度向内转动扇面，以迎合右手按动，直到点完 100 张为止。扇面点钞姿势如图 2-7 所示。

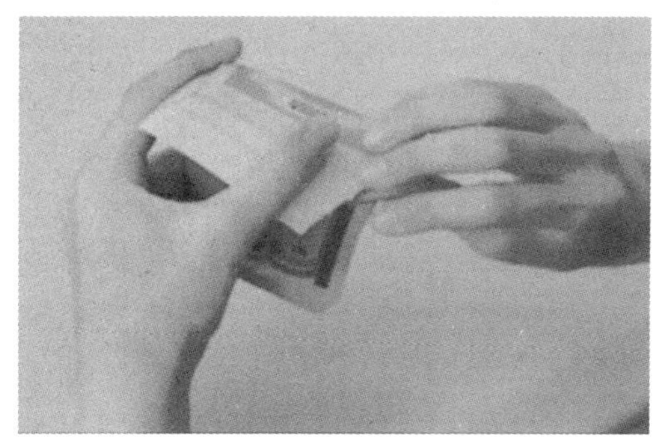

图 2-6　手持式四指四张点钞姿势

图 2-7　扇面点钞姿势

4) 记数

采用分组记数法。一次按 5 张为一组，记满 20 组为 100 张；一次按 10 张为一组，记满 10 组为 100 张。

5) 合扇

清点完毕合扇时，将左手向右倒，右手托住钞票右侧向左合拢，左右手指向中间一起用力，使钞票竖立在桌面上，两手松拢轻墩，把钞票墩齐，准备扎把。扎把方法与单指单张点钞法相同。

特别提示：

开扇时做到拿、拧、抖三个环节一气呵成，开扇动作快且开扇要均匀；清点时，左手要将扇面持平，并随着右手点数的速度，左手腕部逐渐向内转动，同时右手和肘部也要随着点数的速度自然向左前方移动；眼睛要看清张数，如果一次点 10 张，则可看两个 5 张，这样不易出错。

2.4.3　硬币清点方法

硬币的清点方法有两种，一种是手工清点硬币，另一种是工具整点硬币。

1. 手工清点硬币

手工清点硬币一般常用在收款、收点硬币尾零款。对于零散硬币的清点一般包括整理、清点、记数、包装等几个步骤。

1) 整理

清点硬币前，应首先将不同面值的硬币分类码齐排好，一般 5 枚或 10 枚为一垛。

2) 清点

清点时，可将硬币从右向左分组清点，用右手大拇指和食指持币分组点数。为了准确，可以用中指分开查看各组数量并复点无误后，即可计算金额，完成硬币清点工作。

3) 记数

可采用分组记数法。每 5 枚或 10 枚为一组，记满 20 组或 10 组为 100 枚。

4) 包装

硬币清点完毕后，对每 50 枚同类硬币要进行包装。包装时，用双手的无名指分别顶住硬币的两头，用大拇指、食指、中指捏住硬币的两端，将硬币放入已准备好的包装纸的 1/2 处，再用双手大拇指把里边半部分的包装纸向外掀起掖在硬币底部，再用右手掌心用力向外推卷，然后用双手的中指、食指、大拇指分别将两头包装纸压下均贴至硬币，这样使硬币两头压三折，包装完毕。

2. 工具整点硬币

工具整点硬币是指将大批的硬币用整点工具进行整点。具体操作步骤如下。

1) 拆卷

拆卷有以下两种方法。

(1) 震裂法拆卷，是用双手的大拇指与食指、中指捏住硬币的两端向下震动，在震动

的同时左手稍向里扭动，右手稍向外扭动。值得注意的是，用力要适度，使包装纸震裂，取出震裂的包装纸准备清点。

(2) 刀划法拆卷，首先在硬币整点器的右端安装一个刀刃向上的刀片，拆卷时用双手的大拇指、食指、中指捏住硬币的两端，从左端向右端在刀刃上划过，这样做包装纸被刀刃划破一道口，硬币进入整点器盘内，然后将被划开的包装纸拿开，准备点数。

2) 点数

硬币放入整点器内进行清点时，用双手食指扶在整点器的两端，大拇指推动弹簧轴，眼睛从左端到右端扫视，看清每格内是否是 5 枚，如果有氧化变形及伪币则应随时挑出，如数补充上，然后准备包装。

3) 包装

用工具清点硬币的包装方法与手工清点硬币法相同。

特别提示：

用工具清点硬币时，要注意拆卷动作，用震裂法拆卷时双手用力要适度，不要使硬币扭散以致掉落；封卷时要两手同时操作，卷纸和折角要在同一时间内完成，盖章时要左手滚动币卷，右手顺着滚动的方向盖章。

任务 2.5　防伪点钞机的使用技能

点钞机是一种自动清点钞票数目的机电一体化装置，一般带有伪钞识别功能。由于现金流通规模庞大，银行出纳柜台现金处理工作繁重，点钞机已成为不可缺少的设备。随着印刷技术、复印技术和电子扫描技术的发展，伪钞制造水平越来越高，必须不断提高点钞机的辨伪性能。点钞机样式如图 2-8 所示。

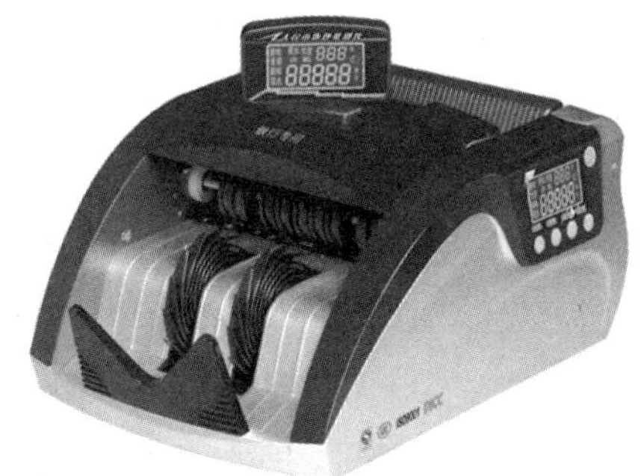

图 2-8　点钞机样式

2.5.1　点钞机的结构

点钞机是由捻钞、出钞、接钞、传动、机架组件和电子电路等多部分组成。

1．捻钞部分

捻钞部分主要由滑钞板、送钞舌、阻力橡皮、落钞板、调节螺丝、捻钞胶圈等组成。

将要清点的钞票逐张捻出是保证计数准确的前提。捻钞胶圈捻走处于表面的一张钞票，下面的钞票被阻力橡皮粘住，使表面的钞票与下面的钞票分开，实现分张。这个过程不断重复进行，直到捻完最后一张钞票。

2. 出钞部分

出钞部分主要由出钞胶轮、出钞对转轮组成。其作用是出钞胶轮中的出钞胶圈以捻钞胶圈两倍的线速度把连续送过来先到的钞票与后面的钞票有效地分开，送往计数器与检测传感器进行计数和辨伪。

3. 接钞部分

接钞部分主要由接钞叶轮、托钞板、挡钞板等组成。

点验后的钞票一张张分别卡入接钞爪轮的不同爪，由脱钞板将钞票取下并堆放整齐。飞钞现象在点钞机中比较常见，要解决这个问题，须注意三个方面：一是接钞叶轮中心位置，二是叶爪形状，三是叶轮转速。

(1) 接钞叶轮中心位置的确定：接钞叶轮中心应尽量靠近出钞轴，当钞票离开出钞胶轮时，必须尽量卡入叶爪的深部，这样就能保证钞票不会因为卡入过浅而飞钞。

(2) 叶爪的形状：其曲线应使钞票插入后有一个弯曲变形，钞票变形越大越不易脱出。

(3) 叶轮转速：叶轮转速越快则越易飞钞，但太慢钞票又会撞击叶爪底部。叶轮转速与点钞速度和叶爪数量有关。

4. 传动部分

传动部分可采用单电机或双电机驱动，由电动机通过传动带、传动轮，将动力输送给各传动轴。采用双电机驱动易于实现预置数功能。电机可采用交流或直流电机，由于电机和变压器的重量较大，如果采用直流电机配合开关电源，则可大大减轻整机重量。

5. 机架组件部分

实践证明机架组件采用冲压力边板效果较好。采用这种设计的好处是机架的左、右边板中相对精度较高的部分可以采用同一模具一次加工完成，提高了机架的装配精度，降低了成本，也为运动中的钞票得到有效识别提供了所需的定位精度。

6. 电子电路部分

电子电路部分由主控部分、传感器部件、驱灯组件、电源等组成，通过多个接口把紫光、磁性、红外穿透、计数信号引入主控器。该机器事先会把正常钞票在正常清点中从各传感器接收到的信号进行统计取样、识别，并寄存起来，作为检测的依据。当清点纸币时，把在各通道接口接收到的信号参数与原寄存起来的信号参数进行比较、判断，若有明显差异则会立即送出报警信号并截停电机，同时送出对应的信号提示。

2.5.2 点钞机的种类

根据点钞机的功能可将其分为全智能型点钞机、半智能型点钞机和普通型点钞机。

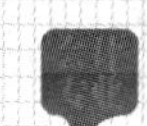

1. 全智能型点钞机

这种机型功能齐全，适合运用于钱流量大，平均每天需点十万元以上，对第四套人民币要求能区分出来的环境中。

2. 半智能型点钞机

这种机型功能比较齐全，适合运用于钱流量一般，平均每天需点几万元到十万元，对第四套人民币不要求能区分出来的环境中。

3. 普通型点钞机

普通型点钞机，就像以前的模拟手机一样，其功能少，质量比半智能和全智能型点钞机都差。而半智能和全智能型点钞机的能力就像现在的智能手机一样，功能全，工作稳定。这样的机器只针对钱流量极少的商品零售店。

2.5.3　点钞机的辨伪技术

辨伪是通过检测人民币的固有特性来分辨真假。点钞机是机电一体化产品，涉及机械、电、光、磁等多个领域的知识，需要各方面互相配合。

1. 荧光检测

荧光检测的工作原理是针对人民币的纸质进行检测的。人民币采用专用纸张制造(含85%以上的优质棉花)，假钞通常采用经漂白处理后的普通纸进行制造。经漂白处理后的纸张在紫外线的照射下会出现荧光反应(在紫外线的激发下发出波长为 420～460nm 的蓝光)，人民币则没有荧光反应。所以，用紫外光源对运动钞票进行照射并同时用硅光电池检测钞票的荧光反应，可判别钞票真假。为排除环境光对辨伪的干扰，必须在硅光电池的表面安装一套透过波长与假钞荧光反应波长一致的滤色片。

在荧光检测中，需要注意两个问题：①检测空间的遮光。外界光线进入检测空间会造成误报；②紫外光源和光电池的防尘。在点钞过程中有大量粉尘，这些粉尘粘附在光源表面会削弱检测信号，造成漏报。

对第五套人民币，可同时检测荧光字以提高辨伪效果。

2. 磁性检测

磁性检测的工作原理是，大面额真钞(20 元、50 元、100 元)的某些部位是用磁性油墨印刷的，而磁头可对运动钞票的磁性进行检测，再通过电路对磁性进行分析，便可别钞票的真假。

在磁性检测中，要求磁头与钞票摩擦良好。磁头过高则冲击信号大，易造成误报；磁头过低则信号弱，易造成漏报。通过控制磁头的高度(由加工和装配保证)和在磁头上方安装压钞胶轮可满足检测需要。

3. 红外穿透检测

红外穿透的工作原理是利用人民币的纸张比较坚固、密度较高以及用凹印技术印刷的油墨厚度较大，因而其对红外信号的吸收能力较强来辨别钞票的真假。需要注意的是，油墨的颜色与厚度同样会造成红外穿透能力的差异。因此，必须对红外穿透检测的信号进行数学运算和比较分析，以免误报。

4．激光检测

用一定波长的红外激光照射第五套人民币上的荧光字，会使荧光字产生一定波长的激光，通过对此激光进行检测可辨别钞票的真假。由于仿制困难，故用此方法辨伪较准确。

5．光谱图像检测

点验钞时，可对纸币进行一个波段或两个(含)以上波段独自全幅成像、采集、分析、记录从而实现纸币的真伪鉴别，其成像的横、纵向分辨率均在25dpi(含)以上，该技术包含紫外图像分析鉴别技术、白光图像分析鉴别技术、红外图像分析鉴别技术、多光谱图像分析鉴别技术等。

6．多光谱检测

该部分检测包括以不同波长的LED颗粒排列成矩阵而成的多光谱光源、透镜阵列、图像传感器单元阵列、控制和信号放大电路以及输入输出接口等。多光谱光源和透镜阵列形成光路系统，用于发射光线并将人民币上的反射光聚焦到图像传感器单元阵列上，运用多光谱图像传感器分析功能，对钞票进行真伪鉴别。

7．数字量化定性分析检测

使用高速并行AD转换电路，高保真采集信号，对紫外光量化分析，可检测有微弱荧光反应的伪钞；可对人民币的磁性油墨进行定量分析；可对红外油墨进行定点分析；运用模糊数学理论，将一些边界不清、不容易定量的因素定量化，并建立了安全性能评估的多级评估模型，从而对钞票进行真伪鉴别。

2.5.4 防伪点钞机的使用方法

无论使用任何设备，首先要仔细阅读该产品的使用说明书，点钞机也是如此。在说明书中，会有该类型点钞机的使用介绍、基本操作方法和日常维护等必要信息。

在使用点钞机时，工作人员要按照规定的程序操作，准确进行喂钞、按键和取钞。首先，打开点钞机，使其处于工作状态，再把待点钞票整理好，码放整齐，开始点钞操作。为便于分张和下钞流畅，对于压紧的纸币应拍松后再捻开，否则容易下双张或出现“拥塞”现象。对于待清点的钞票，最好捻开成一个前低后高的斜面，平整地放入输钞台，使钞票从上面第一张依次自然下滑，通过捻钞轮进入机器内。

随着点钞机开始工作，握钞手指逐渐松开，切不可往下推挤钞票。输钞台内的钞票清点完毕后，机器可自动停止。机器运行时，操作人员要认真进行检查，如发现有假钞、破损及其他异物，或者有绵软、霉烂的钞票，要立即剔除，然后再继续清点。清点过程中若发现假币，机器就会自动停止，蜂鸣器发出“嘟嘟”几声报警信号，或在任意工作状态下指示灯亮，并且闪烁，计数显示窗显示鉴伪方式显示符，取出假币后按任意键继

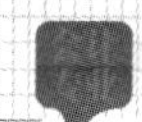

续清点。操作完毕后要注意检查机器上是否有遗漏钞票。

2.5.5　点钞机常见故障及解决方法

虽然说点钞机维修是相关专业人员的工作，但当点钞机出现一些小问题时，对于非专业人员来说也应该可以修理。下面介绍点钞机的一些常见故障及解决办法。

1. 开机后无显示

(1) 检查电源的插座是否有电。

(2) 检查点钞机的插头是否插好。

(3) 检查点钞机的保险丝是否已熔断。

2. 开机后出现故障提示代码

一般点钞机具有故障自检功能，开机后会自诊是否有故障。不同的点钞机故障代码也不一样，一般需要参考使用说明书。

3. 计数不准

(1) 调节托钞盘后部的垂直螺丝，顺时针拧一周或两周。

(2) 清理光电计数传感器上的积尘。

(3) 若清尘后不能恢复正常，则可检查阻力橡皮、捻钞轮是否严重磨损。

(4) 调节送钞台光电计数器传感器的对正位置。

4. 荧光鉴伪不报警或鉴伪灵敏度降低

(1) 调节电路板灵敏度按键或灵敏度调节电位器。

(2) 检查荧光灯管光传感器(紫光灯探头)是否积灰尘。

(3) 检查荧光灯管是否老化。

5. 启停方式失灵

(1) 检查送钞传感器是否积有灰尘。

(2) 检查送钞传感器和主电路板连接是否开路。

(3) 检查点钞机皮带是否折断。

除了以上提到的故障以外，机器还可能出现其他故障。但无论出现什么情况，首先应该对机器进行一些初步的检查，例如确认是否是由于杂物掉入机器内引起的。如果遇到较难解决的故障的话，最好请厂家专业的维修人员来维修，以使机器故障尽早得到彻底的解决。

2.5.6　点钞机的日常保养

“工欲善其事，必先利其器”，仅仅能使用好点钞机还是不够的，还应注意对点钞机进行日常的保养和维护。首先，保养点钞机最重要的一点就是除尘。在潮湿环境，如果灰尘积留得比较多，就会对机器的强电部分产生很大影响。在干燥环境，灰尘中带有大量自由电荷，而点钞机在清点的过程中也会产生一部分自由电荷，也就是我们常说的“静电”，这样就会造成自由电荷在钞票上积累，最终产生尖端放电。放电现象会对机器产生影响，轻则影响鉴伪，重则对机器的集成电路会造成无法补救的损害。

在机器内灰尘积累较多的地方是紫外灯管。紫外灯管是点钞机利用光学技术进行鉴伪的光源，当它被遮挡时，光源的强度就会下降，这样鉴伪的灵敏度也会随之降低。在多数情况下，光学传感器距离紫外灯管很近，如果灯管的积尘较多，则会将传感器遮盖住，这样鉴伪的灵敏度就更低了。这里的灰尘可以用毛刷或者抹布进行清理，但必须先将机器的电源切断，以免触电。清除了灯管上的灰尘后就要对机器的积尘盒进行清理了。带有吸尘装置的点钞机，其吸尘装置吸取的灰尘都装在积尘盒里，可以将它拆下来进行清理。点钞机的机构是很复杂的，用毛刷或者抹布不能碰到的地方就不要非得去碰，否则容易损坏机器。

其次就是更换易损件。点钞机的易损件主要包括橡胶器件和紫光灯管。点钞机是模仿人类点钞的机器，它主要模仿的是摩擦作用，因此使用了部分橡胶器件。该器件使用一段时间后会由于磨损而导致摩擦力下降，从而导致机器的性能也随之下降，在这种情况下就需要更换相应的橡胶器件了。另外，紫外灯管工作一段时间后其发射能力也会下降，从而导致机器鉴伪能力下降。更换它们的方法一般是很容易的，只要按使用说明书要求的方法拆下相应的部分，然后再将新的器件安装上就可以了。

最后一项保养工作是调节点钞的间隙。点钞机有一个调节摩擦力的机构，大多数点钞机的这个机构都设在机器的后部，其外形类似于圆形的钮，可称它为“旋钮”。旋钮的调整一般符合“顺时针调整，摩擦力增加；逆时针调整，摩擦力减小”的规律，一般调节两圈就可以了。

对点钞机进行定期的保养可以使点钞机处在较好的工作状态下，从而使工作效率大大提高。

任务 2.6　票据的识别技能

票据有广义和狭义之分。广义上的票据主要是指在经济往来中使用的单据、凭证，如证券、单证、仓单、票证、提单、货单、运单、发票等。狭义上的票据仅指票据法规定的汇票、本票和支票。

出纳人员处于财务管理的前沿，经常要与票据打交道，应掌握票据鉴别的方法，把好第一道关。下面主要介绍发票、支票和银行承兑汇票真伪的鉴别。

2.6.1　发票真伪的鉴别

发票是指在购销商品、提供或者接受服务以及从事其他经营活动中，开具、收取的收付款凭证。它是消费者的购物凭证，是纳税人经济活动的重要商事凭证，也是财政、税收、审计等部门进行财务税收检查的重要依据。面对形形色色的发票，出纳人员如何

去识别其真假，从而避免损失呢？

1. 发票审查程序

什么是假发票？一是发票本身是假的；二是发票是真的，但开票人(开票单位)是假的；三是发票是真的，但开票人(开票单位)与经营事项不一致。当接收到一张票据后，一是要看发票使用是否正确，是否使用相应的国税票据、地税票据、财政票据。二是看填写是否正确，如发票抬头、日期、品名、数量、单价以及大小写金额的字迹、笔体、笔画的精细、压痕是否一致，填写是否齐全，有无用药剂退色、用橡皮擦、小刀刮等涂改痕迹。三是看印章是否正确清楚。我国自 2012 年开始使用新的印章，新印章比原来的小，近似圆形，上面为销售单位名称，中间为税号，下面为发票专用章。财政票据必须加盖财务专用章。四是审查票据具体内容，审查发票开具事项是否与经营单位性质相符，票据的勾稽关系是否正确，事项是否合理。五是深入辨别真伪。

2. 发票真伪鉴别方法

1) 根据报销票据本身的防伪性能来鉴别真假发票

(1) 借助紫光灯来分辨发票的真假。发票监制章是识别发票真伪的重要法定标志。全国统一启用的新版发票上的发票监制章的形状为椭圆形，上环刻制“全国统一发票监制章”字样，下环刻制“××税务局监制”字样，中间刻制国税、地税机关所在地的省、市全称或简称，字体为正楷，印色为大红色，在紫外线灯下呈橘黄色荧光反应，套印在发票联的票头正中央，且发票联采用印有“SW”字样防伪专用纸。

(2) 从发票质量上鉴别。真发票的纸质挺括坚韧，手感比较柔韧，油墨色泽柔和明亮，内含的菱形水印从正反两面看，其线条均没有外力压制痕迹，透过光线可见其比较通透，线条圆润、字迹清晰、字间距适当、印制精细。假发票纸张较为光滑、硬、绵软发脆，菱形水印透过光线看起来好像用实线描画而成，无通透感，从纸张背面看，菱形标志的线条有外力压制痕迹。油墨色泽暗淡偏差较大，字迹模糊不清，字间距不成比例，属粗制滥造。

(3) 从发票刮奖区覆盖层鉴别。假发票覆盖层较薄，且质地硬滑，不易刮出奖区隐藏文字，在奖区覆盖层背面没有重叠“8”字码；刮奖区的断开线是经过特殊处理的，不是印制的。

(4) 从发票代码编制规则鉴别。发票分类代码共 12 位，第 1 位为税务代码，其中“1”代表国税普通发票，“2”表示增值税普通发票；第 2、3、4、5 位为地区代码，以全国(地、市)行政区域统一代码为准，用四位数表示；第 6、7 位为年份代码，例如 2004 年印制的发票以 04 表示；第 8 位为统一的行业发票代码；第 9、10、11、12 位为细化的发票种类代码，按照保证每份发票编码唯一的原则，各省自编。

(5) 从票据的有效性及复写情况鉴别。地税票据都是机打和定额票据，无手写票据。定额票据无底纹，最大面额为 100 元，如出现底纹或超过 100 元则为过期发票。查看复写的字迹颜色是否相同，本应一式多份复写的是否符合复写的实际情况，发票的正面和反面都应仔细查看，背面有无局部复写的痕迹。发票的第二联如果不是复写的而是用钢笔或圆珠笔填写的，就说明存在问题。

2) 从票据填制的内容和加盖的印章进行审核

(1) 查验发票所填制的内容是否相符。①看发票物品名称是否具体、正确、清楚，如书写的类别名称为生产用品、办公用品、交电、百货、日杂、土产，且金额较大，对这种情况不论付款是用现金还是转账，都可能存在问题。②看付款单位的名称与其他内容是否相符。如一张商业发票所填制的内容应是商品批发、零售及百货销售之类的商品，如果品名规格栏填写的是加工费、维修费、租赁费、服务费、印刷费等内容，则显然与票据的种类不相符，这类报销票据就是不合规票据。

(2) 查验票据加盖的印章与票据的种类是否相符。如一张商业发票所加盖的印章是××印刷厂、××机关、××汽车维修厂、××打字复印社的印章，显然这样的发票加盖的印章与票据的种类不相符，也是违规票据。

(3) 查验票据的属地、职能与票据上加盖的印章是否相符。如一张发票是山东省商业发票，而发票加盖的印章是河南省××公司的发票专用章，显然这种票据违反了票据管理的属地原则，也是不合规票据。

(4) 审查票据客户名称填写是否与报账单位名称相一致。如客户名称填写的是个人，所收取的费用是养路费、诉讼费、罚款等应该由个人承担的费用，这样的票据也是不能报销的。

(5) 查验是否属过期作废票据。如果一张票据有效日期截至 2010 年年底，开票日期却是 2011 年 3 月 16 日，显然这样的过期作废票据也是不能报销的。

(6) 查验票据号码与开票日期的填写是否合理。如发票号码是 14300638 和 14300639 的两张发票，填制票据的时间却分别是 2009 年 7 月 10 日 2009 年 4 月 25 日，那么就可断定该项票据也是违规票据，但是如果注明票据丢失属于补票的情况除外。

(7) 审查票据的大小写金额是否相符以及金额是否正确。如果报销票据的大小写金额不一致或者金额填写有错误，显然这种金额不准确的票据也是不能报销的。对于这样的票据应当由出具单位重开，不能在票据上更正。票据不能乱涂改，如果发票金额需由大改小，则应在发票正面写上报销金额并签字，但发票金额不能由小改大。

(8) 审查复写的发票是否有印痕。查看复写的字迹颜色是否相同，本应一式多份复写的是否符合复写的实际情况，发票的正面和反面都应仔细查看，背面有无局部复写的痕迹。发票的第二联如果不是复写的而是用钢笔或圆珠笔填写的，就说明存在问题。同时，我们要查验发票是否用药剂退色、用橡皮擦、小刀刮等涂改痕迹，如存在上述现象，则票据也是不能报销的。

(9) 审查发票填写位置是否存在位移。

所谓位移，也就是第二联经复写后，票据上的文字或数字出现错位，如一张票据大写金额是陆仟元，小写金额是 60 000 元，这样的票据也是不合规票据，因为税务机关指定的企业在印制装订发票时，各联次纵横行列都是对齐的，有固定位置，不会出现位移现象。

(10) 审查报销票据是否属白条、收据。

所谓白条、收据是指报纸杂志订阅单、培训费收据、政府部门收费收据等。这种以

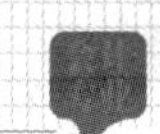

收据、白条代替发票或基金票据使用的目的是偷逃税款或私设“小金库”，显然这样的票据也是不能报销的。

3) 从鉴别经济业务的真实性来判定真假发票(审计角度)

(1) 篡改发票。发票内容涵盖面广，目前被公认的虚假经济业务开具的发票内容多为“办公用品”、“电脑耗材”、“打印纸”、“烟、酒、茶”等，如在大型商场用于购买物品的代金券，大都分成若干“办公用品”发票开具。有些发票内容涉及“培训费”、“宣传费”、“会议费”、“维修费”、“修理费”、“网络维护费”等事项，且发票金额较大，如酒店餐饮类发票往往被改开为会议费，公费旅游支出被篡改为培训费。以上可疑经济业务，可通过延伸审计进行追踪检查。比如对发票存根、发票明细表、购买的实物或办公用品、电脑耗材等实际消耗量进行调查，确定支出事项是否合规、合法。

(2) 套开发票。分开填写发票存根联、记账联、报账联，报账单位可通过在限定额度内随意填写金额达到多报账的目的。可通过查看发票字迹、填写是否错位、复写痕迹及调查发票存根等方式发现疑点。

(3) 近似限额发票。比如千元版发票的所能开具的金额可达 999 元。此类发票可通过银行查询、实物查证、询问排查等方法确立疑点。

(4) 码异常发票，即发票号码连号或一事开多张发票且断号。发票号码连号，可能是假发票且属伪造经济业务事项；一项经济业务连开多张发票，断号号码间隔大或者时间长，可作为疑点经济业务。出现上述情况时，可通过直接询问和追查发票来源确认是否属于虚假经济业务。

(5) 异地虚假发票，即利用异地发票难以核查作弊。如异地报刊发票，差旅费中有异地住宿费而无车票等情况，可通过积极函证和银行账户查询法核查。

(6) 异常情况发票。大致分成三种情况，一是频繁使用同一销售单位开具的各类商业发票。因与开票单位的特殊关系，容易取得发票而频繁使用。二是小商店大发票。由于零售小商店提供的商品服务有限，而从零售小商店累计开具高额发票，则属异常情况。三是多张餐饮或差旅发票一次报销。多张餐饮及差旅发票间隔时间长，所属地域不同，票据新旧不一等情况，都可以确认为疑点。可通过银行账户查询、询问调查和实地考察取证等方法查实情况。

(7) 印章反常发票。一般违规、违法的经济业务不会像正常业务一样印章清晰，商品单位价格及合计数值合理。从销售单位的角度来说，提供假发票将承担一定的法律风险。所以，总会不情愿或者有意用印模糊不清，或印章单位本身就是一个杜撰单位，此类大额发票可作为审查重点。可通过咨询工商、税务部门证实单位的真实性、询问调查或延伸开票单位核查。

(8) 勾稽关系失真发票。一些虚假经济事项为拼凑合计数值，一般做法是用发票合计数值除以商品单价，得出的数量直接填写在发票上。通过核查发票上记录的品名、规格、单价、金额可以发现，畸高或低、畸多或少的即为虚假经济业务疑点。

总之，发票是会计人员在工作中几乎每天都要接触的，对发票的正确审查是必须具

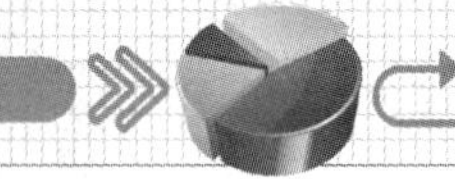

备的工作技能，鉴别真伪发票也是必须掌握的基本技术。除了上述内容的学习，在实际工作中还需要多多积累经验，及时发现问题，为企业避免不必要的损失。

2.6.2 支票真伪的鉴别

支票是由出票人签发，并委托办理支票存款业务的银行或者其他金融机构在见票时无条件支付确定的金额给收款人或持票人的票据。

支票出票人签发的支票金额，不得超出其在付款人处的存款金额。如果存款低于支票金额，银行将拒付给持票人。这种支票称为空头支票，出票人要负法律上的责任。

支票一经背书即可流通转让，具有通货作用，成为替代货币发挥流通手段和支付手段职能的信用流通工具。运用支票进行货币结算，可以减少现金的流通量，节约货币流通费用。现金支票和转账支票样式分别如图 2-9 和图 2-10 所示。

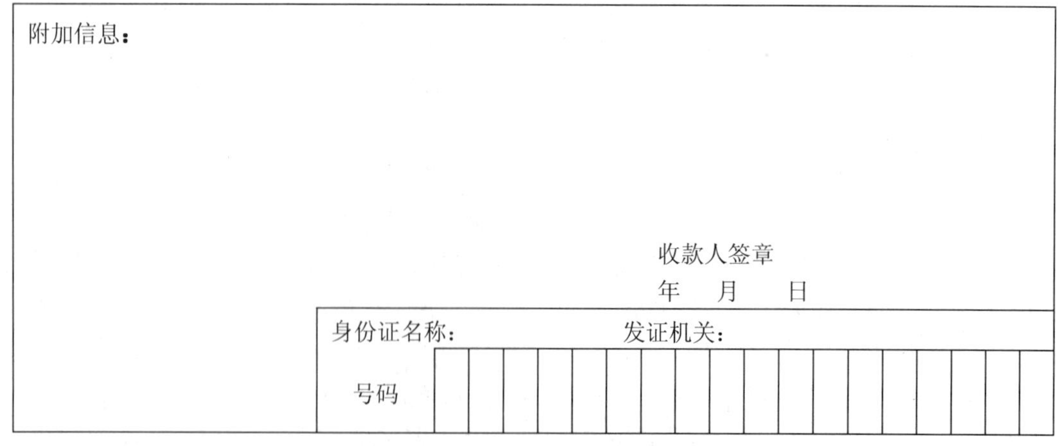
中国工商银行
现金支票存根
Ⅷ 00382672
附加信息
出票日期　年　月　日
收款人：
金　额：
用　途：
单位主管　　会计

中国工商银行　现金支票(湘)　Ⅷ 00382672
出票日期(大写)　年　月　日　付款行名称：
本支票付款期十天
收款人：　出票人账号：

人民币(大写)		千	百	十	万	千	百	十	元	角	分

用途：　科目(借)
上列款项请从　对方科目(贷)
我账户内支付　付讫日期　年　月　日
出票人签章　出纳　复核　记账

附加信息：

收款人签章
年　月　日

身份证名称：　发证机关：
号码

图 2-9　现金支票正面及背面样式

中国工商银行
转账支票存根
Ⅷ 00312340
附加信息

出票日期　　年　月　日
收款人：
金　额：
用　途：
单位主管　　　会计

本支票付款期十天

中国工商银行转账支票(湘)　Ⅷ 00312340

出票日期(大写)　　年　月　日　付款行名称：
收款人：　　　　　　　　　　　　出票人账号：

人民币(大写)		千	百	十	万	千	百	十	元	角	分

用途：　　　　　　　　　　科目(借)
上列款项请从　　刘大伟印　　对方科目(贷)
我账户内支付　　　　　　　转账日期　　年　月　日
出票人签章　　　　　　　　出纳　　复核　　记账

财务专用章

附加信息：
背书人姓名：
被背书人签章
年　月　日
背书人姓名：
被背书人签章
年　月　日
身份证名称：　　　　发证机关：
号码

图 2-10　转账支票正面及背面样式

出纳人员在日常工作中，应慧眼识支票，凡是以下银行拒收的支票都不能收：①预期支票或远期支票；②过期支票；③印鉴不符的支票；④印鉴模糊的支票；⑤大小写金额不符的支票；⑥污损的支票；⑦缺角的支票；⑧涂改的支票；⑨作废的支票；⑩空头支票。

出纳人员在收取支票后，应尽快将支票送到银行，这个行为称为入账。入账方式有以下两种。

(1) 顺转：将支票交到开出支票的银行去，由开出支票银行将钱拨到收款银行。

(2) 逆转：将支票交到自己企业的开户行，委托开户行到开出支票的银行收款。

其中，顺转时支票交到支票开户行立刻就可以知道支票上有无足够金额，所以入账时最好去支票开户行。

2.6.3 银行承兑汇票真伪的鉴别

银行承兑汇票是由在承兑银行开立存款账户的存款人出票，向开户银行申请并经银行审查同意承兑的，保证在指定日期无条件支付确定的金额给收款人或持票人的票据，即它是由银行承诺到期付款的汇票；而由实力雄厚、信誉卓著的企业承诺到期付款的汇票称为商业承兑汇票。银行承兑汇票样式如图 2-11 所示。

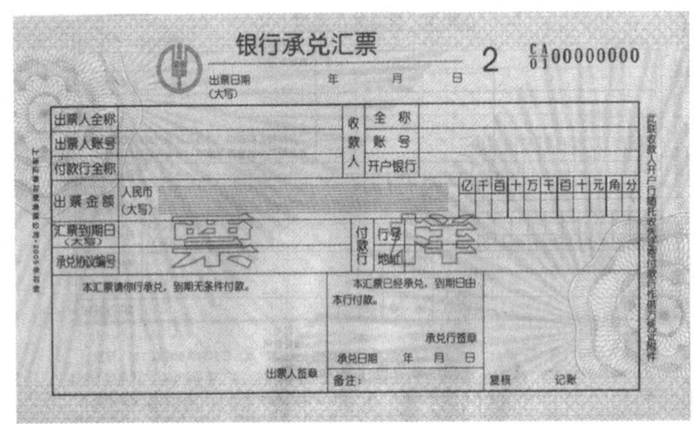
银行承兑汇票　2　00000000
出票日期（大写）　年　月　日
出票人全称
出票人账号
付款行全称
收款人　全称　账号　开户银行
出票金额　人民币（大写）　亿 千 百 十 万 千 百 十 元 角 分
汇票到期日（大写）
付款行　行号　地址
承兑协议编号
本汇票请你行承兑，到期无条件付款。
本汇票已经承兑，到期日由本行付款。
承兑行签章
承兑日期　年　月　日
出票人签章
备注：　复核　记账

图 2-11　银行承兑汇票样式

在银行承兑汇票业务迅猛发展的同时，市场上假冒、变造的承兑汇票也随之涌现，作为出纳人员应把住审查关，以避免给企业造成不必要的损失。

银行承兑汇票的鉴别一般采用五种实用有效的方法：一查，二听，三摸，四比，五照。

一查，即通过审查票面的“四性”——清晰性、完整性、准确性、合法性来辨别票据的真伪。

(1) 清晰性：主要指票据平整洁净，字迹印章清晰可辨，达到无污损，无涂改。

(2) 完整性：主要指票据没有破损且各记载要素及签章齐全，达到无残缺，无漏项。

(3) 准确性：主要指票面各记载要素填写正确，签章符合《票据法》的规定，达到无错项，无笔误。

(4) 合法性：主要指票据能正常流转和受理，达到无免责，无禁令。所谓“无免责”指对于注有“不得转让”、“质押”、“委托收款”字样的票据不得办理贴现。所谓“无禁令”指票据应不属于被盗、被骗、遗失范围及公检法禁止流通和公示催告范围。

二听，即通过听抖动汇票纸张时发出的声响来辨别票据的真伪。

用手抖动汇票时，汇票纸张会发出清脆的响声，能明显感到纸张韧性，而假票的纸张手感则软、绵、不清脆，而且票面颜色发暗、有污渍，个别印刷的字迹模糊。

三摸，即通过触摸汇票号码凹凸感来辨别票据的真伪。

汇票号码正、反面分别为棕黑色和红色的渗透性油墨，用手指触摸时有明显的凹凸感，假票的号码则很少使用渗透性油墨，而且用手指触摸时凹凸感不明显。

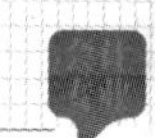

四比，即借助票面“四种防伪标志”来辨别票据的真伪。

(1) 纸张防伪：不需借助仪器即可看到在汇票表面无规则地分布着色彩纤维；汇票纸张中加入了一种化学元素，如用酸、碱性物质进行涂改，汇票则会变色。

(2) 油墨防伪：汇票正中大写金额线由荧光水溶线组成，如票据被涂改、变造，此处则会发生变化，线条会消失。

(3) 缩微文字防伪：汇票正面“银行承兑汇票”字样的下划线是由汉语拼音“HUIPIAO”的字样组成；汇票中间是由汉语拼音“HUIPIAO”字样的缩微文字组成的右斜线，横贯整个票面的宽带区域。

(4) 印刷防伪：汇票右下角的梅花花心内为大写汉语拼音 H 的字样。注意 H 字母应为空心。

五照，即借助鉴别仪的“四个灯”来辨别票据的真伪。

(1) 放大灯：在放大灯下可观察到汇票正面的印刷纹路清晰连续，且纸张无涂改变色痕迹。 同时，还可通过子母放大镜的子镜观察到汇票正面清晰连续的缩微文字。

(2) 短波灯：在短波灯下可观察到汇票背面的二维标识码呈淡绿色荧光反应。

(3) 长波灯：在长波灯下可以观察到在汇票表面无规则地分布着荧光纤维；汇票正面大写金额线有红色荧光反应；汇票的左上角印有红色的承兑行行徽，呈现橘红色；汇票字样右侧有暗记，为各行行徽，长波灯下呈淡绿色荧光反应。

(4) 水印灯：在水印灯下可以观察到汇票内部排列着黑白水印相间的小梅花，以及“HP”字样，一正一倒、一阴一阳地排列着。

任务 2.7　专 项 实 训

【实训 2-1】　阿拉伯数字书写实训

(1) 在下列账格中用规范化的阿拉伯数字书写。

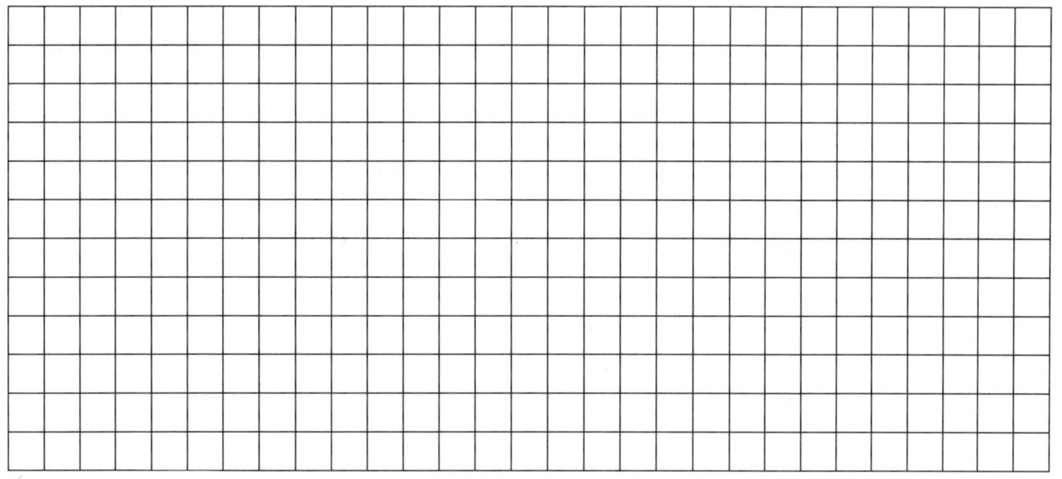

(2) 对照下列数字，练习书写没有数位线的小写金额数据。

¥23 637.94	¥58 219.07	¥8 306.92	¥69 218.00	¥6 835.47	¥35 284.90

(3) 0～9 十个阿拉伯数字反复书写 30 遍，且要符合标准。要求财会专业达到三级标准，非财会专业达到四级标准。

四级 4 分钟以内完成。

三级 3.5 分钟以内完成。

二级 3 分钟以内完成。

一级 2.5 分钟以内完成。

(4) 将下列中文大写数字写成阿拉伯数字。

① 人民币肆拾柒元捌角陆分　　应写成__________

② 人民币壹仟叁佰万零陆仟玖佰伍拾捌元整　　应写成__________

③ 人民币柒仟万零玖拾元整　　应写成__________

④ 人民币壹拾万零玖佰贰拾陆元整　　应写成__________

⑤ 人民币柒角叁分　　应写成__________

⑥ 人民币贰万肆仟玖佰零贰元伍角壹分　　应写成__________

⑦ 人民币柒仟零叁拾元零伍角整　　应写成__________

⑧ 人民币玖拾捌万零肆佰零壹元零叁分　　应写成__________

⑨ 人民币壹拾万元整　　应写成__________

⑩ 人民币柒佰万元零柒分　　应写成__________

【实训 2-2】中文大写数字书写实训

(1) 对照下列文字分别用行书和楷体练习中文大写数字的书写。

零							零						
壹							壹						
贰							贰						
叁							叁						
肆							肆						
伍							伍						
陆							陆						
柒							柒						
捌							捌						
玖							玖						
拾							拾						
佰							佰						
仟							仟						
万							万						
亿							亿						
元							元						
角							角						
分							分						
整							整						

(2) 将中文大写数字从零到拾书写 10 遍。试试看，5 分钟以内你写完了吗？书写得

是否正确、清晰、整齐、流畅、标准、规范和美观？

(3) 将下列小写金额写成中文大写金额。

① ¥29 703.58　　应写成________________

② ¥170 000.00　　应写成________________

③ ¥680.20　　应写成________________

④ ¥4 000 070.90　　应写成________________

⑤ ¥50 103.09　　应写成________________

⑥ ¥106 080.78　　应写成________________

⑦ ¥306 084.03　　应写成________________

⑧ ¥20 001.70　　应写成________________

⑨ ¥79 004 000.00　　应写成________________

⑩ ¥86 254.78　　应写成________________

【实训 2-3】票据日期填写实训

将下列日期写成大写。

① 2006 年 10 月 19 日　　应写成________________

② 2007 年 3 月 30 日　　应写成________________

③ 2008 年 2 月 10 日　　应写成________________

④ 2009 年 12 月 30 日　　应写成________________

⑤ 2010 年 8 月 3 日　　应写成________________

⑥ 2010 年 11 月 11 日　　应写成________________

⑦ 2011 年 7 月 31 日　　应写成________________

⑧ 2011 年 9 月 9 日　　应写成________________

⑨ 2012 年 1 月 20 日　　应写成________________

⑩ 2012 年 4 月 11 日　　应写成________________

【实训 2-4】人民币识别实训

将真币与假币混在一起，组织学生分组鉴别。

【实训 2-5】点钞实训

(1) 用手持式单指单张点钞法点钞 100 张，共点 10 次并记录清点时间。

(2) 练习扎把方法，扎把 10 次并记录扎把时间。

(3) 用手持式单指多张点钞法点钞 100 张，共点 10 次并记录清点时间。

(4) 用手持式四指四张点钞法点钞 100 张，共点 10 次并记录清点时间。

(5) 用扇面式点钞法点钞 100 张，共点 10 次并记录清点时间。

项目小结

本章主要介绍了出纳人员必备的一些基本技能，如数码字的书写技能，人民币的识

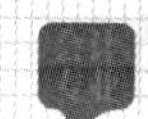

别技能，点钞技能及票据的识别技能等。

财经工作中的数码字有两种，即汉字大写数码字和阿拉伯数码字，其书写要求重点掌握，并按要求多实训。

人民币的识别，首先要掌握其防伪特征及假币的种类，然后重点掌握其识别的方法，即看、摸、听、测。

手工点钞的方法有手持式单指单张点钞法、手持式单指多张点钞法、手持式多指多张(四指四张、五指五张)点钞法及扇面点钞法，重点掌握常用的手持式单指单张点钞法。

防伪点钞机的使用技能要掌握其使用方法及故障的解决方法。

票据的识别技能重点掌握发票、支票机银行承兑汇票的真伪鉴别。

练　习　题

一、单项选择题

1. 将小写金额¥100.10 元写成大写金额正确的是(　　)。

A. 人民币壹佰元壹角整　　B. 人民币壹佰零壹角整
C. 人民币一百元一角　　D. 人民币壹佰元零壹分

2. 将大写金额“人民币壹仟零伍拾元零捌分”写成小写金额正确的是(　　)。

A. ¥1 050.08　　B. ¥1 050.80
C. ¥1 050.8　　D. ¥1 500.08

3. 将“2 月 10 日”写成大写日期正确的是(　　)。

A. 零贰月零壹拾日　　B. 贰月拾日
C. 二月十日　　D. 贰月壹拾日

4. 第一套人民币的发行时间是(　　)。

A. 1948 年 12 月　　B. 1955 年 3 月
C. 1962 年 4 月　　D. 1987 年 4 月

5. 第五套人民币的发行时间是(　　)。

A. 1987 年 4 月　　B. 1990 年 2 月
C. 1999 年 10 月　　D. 2005 年 8 月

6. 2005 年版 100 元新钞的隐形面额数字在(　　)位置。

A. 左上角团花装饰内　　B. 右下角团花装饰内
C. 左下角团花装饰内　　D. 右上角团花装饰内

7. 第五套人民币的阴阳互补对印图案没有应用于(　　)元券中。

A. 100　　B. 50
C. 5　　D. 10

8. 第五套人民币 20 元的水印是(　　)。

A. 人像　　B. 荷花
C. 月季花　　D. 水仙花

9. 下列关于普通支票的使用范围的表述中，错误的是(　　)。

A. 划线普通支票只能用于支取现金

B. 普通支票既可用于转账结算，也可用于支取现金

C. 转账支票只能用于转账

D. 现金支票只能用于支取现金

10. 银行承兑汇票的出票人是(　　)。

A. 债权人　　B. 债务人

C. 承兑人　　D. 银行机构

二、多项选择题

1. 人民币用纸的防假特征有(　　)。

A. 坚韧耐折　　B. 无荧光反应　　C. 水印

D. 安全线　　E. 有荧光反应

2. 在人民币中使用的防伪油墨有(　　)。

A. 凹印油墨　　B. 荧光油墨　　C. 磁性油墨

D. 变光油墨　　E. 闪光油墨

3. 真钞号码的印刷采用的是(　　)。

A. 平印印刷　　B. 凹印印刷　　C. 凸印印刷

D. 背面有印痕　　E. 背面无印痕

4. 变造币主要有(　　)。

A. 涂改币　　B. 剪贴币　　C. 揭层币　　D. 手绘币

5. 人民币有凹凸感的部位主要有(　　)。

A. 人像　　B. 盲文点　　C. 中国人民银行行名

D. 凹印手感线　　E. 隐形面额数字

6. 1999 年及 2005 年人民币正面左下角的号码，用光变油墨印刷的有(　　)。

A. 100 元　　B. 50 元　　C. 20 元　　D. 10 元

7. 2005 年版人民币有磁性的部位有(　　)。

A. 双色横号码　　B. 安全线

C. 隐形面额数字　　D. 凹印手感线

8. 人民币识别的方法主要有(　　)。

A. 看　　B. 摸　　C. 听　　D. 测

9. 残缺人民币属于下列(　　)情况的，可全额兑换。

A. 票面残缺不超过 1/5，其余部分的图案和文字能照原样连接的

B. 能辨别面额，票面剩余 4/5 的

C. 能辨别面额，票面剩余 3/4(含 3/4)以上，其图形能原样连接的

D. 能辨别面额，票面剩余 1/2(含 1/2)至 3/4 以下，能原样连接的

三、判断题

1. “¥10.00”写成大写应为“人民币拾元整”。（　）
2. “人民币柒仟零伍元整”写成小写应为“¥7 005 元”。（　）
3. 1999 年 10 月 1 日，中国人民银行发行了第五套人民币。（　）
4. 第五套人民币面额纸币正面均采用毛泽东头像。（　）
5. 第五套人民币 100 元券和 50 元券正面左下方的面额数字采用光变油墨印刷。（　）
6. 将第五套人民币 100 元纸币的光变油墨面额数字改变角度观察时，其由绿色变为蓝色。（　）
7. 识别假币一般采用看、摸、听、测等方法。（　）
8. 假币的没收权属于银行、公安和司法部门。（　）
9. 手持式单指单张点钞法是实际工作和生活中应用最广泛的一种基本的点钞方法。（　）
10. 在使用点钞机时，工作人员要按照规定的程序操作，准确进行喂钞、按键和取钞。（　）

四、简答题

1. 大、小写金额数字的书写要求有哪些？
2. 1999 年版第五套人民币的防伪特征有哪些？
3. 2005 年版第五套人民币与 1999 年版相比的异同处有哪些？
4. 识别假钞的方法有哪些？
5. 什么是损伤、残缺人民币？其确定标准有哪些？
6. 发现假币后应如何处理？
7. 如何审查发票？
8. 银行拒收的支票有哪些？
9. 银行承兑汇票鉴别一般采用哪些方法？

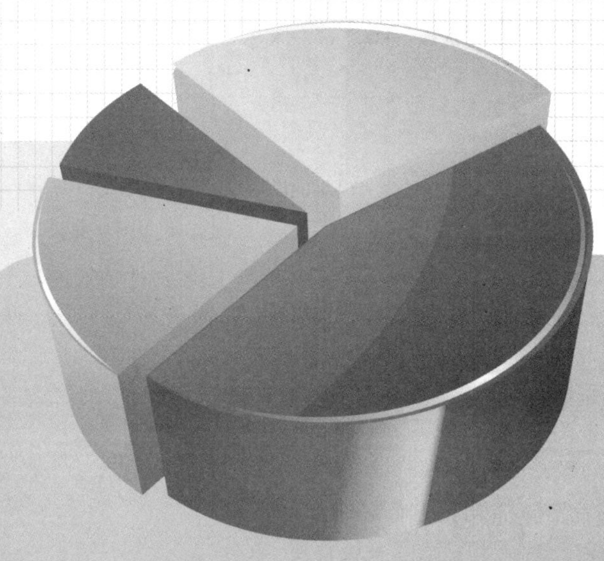

项目 3

出纳凭证

学习目标

了解出纳凭证的概念和种类；掌握出纳凭证填制的要求和审核出纳凭证的方法，以及凭证整理和装订的方法；了解凭证保管的要求以及销毁的流程。

项目重点与难点

出纳凭证的填制和审核，凭证的整理和装订。

技能要求

通过本项目的学习在今后的出纳工作中能正确地填制和审核出纳凭证，具备整理和装订凭证的能力。

【项目导入】

陈兴开始承担出纳岗位的工作，面对眼前大量的凭证，他开始担心该怎样运用学习过的系统的会计理论知识来开展实践工作。通过本项目的学习，他将了解到以下知识：①什么是出纳凭证？②如何填制出纳凭证？③怎样审核出纳凭证？④怎样将归档的出纳凭证整理装订？这样陈兴就能正确地处理有关出纳凭证方面的工作了。

任务 3.1 原始凭证

3.1.1 原始凭证的概念

原始凭证，又称单据，是在经济业务发生或完成时取得或填制的，用以记录或证明经济业务已发生或完成的文字凭据。它用来记录经济业务发生或完成情况，是进行会计核算的原始资料和重要依据。同时它还可以明确经济责任，是会计资料中最具有法律效力的一种文件。

3.1.2 原始凭证的类型

1. 按其来源不同分类

按其来源不同，原始凭证可分为外来原始凭证和自制原始凭证。

1) 外来原始凭证

外来原始凭证，简称外来凭证，是指在经济业务发生或完成时从其他单位或个人直接取得的原始凭证或是能证明钱、物往来的最初证明。外来原始凭证一般由税务局等部门统一印制，或经税务部门批准由经济单位印制，在填制时加盖出据凭证单位的公章方有效，对于一式多联的原始凭证必须用复写纸套写。如公司采购时取得的发货票、出差人员报账时提供的车船票、住宿票、货物运单、银行的收账通知单等，均为外来原始凭证。

2) 自制原始凭证

自制原始凭证，是指在经济业务事项发生或完成时，由本单位内部经办部门或人员填制的凭证。如借款单、产品交库单、收料单、领料单、开工单、成本计算单等。

2. 按填制手续和内容的不同分类

按其填制的手续和内容不同，原始凭证可分为一次原始凭证、累计原始凭证、汇总原始凭证和记账编制原始凭证。

1) 一次原始凭证

一次原始凭证是指一次填制完成的原始凭证，它只能反映一项经济业务事项，或同时发生的若干项同类经济业务事项。外来原始凭证一般都属于一次性原始凭证，如发票、收据等。在自制原始凭证中一次原始凭证有借款单、领料单等。

2) 累计原始凭证

累计原始凭证是指在规定期限(如一个月)内多次记录发生的同类经济业务的原始凭

证。常用的累计原始凭证有限额领料单、费用登记表等。

3) 汇总原始凭证

汇总原始凭证也称“原始凭证汇总表”，是指将一定时期内若干份记录同类经济业务的原始凭证按照一定的管理要求汇总编制一张汇总凭证，用以集中反映某项经济业务总括发生情况的原始凭证。如发料凭证汇总表、收料凭证汇总表、现金收入汇总表等都是汇总原始凭证。

4) 记账编制原始凭证

记账编制原始凭证是根据账簿记录和经济业务的需要编制的一种自制原始凭证。它是根据账簿记录，把某一项经济业务加以归类、整理而重新编制的一种原始凭证。例如在计算产品成本时编制的“制造费用分配表”。

3. 按格式的不同分类

按其格式不同，原始凭证可分为通用原始凭证和专用原始凭证。

1) 通用原始凭证

通用原始凭证是指由有关部门统一印制、在一定范围内使用的具有统一格式和使用方法的原始凭证。如全国通用的增值税发票、银行转账结算凭证等。

2) 专用原始凭证

专用原始凭证是指由单位自行印制、仅在本单位内部使用的原始凭证。如收料单、领料单、工资费用分配单、折旧计算表等。

3.1.3 原始凭证的基本要素

在日常经济活动中，由于各项经济业务的内容和经济管理的要求不同，因此各种原始凭证的名称、格式和内容也是多种多样的。但是原始凭证是经济业务的原始证据，都必须详细载明有关经济业务的发生或完成情况，必须明确经办单位和人员的经济责任，因此每种原始凭证都应具备一些共同的基本内容。原始凭证所包括的基本内容通常称为原始凭证的基本要素。如图 3-1 所示，原始凭证包含以下基本内容。

(1) 原始凭证的名称，如图 3-1 中的“湖南增值税专用发票”。

(2) 填制凭证的日期，如图 3-1 中的“2013 年 04 月 02 日”。

(3) 凭证的编号，如图 3-1 中的“No 09018303”。

(4) 接收凭证单位名称，如图 3-1 中的“兴娄锅业红公司”。

(5) 经济业务的内容及金额(单价、数量、计量单位)。如图 3-1 中购买原材料铝锭 5000 千克，单价 17 元/千克，总金额为 85 000 元，增值税金为 14 450 元等。

(6) 填制单位名称及公章或专用章。如图 3-1 中的长沙市顺发公司及该公司的发票专用章。

(7) 有关人员(部门负责人、经办人员)的签名盖章。如图 3-1 中的收款人陈丽等。

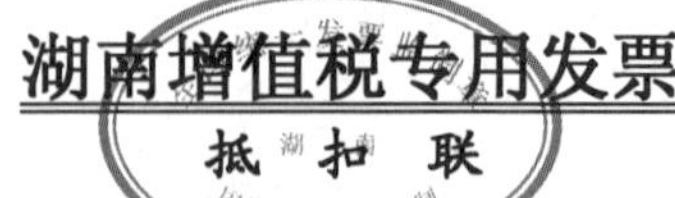

湖南增值税专用发票

抵 扣 联

4301093560　　　　№ 09018303

开票日期：2013 年 04 月 02 日

购货单位	名　　称：兴娄锅业红公司 纳税人识别号：431311555666777 地址、电话：娄底市贤童街 125 号 0738-8329504 开户行及账号：中国建设银行娄底支行 900560058940035l234	密码区	2216-2＜-12＞＞ 3＜45＞241698＝ -53＞-×15=251 216189—《2887	加密版本：01 4301092331 09016323

货物或应税劳务名称	规格型号	单位	数量	单价	金额	税率	税额
铝锭		千克	5000	17	85000.00	17%	14450.00
合计					¥85000.00		¥14450.00
价税合计(大写)	⊗玖万肆仟肆佰伍拾元整						(小写)¥94450.00

销货单位	名　　称：长沙市顺发公司 纳税人识别号：430101166677778 地址、电话：长沙望城区 0731-88253111 开户行及账号：建行望城支行 5668989612345145123	备注	

收款人：陈丽　　复核：孙平　　开票人：李飞　　销货单位(章)

第二联 抵扣联 购货方抵扣凭证

长沙市顺发公司 430101166677778 发票专用章

图 3-1　增值税专用发票

原始凭证只有具备这些基本要素才具有法律效力，才能用于会计核算。此外，有的原始凭证为了满足计划、业务、统计等职能部门管理经济的需要，还要具备一些特殊的内容和要求，如列入计划、定额、合同号码等项目，这样可以对所发生的经济业务进行更加详细的记录。

3.1.4　原始凭证的填制

1．原始凭证的填制要求

(1) 内容填制要及时、真实完整。原始凭证一定要及时填写，并按规定的程序及时送交会计机构、会计人员进行审核。原始凭证所填列的经济业务内容和数字应真实可靠，项目必须逐项填列齐全，不得遗漏和省略。

(2) 经济责任要明确。单位自制原始凭证必须有经办人和部门签名盖章；对外开出的原始凭证必须加盖本单位公章；从外部取得的原始凭证必须盖有填制单位的公章；从个人取得的原始凭证，必须有填制人员的签名盖章。

(3) 书写要清楚规范。手写原始凭证必须用蓝色或黑色笔书写，支票只能用黑色笔书写，机打发票只能机打，手写无效。一式几联的发票和收据，必须用双面复写纸(发票本身具备复写功能的除外)套写，并连续编号。原始凭证的文字部分要求内容简要，字迹清楚，不得使用未经国务院公布的简化汉字。大小写金额必须相符且填写规范，小写金额用阿拉伯数字逐个书写，在小写金额前要填写人民币符号“¥”，人民币符号“¥”与阿拉伯数字之间不得留有空白。大写金额有分的，后面不加“整”字，大写金额是角的，

整字可加可不加大写金额前还应加注币值单位，注明“人民币”、“美元”、“港币”等字样，且币值单位与金额数字之间，以及各金额数字之间不得留有空隙。如小写金额为¥1108.00 元，大写金额应写成“人民币壹仟壹佰零捌元整”。

(4) 编号要连续。同类原始凭证必须连续编号，以便查考。预先印定编号的原始凭证要连续使用，不能跳号。

(5) 不得涂改、刮擦、挖补。原始凭证有错误的，应当由出具单位重开或更正，更正处应当加盖出具单位印章。原始凭证金额有错误的，应当由出具单位重开，不得在原始凭证上更正。当原始凭证因填写或其他原因作废时，应加盖“作废”戳记，妥善保管不得撕毁。一式几联的原始凭证必须整份保存，不得缺联。

2. 原始凭证的具体填制方法

1) 一次性原始凭证的填制

下面以“原材料验收单”为例介绍一次性原始凭证的填制方法。“原材料验收单”一般为一式三联，一联留仓库，据以登记材料物资明细账和材料卡片；二联随发票账单到会计处报账；三联交采购人员存查。

【例 3-1】 2012 年 4 月 19 日，仓库管理员收到购入的铝材 5 000 千克，单价为 17 元/千克，同时发生运杂费 300 元。验收入库后，仓库管理员填制了如表 3-1 所示的原材料验收单。

表 3-1　原材料收料单

兴娄锅业红公司收料单

2012 年 4 月 19 日

供货单位：长沙市顺发公司　　　　凭证编号：000346

发票编号：09018303　　　　收料仓库：3 仓库

材料编号	材料名称	计量单位	数　量		单价	运杂费	合计
			应收	实收			
001	铝锭	千克	5 000	5 000	17	500	85500

主管：刘婷　　会计：张红　　记账：雷丽　　收料：李志

2) 累计原始凭证的填制

累计原始凭证是在一定时期不断重复记录同类经济业务的完成情况，它是由经办人在每次经济业务完成后重复填制而成的，下面以“限额领料单”为例说明累计原始凭证的填制方法。

“限额领料单”是多次使用的累计领发料凭证。在有效期间内(一般为一个月)，只要领用数量不超过限额就可以连续使用。“限额领料单”是由生产计划部门根据下达的生产任务和材料消耗定额按每种材料用途分别填制。通常一料一单，一式两联，一联交仓库据以发料，二联交领料部门据以领料。领料单位领料时，在该凭证内注明请领数量，经负责人签章批准后，持往仓库领料。仓库发料时，根据材料的品名、规格在限额内发料，同时将实发数量及限额余额填写在限额领料单内，领发料双方在单内签章。月末在此单内结出实发数量和金额转交会计部门，据以计算材料费用，并做材料减少的核算。

限额领料单的填制如表 3-2 所示。

表 3-2　限额领料单

兴娄锅业红公司限额领料单

2013 年 5 月

领料单位：四车间　　　　发料仓库：3 仓库

用　　途：生产 A 产品　　　　编号：501

材料编号	材料名称	计量单位	单价	领用限额	实际领用	
					数量	金额/元
001	铝锭	千克	17.1	6 000	5 600	95 760

供应部门负责人	陈剑	生产计划部门负责人	冯斌

日期	请　领		实　发			限额结余	退　库	
	数量	领料部门负责人	数量	发料人	领料人		数量	退料单编号
5	1 500	钟山	1 500	李志	李海	4 500		
12	1 500	钟山	1 500	李志	李海	3 000		
18	1 300	钟山	1 300	李志	李海	1 700		
25	1 300	钟山	1 300	李志	李海	400		

3) 汇总原始凭证的填制

汇总原始凭证是有关责任者根据经济管理的需要定期编制的。现以“原材料发料凭证汇总表”为例说明汇总原始凭证的编制方法。“原材料发料凭证汇总表”是由材料会计根据各部门到仓库领用材料时填制的领料单按旬汇总的，每月编制一份，送交会计部门做账务处理，如表 3-3 所示。

表 3-3　原材料发料凭证汇总表

原材料发料凭证汇总表

2013 年 05 月 31 日　　　　单位：元

应借科目	应贷科目：原材料					发料合计
	明细科目：主要材料				辅助材料	
	1—10 日	11—20 日	21—31 日	合　计		
生产成本	25 650	47 880	20 520	94 050	5 000	99 050
制造费用				5 000	2 000	7 000
管理费用				12 000	3 000	15 000
				111 050	10 000	121 050

主管：刘婷　　　　复核：王凡　　　　会计：张红　　　　制单：陈兴

3.1.5　原始凭证的审核

为了真实地反映和监督各项经济活动，保证会计核算的质量，会计人员应当认真地审核原始凭证。原始凭证的审核既是会计人员的基础工作，也是会计部门进行会计监督的重要环节。在原始凭证审核中一定要严肃认真、坚持原则。对内容不完整、手续不齐全、书写不清楚、计算不准确的原始凭证，应退还有关部门和人员，令其及时补办手续或进行更正；对违法收、支，应坚决制止和纠正。若会计人员既不制止和纠正，也不向单位领导人提出书面意见，则要承担责任；对严重违法，损害国家和社会公众利益的收、支应向主管单位财政、税务、审计机关报告，接到报告的机关应及时处理。

原始凭证的审核主要包括以下五个方面。

(1) 审核原始凭证的真实性。主要是审核原始凭证是否如实反映经济业务的本来面貌，是否有伪造、掩盖、歪曲现象。如在审核原始凭证中发现有多计或少计收入和费用等。

(2) 审核原始凭证的合法性。主要是审核原始凭证反映的经济业务是否符合国家法律法规及相关政策的规定。如擅自扩大开支范围、提高开支标准；巧立名目、虚报冒领、滥发奖金、津贴等违反财经制度和财经纪律的情况。

(3) 审核原始凭证的合理性。主要是审核原始凭证反映的经济业务是否符合企业生产经营活动的需要，是否符合相关的计划和预算。

(4) 审核原始凭证的完整性。主要是审核原始凭证的基本要素是否齐全，手续是否完备。要素不完整的原始凭证，原则上应当退回重填。特殊情况下须有旁证并经领导批准后才能报账。手续不完备的原始凭证，应退回补办手续后再予以受理。

(5) 审核原始凭证的正确性。要审核原始凭证上填列的数字和内容是否正确，计算是否正确。如果原始凭证出现错误，则需要出具单位按要求重开或更正。

阅读材料

原始凭证审核小技巧

不论原始凭证舞弊采用什么方式，其上都会直接或间接地表现出以下特点中的一点或几点。

(1) 对刮、擦、用胶带拉扯的原始凭证，其表面总会有毛糙的感觉，可用手摸、背光目视的方法检查出来；对用“消字灵”等化学试剂消退字迹而后写上的原始凭证，其纸张上显示出表面光泽消失，纸质变脆，有淡黄色污斑和隐约可见的文字笔画残留，纸张格子线和保护花纹受到破坏，新写的字迹由于药剂作用而渗透变淡等。

(2) 对添加改写的原始凭证，其文字分布位置不合比例，字体不十分一致，有时出现不必要的重描和交叉笔画。

(3) 对于冒充签字的原始凭证，其冒充签字常常在笔迹熟练程度、字形、字的斜度、字体方向和形态、字与字、行与行的间隔、字的大小、压力轻重、字的基本结构等方面存在差异，有时可以通过肉眼观察发现。

(4) 对于伪造的原始凭证，可以通过对比原始凭证的防伪标志来鉴别。对于以上四种舞弊手法，如属必要，可请公安部门运用特定的技术进行鉴别。

(5) 凭证明显不规范，要素不全，经常缺少部分要素，其关键要素经常出现不清，让人对其经济业务活动的全貌感到模糊。例如购买办公用品(实为购买个人消费品)的假凭证，往往只注明“办公用品”，而不注明到底购买了什么办公用品，其规格、型号、品种、数量如何等。

(6) 其金额往往只有一个总数，而没有分项目的明细，经不起推敲。

(7) 原始凭证的经手人经常含而不露，有时有名无姓或有姓无名，如果仔细追问则很可能查无此人。

(8) 原始凭证上的时间与业务活动发生的时间及以后的入账时间相距甚远。

(9) 主要业务凭证与其他相关的凭证不配套，有时只有其中一部分，而没有另一部分。如销售货物只有销售发票而无发货单据、托运证明、出门单、结算凭证等。

(10) 凭证的形式不规则，以非正规的票据凭证代替正规的原始凭证。例如用货币收付凭证代替实物收付凭证；以自制凭证代替外来凭证；以非购销凭证代替购销凭证等。

另外，原始凭证的内容、结算方式、资金流向与对方单位等处都可能存在异常。

任务 3.2 记 账 凭 证

3.2.1 记账凭证的概念

1. 记账凭证的含义

记账凭证是会计人员根据审核无误的原始凭证按照经济业务的内容加以归类，并据以确定会计分录后所填制的会计凭证。它是登记账簿的直接依据。在实际工作中，为了便于登记账簿，需要将来自不同单位、种类繁多、数量庞大、格式大小不一的原始凭证加以归类、整理，填制具有统一格式的记账凭证，确定会计分录并将相关的原始凭证附在记账凭证后面。

2. 记账凭证的类型

记账凭证按其适用的经济业务分为通用记账凭证和专用记账凭证两类。

1) 通用记账凭证

通用记账凭证可以记录所有类型的经济业务。一些经济业务比较简单的经济单位，为了简化凭证，一般使用通用记账凭证(见图 3-2)记录所发生的各种经济业务。

记 账 凭 证

年 月 日 ______字第_____号

摘 要	会计科目		借方金额										贷方金额										登记
	总账科目	明细科目	千	百	十	万	千	百	十	元	角	分	千	百	十	万	千	百	十	元	角	分	
附原始凭证 张		合 计																					

会计主管： 记账： 审核： 出纳： 制单：

图 3-2 记账凭证

2) 专用记账凭证

专用记账凭证是专门用来记录某一类经济业务的记账凭证。专用凭证按其所记录的经济业务与现金和银行存款的收付关系，又分为收款凭证、付款凭证和转账凭证三种。

收款凭证是用于记录库存现金和银行存款收款业务的会计凭证(见图 3-3)。它是根据有关现金和银行存款收入业务的原始凭证填制的，是登记现金日记账、银行存款日记账以及有关明细账和总账等账簿的依据，也是出纳人员收讫款项的依据。

付款凭证是用于记录库存现金和银行存款付款业务的会计凭证(见图 3-4 所示)。它是根据有关现金和银行存款支付业务的原始凭证填制，是登记现金日记账、银行存款日记账以及有关明细账和总账等账簿的依据，也是出纳人员付讫款项的依据。对于涉及“库存现金”和“银行存款”的经济业务，如存入现金和提取现金业务，为了避免重复记账，统一只填制付款凭证。

转账凭证用于记录不涉及库存现金和银行存款业务的会计凭证(见图 3-5 所示)。它是根据有关转账业务的原始凭证填制。转账凭证是登记总分类账及有关明细分类账的依据。

收　款　凭　证

借方科目　　　　　　　　　　　　年　　月　　日　　　　　　　______字第______号

摘　要	贷　方			金　额										过账页次
	科　目	子　目	细　目	千	百	十	万	千	百	十	元	角	分	
附原始凭证　　张			合　计											

会计主管:　　　　记账:　　　　审核:　　　　出纳:　　　　制单:

图 3-3　收款凭证

付　款　凭　证

贷方科目　　　　　　　　　　　　年　　月　　日　　　　　　　______字第______号

摘　要	借　方			金　额										过账页次
	科　目	子　目	细　目	千	百	十	万	千	百	十	元	角	分	
附原始凭证　　张			合　计											

会计主管:　　　　记账:　　　　审核:　　　　出纳:　　　　制单:

图 3-4　付款凭证

转　账　凭　证

年　　月　　日　　　　　　　　　　　　______字第______号

摘　要	会计科目	明细科目	借方金额										贷方金额										登讫
			千	百	十	万	千	百	十	元	角	分	千	百	十	万	千	百	十	元	角	分	
附原始凭证　　张		合　计																					

会计主管:　　　　记账:　　　　审核:　　　　出纳:　　　　制单:

图 3-5　转账凭证

3. 记账凭证的基本要素

为了保证会计核算工作的正确性，明确经济内容及对应关系，记账凭证必须具备如下一些基本内容。

(1) 填制记账凭证的日期。一般为编制记账凭证的当日。

(2) 记账凭证的编号。编制单位按月编制统一编号，如果本单位采用分类记账凭证，则可将记账凭证可分“收字第×号”、“付字第×号”、“转字第×号”等进行流水顺序编号。如果本单位采用通用记账凭证，则可以将所有的记账凭证统一编号，注明“总字第×号”。

(3) 经济业务的内容摘要。用简明扼要的文字说明经济业务的内容。

(4) 经济业务所涉及的会计科目及其记账方向和金额。

(5) 记账标记。在记账凭证记账过后，在凭证的“记账符号”栏内打“√”符号。表明该凭证已登记入账，以防止重复登记。

(6) 所附原始凭证张数。

(7) 会计主管、记账、审核、出纳、制单等有关人员的签章。

3.2.2　记账凭证的填制

记账凭证的填制是会计核算工作的重要环节，掌握记账凭证填制的要求，是做好会计工作的一项重要内容。记账凭证是进行登账、制作报表的基础，稍有差错，就无法保证会计信息的真实、完整、准确。记账凭证的填制要求概括如下。

1. 以审核无误的原始凭证为依据

记账凭证是根据经审核确认为真实、完整和合法的原始凭证为依据而编制的。并且除结账和更正错账的记账凭证可以不附原始凭证外，其他记账凭证必须附有原始凭证。

2. 正确编制及填制会计分录

填写会计科目时，应当填写会计科目的全称，不得简写。为了便于登记日记账和明细账，还应填写子目甚至细目。在填制记账凭证时，可以根据一张原始凭证填制记账凭证，也可以根据若干张同类原始凭证汇总填制记账凭证，还可以根据原始凭证汇总表填制记账凭证。但不得将不同内容和类别的原始凭证汇总填制在一张记账凭证上。否则，就会造成摘要无法填写，会计科目失去对应关系，记账时审核困难，也容易造成记账错误。

3. 记账凭证的种类的确定

采用专用记账凭证的单位，会计人员应根据原始凭证所记录的经济业务内容，先确定应借、应贷的会计科目。若分录的借方出现现金或银行存款会计科目，则应选择使用收款凭证；若分录的贷方出现现金或银行存款会计科目，则应选择使用付款凭证；若会计分录的借方出现现金会计科目，而贷方出现银行存款会计科目，或反之，应选择付款凭证；若会计分录的借、贷方均未出现现金以及银行存款会计科目，则应选择使用转账凭证。采用通用记账凭证的单位，则无论出现什么类型的会计分录，都统一使用一种记账凭证。

4. 选择正确的书写工具

填制记账凭证应选择钢笔或碳素笔。用蓝黑墨水或碳素墨水书写。

5. 记账凭证的日期的确定

记账凭证的填写日期具体可分以下三种情况。

(1) 付款业务的记账凭证，一般以财务部门支付现金或开出银行付款结算凭证的日期填写。

(2) 现金收款业务的记账凭证，应当填写收到款项当天的日期；银行存款收款业务的记账凭证，则按填制收款凭证的日期填写。

(3) 月末计提、分配费用、成本计算、转账等业务，大多是在下月初进行，但所填日期应当填写当月最后一日的日期。

6. 摘要准确而简明

摘要是为了方便查账和统计，因此要运用简单明了的语言对会计事项进行准确的描述，如某某购材料；某某借款；提现等。

7. 金额的填写正确规范

记账凭证的金额必须与所附原始凭证的金额相符；阿拉伯数字应书写规范，并且填至分位；相应的数字应平行对准相应的借贷栏次和会计科目的栏次，防止错栏串行；合计行填写金额时，应在金额最高位数值前填写人民币“¥”符号，以示金额封顶，防止篡改。

8. 记账凭证应逐行填写

记账凭证应按行次逐笔填写，不得跳行或中间留有空行，最后留有的空行，用斜线或 S 线注销。所画的直线或 S 线应以金额栏最后一笔金额数字下的空行画到合计数行上面的空行。

9．记账凭证编号要求

为了分清会计事项处理的先后顺序，方便日后登账和对账，以及保证会计凭证的安全和完整，必须对记账凭证进行编号。记账凭证的编号按月编写，具体的编写方法有以下三种。

(1) 采用通用记账凭证的单位，将一个月的全部经济业务，按经济业务发生的时间先后顺序统一编号。

(2) 采用专用记账凭证的单位，将一个月的全部经济业务，分收款业务、付款业务、转账业务三类经济业务发生的时间先后顺序统一编号。

(3) 采用专用记账凭证且经济业务繁多的单位，将一个月的全部经济业务，分现金收款、银行存款收款、现金付款、银行存款付款、转账业务五类经济业务发生的时间先后顺序统一编号。

无论采用上述哪一种方法编号，都应按自然顺序连续编号，不得跳号、重号。

一笔经济业务的编制需在两张或两张以上的记账凭证上共同反映时，首先记账凭证的编号应是一个号，然后在此号码下采用分数的方法来表示各凭证的方法称为分数编号法。例如，某笔经济业务属某月转账业务的第 48 号，需填制三张转账凭证，那么其编号应是 48(1/3)、48(2/3)、48(3/3)，分母 3 表示这笔业务需三张记账凭证，分子 1、2、3 分别表示第 1、2、3 张凭证。

10．填写所附原始凭证的张数

记账凭证一般应当附有原始凭证。附件张数用阿拉伯数字写在记账凭证的“附件××张”行内。附件张数的计算方法有以下两种。

(1) 按附原始凭证的自然张数计算。

(2) 有原始凭证汇总表的附件，可将原始凭证汇总表张数作为记账凭证的附件张数，再把原始凭证作为原始凭证汇总表的张数处理。

对于汽车票、火车票等外形较小的原始凭证，可粘贴在“原始凭证粘贴单”上，作为一张原始凭证附件。同时在原始凭证粘贴单上注明所粘贴原始凭证的张数和金额。

当一张或几张原始凭证涉及几张记账凭证时，可将原始凭证附在一张主要的记账凭证后面，并在摘要栏内注明“本凭证附件包括××号记账凭证业务”字样，在其他记账凭证上注明“原始凭证附在××号记账凭证后面”字样。原始凭证的复印件不能单独作为填制记账凭证的依据。

11．错误凭证的更正

如果在填制记账凭证时发生错误，则应当重新填制。如果是已经登记入账的记账凭证在当年内发现错误的，则可以用“补充更正法”、“红字更正法”和“划线更正法”等方法更正；如果发现以前年度记账凭证有错误的，则应当填制一张更正的记账凭证。

12．记账凭证的签章

记账凭证填制完成后，一般应由会计主管、记账、审核、出纳、制单人分别签名盖

章，以示其经济责任，并使会计人员互相制约，互相监督，防止错误和舞弊行为的发生。

【例 3-2】 2012 年 5 月 20 日，采购员李波出差需借支差旅费 2000 元，他拿了经领导审批过的借款单到财务室出纳处领取现金支票。会计人员依据李波的借款单(见表 3-4)和支票根(见图 3-6)填制了记账凭证(见图 3-7)。

表 3-4 李波的借款单

借款单 2012 年 5 月 20 日					
借款人姓名	李波	服务部门	采购部	职务	采购员
借款事由	广州出差				
借款金额	人民币(大写)贰仟元整		(小写)¥2 000.00		
备　注		审　批	同意借支。 刘婷		

中国建设银行
现金支票存根 (湘)
Ⅷ 20136691
附加信息__________
出票日期 2012 年 5 月 20 日
收款人：某公司
金　额：2000.00 元
用　途：差旅费
单位主管 刘婷　　会计 张红

图 3-6 李波借款现金支票存根

记　账　凭　证

2012 年 5 月 20 日　　　　总 字第 26 号

摘　要	会计科目		借方金额										贷方金额										登记
	总账科目	明细科目	千	百	十	万	千	百	十	元	角	分	千	百	十	万	千	百	十	元	角	分	
李波借支	其他应收款	李　波					2	0	0	0	0	0											
现支 6691	银行存款																2	0	0	0	0	0	
附原始凭证　2　张		合　计				¥	2	0	0	0	0	0				¥	2	0	0	0	0	0	

会计主管：刘婷　　记账：蔡娟　　审核：王凡　　出纳：陈兴　　制单：张红

图 3-7 依据李波借款的原始凭证填制的记账凭证

3.2.3 记账凭证的审核

记账凭证是登记账簿、科目汇总的直接依据，因此所有填制好的记账凭证都必须经过认真的审核。在审核记账凭证的过程中，如发现记账凭证填制有误，则应当按照规定的方法及时加以更正。只有经过审核无误后的记账凭证，才能作为登记账簿的依据。记账凭证的审核主要包括以下内容。

1．完整性审核

完事性审核包括：①审核记账凭证各项目填制是否齐全、字迹是否清楚规范、手续是否齐备、有关人员是否皆已签字盖章等。②审核记账凭证是否附有原始凭证，原始凭证是否齐全，内容是否合法，记账凭证所记录的经济业务与所附原始凭证所反映的经济业务是否相符。

2．正确性审核

正确性审核包括：①审核记账凭证的应借、应贷科目是否正确，账户对应关系是否清晰，所使用的会计科目及其核算内容是否符合会计制度的规定，金额计算是否准确，摘要是否填写清楚、项目填写是否齐全。②审核记账凭证所反映的经济业务内容和原始凭证所反映的金额是否相等。但是在某些情况下，记账凭证上的金额会小于原始凭证所反映的金额。如在原始凭证金额超过报销标准情况下，记账凭证只能按批准的报销金额填列，出纳员也只能按经批准的报销金额办理款项收付和登记出纳账簿。如果出现此类情况，则必须在原始单据上由经办人注明“实际报销××元”字样，以明确经济责任。

任务 3.3 凭证的装订

会计凭证是企业重要的经济档案和历史资料，会计人员记账后应及时进行整理、装订和归档。会计凭证的装订一般每月一次，装订好的凭证按年分月妥善保管归档。

3.3.1 凭证装订前的整理

凭证的整理主要是指对凭证进行排序、粘贴和折叠，这是会计人员必须具备的能力。对会计凭证装订前的整理如下。

(1) 将所有应归档的记账凭证收集齐全，并根据记账凭证的种类进行分类，按记账凭证的顺序号或时间逐张排放好。检查记账凭证编号，如有颠倒则要重新排列，发现缺号要查明原因。检查记账凭证上有关人员(如财务主管、复核、记账、制单等)的印章是否齐全。

(2) 整理记账凭证的附件(原始凭证)。原始凭证附在记账凭证后的顺序应与记账凭证所记载的内容顺序一致。同时检查附件有否漏缺，如有漏缺就要补齐全，同时剔出一些没有归档必要的附件。

对于纸张面积大于记账凭证的原始凭证，可按记账凭证的面积尺寸，先自右向后，再自下向后进行两次折叠。注意应把凭证的左上角或左侧面让出来，以便装订后还可以展开查阅。

对于纸张面积过小的原始凭证，一般不能直接装订，可先按一定次序和类别排列，

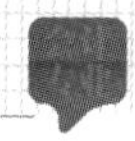

再粘在一张同记账凭证大小相同的白纸上，粘贴时以胶水为宜。小票应分张排列，同类同金额的单据尽量粘在一起，同时，在一旁注明张数和合计金额。如果是板状票证(如火车票)，可以将票面票底轻轻撕开，厚纸板弃之不用。

对于纸张面积略小于记账凭证的原始凭证，可以用回形针或大头针别在记账凭证后面，待装订凭证后，抽去回形针或大头针。

有的原始凭证不仅面积大，而且数量多，这时可以单独装订，如工资单、耗料单。但在记账凭证上应注明保管地点。

(3) 确定装订的本数。为了保证装订牢固，美观大方，每一类记账凭证应按适当的厚度分为若干本，每册的厚度应基本一致，一般来说装订凭证厚度为 1.5～2cm 比较合适，太薄不利于侧立放置，过厚不便于查阅，但不能把同属一份记账凭证的附件拆装在两册。也可以按凭证汇总日期归集(如按上、中、下旬汇总归集)确定装订成册的本数。

3.3.2　凭证装订工具的准备

凭证的装订需要准备以下一些装订工具。

(1) 凭证装订封面：规格要与记账凭证的大小相匹配，略大于所附记账凭证即可，封面材质应为结实、耐磨、韧性较强的 120g 以上牛皮纸。

(2) 包角纸：也称护角纸，材质与凭证装订封面相同，一般为正方形，规格约为记账凭证尺寸的一半；也有裁切好直接使用的“L”形包角纸。

(3) 凭证档案盒：规格要与装订封面的大小相匹配。

(4) 夹芯纸板：当业务较多、凭证较厚时，可准备夹塞纸板，备装订处夹塞，以使凭证厚度左右持平，从而避免右边翻翘，而且更美观。为遵循节约和环保的原则，实际工作中使用废弃的特快专递纸袋即可。

(5) 装订线：使用棉线或蜡线，棉线弹性较好，便于装订拉紧；蜡线耐磨性强，不易断，但无弹性。

(6) 胶水：粘贴包角纸的胶水最好选择乳白胶，乳白胶对木材、纸张、纤维具有良好的粘接性。

(7) 装订机：分为半自动、全自动、智能型三种，半自动装订机只能打孔，需要手工穿线；全自动装订机可自动穿线，手工打结即可；智能型装订机不使用装订线，采用尼龙管加热高温铆钉。

(8) 锥子：最好是带回线钩的。

(9) 曲别针：如果没有带回线钩的锥子，则可用曲别针钩线。

(10) 其他：裁纸刀、铅笔、直尺、大号反尾夹、剪刀、锤子、0～9 数字印章。

3.3.3　凭证的装订过程

会计凭证的装订按照方向分，包括侧订法(左侧装订，三孔引线)和订角法(左上角装订，两孔穿线)两种。在日常工作中一般采用订角法，具体的装订流程见图 3-8。

(1) 将凭证的封面(见图 3-9)和封底(见图 3-10)，分别附在凭证的前面和后面，再拿一张质地相同的纸(可以再找一张凭证封皮，裁下一半用，另一半为装订下一本凭证备用)放在封皮左上角，做护角线。

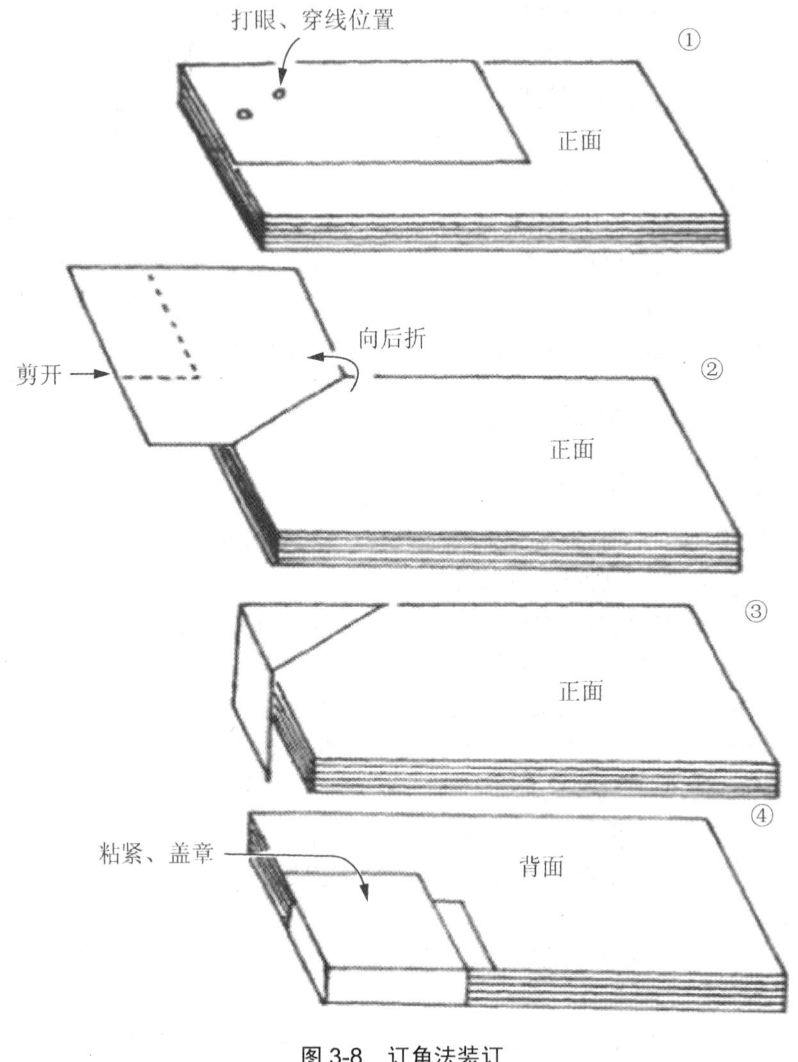

图 3-8　订角法装订

时　间	年　　月　份
册　数	本月共　　　册　本　册是第　　　册
张　数	本册自第　　　号至第　　　　号　共　　　　张
附　记	

(　　年　月　日装订)　　　　　会计主管　　　　　装订者

图 3-9　会计凭证封面

抽出日期	抽出附件详细名称	抽出理由	抽取人盖章	会计主管盖章	归还日期	备注

图 3-10　会计凭证封底

(2) 在凭证的左上角画一边长为 5cm 的等腰三角形，用夹子夹住，再用装订机在底线上分布均匀地打两个孔。

(3) 用大针引线绳穿过两个孔，如果没有针，则可以将回形别针顺直，然后两端折向同一个方向，折成“U”形，将“U”形针穿过打出的孔即可把线引过来，因为对于装订机打出的孔，“U”形针是可以穿过的。

(4) 在凭证的背面打结。线绳最好把凭证两端也系上。

(5) 将护角向左上侧折叠，并将一侧剪开至凭证的左上角，然后抹上胶水。

(6) 将护角再向上折叠，将侧面和背面的线绳扣粘牢。

(7) 待晾干后，在凭证本的侧脊上写上“某年某月第几册共几册”的字样。装订人在装订线封签处签名或者盖章。现金凭证、银行凭证和转账凭证最好依次顺序编号，一个月从头编一次序号，如果单位的凭证少，则可以全年顺序编号。

3.3.4　凭证装订后的保管

会计凭证是一个单位的重要经济档案，必须妥善保管，以便日后查阅。保管的方法和要求如下。

(1) 《会计档案管理办法》第六条规定，各单位每年形成的会计档案，应当由会计机构按照归档要求，负责整理立卷，装订成册，编制会计档案保管清册。当年形成的会计档案，在会计年度终了后，可暂由会计机构保管一年，期满之后，应当由会计机构编制移交清册，移交本单位档案机构统一保管；未设立档案机构的，应当在会计机构内部指定专人保管。出纳人员不得兼管会计档案。同时还规定会计凭证类的最低保管期限为 15 年，会计凭证的保管期限和销毁手续应严格遵守会计制度的有关规定。

(2) 对一些性质相同、数量很多或多种随时需要查阅的凭证，可以单独装订保管。同时在记账凭证上注明“附件另订”和原始凭证的名称与编号，以便查找。

(3) 原始凭证不得外借，其他单位因有特殊原因而需要使用原始凭证时，经本单位会计机构负责人和会计主管人员批准，可以复制，但要由提供人员和收取人员共同签章。

(4) 会计人员必须做好会计保管工作，严格防止会计凭证错乱不全或丢失损坏，同时注意防潮防霉，防止鼠咬虫蛀，以确保会计凭证的安全和完整。

任务 3.4 专 项 实 训

实训资料如表 3-5 所示。

表 3-5 实训背景资料

企业名称	湖南兴娄锅业红有限公司(增值税一般纳税人)		
开户行	中国建设银行娄底支行	账号	9005600589400351234
纳税人识别号	431311555666777		
联系电话和传真均为	0738-83295040		
会计主管：刘婷　　会计：张红　　审核：王凡　　出纳：陈兴			

【实训 3-1】原始凭证的填制实训

1) 增值税发票的填制

资料：2012 年 6 月 5 日，兴娄锅业红公司(相关信息见表 3-11)销售产品 001 号“洁静”牌吸尘器 500 台，单价为 201.60 元/台(含税，增值税税率为 17%)。购货单位为湖南万华商业集团公司；纳税人识别号 431103443355668；公司地址，娄底市五一南路 146 号；电话 0738-8366746；开户行及账号为中国工商银行五一支行 430706660555088821 8。

实训要求：请以兴娄锅业红公司开票人的身份，根据以上业务填制图 3-11 所示这张增值税发票。

湖南增值税专用发票

6511173467　　　　　　　　记账联　　　　　　　　№078676542

开票日期：　年　月　日

购货单位	名称： 纳税人识别号： 地址、电话： 开户行及账号：					密码区	2132—686 <9-4-1271 9<122@ 636<333		加密版本：014313 1155566677790679
货物或应税劳务名称	规格型号	单位	数量	单价		金额		税率	税额
合计									
价税合计(大写)						(小写)			
销货单位	名称： 纳税人识别号： 地址、电话： 开户行及账号：					备注	兴娄锅业红公司 430105392367576 发票专用章		

收款人：　　复核：　　开票人：　　销货单位(章)

第一联 记账联 销货方记账凭证

图 3-11 填制增值税发票

2) 差旅费报销单的填制

资料：兴娄锅业红公司采购员李波从广州出差归来，于 2012 年 6 月 25 日报销差旅费，具体情况如下。

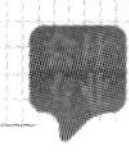

出差日期从 6 月 18 日到 24 日共 7 天，往返火车票 958 元；补贴标准为住宿每天 150 元，伙食费每天 80 元，市内交通每天 50 元，合计 2918 元，预支差旅费 2000 元。

实训要求：以李波的名义填写一张差旅费报销单(见表 3-6)。

表 3-6　差旅费报销单

差 旅 费 报 销 单

部门：　　　　　　　　填报日期　　年　月　日　　　　　　　单位：元

<table>
<tr><td colspan="2">姓名</td><td colspan="2"></td><td>职务</td><td></td><td>出差事由</td><td></td><td>出差时间</td><td colspan="3">自　年　月　日至　日
实际　天</td><td rowspan="11">附件</td></tr>
<tr><td colspan="2">日期</td><td colspan="2">起止地点</td><td colspan="2">飞机、车、船票</td><td colspan="6">其他费用</td></tr>
<tr><td>月</td><td>日</td><td>起</td><td>止</td><td>类别</td><td>金额</td><td colspan="2">项目</td><td>标准</td><td>计算天数</td><td colspan="2">核报金额</td></tr>
<tr><td></td><td></td><td></td><td></td><td></td><td></td><td rowspan="2">住宿费</td><td>包干报销</td><td></td><td></td><td colspan="2"></td></tr>
<tr><td></td><td></td><td></td><td></td><td></td><td></td><td>限额报销</td><td></td><td></td><td colspan="2"></td></tr>
<tr><td></td><td></td><td></td><td></td><td></td><td></td><td colspan="2">伙食补助费</td><td></td><td></td><td colspan="2"></td></tr>
<tr><td></td><td></td><td></td><td></td><td></td><td></td><td colspan="2">车、船补助费</td><td></td><td></td><td colspan="2"></td></tr>
<tr><td></td><td></td><td></td><td></td><td></td><td></td><td colspan="2">其他杂支</td><td></td><td></td><td colspan="2"></td></tr>
<tr><td colspan="5">小计</td><td></td><td colspan="4">小计</td><td colspan="2"></td></tr>
<tr><td colspan="3">总计金额(大写)</td><td colspan="4">万 仟 佰 拾 元 角 分</td><td colspan="5">预支____报销____退补____</td></tr>
</table>

主管　　　　　　审核　　　　　　出纳　　　　　　填报人

【实训 3-2】原始凭证的审核实训

1)　现金支票的审核

资料：2012 年 6 月 8 日，签发支票一张，金额 30 000 元，去银行提取现金备发工资。图 3-12 为出纳陈兴开出的现金支票。

实训要求：请认真审核后指出其中存在的问题并提出修改意见。

<table>
<tr><td rowspan="2">中国建设银行
现金支票存根
VIII01517206

附加信息

出票日期 2012 年 6 月 8 日
收款人：
金　额：¥3 000.00
用　途：发工资
单位主管 刘婷　会计 张红</td><td rowspan="2">本支票付款期十天</td><td>中国建设银行 现金支票(湘)　　VIII 01517206
出票日期(大写)贰零壹贰年陆月玖日　付款行名称：建行娄底支行
收款人：　　出票人账号：9005600589400351234</td></tr>
<tr><td>人民币(大写)　叁万元　　千 百 十 万 千 百 十 元 角 分：3 0 0 0 0 0 0
用途：　备发工资　　科目(借)
上列款项请从　　对方科目(贷)
我账户内支付　　付讫日期　　年　月　日
出票人签章　　出纳　　复核　　记账</td></tr>
</table>

图 3-12　现金支票

2) 借款单的审核

资料：2012 年 6 月 8 日，采购员李军赴长沙采购材料，填写了一份借款单，并经过了财务主管的批准。表 3-7 为李军填制的借款单。

实训要求：请认真审核后指出其中存在的问题并提出修改意见。

表 3-7 李军填制的借款单

借 款 单

2013 年　月　日

借款人姓名		服务部门	采购部	职务	采购员
借款事由					
借款金额	人民币(大写)叁仟元整		(小写)¥3 000.00		
备注		审批	同意借支。 刘婷		

【实训 3-3】专用记账凭证的填制实训

资料：兴娄锅业红公司 2012 年 6 月发生了如下经济业务。

(1) 6 月 1 日购入 B 材料，以银行存款支付材料款 70 000 元，材料已验收入库(原始凭证有增值税专用发票、汇款凭证和收料单)。

(2) 6 月 5 日从银行申请取得期限为三个月的借款 50 000 元存入企业开户行(收到银行收账通知)。

(3) 6 月 10 日，购入不需安装的设备一台，买价 46 800 元，另有 17%的增值税，以转账支票支付(取得增值税发票，开出转账支票一张)。

(4) 6 月 18 日，生产 A 产品领用 B 材料 40 000 元(取得领料单)。

(5) 6 月 20 日，收到红叶公司前欠货款 50 000 元(收到银行收账通知)。

(6) 6 月 30 日，计提本月固定资产折旧，管理部门 2 000 元，车间 3 000 元。

实训要求：根据上述资料填制有关的记账凭证(见图 3-13)。

收 款 凭 证

借方科目　　　　　　　　　　年　　月　　日　　　　　　　　　　＿＿＿＿字第＿＿＿＿号

摘 要	贷 方			金 额										过账
	科 目	子 目	细 目	千	百	十	万	千	百	十	元	角	分	页次
附原始凭证		张	合 计											

会计主管　　　　记账　　　　审核　　　　出纳　　　　制单

图 3-13 填制专用记账凭证

收 款 凭 证

借方科目　　　　　　　　　　年　　月　　日　　　　　　　　______字第______号

摘 要	贷 方			金 额										过账页次
	科 目	子 目	细 目	千	百	十	万	千	百	十	元	角	分	
附原始凭证　　张			合 计											

会计主管　　　　记账　　　　审核　　　　出纳　　　　制单

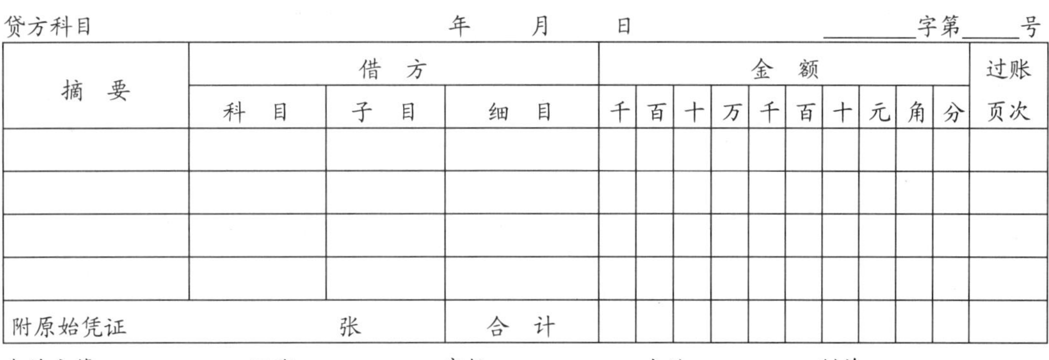

付 款 凭 证

贷方科目　　　　　　　　　　年　　月　　日　　　　　　　　______字第______号

摘 要	借 方			金 额										过账页次
	科 目	子 目	细 目	千	百	十	万	千	百	十	元	角	分	
附原始凭证　　张			合 计											

会计主管　　　　记账　　　　审核　　　　出纳　　　　制单

付 款 凭 证

贷方科目　　　　　　　　　　年　　月　　日　　　　　　　　______字第______号

摘 要	借 方			金 额										过账页次
	科 目	子 目	细 目	千	百	十	万	千	百	十	元	角	分	
附原始凭证　　张			合 计											

会计主管　　　　记账　　　　审核　　　　出纳　　　　制单

图 3-13　填制专用记账凭证(续)

转 账 凭 证

年 月 日 ______字第______号

摘 要	会计科目	明细科目	借方金额										贷方金额										登
			千	百	十	万	千	百	十	元	角	分	千	百	十	万	千	百	十	元	角	分	讫
附原始凭证 张		合 计																					

会计主管 记账 审核 出纳 制单

转 账 凭 证

年 月 日 ______字第______号

摘 要	会计科目	明细科目	借方金额										贷方金额										登
			千	百	十	万	千	百	十	元	角	分	千	百	十	万	千	百	十	元	角	分	讫
附原始凭证 张		合 计																					

会计主管 记账 审核 出纳 制单

图 3-13 填制专用记账凭证(续)

【实训 3-4】通用记账凭证的填制实训

资料：兴娄锅业红公司 2012 年 6 月发生了如下经济业务。

(1) 6 月 12 日，用现金支付购买办公用品费用 650 元(收到发票)。

(2) 6 月 15 日，张三借差旅费 1 500 元，用现金支付(取得借条)。

(3) 6 月 30 日，计提本月工资：行政管理人员 10 000 元，车间管理人员 5 000 元，生产工人 15 000 元。

(4) 已知本月应上交增值税为 20 000 元，按 7%计提城建税，按 3%计提教育费附加。

实训要求：根据上述资料，填制记账凭证(见图 3-14)。

记　账　凭　证

年　　月　　日　　　　　　＿＿＿字第＿＿＿号

摘　要	会计科目		借方金额										贷方金额										登
	总账科目	明细科目	千	百	十	万	千	百	十	元	角	分	千	百	十	万	千	百	十	元	角	分	记
附原始凭证　　张		合　计																					

会计主管　　　　记账　　　　审核　　　　出纳　　　　制单

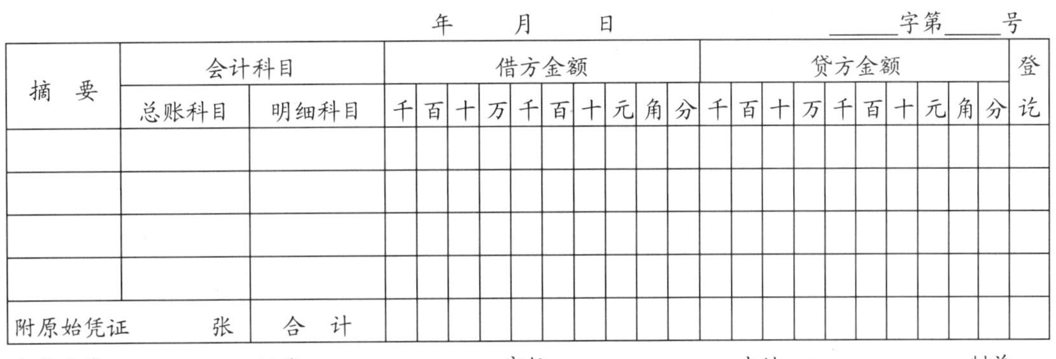

记　账　凭　证

年　　月　　日　　　　　　＿＿＿字第＿＿＿号

摘　要	会计科目		借方金额										贷方金额										登
	总账科目	明细科目	千	百	十	万	千	百	十	元	角	分	千	百	十	万	千	百	十	元	角	分	记
附原始凭证　　张		合　计																					

会计主管　　　　记账　　　　审核　　　　出纳　　　　制单

记　账　凭　证

年　　月　　日　　　　　　＿＿＿字第＿＿＿号

摘　要	会计科目		借方金额										贷方金额										登
	总账科目	明细科目	千	百	十	万	千	百	十	元	角	分	千	百	十	万	千	百	十	元	角	分	记
附原始凭证　　张		合　计																					

会计主管　　　　记账　　　　审核　　　　出纳　　　　制单

图 3-14　填制通用记账凭证

记 账 凭 证

年 月 日 ______字第_____号

摘要	会计科目		借方金额										贷方金额										登记
	总账科目	明细科目	千	百	十	万	千	百	十	元	角	分	千	百	十	万	千	百	十	元	角	分	
附原始凭证 张		合计																					

会计主管 记账 审核 出纳 制单

图 3-14 填制通用记账凭证(续)

项目小结

出纳凭证包括原始凭证和记账凭证。

原始凭证，又称单据，是在经济业务发生或完成时取得或填制的，是用以记录或证明经济业务已发生或完成的文字凭据，也是进行会计核算的原始资料和重要依据。同时它还可以明确经济责任，是会计资料中最具有法律效力的一种文件。按其不同来源，原始凭证可分为外来原始凭证和自制原始凭证。按其填制的手续和内容不同，可分为一次原始凭证、累计原始凭证、汇总原始凭证和记账编制凭证。按其格式不同，可分为通用原始凭证和专用原始凭证。

原始凭证的基本要素是：①原始凭证的名称；②填制凭证的日期；③凭证的编号；④接凭证单位名称；⑤经济业务的内容及金额(单价、数量、计量单位)；⑥填制单位名称及公章或专用章；⑦有关人员(部门负责人、经办人员)的签名盖章。

原始凭证填制的基本要求是：①内容要及时、真实、完整；②经济责任要明确；③书写要清楚规范；④编号要连续；⑤不得涂改、刮擦、挖补。

原始凭证的审核主要包括五个方面：真实性、合法性、合理性、完整性和正确性。

记账凭证是会计人员根据审核无误的原始凭证按照经济业务的内容加以归类，并据以确定会计分录后所填制的会计凭证。它是登记账簿的直接依据。

记账凭证按其适用的经济业务分为通用记账凭证和专用记账凭证两类。专用记账凭证按其所记录的经济业务与现金和银行存款的收付关系，又分为收款凭证、付款凭证和转账凭证三种。

记账凭证的基本要素是：①填制记账凭证的日期；②记账凭证的编号；③经济业务的内容摘要；④经济业务所涉及的会计科目及其记账方向和金额；⑤记账标记；⑥所附原始凭证张数 ⑦会计主管、记账、审核、出纳、制单等有关人员的签章。

记账凭证的审核主要包括以下内容：完整性审核和正确性审核。

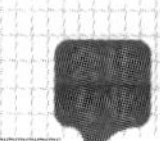

练　习　题

一、单项选择题

1. 下列属于外来原始凭证的是(　　)。

A. 提货单　　B. 发出材料汇总表　　C. 购货发票　　D. 领料单

2. 下列属于汇总原始凭证的是(　　)。

A. 提货单　　B. 发出材料汇总表　　C. 购货发票　　D. 限额领料单

3. 记账凭证的填制是由(　　)进行的。

A. 出纳人员　　B. 会计人员　　C. 经办人员　　D. 主管人员

4. 下列科目可能是收款凭证借方科目的是(　　)。

A. 物资采购　　B. 应收账款　　C. 银行存款　　D. 待摊费用

5. 下列内容中，不属于记账凭证审核内容的是(　　)。

A. 凭证是否符合有关的计划和预算

B. 会计科目是否正确

C. 凭证的金额与所附原始凭证的金额是否一致

D. 凭证的内容与所附原始凭证的内容是否一致

6. 在审核原始凭证时，对于内容不完整、填制有错误或手续不完备的原始凭证，正确的处理方式为(　　)。

A. 拒绝办理，并向本单位负责人报告

B. 予以抵制，对经办人员进行批评

C. 由会计人员重新填制或予以更正

D. 予以退回，要求更正、补充，以至重新填制

7. 严格地讲，填制记账凭证的依据应是(　　)。

A. 真实的原始凭证　　B. 自制的原始凭证

C. 外来的原始凭证　　D. 审核无误的原始凭证

8. 记账凭证上记账栏中的“√”记号表示(　　)。

A. 记账凭证已登记入账　　B. 不需登记入账

C. 此凭证作废　　D. 此凭证编制正确

二、多项选择题

1. 以下按原始凭证填制手续不同划分的是(　　)。

A. 累计原始凭证　　B. 一次原始凭证

C. 自制原始凭证　　D. 汇总原始凭证

2. 下列凭证中属于自制原始凭证的有(　　)。

A. 入库单　　B. 出库单

C. 限额领料单　　D. 发出材料汇总表

E. 银行收账通知单

3. 对原始凭证进行审核的内容包括(　　)。

A. 真实性的审核　　B. 合法性的审核

C. 完整性的审核　　D. 合理性的审核

E. 正确性的审核

4. 企业购入材料一批，货款已支付，材料验收入库，则应编制的全部会计凭证有(　　)。

A. 收料单　　B. 累计凭证　　C. 收款凭证

D. 付款凭证　　E. 转账凭证

5. 付款凭证的借方科目，可能为下列的(　　)科目。

A. 库存现金　　B. 银行存款

C. 其他应收款　　D. 预付账款

三、判断题

1. 原始凭证是登记明细分类账的依据，记账凭证是登记总分类账的依据。(　　)

2. 一次凭证是指只反映一项经济业务的凭证，如“领料单”。(　　)

3. 对不真实、不合法的原始凭证，会计人员有权不予接受，对记载不准确、不完整的原始凭证会计人员有权要求其重填。(　　)

4. 职工因公出差的借款凭据，必须附在记账凭证之后。(　　)

5. 记账凭证的填制日期必须与原始凭证的填制日期保持一致。(　　)

四、简答题

1. 简述原始凭证的基本要素。
2. 简述填制原始凭证的基本要求。
3. 简述原始凭证的审核内容。
4. 简述记账凭证的基本要素。
5. 简述凭证订角法的装订步骤。

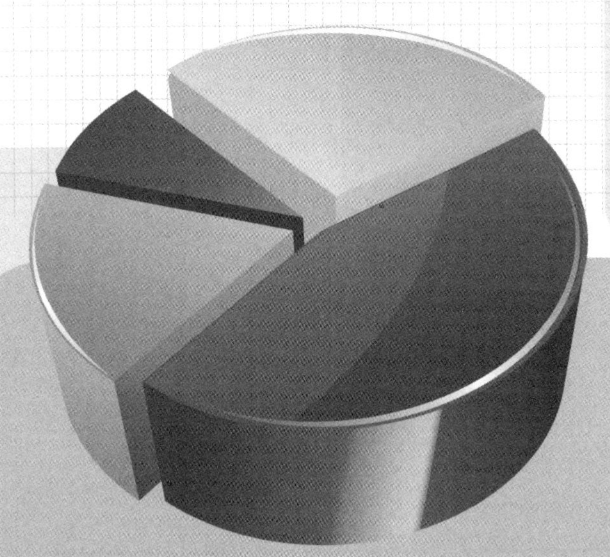

项目 4

出纳账簿与出纳报告单

学习目标

掌握出纳账簿的启用和登记方法、出纳报告单的编制；熟悉出纳记账错误的查找与更正方法；了解账簿的种类设置等基本规定。

项目重点与难点

出纳日记账的启用和登记；出纳报告单的编制。

技能要求

通过本项目的学习，掌握出纳账簿的使用流程，能正确掌握出纳账簿的启用、填制、对账与结账；通过实践解决记账错误的查找与更正的方法，培养团队协作精神。

【项目导入】

陈兴进入兴娄锅业红有限公司从事出纳工作后，他学会了珠算和点钞的技能，学会了填制与审核出纳凭证。现在他接过制单会计交给他的会计凭证，感到很茫然，凭证上所列示的账户是否都要登记？怎样登记？不小心登错账了怎么办？通过本项目的学习，以上问题都能得到一一解答。

任务 4.1　出纳账簿的启用

所谓账簿，就是以会计凭证为依据，连续、系统、全面、综合地记录和反映各项经济业务的内容，并由相互联系的专门格式和账页所组成的簿籍。设置和登记账簿是会计核算的一种专门方法，也是其主要环节。

4.1.1　账簿的分类

1. 按性质和用途分类

账簿按其性质和用途来分类，可分为日记账、分类账和备查账(见表 4-1)。

表 4-1　按性质和用途分类

按性质和用途分类	日记账	也称序时账簿，是按经济业务发生时间的先后顺序记录经济业务的账簿，该种账簿按照所记录的经济业务范围的不同，又分为普通日记账和特种日记账。普通日记账用来序时记录所有经济业务，特种日记账用来序时记录某种经济业务。例如，现金日记账、银行存款日记账等都是特种日记账
	分类账	是按照账户分类记录各项经济业务的账簿。该账户按照分类明细程度的不同，分为总分类账簿和明细分类账簿。总分类账簿，简称总账，是根据一级会计科目设立的总分类账户，按照总括分类记录全部经济业务的账簿。它可以提供各种资产、负债、费用、成本、收入等总括核算资料。明细分类账簿，简称明细账，是按照二级或明细会计科目设立的分类账户
	备查账	又称辅助账，是对日记账和分类账簿中不能记载或记载不全的经济业务进行补充登记的账簿。如租入、租出固定资产登记簿、代销商品登记簿等

2. 按账页格式分类

按账页格式的不同，账簿可以分为三栏式、多栏式和数量金额式三种(见表 4-2)。

表 4-2　账页格式分类

按账页格式分类	三栏式	是设有借方、贷方和余额三个基本栏目的账簿。各种日记账、总分类账以及资本、债权、债务明细账都可采用三栏式账簿。三栏式账簿又分为设对方科目和不设对方科目两种。其区别是在摘要栏和借方科目之间是否有一栏"对方科目"。设有"对方科目"栏的，称为设对方科目的三栏式账簿；不设"对方科目"栏的，称为不设对方科目的三栏式账簿
	多栏式	是在账簿的两个基本栏目借方和贷方中按需要分设若干专栏的账簿。收入、成本、费用、利润和利润分配明细账一般采用这种格式的账簿
	数量金额式	是在借方、贷方和余额三个栏目内，都分设数量、单价和金额三小栏，借以反映财产物资的实物数量和价值量。如原材料、库存商品、产成品等存货明细账一般都采用数量金额式账簿

3. 按外在形式分类

账簿按照外在形式来分，可分为订本式、活页式和卡片式(见表 4-3)

表 4-3　按外在形式分类

按外在形式分类	订本式	是将账页固定装订成册的账簿。这种账簿可避免账页散失，防止抽损账页，易于归档保管。因此，一般规定总分类账簿和现金日记账、银行存款日记账等采用订本式
	活页式	是将账页装订在账夹中的账簿。此种账簿可根据需要增加账页，便于记账工作的分工，但易于散失或被抽损。这种账簿使用前要连续编号，登记使用完后装订成册。明细分类账多为活页账
	卡片式	是由具有专门格式的、分散的卡片作为账页组成的账簿。它是将账卡装在卡箱中的活页账，其特点是比较灵活，不需要每年更换，可以跨年度使用

小贴士：出纳日记账的选择

出纳日记账一般选择"三栏式"、"订本式"、"日记账"账簿。

4.1.2　账簿的结构

虽然账簿的格式多种多样，不同格式账簿的具体内容也不尽相同，但是，各类账簿都应具备以下基本内容。

1. 封面

封面主要标明账簿的名称，如总分类账、制造费用明细账、材料明细账等，还应标明记账单位的名称。

2. 扉页

扉页主要标明账簿名称、编号、页数、启用日前、经管人姓名、交接日期以及账户目录，并经主管会计人员签字盖章。

3. 账页

账页是账簿的主要内容，它除了要标明账户名称、总页数和分页数外，主要记录经济业务的内容，设置有登账日期栏、凭证种类和号数栏、摘要栏、金额栏。

4.1.3 出纳日记账的概念及设置

出纳日记账是出纳员用以记录和反映货币资金增减变动情况和结存情况的账簿，包括现金日记账和银行存款日记账。

现金日记账是按照现金收、付业务发生或完成时间的先后顺序，逐笔登记，用来反映现金的增减变动与结存的账簿。

银行存款日记账是记录和反映本单位在经济业务中由于使用银行转账结算而使银行存款发生的增减变动及其结存情况的账簿。

财政部制定的《会计基础工作规范》规定：“现金日记账和银行存款日记账必须采用订本式账簿。不得使用银行对账单或者其他方法代替日记账。”

现金日记账和银行存款日记账的格式一般为三栏式，即在同一张账页上方设置“借方”、“贷方”、“余额”三栏，分别反映现金或银行存款的收入、付出和结存情况。此外，还在摘要栏后设置“对方科目”栏，以具体登记对方科目名称。为了反映银行存款收付所采用的具体结算方式，在银行存款日记账中还专设“结算凭证种类和号数”栏。

在有些单位中，为了在现金日记账和银行存款日记账中更清楚地反映货币资金(现金和银行存款)收入的来源和支出的用途，往往采用多栏式的现金日记账和银行存款日记账，即收入栏(借方栏)和支出栏(贷方栏)按现金与银行存款的对应科目设置专栏。

如果收、付款凭证较多，即现金和银行存款的对应科目较多，为避免日记账和账页太宽，则可以分别设置“现金收入日记账”、“现金支出日记账”、“银行存款收入日记账”、“银行存款支出日记账”。

出纳主要设置订本式的“现金日记账”、“银行存款日记账”和有关有价证券方面的一些明细分类账。有价证券明细账主要核算股票、债券等有价证券的增减变动及结存情况，出纳人员对由自己保管的各种有价证券要分设明细账进行核算，如设“长期股权投资股票(××股票)”明细科目核算本单位对××股票的购进、售出以及结存情况。

4.1.4 出纳日记账的启用

账簿是重要的会计档案和历史资料。启用会计账簿时，应当在账簿封面上写明单位名称和账簿名称。在账簿扉页上应当附启用表，内容包括启用日期、账簿页数、记账人员和会计机构负责人、会计主管人员姓名，并加盖名章和单位公章。记账人员或者会计机构负责人、会计主管人员调动时，应当注明交接日期、接办人员或者监交人员姓名，并由交接双方人员签名或者盖章。出纳日记账应启用三栏式、订本式日记账，应当从第一页到最后一页顺序编写页数，不得跳页、缺号。账簿启用表一般格式(如表 4-4 所示)。

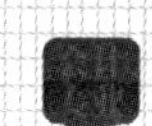

表 4-4　账簿启用表

<table>
<tr><td colspan="2">单位名称</td><td colspan="8"></td><td>单位公章</td></tr>
<tr><td colspan="2">账簿名称</td><td colspan="8">账</td><td rowspan="4"></td></tr>
<tr><td colspan="2">账簿编号</td><td colspan="8">字 第　号 第　册 共　册</td></tr>
<tr><td colspan="2">账簿页数</td><td colspan="8">本账簿共计　页</td></tr>
<tr><td colspan="2">启用日期</td><td colspan="8">年　月　日</td></tr>
<tr><td colspan="2">经管人员</td><td colspan="3">接管</td><td colspan="3">移交</td><td colspan="2">会计负责人</td><td>印花税粘贴处</td></tr>
<tr><td>姓名</td><td>盖章</td><td>年</td><td>月</td><td>日</td><td>年</td><td>月</td><td>日</td><td>姓名</td><td>盖章</td><td rowspan="2"></td></tr>
<tr><td></td><td></td><td></td><td></td><td></td><td></td><td></td><td></td><td></td><td></td></tr>
<tr><td></td><td></td><td></td><td></td><td></td><td></td><td></td><td></td><td></td><td></td><td></td></tr>
<tr><td></td><td></td><td></td><td></td><td></td><td></td><td></td><td></td><td></td><td></td><td></td></tr>
<tr><td></td><td></td><td></td><td></td><td></td><td></td><td></td><td></td><td></td><td></td><td></td></tr>
<tr><td></td><td></td><td></td><td></td><td></td><td></td><td></td><td></td><td></td><td></td><td></td></tr>
<tr><td></td><td></td><td></td><td></td><td></td><td></td><td></td><td></td><td></td><td></td><td></td></tr>
<tr><td></td><td></td><td></td><td></td><td></td><td></td><td></td><td></td><td></td><td></td><td></td></tr>
</table>

任务资料：出纳账簿的启用

2013 年 1 月 1 日，湖南省娄底市兴娄锅业红有限公司出纳员陈兴启用新的现金日记账账簿，账簿编号 13-01，第 1 册，共 200 页。公司财务主管为孙立。请帮陈兴填写账簿启用表。

任务 4.2　出纳账簿的登记

4.2.1　现金日记账

各单位应根据本单位业务量和出纳员配置情况，设置现金日记账。现金日记账是由出纳人员按照经济业务发生的时间先后顺序，根据有关现金收款凭证和现金付款凭证，逐日逐笔进行账簿登记。现金日记账必须采用订本式账簿。利用现金日记账可以把专门记载现金收付业务的大量分散的业务资料，根据一定的要求进行登记整理，并按照一定的程序和方法，记录到具有专门格式的账簿中去，从而形成全面、完整、系统的出纳核算资料，为现金的管理、监督和现金收、支情况提供可靠的信息资料。因此，现金日记账的账务处理，是出纳部门必须高度重视的一环，也是出纳人员必须认真做好的一项重要工作。

1. 现金日记账的设置

单位只要有现金收付业务发生，就必须设置现金日记账。各单位应做到：有钱就有账。以账管钱，收付有记录，清查有手续，保证现金的合理使用和安全、完整。

现金日记账的设置，必须遵循一定的原则。总的要求是，必须符合《会计人员工作规则》和国家统一会计制度的要求，力求以简明的格式，及时、准确、全面地反映现金收、付及其结存情况。现金日记账是一种特殊的明细账，为了加强现金管理，采用手工记账的单位，现金日记账必须采用订本式账簿。各单位应根据本单位业务量和出纳人员的情况设置日记账，现金和银行存款种类较多并由多名出纳人员分管的，或者实行定额备用金制度和管理要求较高的，设置现金日记账的明细户数可以多一些，格式也可以细一些。总之，视记账、对账和结账的具体情况，在不影响核算质量和保证现金安全、完整的前提下，力求简洁实用。

现金日记账的账页格式，有“三栏式”和“收付分页式”。

“三栏式”现金日记账的格式如表4-5所示。它的基本结构有“借方”、“贷方”和“余额”三栏(可不设置“对方科目栏”)。出纳人员在每日业务终了时，应将现金收、付业务逐笔登记，并结出余额，同实存现金相核对，借以检查每天现金的收、付、存情况及库存现金限额的执行情况。

表4-5　现金日记账(三栏式)格式

年		凭证		摘要	对方科目	借方	贷方	余额
月	日	种类	号码					

“收付分页式”现金日记账，即将现金收入和现金支出分记在不同的账页上，分设“现金收入日记账”和“现金支出日记账”，其格式如(表4-6和表4-7)所示。它们一般采用“多栏式”账页。其结构要点是：现金收入要按对应科目，将金额记入有关的“贷方科目”栏内，同时加计“收入合计”栏；现金支出要按对应科目，将金额记入有关的“借方科目”栏内，同时加计“付出合计”栏；每日业务终了要将“现金支出日记账”的支出合计数登入“现金收入日记账”的“付出合计”栏，并结出余额，填入余额栏，然后再核对库存。收付分页的好处是账户对应关系明确，通过账面记录既能知道现金收、支的金额，又能看出收入的来源或支出的去向。但是，很明显，这样做很麻烦。所以在实际工作中采用这种账页记账的单位比较少，而多采用“三栏式”。

表 4-6　现金收入日记账

第　页

年		收款凭证		摘要	贷方科目					收入合计	付出合计	余额
月	日	字	号数		主营业务收入	其他应付款	营业外收入	银行存款	……			

表 4-7　现金支出日记账

第　页

年		付款凭证		摘要	结算凭证		借方科目					付出合计
月	日	字	号数		字	号数	银行存款	其他应收款	营业外支出	应付工资	……	

2. 现金日记账的登记方法

【例 4-1】兴娄锅业红公司 2013 年 1 月 9 日支付本公司业务人员张三的预支差旅费 1000 元，当日做 68 号记账凭证的内容如下。

借：其他应收款——张三　　1000

　　贷：库存现金　　　　　　1000

将此项现金业务登记现金日记账，如表 4-8 所示。

表 4-8　现金日记账

2013 年		凭　证		摘　要	对方科目	借　方	贷　方	余　额
月	日	字	号					
1	1			月初余额				借 3000
	9	现付	68	预支差旅费	其他应收款		1000	借 2000

1) 根据记账凭证登记现金日记账

出纳人员每日根据审核无误的现金收款凭证、现金付款凭证和银行存款付款凭证(指到银行提取现金业务)逐笔登记现金日记账。出纳员在办理收、付款时，应当对收、付款凭证进行审核，并以审核无误后的现金收、付款凭证及所附原始凭证作为登记现金日记账的依据。若原始凭证上注明“代记账凭证”字样，必须经有关人员签章后，方可作为记账凭证。

特别提示：

从银行提取现金业务，只填制银行存款的付款凭证，不填制现金收款凭证，因此，现金的收入数，应根据银行存款付款凭证登记。

2) 账证相符

现金日记账所记载的内容必须与现金收款凭证和现金付款凭证相一致。每笔经济业务都要按记账凭证的“日期”、“会计凭证编号”、“摘要”、“金额”和“对方科目”登记。现金日记账应逐笔分行登记，不得将收、付款凭证合并在一行内登记，也不得将收、付款相抵后以差额数字进行登记。登记完毕后，应逐项审核，在确定审核无误后，在记账凭证的“记账”栏内打“√”，表示已经登记入账，并在记账凭证的下方签上自己的名字或加盖印章，以示负责。在会计电算化系统中执行记账命令时，系统会自动按已经审核的记账凭证记账，所以，记账凭证与会计账簿绝对是一致的，并且记账凭证上的“记账”栏内已打“√”，记账凭证的下方出纳处系统也已经自动将出纳的名字标注出来了。

3) 登账用笔要使用钢笔、碳素墨色笔，以蓝、黑色墨水书写

登账时不得使用圆珠笔或铅笔书写。当出现错误，采用红字冲账凭证冲销错误或按照会计制度有关红字登账的规定登账时，可用红墨水记账。为防止字迹模糊，墨迹未干时不要翻动账页，特别是夏天记账时，可在手臂下面垫一块软质布或纸板等书写，以防汗迹浸入账页上。会计电算化系统中不存在这个问题。

4) 登记应规范

出纳员在登记现金日记账时，不得滥造简化字，不得使用同音异义字，不得写怪体字。登记现金日记账的文字和数字必须整洁清晰，准确无误；摘要文字应紧靠左线；数字应写在金额栏内，不得越格错位、参差不齐；数字一般可适当倾斜，以使账簿记录整齐、清晰；若数字金额没有角分时，应在角分栏内填上“00”，不得省略不写，也不得以“—”代替；文字、数字字体大小要适宜，紧靠底线书写，上面要留出适当空距，一般应占格宽的1/2或1/3，以备按规定方法改错。

每一页的第一笔经济业务的年、月应在年、月栏中填写，只要不跨年或月度，以后本页再登记时，一律不填月份，只填日期。跨月登记时，应在上月的月结线下的月份栏内填写新的月份。

对于这个规定，会计电算化系统中只要注意不要输入错别字就可以了，其他的问题不存在。

5) 连续登记

登记账簿时，不得随意撕掉页和更换账簿，即使是作废的账页也应当保留在账簿中；在一个会计年度内，任何人不得以任何借口更换账簿或重新抄写账簿；记账时必须按页次、行次、位次顺序登记，若不慎发生跳行、隔页时，出纳员应在空行或空页中间画线

加以注销，或在此空行、空页上注明“此行空白”或“此页空白”字样，并加盖出纳员名章，以示负责。会计电算化系统中计算机会自动顺序登记，不存在这个问题。

6) 日清月结

出纳员应逐笔、序时登记现金日记账，每日终了计算出库存现金的结余(即日清)。为了及时掌握现金收付和结余情况，当日发生的有关现金收款业务必须要当日入账。每日终了应分别计算出当日现金收入和支出的合计数以及账面结余数。并将现金日记账的账面余额与库存现金实有数进行核对，做到账款相符。现金日记账不仅要逐日结出余额，还要按规定结账。会计电算化系统中随时可以得到当天或当月现金收入和支出的合计数以及账面结余数，要注意将现金日记账的账面余额与库存现金实有数进行核对，做到账款相符。

7) 按规定转页

现金日记账每一页登记完后，必须按规定转页。为了便于计算现金日记账中连续记录的当月累计数额，并使前后账页的合计数据相互衔接，在每一账页登记完毕转接下一页时，须在本页的最末一行摘要栏上写上“过次页”字样，并在下一页的第一行摘要栏上写上“承前页”的字样，然后将“发生额合计数和余额”结出并结转下页。这里所说的“发生额合计数”应为本月月初至本页止的发生额合计数，这样，就可以根据“过次页”的合计数随时了解本月初至本页末止共收入现金多少，共支出现金多少，也便于月末结账时加计“本月合计”数。

为了减轻出纳员的记账工作，也可以先在本页最后一行用铅笔结出发生额合计数和余额，核对无误后，用蓝黑色墨水笔在下一页第一行写出上页的发生额合计数及余额，在“摘要”栏写“承前页”字样，不用在每页的最后一行写“过次页”的发生额和余额。会计电算化系统中不存在这个问题。

8) 按照规定的方法进行错误更正

出纳员在登记现金日记账发生记录错误时，必须按照规定的方法进行更正。为了提供在法律上有证明效力的核算资料，保证现金日记账的合法性，现金日记账不得任意涂改，严禁擦、挖、刮、补，或使用化学药物清除字迹。当现金收、付款凭证编制正确，而出纳员在登记现金日记账时发生笔误错误，可采用划线更正法进行更正。当出纳员发现现金日记账发生的错误是由于现金收、付款凭证编制错误造成的，出纳员应把错误的凭证退还给原编制的会计人员，根据重新接到的红字凭证或补充凭证，分别采用红字更正法或补充登记法进行更正。

【例 4-2】 将下列经济业务登记现金日记账。

兴娄锅业红有限公司 2012 年 12 月份有关的现金收付业务如下。

(1) 5 日，银付 01 号，开出现金支票提取现金 42 000 元，其会计分录如下。

借：库存现金　　42 000

　　贷：银行存款　　42 000

(2) 8 日，现收 01 号，零售 A 产品 10 件，单价为 300 元/件，其会计分录如下。

借：库存现金　　3 510

　　贷：主营业务收入　　3 000

　　　　应交税费——应交增值税(销项税额)　　510

(3) 8 日，现收 02 号，收到某单位租用设备租金 400 元，其会计分录如下。

借：库存现金　　400

　　贷：其他业务收入　　400

(4) 10 日，现付 01 号，发放工资 42 000 元，其会计分录如下。

借：应付职工薪酬　　42 000

　　贷：库存现金　　42 000

(5) 12 日，现付 02 号，销售科领用备用金 400 元，其会计分录如下。

借：其他应收款——备用金(供销处)　　400

　　贷：库存现金　　400

(6) 15 日，现收 03 号，出纳员陈兴赔偿现金盘亏款 40 元，其会计分录如下。

借：库存现金　　40

　　贷：其他应收款——陈兴　　40

(7) 16 日，现收 04 号，收到大林公司商品包装物押金 600 元，其会计分录如下。

借：库存现金　　600

　　贷：其他应收款——包装物押金　　600

(8) 19 日，现收 05 号，收回职工李青的借款 400 元，其会计分录如下。

借：库存现金　　400

　　贷：其他应收款——职工借款(李青)　　400

(9) 21 日，现付 03 号，供销处李明报销差旅费 952 元，其会计分录如下。

借：销售费用　　952

　　贷：库存现金　　952

(10) 28 日，现付 04 号，向银行送存现金业务收入 4 510 元，其会计分录如下。

借：银行存款　　4 510

　　贷：库存现金　　4 510

根据上述会计凭证分别登记现金日记账，其样式如表 4-9 和表 4-10 所示。

表 4-9　现金日记账(1)

2012 年		记账凭证		摘　要	对方科目	借　方	贷　方	借或贷	余　额
月	日	字	号						
12	5			承前页				借	5000
	5	银付	01	提取现金	银行存款	42 000		借	47 000
	8	现收	01	零售产品	主营业务收入	3 510		借	50 510
	8	现收	02	收取设备租金	其他业务收入	400		借	50 910
	10	现付	01	发放工资	应付职工薪酬		42 000	借	8 910
	12	现付	02	供销处借款	其他应收款		400	借	8 510
	15	现收	03	出纳赔款	其他应收款	40		借	8 550
	16	现收	04	收押金	其他应收款	600		借	9 150

续表

2012 年		记账凭证		摘 要	对方科目	借 方	贷 方	借或贷	余 额
月	日	字	号						
	19	现收	05	李青还款	其他应收款	400		借	9 550
	21	现付	03	李刚报差旅费	销售费用		952	借	8 598
	28	现付	04	现金存入银行	银行存款		4 510	借	4 088
	31			本月合计		46 950	47 862	借	4 088
				本年累计		1568 702	1 569 614	借	4 088
				结转下年			4 088	平	0

表 4-10 现金日记账(2)

2013 年		记账凭证		摘 要	对方科目	借 方	贷 方	借或贷	余 额
月	日	字	号						
1	1			上年结转				借	4 088

4.2.2 银行存款日记账

银行存款日记账通常也是由出纳人员根据审核后的有关银行存款的收、付款凭证按照经济业务发生的时间顺序，逐日逐笔地记录和反映银行存款的变化及其结果的账簿。

1. 银行存款日记账的设置

银行存款日记账由出纳人员根据银行存款收款凭证、付款凭证和原始凭证以及有关的现金付款凭证进行登记，并在每日终了结算出银行存款收支发生额和结存额，以便及时、详细地反映银行存款的收入、付出和结余情况，为合理调度资金，组织收支平衡提供信息资料。单位应按开户银行和其他金融机构、存款种类等，分别设置“银行存款日记账”，即有几个银行存款账户，就设几个“银行存款日记账”，以便于与银行核对账目。

只要有结算业务的单位，就应设置银行存款日记账。银行存款日记账与现金日记账一样，都要采用订本式账簿。银行存款日记账的设置，与现金日记账基本相同，不同之处是在摘要栏前增设“结算方式”和“对方科目”两栏，以便与银行对账单核对。账簿格式一般采用“三栏式”，也可分别设置“多栏式”的“银行存款收入日记账”和“银行存款支出日记账”。订本“三栏式”银行存款日记账的格式如表 4-11 所示。另外，银行存款日记账应按存款种类分别设置“结算户存款”、“信用证存款”等账簿。对外币存款，应按不同币种和开户银行分别设置日记账。外币存款日记账的格式如表 4-12 所示。

表 4-11　银行存款日记账格式

第　　页

年		凭证	结算方式					对方科目	摘要	收入金额	核对号	付出金额	核对号	结存
月	日	号数	支票号码	付委	汇款	托收	其他			(借方)		(贷方)		金额

表 4-12　银行存款(美元户)日记账格式

第　　页

年		凭证号数	摘要	借　方			贷　方			余　额		
月	日			原币	汇率	人民币	原币	汇率	人民币	原币	汇率	人民币

2. 银行存款日记账的登记方法

银行存款日记账是由出纳人员根据审核无误的银行收款凭证、付款凭证以及将现金送存银行的付款凭证，逐日逐笔顺序登记的。

登记时，分别填写年月日、会计凭证字号、摘要各栏。结算、方式栏根据所发生的经济业务的结算凭证的种类和编号填写。“对方科目”栏根据银行存款收款凭证、付款凭证中的“贷方科目”栏或“借方科目”栏填写。

(1)“借方”栏根据银行存款收款凭证合计的金额填写。

(2)“贷方”栏根据银行存款付款凭证合计的金额填写。

(3)“余额”栏根据收入或支出金额计算填列，其结果表示银行存款的结存数额。

特别提示：

对于现金存入银行的业务，一般只编制现金付款凭证，不再编制银行存款收款凭证，因此，这种业务的“收入”栏应根据有关现金付款凭证登记。银行存款日记账的登记方法和要求与“现金日记账”基本相同。

每日终了，应分别计算银行存款收入、付出合计数和当日账面余额，以便检查监督各项收支款项，同时便于定期与银行对账单逐笔核对。

期末，应将单位的银行存款日记账与开户银行传来的对账单进行逐笔核对，以检查单位银行存款日记账的记录是否正确。

【例 4-3】 将下列经济业务登记银行日记账。

兴娄锅业红有限公司 2012 年 12 月初的银行存款日记账期初余额为 3 650 000 元，12 月

份发生如下经济业务(该公司材料采用实际成本核算，对外投资采用成本法核算)。

(1) 1 日，办理面额为 500 000 元的银行汇票一张，凭证号为银付字 01 号。其会计分录如下。

借：其他货币资金——银行汇票　　500 000
　　贷：银行存款　　500 000

(2) 1 日，提取现金 100 000 元，备发工资，凭证号为银付字 02 号，其会计分录如下。

借：库存现金　　100 000
　　贷：银行存款　　100 000

(3) 9 日，收到某公司用于归还货款的转账支票一张，金额 600 000 元，已办理入账手续，凭证号为银收字 02 号。其会计分录如下。

借：银行存款　　600 000
　　贷：应收账款　　600 000

(4) 10 日，付到期的银行承兑汇票一张，票面金额 600 000 元，凭证号为银付字 03 号。其会计分录如下。

借：应付票据　　600 000
　　贷：银行存款　　600 000

(5) 12 日，用转账支票向本市某企业购入材料 234 000 元，材料尚未验收入库。凭证号为银付字 04 号，其会计分录如下。

借：在途物资　　200 000
　　应交税费——应交增值税(进项税额)　　34 000
　　贷：银行存款　　234 000

(6) 13 日，公司从工商银行借入短期借款 1 000 000 元，凭证号为银收字 03 号。其会计分录如下。

借：银行存款　　1 000 000
　　贷：短期借款　　1 000 000

(7) 14 日，存入现金 50 000 元，凭证号为现付字 01 号。其会计分录如下。

借：银行存款　　50 000
　　贷：库存现金　　50 000

(8) 16 日，收到上月销售给南京模具公司的商品款 800 000 元，凭证号为银收字 04 号。其会计分录如下。

借：银行存款　　800 000
　　贷：应收账款　　800 000

(9) 20 日，从湖南省长沙市东阳材料公司购入原材料，价款为 300 000 元，增值税 51 000 元，以汇兑方式付款，材料尚未验收入库。凭证号为银付字 05 号。其会计分录如下。

借：在途物资　　300 000
　　应交税费——应交增值税(进项税额)　　51 000
　　贷：银行存款　　351 000

(10) 24 日，以转账支票支付外购材料运杂费 24 000 元，凭证号为银付字 06 号，其会计分录如下。

借：在途物资　　24 000

　　贷：银行存款　　24 000

(11) 28 日，交纳上月应交增值税 98 000 元，凭证号为银付字 07 号。其会计分录如下。

借：应交税费　　98 000

　　贷：银行存款　　98 000

(12) 30 日，收到联营公司分回的税后利润 500 000 元，凭证号为银收字 05 号。其会计分录如下。

借：银行存款　　500 000

　　贷：投资收益　　500 000

根据上述经济业务登记银行存款日记账，如表 4-13 和表 4-14 所示。

表 4-13　银行存款日记账(1)

2012 年		记账凭证		摘　要	对方科目	借　方	贷　方	借或贷	余　额
月	日	字	号						
12	1			月初余额				借	3 650 000
	1	银付	01	汇票存款	其他货币资金		500 000	借	3 150 000
	1	银付	02	提取现金	库存现金		100 000	借	3 050 000
	9	银收	02	收回货款	应收账款	600 000		借	3 650 000
	10	银付	03	支付商业汇票款	应付票据		600 000	借	3 050 000
	12	银付	04	购买材料	在途物资		234 000	借	2 816 000
	13	银收	03	借入短期借款	短期借款	1 000 000		借	3 816 000
	14	现付	01	存入现金	库存现金	50 000		借	3 866 000
	16	银收	04	收到货款	应收账款	800 000		借	4 666 000
	20	银付	05	采购材料	在途物资		351 000	借	4 315 000
	24	银付	06	支付运杂费	材料采购		24 000	借	4 291 000
	28	银付	07	缴纳增值税	应交税费		98 000	借	4 193 000
	30	银收	05	分回投资利润	投资收益	500 000		借	4 693 000
				本月合计		2 950 000	1 907 000	借	4 693 000
				本年累计		93 535 000	9 190 700	借	4 693 000
				结转下年			4 693 000	平	0

表 4-14　银行存款日记账(2)

2013 年		记账凭证		摘　要	对方科目	借　方	贷　方	借或贷	余　额
月	日	字	号						
1	1			上年结转				借	4 693 000

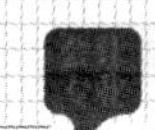

任务 4.3　出纳错账的查找与更正

4.3.1　对账概述

对账就是按照一定的方法和手续核对账目，主要是对账簿登记进行核对、检查。账簿记录是否真实、准确，直接影响到对经济活动效果的分析和会计报告的质量。在实际工作中，由于各种客观原因，账簿记录可能出现错记、漏记、重记。因此，必须建立健全对账制度，定期组织好各项核对工作。

1．对账的内容

对账主要包括以下几个方面的内容。

1) 账证核对

账证核对就是将各种账簿上所记载的内容与其入账时所依据的记账凭证及所附原始凭证进行逐项核对。出纳人员主要将“现金日记账”、“银行存款日记账”的记录与记账凭证核对，核对内容包括：记账时间、凭证字号、内容、金额是否一致，记账方向是否相符。账簿记录与会计凭证所反映的经济业务内容必须一致，数额计算结果相等，保证做到账证相符。

2) 账账核对

账账核对就是将有内在联系的各有关账簿记录进行核实、查对，达到账账相符。出纳人员主要是将“现金日记账”、“银行存款日记账”的期末余额与总分类账中的“库存现金”、“银行存款”的期末余额核对，检查总账与日记账记录是否相符。

3) 账实核对

出纳人员应具体核对以下内容。

(1) 将本单位“现金日记账”账面余额与库存现金实际结余数额逐日核对相符。

(2) 将本单位“银行存款日记账”的账面记录定期与银行转来的对账单上的记录核对相符。

(3) 将本单位有价证券明细账账面余额与库存有价证券实际结余数额逐日核对相符。

2．库存现金的账实核对

库存现金清查是指对库存现金的盘点与核对，包括出纳人员每天营业终了所进行的现金账款核对与清查小组进行的定期和不定期的现金盘点、核对，清查时应编制“库存现金盘点表”。

库存现金清查一般采用实地盘点法。清查小组清查时，出纳人员必须在场。清查的内容主要是：检查是否有挪用现金、白条抵库、超限额留存现金以及账款是否相符等。出纳人员应将到清查时为止的收付款项，根据有关收付款凭证全部登记入账，并结出余额；按时将保管的现金整理就绪，以备查对，清查中，清查人员应在出纳人员在场时清点现金、核对账款；对于超限额留存的现金要及时送存银行；若出现账款不符，待查明原因后分别按不同的情况进行调整，保证账款相符。

根据“库存现金盘点表”进行现金溢余或短缺的核算。对现金溢余或短缺应通过“待处理同财产损溢”科目核算。

“待处理财产损溢”属于资产类账户，借方登记现金短缺的实际发生额和现金溢余的转销数；贷方登记现金溢余实际发生额和现金短缺的转销数；期末结转后一般无余额。

1) 现金短缺

在查明原因前，先调账，其会计分录如下。

借：待处理财产损溢——待处理流动资产损溢

　　贷：库存现金

查明原因后，其会计分录如下。

(1) 应追究相关责任人的赔偿款时：

借：其他应收款——××

　　贷：待处理财产损溢——待处理流动资产损溢

(2) 无法查明原因时：

借：管理费用

　　贷：待处理财产损溢——待处理流动资产损溢

2) 现金溢余

在查明原因前，先调账，其会计分录如下。

借：库存现金

　　贷：待处理财产损溢——待处理流动资产损溢

查明原因后，其会计分录如下。

(1) 有应付未付的其他款项时：

借：待处理财产损溢——待处理流动资产损溢

　　贷：其他应付款

(2) 无法查明原因时：

借：待处理财产损溢——待处理流动资产损溢

　　贷：营业外收入

库存现金实有数比“现金日记账”余额多了，即发生了长款；若库存现金实有数比“现金日记账”短缺，即发生了短款。出纳员盘点时应当编制“库存现金盘点表”，如表 4-15 所示。它是反映现金实有数和调整账簿记录的重要原始凭证。

表 4-15　库存现金盘点表格式

年　　月　　日　　　　　　　　　　编号

账存金额	实存金额	盘　盈	盘　亏	备　注

盘点人(签章)：　　　　　　　　　　出纳员(签章)：

【例 4-4】2013 年 1 月 31 日，兴娄锅业红公司的财务负责人刘婷对出纳员陈兴的库存现金实存情况进行了全面清查，在清查过程中发现，现金日记账的余额为 4088 元，实际库存现金为 3916 元，无未记账的发票和收据。

(1) 请帮财务负责人填写库存现金盘点表，并思考现金日记账是否账实相符，为什么？并应作何相应的账务处理？

(2) 经财务负责人查证后，现金短款的原因为出纳员陈兴工作疏忽造成的，属于出纳人员的责任，于是决定由出纳人员赔偿，并作出处理通知书，请问，应作何相应的账务处理？

解：(1) 账实不符。因为现金日记账的余额与实际的库存现金不符。

盘点结束后，在还没有上报单位领导审批之前，会计根据库存现金“盘点表”编制会计分录。

借：待处理财产损溢——待处理流动资产损溢　　172

　　贷：库存现金　　172

(2) 查明原因后(批准后)，现金短缺的原因为出纳人员工作疏忽造成的，属于出纳人员的责任，应由出纳员赔偿的，应先记入“其他应收款”账户，表示企业应该收回这部分现金，但暂时还没有收回。

借：其他应收款——陈兴　　172

　　贷：待处理财产损溢——待处理流动资产损溢　　172

当实际收回现金时，应作如下会计分录。

借：库存现金　　172

　　贷：其他应收款——陈兴　　172

3. “银行存款日记账”与银行对账单的核对

银行每月会定期打印客户对账单，出纳人员应定期核对出纳的“银行存款日记账”与银行对账单，并编制“银行存款余额调节表”。

即使企业记账和银行记账都没有错误，银行存款日记账的余额与银行对账单的余额也往往不一致。这种不一致是由于存在未达账项而形成的。所谓未达账项是由于企业和银行取得凭证的时间不同，导致记账时间不一致，而发生的一方已经取得结算凭证登记入账，另一方尚未取得有关凭证、尚未登记入账的款项。未达账项包括以下四种类型。

(1) “企业已收，银行未收”，即企业送存银行的款项，企业已记账，作为银行存款的增加，而开户银行尚未办妥手续，未记入企业存款户。

(2) “企业已付，银行未付”，即企业开出支票从银行存款中付出款项，企业已经记账，作为银行存款的减少，但开户银行尚未付款、记账。

(3) “银行已收，企业未收”，即企业委托银行代收的款项或银行划给企业的存款利息，银行已作企业存款增加记入存款户，但企业尚未收到通知，未登记入账。

(4) “银行已付，企业未付”，即银行代企业支付的款项支付后，已作企业存款的减少记入存款户，但企业尚未接到银行通知，未登记入账。

上述任何一种未达账项的存在，都会使企业银行存款日记账余额与银行对账单余额不相一致。企业应根据核对后发现的未达账项，编制银行存款余额调节表，如表 4-16 所示。

表 4-16　银行存款余额调节表格式

年　月　日　　　　单位：元

项　目	金　额	项　目	金　额
企业银行存款账面余额		银行对账单余额	
加：银行已收，企业未收款		加：企业已收，银行未收款	
减：银行已付，企业未付款		减：企业已付，银行未付款	
调节后的存款余额		调节后的存款余额	

编制“银行存款余额调节表”的规则如下。

(1) 银行已记增加，单位未记增加，单位记增加。

(2) 银行已记减少，单位未记减少，单位记减少。

(3) 单位已记增加，银行未记增加，银行记增加。

(4) 单位已记减少，银行未记减少，银行记减少。

上述四项原则可归纳为：单位和银行“谁未记增加谁记增加，谁未记减少谁记减少”。

如果银行存款余额调节表的结果显示双方账目余额相等，则一般说明双方记账没有差错。如果调节后双方账目余额不相符，则说明账簿记录有差错，出纳员应进一步查明原因，予以更正。但在收、付款的原始凭证尚未送达之前，出纳人员不必调整银行存款日记账的账面记录。即对于银行已经登记入账而本单位尚未入账的未达账项，要等到有关银行结算凭证到达后，才能登记银行存款日记账，绝不能以“银行存款余额调节表”作为记账凭证的依据。

【例 4-5】兴娄锅业红有限公司 2013 年 1 月 31 日银行存款余额为 68 400 元，而银行对账单存款余额为 72 110 元，逐笔核对，发现有如下四笔未达账项。

1 月 21 日，银行支付总货款 1 200 元，企业尚未入账。

1 月 23 日，银行支付企业水电费 530 元，企业因未收到银行的付款通知书，故尚未入账。

1 月 26 日，企业开出现金支票一张，金额 440 元，持票人尚未到银行提现，银行尚未入账。

1 月 29 日，某单位汇来预付货款 5 000 元，银行已经收妥入账，但企业尚未入账。

根据以上未达账项编制的银行存款余额调节表如表 4-17 所示。

表 4-17　编制的银行存款余额调节表

2013 年 1 月 31 日　　　　单位：元

项　目	金　额	项　目	金　额
企业银行存款账面余额	68 400	银行对账单余额	72 110
加：银行已收，企业未收款	5 000	加：企业已收，银行未收款	0
减：银行已付，企业未付款	1 730	减：企业已付，银行未付款	440
调节后的存款余额	71 670	调节后的存款余额	71 670

【例 4-6】兴娄锅业红有限公司于 2013 年 1 月份的银行存款日记账与银行 1 月的银行存款对账单的对账情况如表 4-18 和表 4-19 所示，请根据以下业务资料思考是否要编制银行存款余额调节表。如果要编制则请代其编制银行存款余额调节表(见表 4-20)。

表 4-18　兴娄锅业红有限公司 2013 年 1 月的银行存款日记账

2013 年		记账凭证		摘　要	对方科目	借　方	贷　方	借或贷	余　额
月	日	字	号						
1	1			月初余额				借	598 533.60
	2	银付	01	付材料款	原材料		30 000	借	
	4	银付	02	付材料款	原材料		59 360	借	
	5	银收	01	存入销货款	主营业务收入	43 546.09		借	
	9	银收	02	存入销货款	主营业务收入	36 920.29		借	
	10	银付	03	交上月税金	应交税费		76 566.43	借	
	12	银收	03	存入销货款	主营业务收入	46 959.06		借	
	13	银付	04	提现	库存现金		20 000	借	
	14	银付	05	付材料款	原材料		64 500	借	
	20	银付	06	付职工养老保险	应付职工薪酬		29 100	借	
	24	银收	04	存入销货款	主营业务收入	64 067.91		借	
	28	银付	07	付汽车修理费	管理费用		4 500	借	
				本月合计		191 493.35	284 026.43	借	506 000.52

表 4-19　兴娄锅业红有限公司 2013 年 1 月的银行存款对账单

2013 年　1 月 31 日　　　币种：人民币　　　单位：元

网点号：0212[中国建设银行娄底支行]

户名：兴娄锅业红有限公司　　账号：90056005894003512349　　上页余额：598533.6　　第　页

2013		交易代码	凭证种类	凭证号	摘　要	借方发生额	贷方发生额	余　额	柜员号
月	日								
1	2		转支	1246#	付出	30 000			0193
	4		转支	1247#	付出	59 360			0193
	5		转支	1018#	收入存款		43 546.09		0193
	9		转支	2016#	收入存款		36 920.29		0196
	10		转支	1248#	付出	76 566.43			0193
	12		转支	4018#	收入存款		46 959.06		0196
	13		转支	4019#	付出	20 000			0196
	14		特转	2018#	代交费	12 210.24			0196
	16		转支	4547#	收入货款		43 000		0194
	20		转支	1250#	付出	29 100			0194
	24		特转	5014#	代付电话费	5 099.32			0194
						可用余额：536623.05			

表 4-20　银行存款余额调节表

年　月　日　　　　单位：元

项　目	金　额	项　目	金　额
企业银行存款账面余额	506 000.52	银行对账单余额	536 623.05
加：银行已收，企业未收款	43 000	加：企业已收，银行未收款	64 067.91
减：银行已付，企业未付款	46 409.56	减：企业已付，银行未付款	98 100
调节后的存款余额	502 590.96	调节后的存款余额	502 590.96

4. 实现会计电算化后的对账

计算机银行对账与手工核对银行账单的原理和方法基本相同，但对账、核销已达账项以及编制银行存款余额调节表等工作基本交由计算机自动完成。计算机核对银行账单，首先将银行发来的对账单输入计算机中的银行对账单库中，然后由用户确定对账的银行存款科目及对账方式，再令计算机自动将系统中存储的银行日记账中的记录按对账的条件进行筛选，并将筛选的记录送入银行日记账未达账库中，最后在银行对账单库与日记账未达账库之间进行记录的自动核对和核销，并自动生成银行存款余额调节表。

4.3.2　出纳工作中常见的差错类型

在出纳工作中，经常遇到的差错种类很多，其主要表现在：记账凭证汇总表不平；总分类账不平；各明细分类账户的余额之和不等于总分类账有关账户的余额；银行存款账户调整后的余额与银行对账单不符等。在实际工作中常见的记录错误主要有以下三种。

1. 会计原理、原则运用错误

这种错误的出现是指在会计凭证的填制、会计科目的设置、会计核算形式的选用、会计处理程序的设计等会计核算的各个环节出现不符合会计原理、原则、准则规定的错误。例如，对会计科目设置或核算使用范围不准确；对现行财务制度规定的开支范围、标准执行不严等。

2. 记账错误

记账错误主要表现为漏记、重记、错记三种。错记又表现为错记了会计科目，错记了记账方向，错用了记账墨水(蓝黑墨水误用红色，或红色误用蓝黑墨水)，错记了金额等。

3. 计算错误

计算错误主要表现为运用计算公式错误；选择计算方法错误；选定计量单位错误等。常见会计错误种类详见表 4-21。

表 4-21　常见会计错误种类

会计原理、原则运用错误				记账错误			计算错误		
会计科目设计错误	会计科目运用错误	会计原则运用错误	会计制度执行错误	漏记	重记	错记	运用计算公式错误	选择计算方法错误	确定计量单位错误

4.3.3　错账的查找技巧

在日常的会计核算中，发生差错的现象时有发生。如果发现错误：一是要确认错误的金额；二是要确认错在借方还是贷方；三是根据产生差错的具体情况，分析可能产生差错的原因，采取相应的查找方法，便于缩短查找差错的时间，从而减少查账工作量。

查找错误的方法有很多，现将常用的几种方法介绍如下。

1. 顺查法(亦称正查法)

顺查法是按照账务处理的顺序，从原始凭证、记账凭证、会计账簿、编制会计报表全部过程进行查找的一种方法。即首先检查记账凭证是否正确，然后将记账凭证、原始凭证同有关账簿记录一笔一笔地进行核对，最后检查有关账户的发生额和余额。这种检查方法可以发现重记、漏记、错记科目及错记金额等。这种方法的优点是查找的范围大，不易遗漏；缺点是工作量大，需要的时间比较长。因此，在实际工作中，一般是在采用其他方法查找不到错误的情况下采用这种方法。

2. 逆查法(亦称反查法)

这种方法与顺查法相反，是按照账务处理相反的顺序，从会计报表、会计账簿、记账凭证、原始凭证的过程进行查找的一种方法。即先检查各有关账户的余额是否正确，然后将有关账簿按照记录的顺序由后向前与有关记账凭证和原始凭证进行逐笔核对，最后检查有关记账凭证的填制是否正确。这种方法的优缺点与顺查法相同。所不同的是，这种方法是根据实际工作的需要，针对由于某种原因造成后期产生差错的可能性较大的情况而采用的。

3. 抽查法

抽查法是对整个账簿记录抽取其中某部分进行局部检查的一种方法。当出现差错时，可根据具体情况分段，重点查找。将某一部分账簿记录同有关的记账凭证和原始凭证进行核对，还可以根据差错发生的位数有针对性地查找。如果差错是角，则只要查找元以下尾数即可；如果差错是整数的千位、万位，则只需查找千位、万位数即可，其他的位数就不用逐项或逐笔地查找了，这种方法的优点是范围小，可以节省时间，减少工作量。

4. 偶合法

偶合法是根据账簿记录差错中经常遇见的规律，推测与差错有关的记录而进行查找的一种方法。这种方法主要适用于漏记、重记、记反账、错记账的查找。

1) 漏记的查找

(1) 总账一方漏记。总账一方漏记，在试算平衡时，借贷双方发生额不平衡，出现差错，在总账与明细账核对时，会发现某一总账所属明细账的借(或贷)方发生额合计数大于总账的借(或贷)方发生额，也出现一个差额，这两个差额正好相等。而且在总账与明细账中有与这个差额相等的发生额，这说明总账一方的借(或贷)漏记，借(或贷)方哪一方的数额小，漏记就在哪一方。

(2) 明细账一方漏记。明细账一方漏记，在总账与明细账核对时可以发现。总账已经试算平衡，但在进行总账与明细账核对时，发现某一总账借(或贷)方发生额大于其所属各明细账借(或贷)发生额之和，说明明细账一方可能漏记，可对该明细账的有关凭证进行查对。

(3) 凭证漏记。如果整张的记账凭证漏记，则没有明显的错误特征，只有通过顺查法或逆查法逐笔查找。

2) 重记的查找

(1) 总账一方重记。如果总账一方重记，在试算平衡时，则借贷双方发生额不平衡，出现差错；在总账与明细账核对时，发现某一总账借(或贷)方发生额小于其所属各明细账借(或贷)发生额之和，也出现一个差额，这两个差额正好相等，而且在总账与明细账中有与这个差额相等的发生额记录，说明总账借(或贷)方重记，借(或贷)方哪一方的数额大，重记就在哪一方。

(2) 明细账一方重记。如果明细账一方重记，在总账与明细账核对时可以发现。总账已经试算平衡，与明细账核对时，某一总账借(或贷)方发生额小于其所属明细账借(或贷)发生额之和，则可能是明细账一方重记，可对该明细账有关的记账凭证进行查对。

(3) 如果整张记账凭证重记，则没有明显的错误特征，只能用顺查法逐笔查找。

3) 记反账的查找

(1) 总账一方记反。记反账是指在记账时把发生额的方向弄错，将借方发生额计入贷方，或者将贷方发生额计入借方。总账一方记反账，则在试算平衡时发现借贷双方发生额不平衡，出现差错。这个差错是偶数，能被 2 整除，所得的商数则在账簿上有记录，借(或贷)方哪一方大，就反在哪一方。

(2) 如果明细账记反了，而总账记录正确，则总账发生额试算是正确的，可用总账与明细账核对的方法查找。

4) 错记账的查找

在实际工作中，错记账是指把数字写错的错误情况，常见的有以下几种情况。

(1) 数字错位。数字错位是指应记的位数不是前移就是后移，即小记大或大记小。如把千位数变成了百位数(大变小)，或把百位数变成千位数(小变大)。例如，把 1600 记成 160(大变小)，把 3.43 记成 343(小变大)。

如果是大变小，在试算平衡或者总账与明细账核对时，正确数字与错误数字的差额是一个正数，这个差额除以 9 后所得的商与账上错误的数额正好相等。查账时可以遵循：差额正数除以 9，所得商恰是账上的数，可能记错了位，错误的性质大变小。

如果是小变大，在试算平衡或者总账与明细账核对时，正确数字与错误数的差额是一个负数，这个差额除以 9 后所得商数再乘 10，得到的绝对数与账上错误的数额恰好相等。查账时应遵循；差额负数除以 9，商数乘以 10 的数账上有，可能记错了位，错误是由小变大。

(2) 错记。错记是在登记账簿过程中将数字误写。对于错记的查找，可根据由于错记而形成的差数，分别确定查找方法，查找是不仅要查找发生额，同时也要查找余额。一

般情况下，同时错记而形成的差数有以下几种情况。

第一种，邻数颠倒。邻数颠倒是指在登记账簿时把相邻的两个数字互换了位置。如43 错记 34，或把 34 错记 43。

如果前大后小颠倒为后大前小，则在试算平衡时，正确数与错误数的差额是一个正数，这个差额除以 9 后所得商数中的有效数字正好与相邻颠倒两数的差额相等，并且不大于 9。可以根据这个特征在差值相同的两个邻数范围内查找。

如果前小后大颠倒为前大后小，则在试算平衡或者总账与明细账核算时，正确与错误数的差额是一负数，其他特征同上。在这种情况下，应遵循：差额能被 9 整除，有效数字不过 9，则可能记账数颠倒，根据差值确定查找。

例如，某企业应收账款的总账科目余额合计数应为 881.34，而明细账合计数为 944.34，总账与明细账不等。有关明细账的资料如表 4-22 所示。

表 4-22　有关明细账资料

序　号	户　名	金额/万元
1	A	623.45
2	B	103.38
3	C	45.79
4	D	81.18
5	E	90.24
	合计	944.34

查找步骤如下。

第一，求正误差值：881.34－944.34＝－63。

第二，判断差值可否用 9 整除，差值 63，正好可以为 9 整除(63/9＝7)。

第三，求差值系数：(－)63/9＝(－)7。

第四，在错误表中查找有无相邻两数相差为 7 的数字。差值系数为负值时，查前大后小；反之，查前小后大。经查，该表中第 4 行“81.18”中的“8”－“1”＝7，前大后小。可以判断为属于数字倒置的错误，即可能是 18.18 而误写为 81.18。

第五，将第 4 行按 18.18 更正，重新加总，其合计数则为 881.34，与总账一致。

第二种，隔位数字倒置。如：425 记成 524，701 记成 107 等，这种倒置所产生的差数的有效数字是三位以上，而且中间数字必然是 9，差数以 9 除之所得的商数必须是两位相同的数，如 22，33，34，…。商数中的 1 个数又正好是两个隔位倒置数字之差。如 802 误记 208 元，差数是 594，以 9 除之则商数为 66，两个倒置数 8 与 2 的差也是 6。于是可采用就近邻位数字倒置差错的查找方法去查找账簿记录中百位和个位两数之差为 6 的数字，即 600 与 006、701 与 107、802 与 208、903 与 309 四组数，便可查到隔位数字倒置差错。

采用上述方法时，要注意，一是正确选择作为对比标准的基数；二是保证对比指标口径的可比性；三是同时分析相对数和绝对数的变化，并计算其对总量的影响。

出纳人员在日常填制会计凭证和登记账簿过程中，可能出现一些差错，切忌生搬硬套，要从具体的实际工作出发，灵活运用查找的方法，有时还要几种方法结合起来并用，通过反复核实，一定会得出正确的结果。

4.3.4 错账的更正

填制会计凭证或登记账簿时发生了差错，出纳发现后就应立即更正。由于差错性质不同，发现的时间有先有后，所以采用的更正方法也有所不同。如果出纳员在登记账簿前发现凭证记录错误，则可要求制单员重新填制一张正确的会计凭证，不需对账簿进行修改。如果在记账后发现账簿错误，则应按规定的方法进行更正，不得涂改、挖补或用化学试剂消除字迹。错账的更正方法有以下三种。

1. 划线更正法

在填制凭证、登记账簿过程中，如果发现文字或数字记错，则可采用划线更正法进行更正。即先在错误的文字、数字上画一条红线，然后在画线上方填写正确的文字或数字。在画线时，如果是文字错误，则可只划销错误部分；如果是数字错误，则应将全部数字划销，不得只划销错误数字。划销时必须注意使原来的错误字迹仍可辨认。更正后，经办人应在画线的一端盖章，以示负责。

2. 红字更正法

在记账以后，如果在当年内发现记账凭证所记的科目或金额有错，则可以采用红字更正法进行更正。所谓红字更正法，即先用红字填制一张与原错误完全相同的记账凭证，然后据以用红字登记入账，冲销原有的错误记录；同时再用蓝字填制一张正确的记账凭证，注明“订正×年×月×号凭证”，据以登记入账，这样就把原来的差错更正过来了。应用红字更正法是为了正确反映账簿中的发生额和科目的对应关系。一般情况下适用两种情况：一是记账后发现账簿记录的错误是因为记账凭证中的会计科目或记账方向有错误而引起的，应用红字更正法进行更正；二是记账后发现记账凭证和账簿记录金额大于应计的金额，而会计科目没有错误，应用红字更正法进行更正。

【例 4-7】 李明出差，借差旅费 5 000 元，开出现金支票支付，记账时本应贷记“银行存款”科目，而却误计入“库存现金”科目，并已登记入账。其更正方法如下。

(1) 用红字金额填制一张与原错误分录相同的记账凭证，分录如下。

借：其他应收款——李明　　5 000（方框）

　　贷：库存现金　　5 000（方框）

(2) 用蓝字填制一张正确的记账凭证，其分录如下。

借：其他应收款——李明　　5 000

　　贷：银行存款　　5 000

有时，根据记账凭证分别计入有关科目并无错误，但所填制的金额大于应填的金额时，也可按照正确数字与错误数字的差额用红字金额填制一张记账凭证，据以登记入账，以冲销多记部分，并在账簿摘要栏注明“冲销　年　月　号凭证多记金额”。

【例 4-8】 采用商业汇票结算方式，收到购货方开出并承兑的商业汇票 10 000 元，作为销售实现。在填制记账凭证时，将金额 10 000 元误记 100 000 元，多记了 90 000 元，

并已入账。其误记分录如下。

借：应收票据　　100 000

　　贷：主营业务收入　　100 000

为了更正有关账户多记的 90 000 元，就应用红字填制一张记账凭证。其分录如下。

借：应收票据　　[90 000]

　　贷：主营业务收入　　[90 000]

根据此记账凭证登记入账后，使“应收票据”和“主营业务收入”两账户原来的错误记录都得到了更正。本错误也可按例 4-7 的方法进行更正。

3．补充登记法

在记账以后，发现记账凭证填写的金额小于实际金额时，可采用补充登记法进行更正。更正时，可将少记数额填制一张记账凭证补充登记入账，并在摘要栏注明“补充　年月　日　号凭证少记金额”。

【例 4-9】通过开户银行收到东风工厂偿还的前欠贷款 6500 元，在填制记账凭证时，将金额误记为 5 600 元，少记了 900 元，并已登记入账。更正时，应将少记的 900 元用蓝字填制一张记账凭证，并登记入账。其补充更正分录是如下。

借：银行存款　　900

　　贷：应收账款——东风工厂　　900

将此记账凭证登记入账后，使“银行存款”和“应收账款”两账户原来的错误都得到了更正。

红字更正法和补充登记法都是用来更正因记账错误而产生的记账差错。如果记账凭证无错，只是登记入账时发生误记，则这种非因记账凭证误记的差错，应当在发现时用划线法进行更正。因为记账必须以凭证为依据，一张记账凭证不仅是登记明细账的根据，也是汇总登记总账的根据。在同一记账根据的基础上，不一定两种账同时都记错，假如总账未记错，只是某一明细科目记错了数字，如果为订正这一明细科目差错，而采用了红字更正法或补充登记法，则势必影响总账发生变动，即将原来的正确数订正为错误数。所以，非因记账凭证误记的差错只能用划线更正法进行更正。

以上只是对当年内发现填写记账凭证或登记账簿错误而采用的方法，如果发现以前年度记账凭证中有错误(指科目和金额)并导致账簿登记错误的，应当用蓝字填制一张更正的记账凭证。

4.3.5　结账概述

结账是指在一定时期内所发生的全部经济业务已登记入账的基础上，将各类账簿记录核算完毕，结出各种账簿本期发生额合计和期末余额的一项会计核算工作。结账可为进一步总结分析单位的财务状况、经营管理情况、编制会计报告等工作提供详实、具体的资料数据。

1．结账的工作内容

(1) 结账前，检查本期日常发生的全部经济业务是否均已填制或取得了会计凭证，是否按规定程序登记入账，有无错记、漏记、重记。若发现登记工作有失误，则应及时按规定手续进行更正、补记。

(2) 检查单位是否按照“权责发生制”、“配比”的原则，进行账项调整。

(3) 检查各项费用、成本和收入、成果的时期界限是否均已在有关账户之间完成了结转，是否真实地反映当期的财务成果。

(4) 完成上述工作后，分别结算出各种日记账、总分类账和明细分类账的本期发生额和期末余额。

2. 结账的方法

结账可分为每日结账、月度结账、季度结账、年度结账。具体的结账方法如下。

1) 每日结账(日结)

日结即在每日终了时进行的结账。日结的方法是：在逐笔、顺序登记完账簿后，应结出本日余额。

在使用“收入日记账”和“支出日记账”的情况下，出纳员在每日终了按规定登记入账后，结出当日收入合计数和当日支出合计数，然后将支出日记账当日支出数转记入收入日记账中的当日支出合计栏内，在此基础上再结出当日账面余额。

2) 月度结账(月结)

月结即在每月终了时进行的结账。月结的方法是：在最后一笔经济业务的记载下面画一条通栏红线，在红线下面的一行“摘要”栏注明“本月合计”或“本月发生额及余额”，在“借方”、“贷方”、“余额”三栏分别计算出本月借方发生额合计、贷方发生额合计和结余金额数，然后在此行下面再画一条通栏红线，表明本期结算完毕。

3) 季度结账(季结)

季结即在每季度终了时进行的结账。季结的方法是：在每季最后一个月的月度结账的下一行“摘要”栏注明“本季度累计”，在“借方”、“贷方”、“余额”三栏分别计算出本季度三个月的借方、贷方发生额合计数及余额，然后在此行下面再画一条红线，表明季度结算完毕。

4) 年度结账(年结)

年结即在每年年度终了时进行的结账。年度结账的方法是：在本年最后一个季度的季度结账的下一行“摘要”栏注明“本年累计”，在“借方”、“贷方”、“余额”三栏分别填入本年度借方发生额合计、贷方发生额合计、年末余额，然后在此行下面画两条通栏红线，表明全年经济业务的登记工作至此全部结束。

3. 实现会计电算化后的结账

计算机结账每月月底都需要进行结账处理，不仅要结转各账户的本期发生额和期末余额，还要进行一系列电算化处理，检查会计凭证是否全部登记入账并审核签章、试算平衡、辅助账处理等。与手工结算相比，电算化结账工作更加规范，结账全部由计算机自动完成。该结账工作需要注意的事项如下。

(1) 由于某月结完账后将不能再输入和修改该月的凭证，所以使用会计软件时，结账工作应由专人负责管理，以防止其他人员的误操作。

(2) 结账前应检查该月的所有凭证是否均已记账、结账日期是否正确、其他相关模块的数据是否传递完毕，以及其他结账条件是否完备。若结账条件不满足，则退出本模块，检查本月份输入的会计凭证是否全部登记入账，只有在本期输入的会计凭证全部登记入账后才允许结算本月份的账。与记账不同的是，电算化结账一个月可以记账数次，而只能结一次账。

(3) 结账必须逐月进行，上月未结账也不允许结本月的账。若结账成功，则做月结标志，之后不能再输入该月的凭证和记该月的账；若结账不成功，则恢复到结账前的状态，同时给出提示信息，要求用户做相应的调整。

(4) 年底结账，则系统自动产生下年度的空白数据文件(即数据结构文件)，并转年度余额。同时自动对“固定资产”等会计文件作跨年度连续使用的处理。

(5) 跨年度时，因年终会计工作的需要，会计软件允许在上年度未结账的情况下输入本年度一月份的凭证；单位可以根据具体情况，将结账环境设置为“在上年度未结账的情况下不允许输入本月的凭证”。

(6) 结账前应做一次数据备份，如果结账不正确则可以恢复重做。

4.3.6　更换账簿

年度终了需要换新的账簿。年度结账后，将本年度账簿中的余额结转到下一年度对应的新账簿中去，然后将本年度的全部账簿整理归档。结转账簿年度余额时，在本账簿中最后一笔记录(即本年累计)的下一行“摘要”栏注明“结转下年度”，将计算出的年末余额记入余额方向相反的“贷方”栏内，如：“银行存款日记账”年末余额方向为借方，结转到下年度时，将余额列入“贷方”栏，在“余额”栏内注明“0”，在“借或贷”栏注明“平”。至此本账年末余额结转完毕。

下一个会计年度要对所有账簿进行重新开设。登记第一笔经济业务之前，应首先将本账簿的上年余额列示出来。其方法是：在新开设的账簿的第一行填写“月、日、上年结余”，将上年余额列入“余额”栏，并标明余额方向，余额方向应同上一个会计年度本账簿的余额方向相同。新账结转或重建后，应在账簿封面上写明单位名称、账簿名称、编号和使用时限，在扉页“会计账簿启用表”上填写启用日期、单位负责人、记账人员和会计主管人员姓名并加盖名章和单位公章。

任务 4.4　出纳报告单的编制

会计要编制报表，出纳也要编制出纳报告单，来使自己的工作更完整全面。出纳记账之后，应根据现金日记账、银行存款日记账、有价证券明细账等核算资料，定期编制“出纳报告单”，以报告本企业一定时期内现金、银行存款和有价证券等的收支和结存情况，并据以与总账会计核对期末余额。

作为出纳人员，应了解“出纳报告单”的格式及编制方法、要求。

“出纳报告单”主要反映库存现金、银行存款和有价证券的收、支、存情况，并与总账会计核对期末余额。其基本格式如表 4-23 所示。

表 4-23　出纳报告单格式

单位名称：　　　　　　　　　　年　月　日至　　　年　月　日　　　　编号：

项　目	库存现金	银行存款	有价证券	备　注
上期结存				
本期收入				
合　计				
本期支出				
本期结存				

主管：　　　　　　　记账：　　　　出纳：　　　　复核：　　　　制单：

(1) 填制时间

出纳报告单的报告期可与本企业总账会计汇总记账的周期一致，如果企业总账 10 天汇总一次，则出纳报告单 10 天编制一次。

(2) 填制上期结存数

上期结存数是指报告单的前一期的期末结存数，即本期报告前一天的账面结存金额，也是等于上一期出纳报告单“本期结存”。

(3) 填制本期收入

“本期收入”按照对应账簿的账面本期合计借方数字填列。

(4) 填制合计数

“合计”栏填写“上期结存”与“本期收入”的合计数。

(5) 填制本期支出

“本期支出”栏应按对应账簿的账面本期合计贷方数字填列。

(6) 填制本期结存

“本期结存”是指本期期末账面的结转数字，等于“合计”数字减去“本期支出”数字，本期结存数应与账面实际结存数相一致。

(7) 确定报送范围和程序

未经有关领导批准，不得随意泄露出纳报告的内容。在接受工商、税务、审计等部门的检查时，出纳人员不得隐瞒、篡改出纳报告单的内容。

任务 4.5　专 项 实 训

【实训 4-1】练习会计凭证的编制及现金日记账和银行存款日记账的登记方法

资料：某企业 2012 年 8 月 1 日现金日记账的余额为 1 200 元，银行存款日记账的余额为 195 600 元。8 月份发生下列有关经济业务。

(1) 2 日，行政管理部门报销购买零星办公用品费 650 元，经审核以现金付讫。

(2) 4 日，签发现金支票 5 000 元，从银行提取现金，以备日常开支需要。

(3) 5 日，职工李林出差借差旅费 1 000 元，经审核开出现金支票。

(4) 6 日，用银行存款 20 000 元偿还上月所欠东方公司的货款。

(5) 7 日，购入材料一批，用银行存款支付货款及运费 27 500 元，材料已验收入库。

(6) 8 日，签发现金支票 35 000 元，从银行提取现金，以备发放工资。

(7) 10 日，以现金 35 000 元发放本月职工工资。

(8) 11 日，以银行存款偿还到期的短期借款 100 000 元和利息 3 750 元(利息已按月预提)。

(9) 12 日，销售产品一批，货款共计 55 000 元，已收到并存入银行。

(10) 18 日，收到西方公司前欠的货款 15 000 元，并存入银行。

(11) 24 日，生产车间报销日常开支费用 1 650 元，经审核以现金付讫。

(12) 26 日，以现金 600 元支付职工困难补助费。

(13) 27 日，用银行存款 12 000 元支付广告费。

(14) 28 日，用银行存款 8 000 元交纳税金。

(15) 29 日，接到银行通知，支付本月生产用电费 6 000 元。

要求：

(1) 编制会计分录。

(2) 设置“现金日记账”和“银行存款日记账”，登记并结出发生额和余额。

【实训 4-2】思考现金清查案例

资料：兴娄锅业红公司出纳员小陈由于刚参加工作不久，对于货币资金业务管理和核算的相关规定不甚了解，所以出现了一些不应有的错误，有件事情让他至今还记忆犹新。在 2012 年 10 月 8 日和 10 日两天的现金清查中，分别发现现金短缺 50 元和现金溢余 20 元的情况，对于这些他反复思考也弄不明白原因。为了保全面子，同时考虑到两次账实不符的金额又很小，他决定采取下列办法进行处理：现金短缺 50 元，自掏腰包补齐；现金溢余 20 元，暂时收起。

问题：

(1) 小陈对上述业务的处理是否正确？为什么？

(2) 你能给出正确答案吗？

【实训 4-3】练习银行对账的方法

资料：兴娄锅业红有限公司 2012 年 3 月份银行存款日记账账面价值和银行存款对账单分别如表 4-24 和表 4-25 所示。

表 4-24　2012 年 3 月的银行存款日记账

2012 年		凭证		银行凭证		摘要	借方	贷方	余额
月	日	字	号	名称	号数				
3	1					期初余额			583 810
	2	收	1	汇票	6088#	销售产品	109 810		693 620
	5	付	1	转支	2014#	付购材料		15 420	678 200
	5	付	2	转支	2015#	付购材料保险款		80 120	598 080
	7	付	3	现付	1018#	支取现金		1 000	597 080
	8	付	4	转支	2016#	偿还贷款		38 560	558 520

续表

2012年		凭证		银行凭证		摘要	借方	贷方	余额
月	日	字	号	名称	号数				
	10	付	5	转支	2017#	支付广告费		10 000	548 520
	14	付	6	转支	4018#	付养老保险费		37 160	511 360
	15	收	2	转支	5001#	收回货款	50 000		561 360
	16	付	7	转支	2018#	代垫运杂费		2 000	559 360
	18	付	8	现付	1019#	预付差旅费		5 000	554 360
	21	付	9	汇票	3187#	购入设备		100 000	454 360
	22	收	3	汇票	5014#	预收货款	60 000		514 360
	23	付	10	转支	2019#	支付印花税		1 000	513 360
	24	付	11	转支	2020#	购买办公用品		800	512 560
	25	付	12	电汇	7778#	预付货款		80 000	432 560
	26	收	4	特转	1111#	存入现金	500		433 060
	27	收	5	特转	4832#	收到税款返还	20 000		453 060
	28	付	13	特转	7086#	上缴增值税		50 380	402 680
	28	收	6	委收	8088#	收回货款	150 000		552 680
	31	付	14	特转	5840#	购转账支票		25	552 655
	31					本月合计	390 310	421 465	552 655

表 4-25　2012 年 3 月的银行存款对账单

2012 年 3 月 31 日　　币种：人民币　　单位：元

网点号：0212[中国建设银行娄底支行]

户名：兴娄锅业红有限公司　　账号：90056005894003512344　　上页余额：583 810　　第　页

2012年		交易代码	凭证种类	凭证号	摘要	借方发生额	贷方发生额	余额	柜员号
月	日								
3	2		汇票	6088#	收款		109 810		0193
	5		转支	2014#	付货款	15 420			0193
	7		现支	1018#	提现	1 000			0193
	8		转支	2016#	付货款	38 560			0196
	10		转支	2017#	付广告费	10 000			0193
	14		转支	4018#	付养老金	37 160			0196
	15		转支	4019#	付失业养老金	8 000			0196
	16		转支	2018#	付运费	2 000			0196
	21		特转	4547#	收利息		318		0194
	21		汇票	3187#	付设备费	100 000			0194
	22		汇票	5014#	预收贷款		60 000		0194

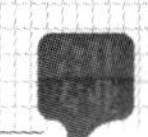

续表

2012 年		交易代码	凭证种类	凭证号	摘　要	借方发生额	贷方发生额	余　额	柜员号
月	日								
	24		转支	2020#	付办公费	800			0194
	25		电汇	7778#	预付货款	80 000			0193
	26		特转	1111#	存现		500		0196
	28		特转	7086#	交税	50 380			0196
	28		委收	8088#	收货款		150 000		0194
	28		委收	8017#	收货款		17 000		0194
	31		特转	5840#	购支票	25			0194
							可用余额：578 093		

要求：

(1) 将银行存款日记账与银行存款对账单进行核对，找出未达账项。

(2) 简单分析出现未达账项的原因。

(3) 编制银行存款余额调节表(见表 4-26)。

表 4-26　2012 年 3 月的银行存款余额调节表

单位名称：　　　　　　　　　　　　年　月　日　　　　　　　　　　　　单位：元

项　目	金　额	项　目	金　额
企业银行存款日记账	552 655	银行对账单余额	578 093
加：银行已收，企业未收		加：企业已收，银行未付款	
减：银行已付，企业未收		减：企业已付，银行未付款	
调节后的银行存款余额		调节后的银行存款余额	

【实训 4-4】练习错账的更正

资料：某企业在账证核对过程中，发现账簿出现下列错误。

(1) 从银行提取现金 4 500 元，过账后，发现原记账凭证没错，账簿中错将金额记为 5 400 元。

(2) 发放工资 50 000 元，记账凭证记录如下，已登记入账。

借：应付职工薪酬　　　　56 000

　　贷：库存现金　　　　　　56 000

(3) 销售产品 10 000 元，款项收回。记账凭证如下，已登记入账。

借：主营业务收入　　　　10 000

　　贷：银行存款　　　　　　10 000

要求：先分析错误的原因，然后再分别采用适当的更正错账的方法予以更正。

【实训 4-5】练习出纳报告单的编制

资料：兴娄锅业红有限公司 2012 年 7 月 31 日现金日记账的余额为 1 200 元，银行存款日记账的余额为 195 600 元，2012 年 8 月 10 日，现金日记账的借方合计为 40 000 元，贷方合计为 37 900 元，银行存款日记账的借方合计为 70 000 元，贷方合计为 218 250 元。

要求：根据以上资料，编制出纳报告单(见表 4-27)。

表 4-27　2012 年 7 月 31 日至 8 月 10 日的出纳报告单

单位名称：　　　　　　　　　　年　月　日至　　年　月　日　　　　编号：

项　目	库存现金	银行存款	有价证券	备　注
上期结存				
本期收入				
合　　计				
本期支出				
本期结存				

主管：　　　　记账：　　　　出纳：　　　　复核：　　　　制单：

项目小结

出纳人员需对现金日记账和银行存款日记账进行登记。选取的账簿一般为三栏式、订本式日记账账簿。在正式登账之前要进行账簿启用，启用会计账簿时，应当在账簿封面上写明单位名称和账簿名称。在账簿扉页上应当附启用表，内容包括启用日期、账簿页数、记账人员和会计机构负责人、会计主管人员姓名，并加盖名章和单位公章。

登记出纳账簿的要求：①以审核无误的记账凭证为依据；②登账时要使用碳素墨水笔书写；③登账时字迹清楚，书写不应超过格宽的 1/2；④登记应连续，不得跳行、隔页；⑤出纳日记账应做到日清月结，并按规定转页；⑥登账错误，要分清原因，按正确的方法更正。

出纳员的日记账要做到日清月结。对账的内容包括账账相符、账证相符和账实相符。单位负责人应定期对出纳员的库存现金进行清查，清查时应当编制“库存现金盘点表”，发生现金溢余或短缺，要及时做出处理。银行日记账要定期与银行对账单核对，如果对账不符，则要根据未达账项编制银行存款余额调节表，调整后的余额数表示企业实际可以运用的银行存款数。如果调整后的余额仍不平衡，出纳员则应进一步查明原因，是否有记错账的情况。

出纳员错账的查找技巧有顺查法，逆查法、抽查法和偶合法，出纳员应灵活应用错账的查找技巧。发生记账错误，应采用正确的方法进行更正，错账的更正方法有：划线更正法、红字更正法和补充登记法。

练　习　题

一、单项选择题

1. 日记账的最大特点是(　　)。

A. 按现金和银行存款分别设置账户

B. 可以提供现金和银行存款的每日发生额

C. 可以提供现金和银行存款的每日静态、动态资料

D. 逐日逐笔顺序登记并随时结出当日余额

2. 下列账簿中，应使用订本式账簿的是(　　)。

A. 应付账款明细分类账　　B. 应收账款明细分类账

C. 银行存款日记账　　D. 应收票据备查簿

3. 用转账支票归还欠 A 公司的货款 50 000 元，会计人员编制的记账凭证为：借记应收账款 50 000 元，贷记银行存款 50 000 元，并据以登记入账。复核时发现错误，则应采用的更正方法是(　　)。

A. 没有错误　　B. 使用划线更正法更正

C. 使用红字冲销法更正　　D. 使用补充登记法更正

4. 现金日记账和银行存款日记账的编制应采用(　　)账簿。

A. 订本式　　B. 活页式　　C. 多栏式　　D. 卡片式

5. 期末根据账簿记录，计算出各账户的本期发生额和期末余额，在会计上称为(　　)。

A. 对账　　B. 结账　　C. 调账　　D. 查账

6. 必须逐日逐笔登记的账簿是(　　)。

A. 明细账　　B. 总账　　C. 日记账　　D. 备查账

7. 根据《会计档案管理办法》的规定，现金日记账和银行存款日记账的保管期限为(　　)。

A. 5 年　　B. 10 年　　C. 15 年　　D. 25 年

二、多项选择题

1. 企业从银行提取现金 500 元，此项业务应登记(　　)。

A. 现金日记账　　B. 银行存款日记账

C. 总分类账　　D. 明细分类账

2. 错账查找的方式主要有(　　)。

A. 顺查法　　B. 逆查法　　C. 抽查法　　D. 偶合法

3. 出纳人员可以登记和保管的账簿有(　　)。

A. 现金日记账　　B. 银行存款目记账

C. 现金总账　　D. 银行存款总账

4. 采用划线更正法，其要点是(　　)。

A. 在错误的文字或数字(单个数字)上画一条红线注销

B. 在错误的文字或数字(整个数字)上画一条红线注销

C. 在错误的文字或数字上画一条蓝线注销

D. 将正确的文字或数字用蓝字写在画线的上端

E. 更正人在画线处盖章

5. 年度结束后，对于账簿的保管应该做到(　　)。

A. 装订成册　　B. 加上封面

C. 统一编号　　D. 当即销毁

E. 归档保管

三、判断题

1. 现金日记账的借方是根据收款凭证登记的，贷方是根据付款凭证登记的。(　　)
2. 企业对代销的商品，可以设置备查账簿进行登记。(　　)
3. 任何单位，对账工作每年至少进行一次。(　　)
4. 更换新账簿时，如有余额，则在新账簿中的第一行摘要栏内注明“上年结转”。(　　)
5. 订本式账簿是指在记完账后，把记过账的账页装订成册的账簿。(　　)

四、简答题

1. 简述会计账簿的分类。
2. 简述错账的更正方法及适用范围。
3. 简述现金日记账和银行存款日记账的登账要点。

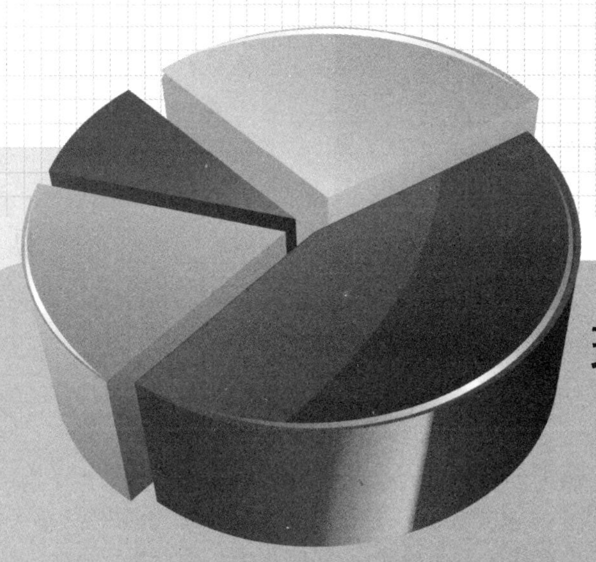

项目 5

现金管理与核算

学习目标

熟悉现金管理的主要规定；掌握现金存取业务的处理程序、现金收付业务的处理程序、备用金管理制度。

项目重点与难点

现金存取业务的处理程序；现金收付业务的处理程序；定额备用金制度和非定额备用金制度账务处理的区别。

技能要求

通过对本项目的学习，能准确计算库存现金限额；能准确填写库存现金限额申请表、现金缴款单、现金支票、收款收据；能准确审核借款单；能准确进行备用金的账务处理。

【项目导入】

出纳陈兴第一天上班，财务主管刘婷对他说："一个企业每天都会有很金现金结算要经过出纳员的手，要做好这个工作，你一定要熟悉现行的有关现金收支管理的制度和规定。你先了解一下我们企业的基本情况及现金管理的规定吧。"

企业基本信息

企业名称：湖南兴娄锅业红有限责任公司

地址：娄底市贤童街 125 号

邮政编码：417000

电话号码：0738-8329504

法定代表人：张爱国

注册资金：1 500 万人民币

企业类型：有限责任公司

经营范围："洁静"牌吸尘器和"靓爽"牌电吹风两种产品

税务代码：431311555666777，一般纳税人，增值税率 17%

开户银行：中国建设银行娄底支行

账号：9005600589400351234

财务主管：刘婷　　记账：王凡　　制单：张红　　出纳：陈兴

出纳员陈兴工作的第一件事就是学习掌握《现金管理暂行条例》、《现金管理暂行条例实施细则》及《内部会计控制规范——货币资金》的规定，提高自身业务素质，合法、规范操作，工作起来才能得心应手。

任务 5.1　现金管理业务

5.1.1　现金的概念

按照国际惯例，现金是指可随时作为流通与支付手段的票证。会计范畴的现金又称库存现金，是指存放在企业并由出纳人员保管的现钞，包括库存的人民币和各种外币。它可以随时用来购买所需物资，支付日常零星开支，偿还债务等，是流动性最强的一种货币性资产。从理论上讲，现金的概念有广义和狭义之分。广义的现金包括库存现金和视同现金的各种银行存款、流通证券等；狭义的现金仅指企业的库存现金，包括各种硬币、纸币，分人民币现金和外币现金两种。通常所说的是指狭义的现金。

5.1.2　现金的使用范围

按国家有关规定，各单位可以在下列范围内使用现金。

(1) 职工工资、津贴。

(2) 支付给个人的劳务报酬，包括稿酬、讲课费、设计费、装潢费、安装费、制图费、

化验费、测试费、医疗费、法律服务费、各种演出与表演费、技术服务费、介绍服务费、经纪服务费、代办服务费及其他劳务费用等。

(3) 支付给个人的各种奖金，包括根据国家规定颁发给个人的科学技术、文化艺术、体育等各种奖金。

(4) 各种劳保、福利费用以及国家规定对个人的其他支出。包括退休金、抚恤金、学生助学金、职工生活困难补助等。

(5) 向个人收购农副产品和其他物资如金银、工艺品、废旧物资等的价款。

(6) 支付出差人员必须随身携带的差旅费。

(7) 结算起点以下的零星支出，现行规定的结算起点为 1000 元。

(8) 中国人民银行确定需要支付现金的其他支出。如因采购地点不确定、交通不便、抢险救灾以及其他特殊情况，办理转账结算不方便，必须使用现金的支出。对于这类支出，开户单位应向开户银行提出书面申请，由本单位财务负责人签字盖章，开户银行审查批准后，予以支付现金。

除上述第(5)、(6)项外，开户单位支付给个人的款项超过使用现金限额的部分，应当以支票或银行本票支付；确需全额支付现金的，经开户银行审核后，予以支付现金。

5.1.3　现金管理的四个原则

1. 收付合法性原则

收付合法是指各单位在收付现金时必须符合国家有关现金管理的方针、政策的规章制度的规定。合法性原则包含两层含义：一是现金的来源和使用必须合法；二是现金收付必须在合法的范围内进行。

2. 钱账分管原则

钱账分管即管钱的不管账、管账的不管钱，是指管现金的出纳人员不得兼任稽核、会计档案保管和收入、支出、费用、债权、债务账目的登记工作；经管收入、支出、费用、债权、债务等账目的登记工作的会计人员不兼管出纳账目登记工作、现金的收付工作和现金的保管工作。

3. 收付两清原则

收付两清原则是指在现金收付过程中的收付款项当面点清的原则。它要求出纳人员不论工作多忙、金额大小或对象熟生，对收付的现金都要进行复核或由另外一名会计人员复核，切实做到现金收付不出差错，防止长、短款的发生；同时出纳人员对来财会部门交取现金的人员，要督促他们当面点清，如有差错当面解决，以保证收付两清。

4. 日清月结原则

日清月结是出纳员办理现金出纳工作的基本原则和要求，也是避免长款和短款的重要措施。所谓日清月结，就是出纳员办理现金收支业务时，必须做到按日清理，按月结账。即对每天发生的现金收支业务要逐笔登记现金日记账，逐日结出库存现金余额，并将现金日记账余额与库存现金实际余额核对，保证账实相符。月末将现金日记账本月收付发生额及月末余额与现金总账核对，保证账账相符。

5.1.4 现金管理的基本要求

1. 现金来源必须合理合法

单位的收入有多种来源，无论哪种来源都必须符合有关规定和实际需要，不能乱列开支项目，提取现金或出售商品(产品)金额在结算起点以上的，不能拒收银行结算凭证，而只收取现金或按一定比例搭配收取现金；单位在国家规定的使用范围和限额内要使用现金，应从开户银行提取时要写明用途，本单位财务部门负责人签字或盖章，经开户银行审核后，予以支付现金，不得编造用途套取现金等。

2. 严格遵守开户银行核定的库存现金限额

《现金管理暂行条例》第十一条第二款明确规定："开户单位现金收入应当于当日送存开户银行。当日送存确有困难的，由开户银行确定送存时间"。各单位收入的现金超过库存限额的，也应将超过限额的部分送存银行。因此，现金收入和超库存限额的现金均应及时送存银行。及时送存一般是指当日送存，如果有的单位离开户银行较远，交通不方便，则可由开户银行确定送存时间。如果收入的现金是开户银行当天停止收款以后发生的，则也应在第二天送存银行。

库存现金限额由开户银行根据开户单位3～5天的日常零星开支所需要的现金核定，开户单位需要增加或者减少库存限额时，应当向开户银行提出申请，由开户银行重新核定。超过库存限额以外的现金应在下班前送存银行。

3. 严格实行收支两条线，不准擅自坐支现金

坐支，是指将单位的现金收入直接用于支付各种开支。根据规定，各单位现金收入应于当日送存银行，同时还要在交款单上注明款项的来源；当日送存有困难的，由开户银行确定送存时间。单位支付现金，可以从本单位库存现金限额中支付或从开户银行提取，不得从本单位的现金收入中直接支付(即坐支)。坐支现金容易打乱现金收支渠道，不利于开户银行对单位的现金进行有效的监督和管理。有些单位的业务经营的确需要坐支现金时，应事先向开户银行提出申请，在开户银行批准的坐支范围内才能坐支现金，而且应定期向开户银行报告坐支金额和使用情况。

4. 开户单位应当建立健全现金账目，逐笔记载现金支付

账目应当日清月结，账款相符，严格执行《现金管理暂行条例实施细则》第十二条规定的八个"不准"。其内容如下。

(1) 不准用不符合财务制度的凭证顶替库存现金。

(2) 不准单位之间互相借用现金。

(3) 不准谎报用途套取现金。

(4) 不准利用银行账户代其他单位或个人存、取现金。

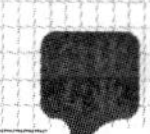

(5) 不准将单位收入的现金以个人名义存入银行。

(6) 不准保留账外公款。

(7) 不准单位发放购物券等变相货币。

(8) 不准以任何票券代替人民币在市场上流通。

5. 建立现金收支业务岗位责任制，加强现金管理内部控制

会计机构内部必须由专职(或兼职)的出纳人员负责管理现金。单位的会计工作和出纳工作必须分开，出纳员不能兼管稽核、会计档案保管和收入、费用、债权、债务账目的登记工作。单位不得由一个人办理货币资金业务的全过程。

6. 收入现金必须坚持先收款后开收据

为了防止差错和引起纠纷，收入现金时应先收款，当面清点现金数额，经复点无误后，再开给交款人“收款收据”，不能先开收据后收款；几笔收款或几笔付款不能一起办理，应一笔一清；严禁收款不开“收款收据”，即使有些现金收入已有对方的付款凭证，也应开出收据给交款人，以明确经济责任；收款过程应在同一时间内完成，不准收款后过一段时间再开收据；对收入现金的收款收据应加盖“现金收讫”印章。支出现金必须填写内容真实、准确、合法的支付凭证，出纳人员应按规定的程序审核并办理现金支付手续。出纳付款后，必须在相关的凭证上加盖“现金付讫”印章。

7. 大额现金支付登记备案制度

根据中国人民银行 1997 年 4 月发布的《大额现金支付登记备案规定》，凡在商业银行、城市合作银行、城乡信用社开设账户的单位，除工资性支出和农副产品采购所用现金支出外，提取现金超过中国人民银行各省、自治区、直辖市分行确定的大额现金数量标准的，要填写有关大额现金支出登记表，表格的主要内容包括支取时间、单位、金额、用途等；同时，开户银行要建立台账，实行逐笔登记，并于季后 15 日内报送中国人民银行当地支行备案。开户银行对本行签发的超过大额现金标准、注明“现金”字样的银行汇票、银行本票，视同大额现金支付，实行登记备案制度。

8. 严格执行现金清查盘点制度

出纳人员对每天发生的现金收支业务要逐笔登记到现金日记账，并在每天业务结束前结出现金日记账余额，盘点库存现金，并将现金日记账余额与库存现金实存数核对，保证账实相符。会计部门应定期或不定期对库存现金进行抽查盘点，及时发现和改正差错，防止挪用、贪污或盗窃现金等不法行为。

由于现金是流动性最强的一种资产，它的支付能力强，且直接由企业出纳人员保管，最容易被盗或挪用，因此，现金管理是各单位资金管理的重点，也是出纳人员最主要的工作。办理现金出纳业务的具体内容包括：现金收入的支付、现金的送存、备用金的管理等。按照规定，出纳人员必须采用规范的程序和处理步骤办理各种现金出纳业务，从而保证办理现金出纳业务的工作质量，加强对企业现金的管理。

5.1.5 库存现金限额核定

1. 库存现金限额的概念

国家规定由开户银行给各单位核定一个保留现金的最高额度，这个最高额度就是库存现金限额。核定单位库存现金限额的原则是，既要保证日常零星现金支付的合理需要，又要尽量减少现金的使用。开户单位由于经济业务发展需要增加或减少库存现金限额时，应按必要的程序向开户银行提出申请。

2. 库存现金限额的核定方法

一个单位在几家银行开户的，只能在一家银行开设现金结算账户，支取现金，并由该家开户银行核定开户单位库存现金限额和进行现金管理检查。

凡在银行开户的独立核算单位都要核定库存现金限额；独立核算的附属单位，由于没有在银行开户，但需要保留现金，也要核定库存现金限额，其限额可包括在其上级单位库存限额内；商业企业的零售门市部需要保留找零备用金，其限额可根据业务经营需要核定，但不包括在单位库存现金限额之内。

库存现金限额每年核定一次，开户单位与开户银行协商核定库存现金限额。其核定公式为：

库存现金限额＝前一个月平均每天支付的数额(不含每月平均工资数额)×限定天数

3. 库存现金限额的核定管理

为了保证现金的安全，规范现金管理，同时又能保证开户单位现金的正常使用，按照《现金管理暂行条例》及实施细则规定，库存现金限额由开户银行和开户单位根据具体情况商定，凡在银行开户的单位，银行根据实际需要核定3～5天的日常零星开支数额作为该单位的库存现金限额。边远地区和交通不便地区的开户单位，其库存现金限额的核定天数可以适当放宽在5天以上，但最多不得超过15天。

按照现金内部控制制度的要求，单位应当加强现金库存限额的管理，经核定的库存现金限额，开户单位必须严格遵守，每日现金的结存数不得超过核定的限额，超过库存限额的现金应及时存入银行，当库存现金不足限额时，可向银行提取现金，不得在未经开户银行准许的情况下坐支现金，开户单位需要增加或减少库存现金限额的，应当向开户银行提出申请，由开户银行核定。

4. 核定库存现金限额的具体程序

(1) 与开户银行协商库存现金限额的天数。

(2) 计算库存现金的限额。

库存现金限额＝每日零星支出额×核定天数

每日零星支出额＝月(或季)平均现金支出额(不包括定期性的大额现金支出和不定期的大额现金支出)/月(或季)平均天数

(3) 开户单位填制“库存现金限额申请批准书”。

(4) 开户单位将申请批准书报送单位主管部门，经主管部门签署意见，再报开户银行审查批准，开户单位凭开户银行批准的限额数作为库存现金限额。

(5) 收到银行审批核定的库存现金限额申请批准书。

【例 5-1】2012 年 3 月 10 日，鉴于业务开展的需要，出纳陈兴经与开户银行协商，核定本企业的库存现金的保留天数为 4 天。企业日常现金支出范围主要包括采购零星材料的支出、零星劳务费支出、办公费和其他支出，其月度的平均现金支出总额(但不包括定期的大额现金支出和不定期的大额现金支出)分别为 36 000 元、9 000 元、6 000 元和 18 000 元。如何来核定库存现金限额呢？已批准后的库存现金限额又是多少呢？

为了准确算出库存现金限额，出纳员陈兴做了如下工作。

(1) 核定库存现金限额

根据月度或季度的平均现金支出总额，计算每日的平均现金支出总额，并在此基础上计算库存现金限额。本企业每日现金支出计算如下。

采购零星材料的支出＝36 000÷30×4＝4 800(元)

零星劳务费支出＝9 000÷30×4＝1 200(元)

办公费支出＝6 000÷30×4＝800(元)

其他支出＝18 000÷30×4＝2 400(元)

(2) 填写“库存现金限额申请批准书”

根据计算的上述各项现金支出数，准确地填写一式两联的库存现金限额申请批准书(见表 5-1)。加盖企业印章，经单位主管签署意见后，报送开户银行审批。

表 5-1　库存现金限额申请批准书

申请单位：兴娄锅业红有限责任公司　　　　单位：元

开户银行：中国建设银行娄底支行　　　　账号：9005600589400351234

每日必须保留现金支出项目	保留现金的理由	申请金额	批准金额	备注
与银行商定现金保留 4 天				
材料采购	每月预计零星采购需支付 36 000 元	4 800		
劳务费	每月预计现金支付的劳务费 9 000 元	1 200		
办公费	每月预计现金支付的办公费 6 000 元	800		
其他	每月预计其他现金支付 18 000 元	2 400		
合计		9 200		
申请单位 2012 年 3 月 10 日	单位主管部门意见 同意 盖章 2012 年 3 月 10 日	银行审查意见 盖章 年　月　日		

(3) 银行审批

将库存现金限额申请书送交银行审查，开户银行经过审查和综合平衡后，在申请批准书上填写了批准限额数，并加盖银行业务受理印章，将申请书的第一联(见表 5-2)交还申请企业，第二联留存开户银行。

表 5-2　审核后的库存现金限额申请批准书

申请单位：兴娄锅业红有限责任公司　　　　单位：元

开户银行：中国建设银行娄底支行　　　　账号：9005600589400351234

每日必须保留现金支出项目	保留现金理由	申请金额	批准金额	备注
与银行商定现金保留 4 天				
材料采购	每月预计零星采购需支付 36 000 元	4 800	4 800	
劳务费	每月预计现金支付的劳务费 9 000 元	1 200	1 200	
办公费	每月预计现金支付的办公费 6 000 元	800	800	
其他	每月预计其他现金支付 18 000 元	2 400	1 100	
合计		9 200	7 900	
申请单位 2012 年 3 月 10 日	单位主管部门意见 同意 盖章 2012 年 3 月 10 日	银行审查意见 盖章 年　月　日		

通过表 5-2 可以看出，经银行审批后的每日库存现金限额为 7 900 元，企业应将每日超过限额的现金在下班前送存银行。

任务 5.2　现金存取业务的处理

5.2.1　现金送存业务的处理

根据规定，各单位必须按开户银行核定的库存限额保管、使用现金。在日常现金收支业务中，除了根据规定可以坐支的现金和非业务性零星收入收取的现金，可以用于补足库存现金限额的不足外，其他业务活动取得的现金及超过库存现金限额的现金，都必须及时送存银行。送存现金的基本程序如下。

1. 整点票币

送款前应将送存款清点整理，按币别、币种分开。纸币要平铺整齐，将同面额的纸币摆放在一起，按每 100 张为一把整理好，用腰条在腰中捆扎好，不够整把的，按照从

大额到小额的顺序放。将同额硬币放在一起，1 元、5 角、1 角硬币，按每 50 枚用纸卷成一卷。不足一卷的一般不送存银行，留做找零用。

残缺破损的纸币和已经穿孔、裂口、破缺、压薄、变形以及正面的国徽、背面的数字模糊不清的硬币，应单独剔出，另行包装，整理方法与前面相同。

2. 填写“现金缴款单”

款项清点整齐核对无误后，由出纳人员根据整点好的存款金额填写现金缴款单。各种币别的金额合计数应与存款金额一致。现金缴款单为一式三联或一式两联。以三联单为例，第一联为回单，由银行盖章后退回存款单位；第二联为收入凭证，由收款人开户银行作为凭证；第三联为附联，作附件，是银行出纳留底联。

出纳人员在填写现金缴款单时，必须注意以下几点。

(1) 要用双面复写纸复写。

(2) 交款日期必须填写交款的当日。

(3) 收款人名称应填写全称。

(4) 款项来源要如实填写。

(5) 大小写金额的书写要标准。

(6) 券别明细账的张数和金额必须与各券别的实际数一致，1 元、5 角、1 角等既有纸币又有硬币的，应填写纸币、硬币合计的张(枚)数和金额。

3. 送存交款

以上两个步骤完成后，应将现金连同“现金缴款单”一并送交银行柜台收款员。票币要一次性交清，当面清点，如有差异，则应当面复核。银行核对后在现金解款单上加盖“现金收讫”和银行印鉴，并将第一联即回单联退回交款人，表示款项已收妥。收款人在拿到回单联后应及时检查，确认为本单位交款回单，在银行有关手续已经办妥后即可离开柜台。

4. 记账

在现金送存银行时，出纳应视具体情况填写记账凭证，并根据审核无误的记账凭证登记现金日记账。

5.2.2　现金提取业务的处理

1. 现金提取业务的程序

单位要支付现金必须具有一定的库存现金才能开展业务。当各单位需要用现金支付而库存现金小于库存现金限额从而需要现金补足时，按规定可以从银行提取现金，提取现金的程序如下。

(1) 签发现金支票。现金支票是由存款人签发，委托开户银行向收款人支付一定数额现金的票据。现金支票是支票的一种，是专门用于支取现金的。

开户单位应按现金的开支范围签发现金支票。现金支票的金额起点为 100 元，其付款方式是见票即付。

签发现金支票应认真填写支票的有关内容，如款项用途、取款金额、签发单位账号、收款人名称(开户单位签发现金支票支取现金是以自己为收款人的)以及加盖财务章和名章等。

(2) 取款。取款人持出纳员签发的现金支票到银行取款时，先将现金支票交银行有关人员审核，审核无误后将支票交给经办单位结算业务的银行经办出纳人员，等待取款，银行经办人员对支票进行审核，核对密码及预留印件后，办理规定的付款手续，取款人应根据银行经办人员的要求回答应提取的数额，回答无误后银行经办人员即照支票付款。一般取款人收到银行出纳人员付给的现金时，应当面清点现金数量，清点无误后才能离开柜台，清点时要注意以下几点。

① 清点现金时，特别是在单位清点时最好由两人以上同时进行。

② 清点现金应逐捆逐把逐张进行。

③ 在清点时发现有残缺以及假钞应向银行要求调换。

④ 所有现金应清点无误后才可以放心使用。

2. 现金支票的填写要求

1) 填写现金支票的基本要求

(1) 签发支票应使用碳素墨水笔或黑色钢笔填写，不得使用蓝色或红色墨水、圆珠笔和铅笔填写；按支票号码顺序填写，书写要清晰，不得潦草。

(2) 支票出票日期应使用规范的中文大写填写。为防止变造票据的出票日期，在填写月、日时，月为1、2、10的，日为1～9、10、20、30的，应在大写汉字前加“零”；月为11、12，日为11～19的，应在其前加“壹”。例如，1月15日，应写为零壹月壹拾伍日；11月30日，应写为壹拾壹月零叁拾日。大写日期未按要求规范填写的，银行可予受理，但由此造成损失的，由出票人自行承担。

(3) 支票金额以中文大写和阿拉伯数码同时记载，两者必须一致，中文大写金额应用正楷或行书填写，大写金额应紧接“人民币”字样填写，不得留有空白。

(4) 若不慎写错，不得更改，必须作废重填，在该页上注明“作废”字样，妥善保存备查，不得撕毁。

(5) 支票填妥后，须加盖本单位与预留银行一致的印鉴方有效，银行预留印鉴一般为本单位财务专用章、法定代理人章或其授权代理人章。

(6) 支票的出票日期、出票金额、收款人名称不得更改，更改的支票无效；其他记载事项可以更改，但应加盖预留银行印鉴予以证明。

(7) 支票一律记名，即签发的支票必须注明收款人的名称。

(8) 支票的有效期限为10天。有效期从签发的次日算起，到期日遇节假日顺延。过期支票银行不予受理，自动作废。

(9) 签发人必须在银行账户余额内按规定向收款人签发支票。空头支票是指单位或个人签发的支票票面金额，超过其在银行存款的余额或透支限额而不能生效的支票。不准签发空头支票或印章与预留银行印鉴不符的支票，否则，银行除退票外，还要按票面金

额处以 5%但不低于 1 000 元的罚款。持票人有权要求出票人赔偿支票金额 2%的赔偿金。

2) 支票正联正面填写方法(见图 5-1)

(1) 出票日期：应填写开票当天日期，日期必须使用中文大写。

(2) 收款人：应填写收款单位全称，并与银行预留印鉴名称一致。

(3) 付款行名称：填写付款单位开户银行的名称。

(4) 出票人账号：填写付款单位在开户银行的账号。

(5) 金额：大写按规范填写，大小写金额应当一致，在小写最高位前一格填写人民币符号“¥”。

(6) 用途：填写所提取现金的用途。

(7) 小写金额正下方的空格栏：采用支付密码的，可在此填写支付密码。

(8) 出票人签章：应加盖银行预留印鉴，加盖印鉴时要清晰有力。

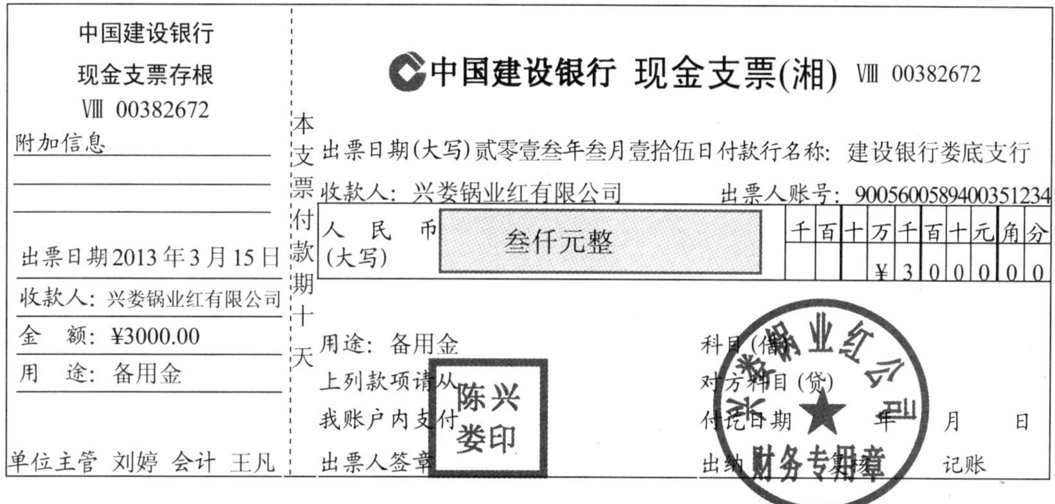

中国建设银行
现金支票存根
Ⅷ 00382672
附加信息
出票日期 2013 年 3 月 15 日
收款人：兴娄锅业红有限公司
金　额：¥3000.00
用　途：备用金
单位主管 刘婷 会计 王凡

本支票付款期十天

中国建设银行 现金支票(湘) Ⅷ 00382672
出票日期(大写) 贰零壹叁年叁月壹拾伍日 付款行名称：建设银行娄底支行
收款人：兴娄锅业红有限公司 出票人账号：9005600589400351234

人民币(大写)	叁仟元整	千	百	十	万	千	百	十	元	角	分
					¥	3	0	0	0	0	0

用途：备用金
上列款项请从
我账户内支付
出票人签章
陈兴娄印
科目(借)
对方科目(贷)
付讫日期 年 月 日
出纳 复核 记账
兴娄锅业红公司 财务专用章

图 5-1　现金支票正面的填写样式

3) 支票存根联填写方法

(1) 附加信息：与正联背面所填内容相同。

(2) 出票日期：用小写填写与正联相同的日期。

(3) 收款人：与正联所填相同。

(4) 金额：用小写填写与正联相同的金额。

(5) 用途：与正联所填相同。

(6) 单位主管、会计：由单位财务负责人、会计签名或盖章。

现金支票填妥后存根联留作本单位记账的凭证，撕下正联加盖预留银行印鉴后交于收款人。

4) 支票正联背面填写方法

(1) 收款人签章：加盖与支票正面相同的印章。

(2) 年、月、日：用小写填写提取现金的当日。

(3) 身份证件名称：一般为提款人身份证件(如身份证、军官证等)。

(4) 发证机关：填写提款人身份证件的发证机关。

(5) 号码：填写提款人身份证件的号码。

(6) 附加信息：可填写需要说明的有关事项。

上述(3)、(4)、(5)仅适用于收款人为个人的情况。即若收款人为法人的，则无须填写。

任务 5.3　现金收付业务的处理

5.3.1　现金收入业务的处理

1. 现金收入的来源

1) 经营业务收入

经营业务收入是指单位出售商品、产品、材料等物资或提供劳务、业务咨询、信息或从事固定资产出租、包装物出租、运输劳务等没有通过转账结算的现金收入。

2) 非经营业务收入

非经营业务收入是指单位对外发生的除经营业务以外的非经营业务所取得的投资收入、罚款收入、处置固定资产的收益、出售无形资产的收益、对外索赔收入等没有通过转账结算的营业外收入。

3) 预收现金款项

预收现金款项是指收到的购货或接受劳务单位或个人用现金预交的货款、劳务款或定金。现行会计制度规定，收到预付的现金款项应通过"预收账款"进行核算，预收款项业务不多的单位可不设"预收账款"，而设置"应收账款"来组织核算。

4) 其他现金收款业务

其他现金收款业务是指向有关单位或个人收取的不属于以上收入的款项，包括单位职工报销差旅费或借用备用金退回的余款，向有关单位或个人收取的押金、赔款及向职工收回的各种代垫款项。按照现行会计制度的规定，这些款项应通过"其他应收款"、"其他应付款"进行核算。

2. 现金收入业务的原始凭证

1) 发票

发票是指单位和个人在购销商品、提供或按受劳务、服务以及从事其他经营活动，开具或收取的收付款的书面证明。它是财务收支的法定凭证和会计核算的原始依据，也是税务机关进行税务稽查的重要依据。发票分为增值税专用发票，普通发票、专业发票等。

2) 收款收据

收款收据是与单位内部职能部门或职工个人之间的现金来往以及与外部单位或个人之间的非经营性现金来往而开具的收款收据。内部收据一般由各单位根据自己的需要设计或印刷，或向商店购买，无须到税务部门领购。

3. 现金收入业务的处理程序

收入现金的顺序和来源不同，其处理程序也不一致。

1) 出纳部门直接收款的程序

直接收款，是指交款人直接持现金到出纳部门交款，出纳人员根据有关收款凭据办理收款事宜。收款的一般程序如下。

(1) 受理收款业务，查看收款依据是否齐备。

(2) 审核现金来源是否合理、合法。

(3) 当面清点现金，做到收付两清，一笔一清。

(4) 开具收款收据，并在收款收据依据上加盖“现金收讫”印鉴。

(5) 根据收款收据记账联，编制记账凭证。

(6) 根据审核无误的记账凭证登记现金日记账。

总之，收入现金应根据款项的性质开具收款收据，并必须坚持先收款后开收据的原则。

2) 从银行提取现金的程序

从银行提取现金的处理程序已在 5.2.2 节中作了介绍，在此不再重复。

3) 收款员、营业员收款后交付出纳人员的程序

在商品流通业、旅游饮食服务业单位，由于收款业务比较频繁，一般采取由营业员分散收款或由收款员集中收款，每日定时向出纳部门缴款的方式。其现金收入的一般程序如下。

(1) 受理收款业务，查看收款依据是否齐备。

(2) 根据收款依据来确定应收金额。

(3) 根据应收金额收取现金。

(4) 现金收取后要开出收款收据，并在收款收据上加盖“现金收讫”印鉴。

(5) 根据收款收据编制记账凭证。

(6) 根据记账凭证登记现金日记账。

5.3.2　现金支付业务的处理

1. 现金支付的基本业务

根据《现金管理暂行条例》及《现金管理暂行条例实施办法》的规定，各单位只能在规定范围内支付现金，除允许以现金支付的外，其余款项的支付都必须通过银行办理转账结算。因此各单位必须严格按照现金管理制度的规定使用现金。

1) 工资发放业务

工资发放业务指向本单位职工发放工资的业务。

2) 费用借支和报销业务

费用借支和报销业务指差旅费借支和报销以及其他费用报销等业务。

3) 备用金业务

备用金业务指向单位内部和个人支付备用金的业务。

4) 其他支付业务

其他支付业务指各单位在日常工作中所发生的不属于以上支付范围的业务，包括向其他单位支付押金业务，为本单位职工代垫、代付有关款项的业务，职工生活困难补助的支付，以及其他在结算起点(1000 元)以下的需要利用现金结算的款项。

2. 现金支付的原则

出纳人员必须以严肃谨慎的态度处理现金支付业务，因为一旦发生失误，将会造成无法弥补的经济损失。现金支付主要有以下几个原则。

(1) 必须以真实、合法、准确的付款凭证为依据。

(2) 必须以谨慎严肃的态度来处理支付业务。

(3) 必须以手续完备、审核无误的付款凭证为最终付款依据。

(4) 支付现金时，应当面点清，双方确认无误。

(5) 不得套取现金用于支付。

套取现金是指逃避现金审查，采用不正当手段支取现金的违法行为，主要有以下几种表现。

(1) 编造合理用途或以支取差旅费、备用金的名义支取现金。

(2) 利用私人或其他单位的账户支取现金。

(3) 将公款转存为个人储蓄账户支取现金。

(4) 用转账方式通过银行、邮局汇兑，异地支取现金。

(5) 用转账凭证换取现金。

(6) 虚报冒领工资、奖金和津贴、补贴。

3. 现金支付业务的原始凭证

各单位常用的现金付款原始凭证有以下几种。

1) 借款单

借款单是各单位内部所属机构或职工个人向出纳人员借款时使用的借款凭证，一般适用于单位内部机构购买零星办公用品或物品，出差或其他临时需要等原因的借款。

2) 工资表

工资表是各单位按月向职工支付工资的原始凭证。各单位根据工资制度和本单位的工资计算方法自行设计印制工资表。

3) 费用报销单

费用报销单是各单位内部有关人员为单位购买零星物品，接受外单位或个人劳务或服务而办理报销业务，以及单位的职工向单位办理托保费、医疗费报销等使用的单据。

4) 差旅费报销单

差旅费报销单是各单位出差人员根据车票、飞机票、住宿票等外来凭证填制的用来报销差旅费和出差补贴费的原始凭证，它是报销单的一种特殊形式。

5) 收款收据

收款收据是本单位向单位内领取各种非工资性奖金、津贴、补贴、劳务费和其他各种现金款项，其他单位和个人向本单位领取各种劳务费、服务费时填制的作为付款单位现金付款凭据的原始凭证。

4. 现金支付的程序

支付现金有主动支付和被动支付两种情形。

主动支付是指出纳部门主动将现金付给收款单位或个人，如发放工资、奖金、薪金、

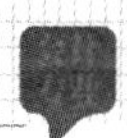

津贴以及福利等现金支出，其程序如下。

(1) 根据有关的资料编制付款单，并计算出付款金额。

(2) 根据付款金额清点现金(不足时应从银行提取)，按单位或个人分别装袋。

(3) 现金发放时，如果是直接发给收款人的，则要当面点清并由收款人签收(签字或盖章)，如果是他人代为收款的，则应由代收人签收。

(4) 根据付款单等资料编制记账凭证。

(5) 根据记账凭证登记现金日记账。

被动支付是指收款单位或个人持有关凭据到出纳部门领报现金，其程序如下。

(1) 受理原始凭证，如报销单据、借据、其他单位或个人的收款收据等。

(2) 审核原始凭证。

(3) 在审核无误的原始凭证上加盖“现金付讫”印章。

(4) 支付现金并进行复点，并要求收款人当面点清。

(5) 根据原始凭证编制记账凭证。

(6) 根据记账凭证登记现金日记账。

5．现金支付的方式

在出纳工作中，现金支付有直接支付现金和支付现金支票两种基本方式。

直接支付现金方式，是指出纳人员根据有关支出凭证直接支付现金，减少库存现金的数量。使用这种方式支付现金，出纳部门或人员要事先做好现金储备，应在不超过库存现金限额的情况下保障现金的支付。

支付现金支票方式，是指出纳人员根据审核无误的有关凭证，将填好的现金支票交给收款人，由收款人直接到开户银行提取现金的支付方式，主要适用于大宗的现金付款业务。

【例5-2】 2012年3月18日销售部业务员李俊找出纳员陈兴预借差旅费5 000元。出纳员陈兴在实施这项工作时的具体步骤如下。

(1) 审核借款单。

出纳员陈兴仔细审核经办人员填写的借款单，审核借款事由是否符合现金支付的范围，借款单是否按照企业相关财务会计制度的规定，依次经部门主管、财务主管等有关领导审批。审核无误后，在一式三联的借款单上加盖“现金付讫”印章(见图5-2)。

借 款 单

2012年3月18日

借款人姓名	李俊	服务部门	销售部	职务	采购员
借款事由	定额备用金				
借款金额	人民币(大写) 伍仟元整 (小写)¥5 000.00				
备注	现金付讫	审批	同意借支。刘婷		

图5-2　加盖印章后的借款单

(2) 支付现金。出纳员陈兴按照借款单上填写的借款金额，支付现金并实行复点；同时将借款金额和借款单的第二联交于经办人李俊，要求其当面点清。

(3) 编制记账凭证。出纳员陈兴将审核的借款单第三联，交会计主管刘婷审核，用于编制记账凭证(见图 5-3)。

付 款 凭 证

贷方科目：库存现金　　　　2012 年 3 月 18 日　　　　付 字第 1 号

摘 要	借 方			金 额										过账页次
	科 目	子 目	细 目	千	百	十	万	千	百	十	元	角	分	
借支差旅费	其他应收款	李俊						5	0	0	0	0	0	✓
附原始凭证 1		张	合 计				¥	5	0	0	0	0	0	

会计主管：刘婷　　记账：张红　　审核：王凡　　出纳：陈兴　　制单：张红

图 5-3　付款凭证

(4) 登记现金日记账(见表 5-3)。

表 5-3　现金日记账

2012 年		凭 证		摘 要	对方科目	借 方	贷 方	余 额
月	日	字	号					
3	1			月初余额				借 8 000
	18	现付	1	借支差旅费	其他应收款		5 000	借 3 000

【例 5-3】 2012 年 3 月 28 日，业务员李俊找出纳员陈兴报销差旅费，并交回多余的差旅费。出纳员陈兴在实施这项工作时的具体步骤如下。

(1) 审核原始凭证(见表 5-4)。

表 5-4　差旅费报销单

旅 费 报 销 单

部门：销售部　　　　填报日期　2012 年 3 月 27 日　　　　单位：元

姓名		李俊	职务	采购员		出差事由	采购	出差时间	自 2012 年 3 月 19 日至 24 日 实际 6 天		
日期		起 止 地 点		飞机、车、船票		其 他 费 用					
月	日	起	止	类别	金额	项 目		标准	计算天数	核报金额	
3	19	娄底	南京	飞机	1200.00	住宿费	包干报销	200	5	1000.00	附件
3	24	南京	娄底	飞机	1200.00		限额报销				
						伙 食 补 助 费		45	5	225.00	伍
						车、船 补 助 费		80	5	400.00	张
						其 他 杂 支		330		330	
小 计					2400.00	小 计				1955.00	
总计金额(大写)		零 万 肆 仟 叁 佰 伍 拾 伍 元 零 角 零 分				预支 5000.00 报销 4355.00 退补 645.00					

主管：刘婷　　　　审核：刘婷　　　　出纳：陈兴　　　　填报人：李俊

(2) 清点现金。当场清点现金数量，并检查货币的真伪性。

(3) 填制收款收据。根据实收现金填写一式三联的现金收款收据，加盖“现金收讫”印章，并在第二联回执联上加盖财务专用章后交于交款人作为收执；剩余的第一联存根联和第三联(见图 5-4)留存企业，并交会计王凡审核。

收　据

2012 年 3 月 28 日　　　　第 1 号

交款人	李俊	收款方式	现金
交款事由	差旅费余款		
金额(大写)人民币：陆佰肆拾伍元整			
备注：		签章	

现金收讫

会计主管：刘婷　　　　复核：王凡　　　　批准部门：财务部　　　　收款人：陈兴

图 5-4　收款收据

(4) 编制记账凭证。

出纳员陈兴根据差旅费报销单，编制以下记账凭证(见图 5-5)。

转账凭证

2012 年 3 月 28 日　　　　转 字第 1 号

摘　要	会计科目	明细科目	借方金额										贷方金额										登记
			千	百	十	万	千	百	十	元	角	分	千	百	十	万	千	百	十	元	角	分	讫
报销差旅费	销售费用						4	3	5	5	0	0											
	其他应收款	李俊																					
																	4	3	5	5	0	0	
附原始凭证 1	张	合　计					4	3	5	5	0	0					4	3	5	5	0	0	

会计主管：刘婷　　记账：张红　　审核：王凡　　出纳：陈兴　　制单：张红

图 5-5　转账凭证

出纳员陈兴根据收款收据，编制以下记账凭证(见图 5-6)。

收款凭证

借方科目：库存现金　　2012 年 3 月 28 日　　收 字第 1 号

摘　要	贷　方			金　额										过账页次
	科　目	子　目	细　目	千	百	十	万	千	百	十	元	角	分	
收差旅费余款	其他应收款	李俊							6	4	5	0	0	
附原始凭证	1	张	合　计					¥	6	4	5	0	0	

会计主管：刘婷　　记账：张红　　审核：王凡　　出纳：陈兴　　制单：张红

图 5-6　收款凭证

(5) 登记现金日记账(见表 5-5)。

表 5-5　现金日记账

2012 年		凭　证		摘　要	对方科目	借　方	贷　方	余　额
月	日	字	号					
3	1			月初余额				借 8 000
	18	现付	1	借支差旅费	其他应收款		5 000	借 3 000
	28	现收	1	收差旅费余款	其他应收款		645	借 3 645

5.3.3　备用金管理与备用金制度

所谓备用金是指企业财会部门事先预付给各部门的，用于各部门备用的一笔款项，一般用作零星开支、零星采购、售货找零或差旅费等。备用金制度有利于单位内部各部门或工作人员积极灵活地开展业务，提高工作效率。

1．备用金管理

当从银行取得备用金后，应加强对备用金的管理，其管理包括借支管理和保管管理。

1) 备用金借支管理

(1) 企业各部门应填制“备用金借款单”，一方面，财务部门可据以核定其零星开支，从而便于管理；另一方面，可凭此单据支取现金。

(2) 各部门零星备用金一般不得超过规定数额，若有特殊需要则应由企业部门经理核准。

(3) 各部门备用金借支后应将取得的正式发票定期送到财务部门备用金管理人员(出纳人员)手中，冲转借支款或补充备用金。

2) 备用金保管管理

(1) 备用金收支应设置“备用金”账户，并编制“收、支日报表”送经理查看。

(2) 定期根据取得的发票编制“备用金支出”一览表，及时反映备用金支出情况。

(3) 备用金账户应做到逐月结清。

(4) 出纳人员应妥善保管各种与备用金相关的票据。

2．备用金制度

1) 定额备用金制度

定额备用金制度是指单位对经常使用备用金的部门或工作人员根据其零星开支、零星采购等的实际需要而核定一个现金数额，并保证其经常保持核定的数额的备用金管理制度。使用定额备用金的部门或工作人员应按核定的定额填写借款凭证，一次性领出全部定额现金，用后凭发票等有关凭证报销，出纳员报销金额后补充原定额，从而保证该部门或工作人员经常有核定的现金定额。只有在撤销定额备用金或调换经办人时才全部交回备用金。

实行定额备用金制度的企业，财会部门向用款部门拨付备用金时，借记“其他应收款——备用金”科目，贷记“库存现金”或“银行存款”科目；用款部门领用的备用金应当定期向财会部门报销，财会部门根据报销数用现金补足备用金定额时，借记“管理费用”等科目，贷记“库存现金”或“银行存款”科目；用款部门退回备用金时，借记“库存现金”科目，贷记“其他应收款——备用金”科目。

实行定额备用金制度的单位，其内部各部门或有关工作人员使用备用金购买货物或用于零星开支后，应将所购买的货物交由仓库保管员验收入库，凭验收入库单连同发票到财务部门报销；用于其他开支的，凭发票或其他原始凭证到财务部报销。有关部门或工作人员报销时，会计人员应编制现金付款凭证。出纳员依据付款凭证将报销的金额以

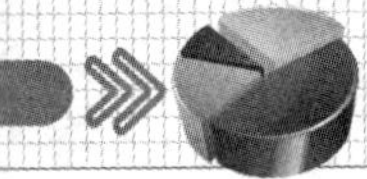

现金补给报销的部门或工作人员。这样，报销后有关部门或工作人员手中的现金又达到了核定的限额。

【例 5-4】 兴娄锅业红的财务部门对总务部门建立定额备用金制度，核对的备用金定额为 8 000 元，以现金拨付。其会计分录如下。

借：其他应收款——备用金(总务部门)　　8 000
　　贷：库存现金　　8 000

上述总务部门报销日常办公用品费 1 500 元，财务部门以现金补足定额。作会计分录如下。

借：管理费用　　1 500
　　贷：库存现金　　1 500

总务部门不再需要备用金，将备用金 8 000 元以现金形式退回财务部门。作会计分录如下。

借：库存现金　　8 000
　　贷：其他应收款——备用金(总务部门)　　8 000

2) 非定额备用金制度

非定额备用金制度是指单位对非经常使用备用金的内部各部门或工作人员，按每次业务所需备用金的数额填制凭证，向出纳员预借现金，使用后凭发票等原始凭证到财务部门报销，多退少补，一次结清，下次再用时重新办理借支手续的备用金管理制度。

【例 5-5】 华天公司对公司办公室执行非定额备用金制度，公司办公室为购买办公用品预借备用金 1 600 元，预借时，财务部门根据借款凭证编制现金付款凭证。其会计分录如下。

借：其他应收款——备用金　　1 600
　　贷：库存现金　　1 600

如果办公室购买办公用品实际支付了 1 500 元，则凭发票和验收入库单到财务部门报销后交回多余现金 100 元，财务部门编制相关凭证一张。其会计分录如下。

借：管理费用　　1 500
　　库存现金　　100
　　贷：其他应收款——备用金(办公室)　　1 600

出纳员收回剩余的现金 100 元。

任务 5.4　专 项 实 训

【实训 5-1】库存现金限额的计算申报

资料：2012 年 1 月 2 日，兴娄锅业红公司向其开户银行建设银行娄底支行申请核定库存现金限额，其日常支出为：每年预计差旅费 90 000 元，每年预计零星采购支出 72 000 元，每年预计其他零星支出 54 000 元。与银行核定的天数为 3 天。

要求：

(1) 请分别计算各项目限额。

① 差旅费需用现金。

② 零星材料采购需用现金。

③ 其他支出需用现金。

(2) 填写“库存现金限额申请表”，如表 5-6 所示。

表 5-6　填制库存现金限额申请批准书

申请单位：　　　　　　　　　　　　　　　　　　　　单位：

开户银行：　　　　　　　　　　　　　　　　　　　　账号：

每日必须保留现金支出项目	保留现金理由	申请金额	批准金额	备　注
与银行商定现金保留　　天				
申请单位	单位主管部门意见 盖章 年　月　日	银行审查意见 盖章 年　月　日		

【实训 5-2】现金缴款单的填制

资料：2012 年 7 月 15 日，企业出纳人员盘点现金，将超过银行核定的库存现金限额的余额送存银行，金额为 3 690 元，其中 100 元面额的 30 张，50 元面额的 12 张，20 元面额的 4 张，10 元面额的 1 张。

要求：请根据以上业务填写一张现金缴款单(见图 5-7)。

中国建设银行现金缴款单(回单)

年　月　日

收款人	全称														
	账号		款项来源												
	开户行		交款人												
人民币(大写)			百	十	万	千	百	十	元	角	分				
票面	张数	金额	票面	张数	金额										
100 元			5 角												
50 元			2 角												
20 元			1 角			复核：			经办：						
10 元			5 分												
5 元			2 分												
2 元			1 分												
1 元															

第一联　由银行盖章后退回单位

图 5-7　中国建设银行现金缴款单(回单)

【实训 5-3】支票的填制

资料：2012 年 7 月 18 日，出纳人员陈兴从开户银行提取 23 000 元现金，用于发放职工防暑费。

要求：填写一张现金支票(见图 5-8)。

中国建设银行 现金支票存根(湘) Ⅷ 01368206	本支票付款期十天	中国建设银行　现金支票(湘)　Ⅵ Ⅱ 01368206
附加信息		出票日期(大写)　年　月　日　付款行名称：
		收款人：　出票人账号：
出票日期　年　月　日		人民币(大写)　千 百 十 万 千 百 十 元 角 分
收款人：		用途：　科目(借)
金　额：		上列款项请从　对方科目(贷)
用　途：		我账户内支付　陈兴 娄印　付讫日期　年　月　日
单位主管　会计		出票人签章　出纳　复核　记账　财务专用章

附加信息：	
	收款人签章 年　月　日
	身份证名称：　发证机关：
	号码

图 5-8　现金支票

【实训 5-4】收款收据的开具

资料：2012 年 7 月 1 日，出纳人员陈兴收到员工交回的仓库残料的变价收入 675.50 元。

要求：根据以上资料，开具一张收款收据(见图 5-9)。

收　据

年　月　日　第　号

交款人		收款方式	
交款事由			
金额(大写)人民币：		现金收讫	
备注：		签章	

会计主管：　复核：　批准部门：　收款人：

图 5-9　填制收款收据

【实训 5-5】差旅费报销单的填制与审核

资料：2012 年 3 月 12 日，销售人员王云出差归来报销差旅费，向出纳员陈兴递交“差旅费报销单”，其中杭州—广州、广州—杭州机票各一张，共计 3 800 元，市内交通费 300 元，住宿费 1 000 元，邮电办公费 150 元，伙食补贴 30 元一天，共 8 天，总计 240 元，报销总金额 5 490 元。

要求：请你代王云填制一张差旅费报销单并代出纳员陈兴审核(见表 5-7)。

表 5-7　差旅费报销单

差 旅 费 报 销 单

部门：　　　　填报日期　　年　月　日　　　　单位：元

<table>
<tr><td colspan="2" rowspan="2">姓名</td><td rowspan="2"></td><td rowspan="2">职务</td><td colspan="2" rowspan="2"></td><td rowspan="2">出差事由</td><td rowspan="2"></td><td rowspan="2">出差时间</td><td colspan="2">自　年　月　日至　日</td></tr>
<tr><td colspan="2">实际　天</td></tr>
<tr><td colspan="2">日期</td><td colspan="2">起 止 地 点</td><td colspan="2">飞机、车、船票</td><td colspan="5">其　他　费　用</td></tr>
<tr><td>月</td><td>日</td><td>起</td><td>止</td><td>类别</td><td>金额</td><td colspan="2">项　目</td><td>标准</td><td>计算天数</td><td>核报金额</td></tr>
<tr><td></td><td></td><td></td><td></td><td></td><td></td><td rowspan="2">住宿费</td><td>包干报销</td><td></td><td></td><td></td></tr>
<tr><td></td><td></td><td></td><td></td><td></td><td></td><td>限额报销</td><td></td><td></td><td></td></tr>
<tr><td></td><td></td><td></td><td></td><td></td><td></td><td colspan="2">伙 食 补 助 费</td><td></td><td></td><td></td></tr>
<tr><td></td><td></td><td></td><td></td><td></td><td></td><td colspan="2">车、船 补 助 费</td><td></td><td></td><td></td></tr>
<tr><td></td><td></td><td></td><td></td><td></td><td></td><td colspan="2">其　他　杂　支</td><td></td><td></td><td></td></tr>
<tr><td colspan="5">小　计</td><td></td><td colspan="4">小　计</td><td></td></tr>
<tr><td colspan="3">总计金额(大写)</td><td colspan="4">万　仟　佰　拾　元　角　分</td><td colspan="4">预支______报销______退补______</td></tr>
</table>

附件

主管：　　　　审核：　　　　出纳：　　　　填报人：

项目小结

现金管理是指对现金收、付、存的管理，在现金管理活动中应当根据现金管理制度的规定，加强对现金日常收付的管理、库存现金限额的管理、大额现金支付登记备案的管理等。

现金送存业务是企业在生产经营和非生产经营活动中，将企业超过库存现金限额的现金存入银行的过程，对现金送存业务应当按规定的流程处理，认真整点票币，填写“现金缴款单”，送存银行的过程。

现金提取业务是企业在生产经营和非生产经营活动中，当需支付的现金小于库存现金限额而向银行提取现金的过程，对现金提取业务企业应按规定流程处理，认真填写现金支票，加盖预留银行印鉴，提取现金的业务活动。

现金收入业务是企业在其生产经营和非生产经营活动中取得现金的业务，对现金收入业务应当按规定的流程处理，认真填制并审核原始凭证，按会计制度规定进行现金收入业务的核算。

现金支付业务是企业在其生产经营和非生产经营业务过程中向外支付现金的业务。对现金支付业务应当按规定的流程处理，认真填制并审核原始凭证，按会计制度规定进行现金支付业务的核算。

备用金是指企业财务部门事先预付给各部门的，用于各部门备用的一笔款项，一般用作零星开支、零星采购、售货找零或差旅费等。备用金制度包括定额备用金制度和非定额备用金制度两种形式。

练　习　题

一、单项选择题

1. 以下说法错误的是(　　)。
   A. 开户单位库存现金一律实行限额管理
   B. 不准擅自“坐支”现金
   C. 企业之间可以互借现金
   D. “坐支”在一定的条件下是允许的
2. 关于库存现金限额的规定，以下说法错误的是(　　)。
   A. 限额是由人民银行与开户单位商定的
   B. 现金限额一般按3～5天的日常零星开支核定
   C. 边远地区、交通不便地区可按5～15天的日常零星开支核定
   D. 库存现金限额每年核定一次
3. 以下不能用现金直接支付的是(　　)。
   A. 职工工资　　B. 张某出差借差旅费5 000元
   C. 购买劳保用品2 000元　　D. 收购农副产品50 000元
4. 针对现金管理制度，以下说法正确的是(　　)。
   A. 出纳员在下班前应将所有的现金送存银行
   B. 出纳员可将单位日常开支使用的备用金存放在办公桌内，其余的应存入保险柜
   C. 为保证现金安全，出纳员可以将日常开支使用的备用金存入个人存折
   D. 库存现金，包括纸币和铸币，应实行分类保管
5. 下列项目中，可以直接用现金支付的是(　　)。
   A. 上缴税金　　B. 支付职工津贴
   C. 购买固定资产　　D. 偿还银行借款
6. 根据《现金管理暂行条例》的要求，结算起点为(　　)。
   A. 2 000元以下　　B. 1 000元
   C. 大于1 000元　　D. 1 000元以上
7. 库存现金限额是指国家规定的由(　　)给各单位核定的一个保留现金的最高额度。
   A. 金融机构　　B. 开户单位
   C. 开户银行　　D. 商业银行

8. 根据《支付结算办法》的规定，支票的提示付款期限为出票日起(　　)日内。
   A. 3　　B. 5　　C. 10　　D. 15

二、多项选择题

1. 现金管理的基本要求是(　　)。
   A. 不准擅自“坐支”现金
   B. 现金来源必须合理合法
   C. 严格按照国家规定的开支范围使用现金，结算金额超过起点的，不得使用现金
   D. 不准编造用途套取现金
2. 以下属于现金管理“八不准”内容的是(　　)。
   A. 不准用凭证顶替库存现金
   B. 不准保留账外公款
   C. 不准发行变相货币
   D. 不准利用银行账户代其他单位和个人存入或支取现金
3. 以下关于钱账分管制度的说法正确的是(　　)。
   A. 出纳工作应该由指定的专职或兼职人员担任
   B. 会计和出纳不能由一人兼任
   C. 不是出纳人员，不得直接收付现金
   D. 审核工作应由会计主管人员或其他指定的会计人员来担当
4. 出纳员在填写现金缴款单时，应注意(　　)。
   A. 出纳员必须如实填写现金送款簿的各项内容，特别是其中的款项来源等
   B. 出纳员在填写现金交款单时必须采用双面复写纸，字迹必须清楚、规范，不得涂改
   C. 交款日期应当填写送存银行当日的日期
   D. 券别的明细账的张数和金额必须与各卷别的实际数一致，1 元、5 角、2 角、1 角等既有纸币又有铸币的卷别，应填写纸币和铸币的合计张数和金额
5. 下列可以支付现金的业务是(　　)。
   A. 向个人收购农副产品　　B. 购买机器设备
   C. 报销车费　　D. 发放防暑降温费
6. 下列(　　)事项可用现金结算。
   A. 王经理出差借支差旅费 5 000 元
   B. 购买原材料 2 000 元
   C. 向个人收购农产品 3 000 元
   D. 购买办公用品 60 元
7. 根据内部控制制度的要求，出纳人员不得经办的是(　　)。
   A. 现金收付业务　　B. 收入、费用类账目的登记
   C. 债权、债务类账目的登记　　D. 各项业务的稽核

8. 按照《现金管理暂行条例》的规定，(　　)属于现金收入的范围。
   A. 职工交回差旅费剩余款　　B. 从银行提取现金
   C. 将现金送存银行　　D. 收取结算起点以下的小额销货款
9. 下列属于现金收入业务原始凭证的是(　　)。
   A. 现金支票存根　　B. 借款单
   C. 收款收据　　D. 销售发票
10. 下列属于现金支付业务的原始凭证的是(　　)。
   A. 现金支票存根　　B. 借款单
   C. 收款收据　　D. 销售发票

三、判断题

1. 现金管理就是对库存现金的收、付、存等各环节进行的管理。(　　)
2. 个人劳务报酬、向个人收购农副产品和购买 2 000 元的原材料均可使用现金支付。(　　)
3. 会计机构内部专职(或兼职)的出纳人员是库存现金保管的负责人。(　　)
4. 超过库存限额以外的现金应在下班前送存银行。(　　)
5. 开户单位应当建立健全现金账目逐笔记载现金支付，账目应当日清月结、账款相符。(　　)
6. 单位可以由一个人办理货币资金业务的全过程。(　　)
7. 收入现金应开具收款收据，并必须坚持先收款后开收据。(　　)
8. 一切现金收付必须有合法的原始凭证。(　　)
9. 一个单位在几家银行开户，只能在一家银行开设现金结算账户，支取现金，并由该银行负责核定现金库存限额和进行现金管理检查。(　　)
10. 只有当期现金收付款凭证全部登记完毕，才能办理现金日记账的结账手续。(　　)

四、简答题

1. 现金管理的“八不准”是什么？
2. 什么是钱账分管原则？
3. 什么是日清月结原则？其内容主要包括哪些？
4. 现金收付程序一般有哪些？
5. 请简要谈谈现金送存银行的程序。
6. 什么是定额备用金制度？什么是非定额备用金制度？
7. 出纳人员应如何防止出错？

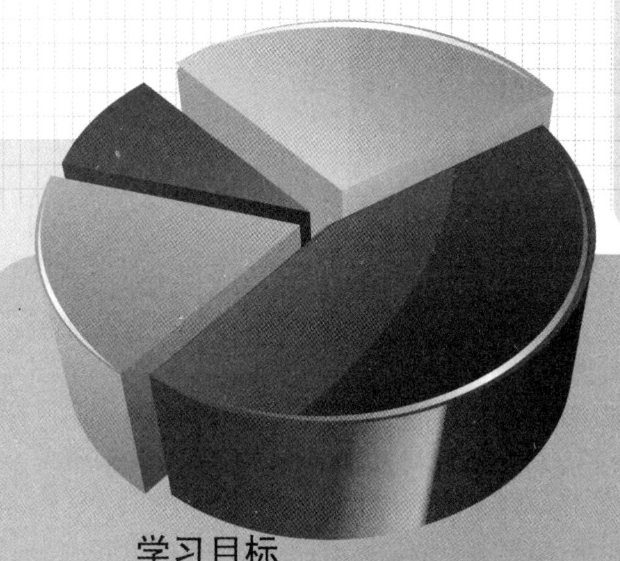

项目 6

银行存款账户管理与核算

学习目标

了解银行结算账户的种类和设立等规定；熟悉银行存款业务和银行借款业务的具体核算；掌握银行存款日记账的设置和登记方法，以及银行存款的清查。

项目重点与难点

银行结算账户的种类和使用；银行存款业务和借款业务的核算；银行存款日记账的登记。

技能要求

通过本项目的学习，掌握银行结算账户的开立和银行业务的账务处理，能准确地开立和变更账户，准确地进行银行收付款业务的账务处理，准确地设置和登记银行存款日记账；熟悉银行存款的清查，确保企业财产的安全完整。

【项目导入】

2012 年 1 月，兴娄锅业红公司成立，陈兴和张红应聘出任该公司的出纳和会计，公司经营过程中除了使用现金结算之外，还会通过银行进行转账结算，那么如何与银行建立联系？公司应该如何开立银行账户？应该开立哪些账户？又如何去使用和管理这些账户？发生相关银行存款的收付款业务时如何进行账务处理？通过本项目的学习，这些问题会得到一一解答。

任务 6.1　银行结算账户管理

6.1.1　银行结算账户概述

1. 银行结算账户的概念

银行结算账户是指存款人在经办银行开立的办理资金收付结算的人民币活期存款账户，它是存款人办理存、贷款和资金收付活动的基础，也是单位委托银行办理信贷和转账结算以及现金收付业务的工具，具有监督和反映国民经济各部门、各单位活动的作用。

这里的存款人是指在中国境内开立银行结算账户的机关、团体、部队、企业、事业单位、其他组织、个体工商户和自然人；银行是指在中国境内经中国人民银行批准经营支付结算业务的政策性银行、商业银行(含外资独资银行、中外合资银行、外国银行分行)、城市商业银行、城市信用合作社、农村信用合作社。

2. 银行结算账户的分类

(1) 银行结算账户按存款人不同，分为单位银行结算账户和个人银行结算账户。

单位银行结算账户是指存款人以单位名称开立的银行结算账户。个体工商户凭营业执照以字号或经营者姓名开立的银行结算账户纳入单位银行结算账户管理。

个人银行结算账户是指存款人凭个人身份证件以自然人名称开立的银行结算账户。个人因使用借记卡、信用卡在银行类金融机构开立的银行结算账户，也被纳入个人银行结算账户管理。

(2) 银行结算账户根据开户地不同，分为本地银行结算账户和异地银行结算账户。

(3) 银行结算账户按结算币种不同，分为人民币银行结算账户和外币银行结算账户。

人民币银行结算账户是指以人民币作为支付结算币种的银行结算账户。

外币银行结算账户是指以外币作为支付结算币种的银行结算账户。

3. 银行结算账户的特点

(1) 可办理人民币业务。这与外币存款账户不同，外币存款账户办理的是外币业务，其开立和使用要遵守国家外汇管理局的有关规定。

(2) 可办理资金收付结算业务。这是与储蓄账户的明显区别。储蓄账户的基本功能是存取本金和支取利息，但是不能办理资金的收付。

(3) 属活期存款账户。这与单位的定期存款账户不同，单位的定期存款账户不具有结算功能。

6.1.2　银行结算账户的管理体系与管理原则

1. 银行结算账户的管理体系

(1) 中国人民银行的管理。中国人民银行负责监督、检查银行结算账户的开立和使用，对银行结算账户的开立与使用实施监控和管理，负责基本存款账户、临时存款账户和预算单位专用存款账户开户登记证的管理，对存款人、银行违反银行结算账户管理规定的行为予以处罚。

(2) 开户银行的管理。银行负责对所属营业机构银行结算账户开立和使用的管理，监督和检查其执行法律法规的情况，纠正违规开立和使用银行结算账户的行为。开户银行应对已开立的单位银行结算账户实行年检制度。

(3) 存款人应加强对预留银行签章的管理。单位遗失预留公章或财务专用章时，应向开户银行出具书面申请、开户登记证、营业执照等相关证明文件；更换预留公章或财务专用章时，应向开户银行出具书面申请、原预留签章的式样等相关证明文件。个人遗失或更换预留个人印章或更换签字人时，应向开户银行出具经签名确认的书面申请以及原预留印章或签字人的个人身份证件。银行应留存相应的复印件，据以办理预留银行签章的变更。

2. 银行结算账户的管理原则

银行结算是社会经济活动各项资金清算的中介，银行结算过程也是一个复杂的款项收付过程。在银行结算过程中，要涉及收款单位、收款银行、付款单位、付款银行等几个相互关联的个体，以及多个业务环节和繁杂的资金增减变动过程。所以，为保证银行结算的顺利进行，各单位都应该严格遵守以下银行结算的基本原则。

(1) 一个基本账户原则。即存款人只能在银行开立一个基本存款账户，不能多头开立基本存款账户。存款人在银行开立基本存款账户，实行由中国人民银行当地分支机构核发开户许可证制度。同时，存款人在其账户内必须有足够的资金，以确保支付，收付款双方在经济交往过程中，只有坚持诚实守信，交易一旦达成，才能保证各方经济活动的顺利进行。

(2) 自愿选择原则。即存款人可以自主选择银行开立账户，银行也可以自愿选择存款人；一经双方相互认可后，存款人应遵循银行结算的规定，而银行应保证对资金的所有权和自主支配权不受侵犯。除国家法律、行政法规和国务院规定外，任何单位和个人不得强令存款人到指定银行开立银行结算账户。

(3) 存款保密原则。银行必须依法为存款人保密，除国家法律规定的国务院授权中国人民银行总行的监督项目外，银行不代任何单位和个人查询、冻结存款人账户内的存款，以维护存款人资金的自主支配权。

(4) 银行不垫款原则。银行在办理结算时只负责办理结算双方单位的资金转移，不为任何单位垫付资金。

6.1.3 人民币银行结算账户的开立

1. 单位银行结算账户的开立

根据《人民币银行结算账户管理办法》的规定，单位设立人民币银行结算账户的种类按照企业经营的需要，一般分为基本存款账户、一般存款账户、临时存款账户和专用存款账户四种。存款人可以自主选择银行，银行也可以自愿选择存款人开立账户。因此，存款人选择银行的一般原则是：第一，就近原则，应选择与单位距离较近的银行开立银行账户，这样有利于存取款及办理结算、贷款等业务；第二， 服务原则，应选择服务设施及项目先进、齐全， 能直接办理异地快速结算的银行；第三，贷款原则，应选择那些信贷资金雄厚，能在企业困难时提供贷款支持，且贷款方便的银行。不同的存款账户有不同的开立程序和要求。

1) 基本存款账户的开立

基本存款账户是存款人办理日常转账结算和现金收付的账户。它是各独立结算单位或实行独立核算企业在银行开立的主要账户。按照规定每一存款人只能在银行开立一个基本存款账户，主要用于办理日常的转账结算和现金收付，企事业单位的工资、奖金等现金的支取只能通过此账户办理。

(1) 开立基本存款账户当事人应具备的资格

基本存款账户是存款人因办理日常转账结算和现金收付需要开立的银行结算账户。下列存款人，可以申请开立基本存款账户：

① 企业法人。

② 非法人企业。

③ 机关、事业单位。

④ 团级(含)以上军队、武警部队及分散执勤的支(分)队。

⑤ 社会团体。

⑥ 民办非企业组织。

⑦ 异地常设机构。

⑧ 外国驻华机构。

⑨ 个体工商户。

⑩ 居民委员会、村民委员会、社区委员会。

⑪ 单位设立的独立核算的附属机构。

⑫ 其他组织。

(2) 开立基本存款账户所需的证明文件

存款人申请开立基本存款账户，应向银行出具下列证明文件：

① 企业法人，应出具企业法人营业执照正本。

② 非法人企业，应出具企业营业执照正本。

③ 机关和实行预算管理的事业单位，应出具政府人事部门或编制委员会的批文或登记证书和财政部门同意其开户的证明；非预算管理的事业单位，应出具政府人事部门或

编制委员会的批文或登记证书。

④ 军队、武警团级(含)以上单位以及分散执勤的支(分)队，应出具军队军级以上单位财务部门、武警总队财务部门的开户证明。

⑤ 社会团体，应出具社会团体登记证书，宗教组织还应出具宗教事务管理部门的批文或证明。

⑥ 民办非企业组织，应出具民办非企业登记证书。

⑦ 外地常设机构，应出具其驻在地政府主管部门的批文。

⑧ 外国驻华机构，应出具国家有关主管部门的批文或证明；外资企业驻华代表处、办事处应出具国家登记机关颁发的登记证。

⑨ 个体工商户，应出具个体工商户营业执照正本。

⑩ 居民委员会、村民委员会、社区委员会，应出具其主管部门的批文或证明。

⑪ 独立核算的附属机构，应出具其主管部门的基本存款账户开户登记证和批文。

⑫ 其他组织，应出具政府主管部门的批文或证明。

本条中的存款人为从事生产、经营活动纳税人的，还应出具税务部门颁发的税务登记证。

(3) 基本存款账户开立的程序

① 填写开户申请书。

各单位在银行开立账户时必须向开户行提出申请，填写“开户申请书”。开户申请表由银行统一印制，其主要内容有：申请开户单位的名称；上级主管部门名称申请开户单位的性质及级别；工商行政管理局批准文号；单位地址、电话；资金来源及使用情况、生产经营范围等内容。开户申请书格式如表 6-1 所示。

单位在申请开户时，应详细填写申请表上的各项内容。填写完毕后，要加盖本单位全称公章。

表 6-1　××银行开户申请书格式

存款人名称			电　话	
地址			邮　编	
存款人类别		组织机构代码		
法定代表人(　)	姓名			
单位负责人(　)	证件种类		证件号码	
行业分类	A(　)B(　)C(　)D(　)E(　)F(　)G(　)H(　)I(　)J(　)K(　)L(　)M(　)N(　) O(　)P(　)Q(　)R(　)S(　)T(　)			
注册资金		地区代码		
经营范围				
证明文件种类		证明文件编号		
税务登记证(国税或地税)编号				
关联企业	关联企业信息填列在关联企业登记表内			

续表

<table>
<tr><td>账户性质</td><td colspan="4">基本( )一般( )专用( )临时( )</td></tr>
<tr><td>资金性质</td><td></td><td>有效日期至</td><td colspan="2">年 月 日</td></tr>
<tr><td colspan="5">以下为存款人上级法人或主管单位信息</td></tr>
<tr><td colspan="2">上级法人或主管单位名称</td><td colspan="3"></td></tr>
<tr><td colspan="2">基本存款账户开户许可证核准号</td><td></td><td>组织机构代码</td><td></td></tr>
<tr><td rowspan="3">法定代表人( )
单位负责人( )</td><td>姓名</td><td colspan="3"></td></tr>
<tr><td>证件种类</td><td colspan="3"></td></tr>
<tr><td>证件号码</td><td colspan="3"></td></tr>
<tr><td colspan="5">以下栏目由开户银行审核后填写</td></tr>
<tr><td>开户银行名称</td><td></td><td>开户银行代码</td><td colspan="2"></td></tr>
<tr><td>账户名称</td><td></td><td>账号</td><td colspan="2"></td></tr>
<tr><td colspan="2">基本存款账户开户许可证核准号</td><td></td><td>开户日期</td><td></td></tr>
<tr><td colspan="2">本存款人申请开立单位银行结算账户，并承诺所提供的开户资料真实、有效。

存款人(公章)
年 月 日</td><td>开户银行审核意见：

经办人(签章)
银行(签章)
年 月 日</td><td colspan="2">人民银行审核意见：
(非核准类账户除外)

经办人(签章)
人民银行(签章)
年 月 日</td></tr>
</table>

② 提交有关的证明文件。

开户申请人在填好开户申请表后，将其报送有关单位审查，审查同意后，审查单位要出具证明文件，并加盖证明公章。

a. 全民所有制和集体所有制工商企业到银行办理开户，必须向银行提交其主管部门出具的证明和当地工商行政管理机关核发的“企业法人营业执照”或“营业执照”。

b. 机关、医院、学校、社会、团体与单位办理开户，必须向银行提交拨款的财政部门或上一级主管部门出具的审查证明。

c. 部队办理开户必须向银行提交军队军级以上或武警总队财务部门审查后出具的开户证明。

d. 三资企业由注册会计师事务所出具审查证明。

e. 个体工商户办理开户，应提交由城市街道办事处或农村乡政府出具的证明和工商行政管理部门核发的“营业执照”。

f. 外地单位常驻(派出)机构办理开户，要提交主管部门和驻地有关部门的审查文件。

g. 各单位的附属机构办理开户，应提交其管辖单位的审查证明，若开设基本存款账户，还须向开户银行提交由中国人民银行当地分支机构核发的开户许可证。

③ 填制并提交印鉴卡片。

开户单位在提交开户申请书和有关单位证明的同时，应填写开户银行的印鉴卡片。银行印鉴卡片的样式如表 6-2 所示。

表 6-2　××银行印鉴卡样式

<table>
<tr><td>账号</td><td></td><td>户名</td><td></td></tr>
<tr><td>地址</td><td></td><td>联系电话</td><td></td></tr>
<tr><td rowspan="3">预留印鉴式样</td><td rowspan="3"></td><td>使用说明</td><td></td></tr>
<tr><td>启用日期</td><td>年　月　日</td></tr>
<tr><td>注销日期</td><td>年　月　日</td></tr>
</table>

需要特别说明的是，印鉴卡片上填写的户名必须与单位名称一致，在卡片上要加盖单位公章、单位负责人或财务机构负责人及出纳人员三枚印章。印鉴卡片是开户单位与银行事先约定的一种具有法律效力的付款依据。银行在为开户单位办理结算业务时，凭开户单位预留的印鉴审核支付凭证的真假。若支付凭证上的印章与预留印鉴不符，银行拒绝办理付款业务，以保证开户单位银行存款的安全。同时，卡片上的印鉴也明确开户行的责任，保障了银行的权利不受侵犯。

④ 中国人民银行核准。

开户银行对开户单位提交的开户申请书、有关证明、印鉴卡片、会计人员的“会计证”等文件根据有关规定进行审查后，报送中国人民银行当地分支行审核，符合开户条件的，予以核准并打印银行开户许可证，由开户银行交给企业；不符合条件的，出具审核意见连同开户资料一起退回。

开户许可证记载下列事项：“开户许可证”字样、开户许可证编号、开户核准号、中国人民银行当地分支行账户管理专用章、核准日期、存款人名称、存款人的法定代表人或单位负责人姓名、开户银行名称、账户性质、账号。临时存款账户开户许可证除记载上述事项外，还应记载临时存款账户的有效期限。

开户许可证是记载单位银行结算账户信息的有效证明，存款人应按本办法的规定使用，并妥善保管。其样式如表 6-3 所示。

表 6-3　开户许可证样式

开户许可证

核准号：　　　　　　　　　　　　　　　　　　　　编号：

经审核，____________________符合开户条件，准予开立基本存款账户。

法定代表人(单位负责人)__________开户银行____________________，

账号____________________

发证机关(盖章)

年　月　日

⑤ 领取开户许可证，开立账户。

企业领取开户许可证后到银行登记开户，开立基本存款账户的，开户银行应在印鉴卡上打印申请人开立基本存款账户的账号，并加盖“基本存款户”印章后，方可转交申请人留存，并发放有关各种结算凭证。

2) 一般存款账户的开立

一般存款账户是存款人在基本账户以外的银行办理借款、转存业务且与基本存款账户的存款人不在同一地点的附属非独立核算单位开立的账户。存款人可以通过账户办理转账、结算和存入现金，但不能支取现金。

(1) 一般存款账户开立的条件

存款人申请开立一般存款账户，应向银行出具其开立基本存款账户规定的证明文件、基本存款账户开户登记证和下列证明文件。

① 存款人因向银行借款需要，应出具借款合同。

② 存款人因其他结算需要，应出具有关证明。

(2) 一般存款账户开立的程序

存款人申请开立一般存款账户的，应填制开户申请书，提供相应的证明文件，并送交盖有存款人印章的印鉴卡片，经银行审核同意后即可开立该账户。

3) 临时存款账户的开立

临时存款账户是指存款人因临时经营活动需要而开立的账户。存款人可以通过该账户办理临时机构以及存款人临时经营活动发生的资金收付。临时存款账户的有效期最长不得超过 2 年。

(1) 临时存款账户开立的条件

根据《人民币银行结算账户管理办法》规定，下列情况的存款人可以申请开立临时存款账户，且必须提供相应的证明文件。

① 临时机构，应出具其驻地主管部门同意设立临时机构的批文。

② 异地建筑施工及安装单位，应出具其营业执照正本或其隶属单位的营业执照正本，以及施工及安装地建设主管部门核发的许可证或建筑施工及安装合同。

③ 异地从事临时经营活动的单位，应出具其营业执照正本以及临时经营地工商行政管理部门的批文。

④ 注册验资资金，应出具工商行政管理部门核发的企业名称预先核准通知书或有关部门的批文。

(2) 临时存款账户开立的程序

存款人申请开立临时存款账户的，应填制开户申请书，提供相应的证明文件，并送交盖有存款人印章的印鉴卡片，经银行审核同意后，即可开立该账户。

4) 专用存款账户的开立

专用存款账户是存款人按照法律、行政法规和规章，对其特定用途资金进行专项管理和使用而开立的银行结算账户。开立专用存款账户的目的是保证特定用途的资金专款专用，并有利于监督管理。

专用存款账户用于办理各项专用资金的收付，现金支取应按照《人民币银行结算账

户管理办法》及国家现金管理的规定办理。

(1) 专用存款账户开立的条件

存款人申请开立专用存款账户，应向银行出具其开立基本存款账户规定的证明文件、基本存款账户开户登记证和下列证明文件。

① 基本建设资金、更新改造资金、政策性房地产开发资金、住房基金、社会保障基金，应出具主管部门批文。

② 财政预算外资金，应出具财政部门的证明。

③ 粮、棉、油收购资金，应出具主管部门批文。

④ 单位银行卡备用金，应按照中国人民银行批准的银行卡章程的规定出具有关证明和资料。

⑤ 证券交易结算资金，应出具证券公司或证券管理部门的证明。

⑥ 期货交易保证金，应出具期货公司或期货管理部门的证明。

⑦ 金融机构存放同业资金，应出具其证明。

⑧ 因经营需要在异地办理收入汇缴和业务支出的存款人，在异地开立专用存款账户的，应出具隶属单位的证明。

⑨ 党、团、工会设在单位的组织机构经费，应出具该单位或有关部门的批文或证明。

⑩ 其他按规定需要专项管理和使用的资金，应出具有关法规、规章或政府部门的有关文件。

合格境外机构投资者在境内从事证券投资开立的人民币特殊账户和人民币结算资金账户纳入专用存款账户管理。其开立人民币特殊账户时应出具国家外汇管理部门的批复文件，开立人民币结算资金账户时应出具证券管理部门的证券投资业务许可证。

(2) 专用存款账户开立的程序

存款人申请开立专用存款账户的，应填制开户申请书，提供相应的证明文件，并送交盖有存款人印章的印鉴卡片，经银行审核同意后，即可开立该账户。

2. 个人银行结算账户的开立

个人银行结算账户是存款人因投资、消费、结算等而凭个人身份证件以自然人名称开立的可办理支付结算业务的银行结算账户。

个人银行结算账户用于办理个人转账收付和现金存取。

1) 个人银行结算账户的功能

个人银行结算账户具有以下三个功能。

第一，活期储蓄功能，可以通过个人结算存取存款本金和支付利息，该账户的利息按照活期储蓄利息计算。

第二，普通转账功能，通过开立个人银行结算账户，办理汇款，支付水、电、气等基本日常费用，代发工资等转账结算服务，并可使用汇兑、委托收款、借记卡、定期借记、定期贷记、电子钱包(IC 卡)等转账工具。

第三，通过个人银行结算账户可使用支票、信用卡等信用支付工具。

2) 个人银行结算账户的开户条件

符合下列情况之一的，可以申请开立个人银行结算账户。

(1) 使用支票、信用卡等信用支付工具的。

(2) 办理汇兑、定期借记、定期贷记、借记卡等结算业务的。

自然人可根据需要申请开立个人银行结算账户，也可以在已开立的储蓄账户中选择并向开户银行申请确认为个人银行结算账户。

3) 个人银行结算账户的开户要求

存款人申请开立个人银行结算账户，应向银行出具下列证明文件。

(1) 中国居民，应出具居民身份证或临时身份证。

(2) 中国人民解放军军人，应出具军人身份证件。

(3) 中国人民武装警察，应出具武警身份证件。

(4) 中国香港、澳门居民，应出具港澳居民往来内地通行证；中国台湾居民，应出具台湾居民来往大陆通行证或者其他有效旅行证件。

(5) 外国公民，应出具护照。

(6) 法律、法规和国家有关文件规定的其他有效证件。

银行为个人开立银行结算账户时，根据需要还可要求申请人出具户口簿、驾驶执照、护照等有效证件。

3. 异地银行结算账户

异地银行结算账户主要是指单位银行结算账户，就是指存款人不在营业执照注册地开立的其他银行结算账户。

1) 异地开立有关银行结算账户的情形

存款人有下列情形之一的，可以在异地开立有关银行结算账户。

(1) 营业执照注册地与经营地不在同一行政区域(跨省、市、县)需要开立基本存款账户的。

(2) 办理异地借款和其他结算需要开立一般存款账户的。

(3) 存款人因附属的非独立核算单位或派出机构发生的收入汇缴或业务支出需要开立专用存款账户的。

(4) 异地临时经营活动需要开立临时存款账户的。

(5) 自然人根据需要在异地开立个人银行结算账户的。

2) 异地开立有关银行结算账户时要报送的资料

办理异地银行结算账户时，存款人还应根据不同的账户类型报送不同的开户资料。存款人需要在异地开立单位银行结算账户，除出具《人民币银行结算账户管理办法》规定的有关开立本地银行结算账户的证明文件外，在不同情况下还应出具下列相应的证明文件。

(1) 经营地与注册地不在同一行政区域的存款人，在异地开立基本存款账户的，应出具注册地中国人民银行分支行的未开立基本存款账户的证明。

(2) 异地借款的存款人，在异地开立一般存款账户的，应出具在异地取得贷款的借款合同。

(3) 因经营需要在异地办理收入汇缴和业务支出的存款人，在异地开立专用存款账户的，应出具隶属单位的证明。

(4) 属于第(2)、(3)项情况的，还应出具其基本存款账户开户登记证。

(5) 存款人需要在异地开立个人银行结算账户的，需出具与存款人在本地开立银行结算账户相同的证明文件。

6.1.4　人民币银行结算账户的使用

按《人民币银行结算账户管理办法》的有关规定，人民币银行结算账户的使用主要包括单位银行结算账户的使用和个人银行结算账户的使用。由于单位银行结算账户和个人银行结算账户所包含的对象不同，范围不同，因此其账户的使用情况也不同。

1．单位银行结算账户的使用

对于各类存款账户，必须清楚它的使用范围。

1) 基本存款账户

基本存款账户是存款人的主办账户。存款人日常经营活动的资金收付及其工资、奖金和现金的支取，应通过该账户办理。

2) 一般存款账户

一般存款账户用于办理存款人借款转存、借款归还和其他结算的资金收付，该账户可以办理现金缴存，但不得办理现金支取。

3) 专用存款账户

专用存款账户用于办理各项专用资金(财政预算外资金，证券交易结算资金，期货交易保证金和信托基金，基本建设资金，更新改造资金，政策性房地产开发资金，金融机构存放同业资金，粮、棉、油收购资金，社会保障基金，住房基金和党、团、工会经费，收入汇缴等资金)的收付。具体规定如下。

(1) 财政预算外资金、证券交易结算资金、期货交易保证金和信托基金专用存款账户不得支取现金。

(2) 基本建设资金、更新改造资金、政策性房地产开发资金、金融机构存放同业资金账户需要支取现金的，应在开户时报中国人民银行当地分支行批准，中国人民银行当地分支行应根据国家现金管理的规定审查批准。

(3) 粮、棉、油收购资金，社会保障基金，住房基金和党、团、工会经费等专用存款账户支取现金应按照国家现金管理的规定办理。

(4) 收入汇缴账户除向其基本存款账户或预算外资金财政专用存款账户划缴款项外，只收不付，不得支取现金。业务支出账户除从其基本存款账户拨入款项外，只付不收，其现金支取必须按国家现金管理的规定办理。

银行应按照《人民币银行结算账户管理办法》的各项规定和国家对粮、棉、油收购资金使用管理规定加强监督，对不符合规定的资金收付和现金支取，不得办理。但对其他专用资金的使用不负监督责任。

4) 临时存款账户

临时存款账户用于办理临时机构以及存款人临时经营活动发生的资金收付。临时存款应根据有关开户证明文件确定的期限或存款人的需要确定其有效期限。存款人在账户的使用中需要延长期限的，应在有效期限内向开户银行提出申请，并由开户银行报中国人民银行当地分支行核准后办理展期，临时存款账户的有效期最长不得超过 2 年。临时存款账户支取现金，应按照国家现金管理规定办理。

2. 个人银行结算账户的使用

个人银行结算账户即用于办理个人转账收付和现金存取的银行结算账户。根据账户管理有关规定，下列款项可以转入个人银行结算账户。

(1) 工资、奖金收入。

(2) 稿费、演出费等劳务收入。

(3) 债券、期货、信托等投资的本金和收益。

(4) 个人债权或产权转让收益。

(5) 个人贷款转存。

(6) 证券交易结算资金和期货交易保证金。

(7) 继承、赠与款项。

(8) 保险理赔、保费退还等款项。

(9) 纳税退还。

(10) 农、副、矿产品销售收入。

(11) 其他合法款项。

总体来说，个人的合法收入或支出都是可以通过个人结算账户处理的。

单位从其银行结算账户支付给个人银行结算账户的款项，每笔超过 5 万元的，应向其开户银行提供下列付款依据。

(1) 代发工资协议和收款人清单。

(2) 奖励证明。

(3) 新闻出版、演出主办等单位与收款人签订的劳务合同或支付给个人款项的证明。

(4) 证券公司、期货公司、信托投资公司、奖券发行或承销部门支付或退还给自然人款项的证明。

(5) 债权或产权转让协议。

(6) 借款合同。

(7) 保险公司的证明。

(8) 税收征管部门的证明。

(9) 农、副、矿产品购销合同。

(10) 其他合法款项的证明。

从单位银行结算账户支付给个人银行结算账户的款项应纳税的，税收代扣单位付款时应向其开户银行提供完税证明。

有下列情形之一的，个人应出具有关收款依据。

(1) 个人持出票人为单位的支票向开户银行委托收款，将款项转入其个人银行结算账户的。

(2) 个人持申请人为单位的银行汇票和银行本票向开户银行提示付款，将款项转入其个人银行结算账户的。

单位银行结算账户支付给个人银行结算账户款项的，银行应按有关规定认真审查付款依据或收款依据的原件，并留存复印件，按会计档案保管。未提供相关依据或相关依据不符合规定的，银行应拒绝办理。

6.1.5　人民币银行结算账户的变更与撤销

1. 单位银行结算账户的变更与撤销

1) 单位银行结算账户的变更

单位存款人变更下列账户资料后，应向开户银行办理变更手续：①存款人的账户名称；②单位的法定代表人或主要负责人；③地址、邮编、电话；④注册资金等信息；⑤其他资料。

(1) 单位存款人申请变更核准类银行结算账户的存款人名称、法定代表人或单位负责人的，应及时到开户银行申请办理开户资料信息变更手续，填写“变更银行结算账户申请书”(见表 6-4)，并加盖单位公章，连同相关证明文件及开户许可证在 5 个工作日内提交开户银行。

表 6-4　变更银行结算账户申请书格式

账户名称			
开户银行代码		账号	
账户性质	基本(　)专用(　)一般(　)临时(　)个人(　)		
开户许可证核准号			
变更事项及变更后内容如下：			
账户名称			
地　址			
邮政编码			
电　话			
注册资金金额			
证明文件种类			
证明文件编号			
经营范围			
法定代表人或单位负责人	姓　名		
	证件种类		
	证件号码		

续表

<table>
<tr><td colspan="2">关联企业</td><td colspan="2">变更后的关联企业信息填列在“关联企业登记表”中</td></tr>
<tr><td colspan="2">上级法人或主管单位的
基本存款账户核准号</td><td colspan="2"></td></tr>
<tr><td colspan="2">上级法人或主管单位的名称</td><td colspan="2"></td></tr>
<tr><td rowspan="3">上级法人或主管
单位法定代表人
或单位负责人</td><td>姓　名</td><td colspan="2"></td></tr>
<tr><td>证件种类</td><td colspan="2"></td></tr>
<tr><td>证件号码</td><td colspan="2"></td></tr>
<tr><td colspan="2">本存款人申请变更上述单位银行结算账户内容，并承诺所提供的开户资料真实、有效。

存款人(公章)
年　月　日</td><td>开户银行审核意见：

经办人(签章)
开户银行(签章)
年　月　日</td><td>人民银行审核意见：

经办人(签章)
人民银行(签章)
年　月　日</td></tr>
</table>

注：带括号的选项填“√”该申请书一式三联，第一联由存款人留存；第二联由开户银行留存；第三联由人民银行当地分支机构留存。

银行在受理存款人的变更申请时，应对存款人提交的变更申请资料的真实性、完整性、合规性进行审查，于2个工作日内将存款人的“变更银行结算账户申请书”、开户许可证以及有关证明文件报送中国人民银行当地分支行。由其对存款人的变更申请进行审核并签署意见。对于基本存款账户、预算单位专用存款账户、异地临时存款账户存款人符合变更条件的，由中国人民银行当地分支行核准其变更，收回原开户许可证，颁发新的开户许可证。不符合变更条件的，中国人民银行当地分支行不予核准其变更申请并退回有关资料。

(2) 存款人变更账号。如因各金融机构行内系统升级改造等原因改变存款人账号的，应由其开户银行造具账号变更清册与证明资料一并提交中国人民银行当地分支行办理变更手续。

(3) 基本存款账户“转户”。“转户”是指存款人因迁址或其他需要，在原基本存款账户开户银行撤销基本存款账户后，选择其他银行，申请重新开立基本存款账户的行为。

存款人“转户”应按照《人民币银行结算账户管理办法》的规定办理销户手续，向其他银行申请重新开立基本存款账户时，应按规定如实填写“开立单位银行结算账户申请书”，并与相关的证明文件和原基本存款账户开户行出具的销户证明一并提交银行审核。

存款人撤销原基本存款账户后，重新开立基本存款账户时，开户资料信息发生变更的，应就变更事项及其内容向银行说明。但存款人的类别、登记证书和营业执照编号不得变更。银行应对存款人提交的“开立单位银行结算账户申请书”填写的各项内容和开户证明文件的真实性、完整性、合规性进行审查，符合开户条件的，应将开户申请书、相关的证明文件和银行审核意见等开户资料报送中国人民银行当地分支行，经其核准后，

核发基本存款账户开户许可证。

(4) 单位存款人申请更换预留公章或财务专用章的，应向开户银行出具书面申请、原预留公章或财务专用章等相关证明材料。

单位存款人申请更换预留公章或财务专用章但无法提供原预留公章或财务专用章的，应向开户银行出具原印鉴卡片、开户许可证、营业执照正本、司法部门的证明等相关证明文件。

单位存款人申请变更预留公章或财务专用章的，可由法定代表人或单位负责人直接办理，也可授权他人办理。由法定代表人或单位负责人直接办理的，除出具相应的证明文件外，还应出具法定代表人或单位负责人的身份证件；授权他人办理的，除出具相应的证明文件外，还应出具法定代表人或单位负责人的身份证件及其授权书，以及被授权人的身份证件。

2) 单位银行结算账户的撤销

撤销单位银行结算账户是指存款人因开户资格或其他原因被终止单位银行结算账户使用的行为。存款人有下列情形之一的，应向开户银行提出撤销账户申请：a. 被撤并、解散、宣告破产或关闭的；b. 注销、被吊销营业执照的；c. 因迁址需要变更开户银行的；d. 其他原因需要撤销银行结算账户的。

(1) 单位银行结算账户撤销的基本规定

① 有上述 a、b 情形的存款人，必须于 5 个工作日内主动向开户银行提出撤销其所有银行结算账户申请。但存款人未清偿开户银行债务的，不得撤销该银行结算账户。

② 存款人因 a、b 项原因撤销银行结算账户的，应先撤销一般存款账户、专用存款账户、临时存款账户，将账户资金转入基本存款账户后，方可办理基本存款账户的撤销。

③ 存款人因第 c、d 项原因撤销基本存款账户后，需要重新开立基本存款账户的，应在撤销其原基本存款账户后 10 日内申请重新开立基本存款账户。

④ 存款人尚未清偿其开户银行债务的，不得申请撤销该账户。

⑤ 存款人因注册验资需要，在银行开立的临时存款账户，在验资期满后，如未获工商行政管理部门核准，应向银行申请撤销注册验资临时存款账户，其账户资金应退还给原汇款人账户。注册验资资金以现金方式存入，出资人需提取现金的，应出具缴存现金时的现金缴款单原件及其有效身份证件。

(2) 单位银行结算账户撤销的程序

① 存款人申请撤销单位银行结算账户时，应填写“撤销银行结算账户申请书”(见表 6-5)，并加盖单位公章。该申请书由银行统一印制和管理，包含以下内容：账户名称；账号；开户银行名称；账户性质；开户许可证核准号(临时存款账户和预算单位专用存款账户除填写该账户开户许可证核准号外，还应填写基本存款账户开户许可证核准号)；销户原因。

存款人必须与开户银行核对单位银行结算账户存款余额，交回各种重要空白票据及结算凭证和开户许可证，银行核对无误后方可办理销户手续。存款人因特殊原因未能交回各种重要空白票据及结算凭证的，应出具有关证明，银行方可办理销户手续。存款人未按规定办理造成损失的，由其自行承担。

表 6-5　撤销银行结算账户申请书格式

账户名称			
开户银行名称			
开户银行代码		账号	
账户性质	基本(　)专用(　)一般(　)临时(　)个人(　)		
开户许可证核准号			
销户原因			
本存款人申请撤销单位银行结算账户，并承诺所提供的资料真实、有效。 存款人(公章) 年　月　日		开户银行审核意见： 经办人(签章) 开户银行(签章) 年　月　日	

注：带括号的选项填“√”。该表一式三联，第一联由存款人留存；第二联由开户银行留存；第三联由人民银行当地分支机构留存。

② 银行在收到存款人撤销单位银行结算账户的申请后，对于符合销户条件的，应在2个工作日内办理撤销手续，同时于撤销之日起2个工作日内，向中国人民银行当地分支行报告。

③ 存款人申请临时存款账户展期，变更、撤销单位银行结算账户以及补(换)发开户许可证时，可由法定代表人或单位负责人直接办理，也可授权他人办理。

由法定代表人或单位负责人直接办理的，除出具相应的证明文件外，还应出具法定代表人或单位负责人的身份证件；授权他人办理的，除出具相应的证明文件外，还应出具法定代表人或单位负责人的身份证件及其授权书，以及被授权人的身份证件。

对于按照《人民币银行结算账户管理办法》和《人民币银行结算账户管理办法实施细则》规定应撤销而未办理销户手续的单位银行结算账户，银行应通知该单位银行结算账户的存款人，自发出通知之日起30日内办理销户手续，逾期视同自愿销户。未划转款项列入久悬未取专户管理。

存款人因被撤并、解散、宣告破产或关闭，或者注销、被吊销营业执照，需要撤销银行结算账户的，应在5个工作日内主动到开户银行办理撤销单位银行结算账户手续。银行得知存款人有上述情况，而存款人超过规定期限未主动办理撤销单位银行结算账户手续的，银行有权停止其银行结算账户的对外支付，并尽快通知存款人办理销户手续。

银行对一年未发生收付活动且未欠开户银行债务的单位银行结算账户，应通知单位存款人自发出通知之日起30日内办理销户手续，逾期视同自愿销户，未划转款项列入久悬未取专户管理。同时，为保护存款人的合法权益，当存款人要求支取原账户款项时，应向开户银行出具合法的拥有账户支配权的证明文件，经开户银行确认后核对账务，补办销户手续，结清余款。

2. 个人银行结算账户的变更与撤销

1) 个人银行结算账户的变更

存款人变更个人银行结算账户中的姓名、身份证件种类及号码、地址、邮编、电话的，应及时到开户银行申请办理开户资料信息变更手续，并按要求填写“变更银行结算账户申请书”，加盖其个人签章，连同相关证明文件在 5 个工作日内提交开户银行，由开户银行办理变更手续。“变更银行结算账户申请书”由开户银行统一印制和管理，内容包括：①账户名称；②账号；③开户银行名称；④开户登记核准号(其中非基本存款账户还需填写基本存款账户开户许可证核准号)；⑤变更事项及变更后的内容。

2) 个人银行结算账户的撤销

申请撤销个人银行结算账户时，应填写“撤销银行结算账户申请书”，并加盖其个人签章。其与单位银行结算账户的销户程序和要求基本相同，此处不再赘述。

6.1.6　银行结算账户的管理罚则

1. 人民币银行结算账户管理罚则

为加强对人民币银行结算账户的管理，确保账户信息的真实性，《人民币银行结算账户管理办法》对存款人违规开立、使用及撤销银行结算账户有以下严格的规定。

(1) 存款人开立、撤销银行结算账户，不得有下列行为。

① 违反本办法规定开立银行结算账户。

② 伪造、变造证明文件欺骗银行开立银行结算账户。

③ 违反本办法规定不及时撤销银行结算账户。

非经营性的存款人，有上述所列行为之一的，给予警告并处以 1 千元的罚款；经营性的存款人有上述所列行为之一的，给予警告并处以 1 万元以上 3 万元以下的罚款；构成犯罪的，移交司法机关依法追究刑事责任。

(2) 存款人使用银行结算账户，不得有下列行为。

① 违反本办法规定将单位款项转入个人银行结算账户。

② 违反本办法规定支取现金。

③ 利用开立银行结算账户逃废银行债务。

④ 出租、出借银行结算账户。

⑤ 从基本存款账户之外的银行结算账户转账存入、将销货收入存入或现金存入单位信用卡账户。

⑥ 法定代表人或主要负责人、存款人地址以及其他开户资料的变更事项未在规定期限内通知银行。

非经营性的存款人有上述所列①至⑤项行为的，给予警告并处以 1000 元罚款；经营性的存款人有上述所列①至⑤项行为的，给予警告并处以 5000 元以上 3 万元以下的罚款；存款人有上述所列第⑥项行为的，给予警告并处以 1000 元的罚款。

(3) 伪造、变造、私自印制开户许可证的存款人，属非经营性的处以 1000 元罚款；

属经营性的处以 1 万元以上 3 万元以下的罚款；构成犯罪的，移交司法机关依法追究刑事责任。

2．政府相关部门对银行结算账户的管理

银行结算账户的开立和使用应当遵守法律、行政法规，不得利用银行结算账户进行偷逃税款、逃废债务、套取现金及其他违法犯罪活动。根据目前国家有关法律、法规规定，工商行政管理、税务、审计、检察等部门有权对银行结算账户的开立和使用规定如下。

(1) 《工商行政管理暂行规定》规定，对未经核准登记，擅自从事经营活动或者从事其他违反经营登记管理规定行为的，工商行政管理机关可以依照相关法律、法规、规章，责令改正；给予警告、没收违法所得、罚款、责令停业整顿、吊销营业执照等处罚。

存款人未经工商行政管理部门核准登记，擅自从事经营活动，有生产经营活动资金往来，而违规开立银行结算账户的，工商行政管理部门可依该条对存款人进行处罚。

(2) 《中华人民共和国税收征收管理法》规定，从事生产、经营的纳税人应当按照国家有关规定，持税务登记证件，在银行或者其他金融机构开立基本存款账户和其他存款账户，并将其全部账号向税务机关报告。

银行和其他金融机构应当在从事生产经营的纳税人的结算账户中登记税务登记证件号码，并在税务登记证件中登记从事生产、经营的纳税人的账户账号。同时规定对纳税人未按照规定将其全部银行账号向税务机关报告的，由税务机关责令限期改正，可处以 2000 元以下的罚款；情节严重的，处以 2000 元以上 1 万元以下的罚款。

(3) 《中华人民共和国税收征收管理法实施细则》规定，为纳税人、扣缴义务人非法提供银行账户、发票、证明或者其他方便，导致未缴、少缴税款或者骗取国家出口退税款的，税务机关除没收其违法所得外，可处以未缴、少缴或者骗取的税款 1 倍以下的罚款。

(4) 《中华人民共和国审计法》规定，审计机关进行审计时，有权就审计事项的有关问题向有关单位和个人进行调查，并取得有关证明材料。有关单位和个人应当支持、协助审计机关工作，如实向审计机关反映情况，提供有关证明材料。

审计机关经县级以上人民政府审计机关负责人批准，有权查询被审计单位在金融机构的账户。

审计机关有证据证明被审计单位以个人名义存储公款的，经县级以上人民政府审计机关主要负责人批准，有权查询被审计单位以个人名义在金融机构的存款。

(5) 《人民检察院刑事诉讼规则(修正)》规定，人民检察院根据侦查犯罪的需要，可以依照规定查询、冻结犯罪嫌疑人的存款、汇款。

任务 6.2　银行存款的管理与业务核算

6.2.1　银行存款的管理

银行存款是指企业存放在银行和其他金融机构的货币资金，包括人民币存款和外币存款。银行存款管理的具体要求如下。

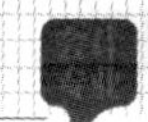

1．严格执行银行账户管理办法的规定

实行独立核算的企业，必须在银行开设账户，以办理银行存款的存入、付出和转账业务。企业在银行开户，必须送交单位及有关人员的印鉴，签发各种结算凭证时，盖有预留银行印鉴的印章方为有效。企业只能在银行开设一个基本存款账户。企业在银行开设的账户，只办理企业经营业务范围内的资金收付业务，不得出租和转让给其他单位和个人使用。银行存款账户必须有足够的资金保证支付，不准签发空头和远期的付款凭证。

2．严格内容控制制度，实行钱账分管的原则

银行存款由出纳人员管理，并负责办理收付业务；票据及各种付款凭证应指定专人负责保管，并由专人负责审批；审批和具体签发付款凭证的工作应分别由两个或两个以上的人员办理，不得由一人兼管。

3．银行存款收付款业务必须使用统一规定的结算凭证

企业向银行存入款项时，要填制“送款单”或“进账单”。将库存现金或转账支票送存银行，或由银行按支付结算办法规定划转存入企业存款账户，企业根据“送款单”或“进账单”回单联或银行收账通知单入账。企业从银行提取现金或支付款项时，应签发支票或其他结算凭证，或银行根据支付结算办法的规定，主动将款项从企业存款账户中划出，企业根据银行盖章的付款通知单入账。企业填写各项收付款结算凭证必须如实填明款项来源或用途，不得弄虚作假以套取银行信用。

4．定期与银行核对账目

企业收入的一切款项，除国家另有规定外，都必须及时送存银行；一切支出，除按规定可用库存现金支付外，都应按照支付结算办法的有关规定，通过银行办理转账结算。因此，企业要定期与银行核对账目，发现不符的账项要及时与银行联系，查明原因，进行账项调整，防止错账、乱账。

6.2.2　银行存款的业务核算

为了反映和监督银行存款的收支和结存情况，企业应设置“银行存款”账户进行总分类核算。该账户属于资产类账户，借方登记银行存款的存入数额，贷方登记银行存款的支出数额，期末余额在借方，表示企业期末存款的实际结存数额。企业在其他金融机构的存款也应在本账户内核算，但是企业在银行的其他存款，如外埠存款、银行本票存款、银行汇票存款等，在“其他货币资金”账户核算，不在本账户核算。银行存款总账可以直接根据收付款凭证逐笔登记，也可定期或于月份终了，根据汇总收付款凭证或科目汇总表登记。

企业在接到开户银行收款通知时，借记“银行存款”账户，贷记有关账户；在开出支票或收到开户银行付款通知时，借记有关账户，贷记“银行存款”账户。

【例 6-1】 3 月 8 日兴娄锅业红公司通过银行上交税金 19 000 元。根据银行付款通

知和税收缴款书编制的会计分录如下。

借：应交税费　　19 000

　　贷：银行存款　　19 000

【例 6-2】 3 月 10 日，兴娄锅业红公司收到 A 公司归还前欠货款的转账支票一张，金额为 80 000 元，企业将支票和填制的进账单送交开户银行。根据银行盖章退回的进账单第一联和有关原始凭证编制的会计分录如下。

借：银行存款　　80 000

　　贷：应收账款——A 公司　　80 000

【例 6-3】3 月 15 日，兴娄锅业红公司向 B 公司采购原材料一批，价款 20 000 元，增值税 3400 元，双方订明采用托收承付结算方式，验单付款，现兴娄锅业红公司收到银行转来的托收承付结算凭证和所附单据，经审核无误，在 3 天期满时承认付款，但材料尚未收到。根据托收承付结算凭证的承付支款通知和所附单据编制的会计分录如下。

借：材料采购(或在途物资)　　20 000

　　应交税费——应交增值税(进项税额)　　3 400

　　贷：银行存款　　23 400

【例 6-4】3 月 20 日，兴娄锅业红公司销售产品 50 000 元，增值税 8500 元，收到转账支票，填制进账单送交开户银行。根据银行盖章退回的进账单第一联和有关原始凭证编制的会计分录如下。

借：银行存款　　58 500

　　贷：主营业务收入　　50 000

　　应交税费——应交增值税(销项税额)　　8 500

【例 6-5】3 月 25 日，兴娄锅业红公司采用汇总结算方式，委托银行将款项 23 000 元划转给宏盛公司，以偿还前欠货款。根据开户银行退回的汇款回单编制的会计分录如下。

借：应付账款——宏盛公司　　23 000

　　贷：银行存款　　23 000

6.2.3　银行借款业务的核算

企业为了生产经营的需要，从金融机构或其他信托单位借入各种借款，形成企业的负债。借入款项按偿还期限的不同，可划分为短期借款和长期借款。

1．短期借款的核算

1) 短期借款的主要内容

短期借款是指企业向银行或其他金融机构等借入的期限在 1 年以下(含 1 年)的各种借款。短期借款一般是企业为维持正常的生产经营所需的资金而借入的，或者为抵偿某项债务而借入的款项。短期借款主要包括以下几种。

(1) 临时借款，是指企业由于临时性、季节性等原因申请取得的借款。

(2) 流动资金借款，是指企业为了满足当年生产经营活动中资金的需要，向银行申请借入的款项。

(3) 票据贴现借款，是指持有银行承兑汇票或商业承兑汇票的企业，在资金周转发生困难时，向银行申请取得票据贴现的借款。

(4) 结算借款，是指企业采用托收承付结算方式进行销售时，在发出商品后委托银行收款时至收款银行通知购买单位承付货款之前，为解决结算资产占用的资金的需要，以托收承付结算凭证为保证向银行取得的借款。

2) 短期借款的利息计算

企业的各种短期借款均应按期结算或支付利息。由于短期借款期限在 1 年以内，且数额不大，所以其利息一般采用单利计算。其计算公式为

借款利息＝借款本金×借款期限×借款利率

企业短期借款的利息主要有三种结算支付办法：①按月计算并支付；②按月计算，按季支付；③到期一次还本付息方式。如果企业的短期借款利息按月支付，或者利息是在借款到期归还本金时一并支付且数额不大的，则可以在实际支付或收到银行的计息通知时，直接计入当期损益。如果短期借款的利息按期支付(如按季)，或者利息是在借款到期归还本金时一并支付且数额较大的，为了正确计算各期的盈亏，则应采用预提的办法，先按月预提，计入当期损益，到期再进行支付。

3) 短期借款的核算方法

为了核算和监督短期借款的取得和归还业务，应设置“短期借款”账户。该账户属负债类账户，贷方登记企业取得的短期借款数额；借方登记企业归还短期借款的本金；期末贷方余额表示企业尚未归还的短期借款本金。在“短期借款”账户下，应按债权人设置明细账，并按借款种类进行明细分类核算。短期借款的利息支出，采用预提办法的，设置“应付利息”账户，按月预提计入“财务费用”账户。该业务涉及的会计分录如下。

(1) 取得短期借款

借：银行存款

　　贷：短期借款

(2) 借款利息的处理

① 直接支付借款利息，

借：财务费用

　　贷：银行存款

② 先预提短期借款利息，后支付，

借：财务费用

　　贷：应付利息

支付时，借：应付利息

　　　　　　贷：银行存款

(3) 归还短期借款

借：短期借款

　　贷：银行存款

【例 6-6】 舒服佳服装制造有限公司于 2012 年 1 月 1 日向银行借入 80 万元，期限为 9 个月，年利率 4.5%，该借款的利息按季支付，本金到期归还。有关处理如下。

(1) 1 月 1 日借入款项时：

借：银行存款　　800 000

　　贷：短期借款　　800 000

(2) 1 月末预提当月利息 800 000×4.5%/12=3 000(元)

借：财务费用　　3 000

　　贷：应付利息　　3 000

2 月末预提当月利息的处理方式相同。

(3) 3 月末支付本季度应付利息时：

借：财务费用　　3 000

　　应付利息　　6 000

　　贷：银行存款　　9 000

第二季度、第三季度的债务处理同上。

(4) 10 月 1 日偿还借款本金时：

借：短期借款　　800 000

　　贷：银行存款　　800 000

2. 长期借款的核算

1) 长期借款的概念和种类

长期借款是指企业向银行或其他金融机构借入的期限在 1 年以上(不含 1 年)或超过一年的 1 个营业周期以上的各项借款。长期借款一般用于固定资产购置和建造工程，以及流动资产的正常需要等方面。长期借款具有借款数额大，借款期限长等特点。因此，企业要取得借款，必须符合金融部门申请借款的条件和履行必要的程序。企业需要向金融部门借入款项时，必须首先提出申请，说明借款原因、借款用途、使用时间、使用计划、归还期限等，然后签订借款合同，取得银行或其他金融机构的借款。

企业的长期借款，可以按照不同的标志进行分类。其主要的分类标志及种类如下。

(1)按取得条件可以划分为抵押借款、信用借款和担保借款。抵押借款是指以企业的动产或不动产作为抵押，以保证按期还款而取得的借款；信用借款是指不以特定的抵押财产作为保证，仅凭企业的良好信誉而取得的借款；担保借款是指企业通过其他具有法人资格的单位担保而取得的借款。

(2) 按借款用途可以划分为基本建设借款、技术改造借款和生产经营借款。基本建设借款是指企业用于新建、扩建、改建或购买固定资产等有关支出的借款；技术改造借款

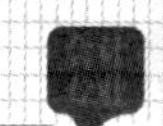

是指用于固定资产更新及技术改造的借款；生产经营借款是指用于企业正常生产经营周转的借款。

(3) 按借款币种可以划分为人民币借款和外币借款。

(4) 按偿还方式可以划分为定期偿还借款和分期偿还借款。

(5) 按取得途径可以划分为政策性银行贷款、商业银行贷款和其他金融机构贷款。

2) 长期借款利息的计算

长期借款利息的计算方法有单利和复利两种。

(1) 单利，就是指只按本金计算利息，其所生成利息不再加入本金重复计算利息。其利息和本利和的计算公式分别为

$$利息=本金\times利率\times期数$$

$$本利和=本金+利息=本金\times(1+利率\times期数)$$

(2) 复利，是指不仅按本金计算利息，对尚未支付的利息也要计算应付利息，俗称“利滚利”。在西方国家，长期借款利息一般按复利计算。在我国，国内企业的长期借款利息一贯采用单利；外商投资企业、中外合营企业的长期借款利息则一般按复利计算。 其利息和本利和的计算公式分别为

$$当期利息=上期本利和\times利率$$

$$本利和=本金\times(1+利率)^{期数}$$

【例 6-7】某企业为购建固定资产于 2013 年年初向银行借入长期借款 500 000 元，借款合同规定年利率为 10%，5 年到期，每年计息一次，到期一次还本付息，则

按单利计算，五年的本利和为 500 000+500 000×10%×5=750 000(元)

按复利计算，五年的本利和为 $500\ 000\times(1+10\%)^5=805\ 255$(元)

在实际工作中，企业每年末计算利息如下。

第一年应付利息：500 000×10%=50 000(元)

第二年应付利息：550 000×10%=55 000(元)

第三年应付利息：605 000×10%=60 500(元)

第四年应付利息：665 500×10%=66 550(元)

第五年应付利息：732 050×10%=73 205(元)

五年利息之和为 50 000+55 000+60 500+66 550+73 205＝305 255(元)

第五年末本息合计为 500 000+305 255=805 255(元)

第五年末还本付息总额通过查年金终值表计算，结果也是一样的，即 500 000×1.610 51＝805 255(元)

长期借款利息可根据借款合同的规定，采用分期支付或在借款到期还本时一次支付的方式，不论是分期支付还是一次支付，均应该按权责发生制原则，将应由本期负担的长期借款利息计提入账。

3) 长期借款的核算方法

为了反映企业的各种长期借款，应设置“长期借款”账户，以核算各种长期借款的

借入、应计利息、归还等情况。该账户属于负债类，其贷方登记长期借款本金的增加额；借方登记偿还本金的数额；期末余额在贷方，表示企业尚未偿还的长期借款数额。该账户应按贷款单位和贷款种类设置明细账，分别以“本金”、“利息调整”等进行明细核算。

需要说明的是，预计的长期借款利息应通过“应付利息”账户进行核算，不通过“长期借款”账户核算。

长期借款的账务处理包括取得长期借款、发生借款利息、归还长期借款等环节。

(1) 取得长期借款。企业借入长期借款，应按实际收到的金额，借记“银行存款”账户，贷记“长期借款——本金”账户；如存在差额，还应借记“长期借款——利息调整”账户。

(2) 发生借款利息。长期借款利息费用应当在资产负债表中按实际利率法计算确定，实际利率与合同利率差异较小的，也可以采用合同利率计算确定利息费用。长期借款计算确定的利息费用，应当按以下原则计入有关成本、费用：属于筹建期间发生的(除为购建固定资产而发生的借款费用外)，计入管理费用；属于生产经营期间的，计入财务费用。如果长期借款用于购建固定资产等符合资本化条件的资产，则在资产尚未达到预定可使用状态前所发生的利息支出数都应当资本化，计入在建工程等相关资产成本；资产达到预定可使用状态后发生的利息支出，以及按规定不予资本化的利息支出，计入财务费用。长期借款按合同利率计算确定的应付未付利息，借记“在建工程”、“制造费用”、“财务费用”、“研发支出”等账户，贷记“应付利息”账户。

(3) 归还长期借款企业归还长期借款的本金时，应按归还的金额，借记“长期借款——本金”账户；贷记“银行存款”账户；按归还的利息，借记“应付利息”账户，贷记“银行存款”账户。

【例 6-8】A 企业为增值税一般纳税人，于 2012 年 11 月 30 日从银行借入资金 400 万元，借款期限 3 年，年利率 8.4%(到期一次还本付息，不计复利)。所借款项已存入银行。A 企业用该借款于当日购买不需要安装的设备一台，价款 300 万元，增值税 51 万元，另支付保险等费用 10 万元，设备已于当日投入使用。A 企业以上业务的有关会计处理如下。

(1) 取得借款时，

借：银行存款　　4 000 000

　　贷：长期借款　　4 000 000

(2) 支付设备款、保险费时，

借：固定资产　　3 100 000

　　应交税费——应交增值税(进项税额)　　510 000

　　贷：银行存款　　3 610 000

(3) 2012 年 12 月 31 日计提利息时，

2012 年 12 月 31 日计提利息＝4 000 000×8.4%÷12＝28 000(元)

借：财务费用　　28 000

　　贷：应付利息　　28 000

2013 年 1 月至 2015 年 10 月末预提利息分录同上。

(4) 归还长期借款时，

借：财务费用　　28 000
　　长期借款　　4 000 000
　　应付利息　　980 000
　　贷：银行存款　　5 008 000

任务 6.3　专 项 实 训

【实训 6-1】 银行结算账户的开立申请、变更申请、撤销申请(附表格)

资料 1：

企业基本信息如表 6-6 所示。

表 6-6　企业基本信息

企业名称	北京市中林电器公司
法人代表	刘林
注册资金	1 000 万元人民币
企业类型	有限责任公司
联系电话	010-8888504
纳税人识别号	431311555666777

资料 2：

2012 年 2 月 2 日，北京市中林电器有限责任公司因法人代表人事变动而变更基本存款账户的相关信息，开户银行代码为 8902。法人代表刘林变更为陈锐，身份证号码为 330802196210030896，其他信息不变。

资料 3：

2012 年 12 月 11 日，北京市中林电器有限责任公司因经营不善导致破产而撤销基本存款账户，同时缴回剩余空白转账支票，号码为 14652009×××14652026，现金支票号码为 22365011×××22361022，开户行代码为 8902。

要求：

(1) 根据资料 1 为北京市中林电器有限责任公司向银行申请开立相关账户(见表 6-7)。

(2) 根据资料 2 为北京市中林电器有限责任公司向银行申请变更银行账户相关内容(见表 6-8)。

(3) 根据资料 3 为北京市中林电器有限责任公司向银行申请撤销相关账户(见表 6-9)。

表 6-7　××银行开户申请书

<table>
<tr><td>存款人名称</td><td colspan="2"></td><td>电话</td><td></td></tr>
<tr><td>地址</td><td colspan="2"></td><td>邮编</td><td></td></tr>
<tr><td>存款人类别</td><td></td><td>组织机构代码</td><td colspan="2"></td></tr>
<tr><td>法定代表人(　)</td><td>姓名</td><td colspan="3"></td></tr>
</table>

续表

单位负责人( )	证件种类		证件号码	
行业分类	A( )B( )C( )D( )E( )F( )G( )H( )I( )J( )K( )L( )M( )N( ) O( )P( )Q( )R( )S( )T( )			
注册资金		地区代码		
经营范围				
证明文件种类		证明文件编号		
税务登记证(国税或地税)编号				
关联企业	关联企业信息填列在“关联企业登记表”中			
账户性质	基本( )一般( )专用( )临时( )			
资金性质		有效日期至	年 月 日	
以下为存款人上级法人或主管单位信息:				
上级法人或主管单位名称				
基本存款账户开户许可证核准号			组织机构代码	
法定代表人( ) 单位负责人( )	姓名			
	证件种类			
	证件号码			
以下栏目由开户银行审核后填写:				
开户银行名称		开户银行代码		
账户名称		账号		
基本存款账户开户许可证核准号			开户日期	
本存款人申请开立单位银行结算账户，并承诺所提供的开户资料真实、有效。 存款人(公章) 年 月 日		开户银行审核意见: 经办人(签章) 银行(签章) 年 月 日	人民银行审核意见: (非核准类账户除外) 经办人(签章) 人民银行(签章) 年 月 日	

表 6-8 变更银行结算账户申请书

账户名称			
开户银行代码		账号	
账户性质	基本( )专用( )一般( )临时( )个人( )		
开户许可证核准号			
变更事项及变更后内容如下			
账户名称			
地　址			
邮政编码			
电　话			
注册资金金额			

续表

<table>
<tr><td>证明文件种类</td><td colspan="3"></td></tr>
<tr><td>证明文件编号</td><td colspan="3"></td></tr>
<tr><td>经营范围</td><td colspan="3"></td></tr>
<tr><td rowspan="3">法定代表人
或单位负责人</td><td>姓　　名</td><td colspan="2"></td></tr>
<tr><td>证件种类</td><td colspan="2"></td></tr>
<tr><td>证件号码</td><td colspan="2"></td></tr>
<tr><td colspan="2">关联企业</td><td colspan="2">变更后的关联企业信息填列在“关联企业登记表”中</td></tr>
<tr><td colspan="2">上级法人或主管单位的基本存款账户核准号</td><td colspan="2"></td></tr>
<tr><td colspan="2">上级法人或主管单位的名称</td><td colspan="2"></td></tr>
<tr><td rowspan="3">上级法人或主管
单位法定代表人
或单位负责人</td><td>姓　　名</td><td colspan="2"></td></tr>
<tr><td>证件种类</td><td colspan="2"></td></tr>
<tr><td>证件号码</td><td colspan="2"></td></tr>
<tr><td colspan="2">本存款人申请变更上述单位银行结算账户内容，并承诺所提供的开户资料真实、有效。

存款人(公章)
年　月　日</td><td>开户银行审核意见：

经办人(签章)
开户银行(签章)
年　月　日</td><td>人民银行审核意见：

经办人(签章)
人民银行(签章)
年　月　日</td></tr>
</table>

表 6-9　撤销银行结算账户申请书

<table>
<tr><td>账户名称</td><td colspan="3"></td></tr>
<tr><td>开户银行名称</td><td colspan="3"></td></tr>
<tr><td>开户银行代码</td><td></td><td>账号</td><td></td></tr>
<tr><td>账户性质</td><td colspan="3">基本(　　)专用(　　)一般(　　)临时(　　)个人(　　)</td></tr>
<tr><td>开户许可证核准号</td><td colspan="3"></td></tr>
<tr><td>销户原因</td><td colspan="3"></td></tr>
<tr><td colspan="2">本存款人申请撤销单位银行结算账户，并承诺所提供的资料真实、有效。

存款人(公章)
年　月　日</td><td colspan="2">开户银行审核意见：

经办人(签章)
开户银行(签章)
年　月　日</td></tr>
</table>

【实训 6-2】　银行存款经济业务及银行存款日记账

通过实训，使学生熟悉银行存款业务的账务处理及银行存款日记账的设置和登记方法，能正确进行银行存款业务的账务处理，正确地登记银行存款日记账，提高实践操作技能。

资料：

北京市中林电器有限责任公司向中国工商银行北京长安里支行开立基本存款账户，账号为81451058675081005。2012年5月，北京市中林电器有限责任公司发生以下经济业务。

(1) 2012年5月2日，开出转账支票支付广告费用4 500.00元，相关经济业务凭证如图6-1所示。

北京市广告业务统一发票

发票联

发票代码：43040600385

发票号码：32857355832

客户：北京市中林电器有限责任公司　　2012年5月2日

项　目	单位	数量	单价	金额 万	千	百	十	元	角	分	备　注
产品广告费	月	1	4500		4	5	0	0	0	0	
合计（大写）⊗万肆仟伍佰零拾零元零角零分			（小写）¥4500.00								

③发票联

收款单位（章）　财务专用章　　开票人　李红

中国工商银行

转账支票存根

VIII 02971738

附加信息

出票日期　2012年5月2日

收款人：雁城市广告公司

金　额：¥4500.00

用　途：付广告费

备　注：

单位主管　刘婷　　会计　宋婷

图6-1　5月2日的经济业务凭证

(2) 2012年5月3日，收到工商银行进账单一张，金额为5 600元，相关凭证如图6-2所示。

面向十二五高职高专会计专业规划教材

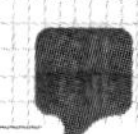

中国工商银行 **进账单**(受理回单)

填制日期　2012 年 5 月 3 日　　　　第 1 号

付款人	全称	大发公司	收款人	全称	北京市中林电器公司
	账号	98723826340089		账号	81451058675081005
	开户银行	工商银行韶山路支行		开户银行	中国工商银行北京长安里支行

人民币（大写）	伍万陆仟元整	千	百	十	万	千	百	十	元	角	分
				¥	5	6	0	0	0	0	0
票据种类	商业汇票	此联不作收款用									
票据张数	1 张										
单位主管　会计　复核　记账		受理银行盖章									

工商银行长安里支行 收讫

此联是收款人开户行交给收款人的受理回单

图 6-2　5 月 3 日的经济业务凭证

(3) 2012 年 5 月 8 日，开了转账支票支付 5 月电费 5 920.20 元，并计入相关成本费用，相关经济业务凭证如图 6-3 所示。

北京市增值税专用发票

4300102430　　　　**抵扣联**　　　　№ 00120526

开票日期：2012 年 5 月 8 日

购货单位	名称：北京市中林电器有限责任公司 纳税人识别号：431311555666777 地址、电话：北京市长安里 888 号，010-8888504 开户行及账号：中国工商银行北京长安里支行 81451058675081005				密码区	562—686　加密版本： <1-4-1271　01 73<122@　43001024300 636<13　0120526	
货物或应税劳务名称	规格型号	单位	数量	单价	金额	税率	税额
电		度	4 600	1.10	5 060.00	17%	860.20
合计					¥5 060.00		¥860.20
价税合计（大写）	⊗伍仟玖佰贰拾元贰角整					（小写）¥5 920.20	
销货单位	名称：北京市电业局 纳税人识别号：430164624563302 地址、电话：北京市长安里 443 号 01085912222 开户行及账号：建行银行长安里支行 287636986543				备注	北京市电业局 431302214563002 发票专用章	

收款人：　　　　复核：　　　　开票人：张夏　　　　销货单位（章）

第三联　抵扣联　购货方抵扣凭证

图 6-3　5 月 8 日的经济业务凭证

中国工商银行 转账支票存根 ⅥⅡ02971740
附加信息
出票日期 2012 年 5 月 8 日
收款人：北京市电业局
金　额：¥5 920. 20
用　途：支付电费
单位主管 刘婷 会计 宋平

电 费 分 配 表

2012 年 5 月 8 日

部门、用途		分配标准/(kW·h)	分配率/%	分配金额/元
生产车间	生产用	3 500	1.10	3 850.00
	照明用	100	1.10	110.00
管理部门		1 000	1.10	1 100.00
合计		4 600	1.10	5 060.00

复核：陈红　　　　　　　　　　制单：刘利

(注：生产用电因费用不大，直接计入制造费用)

图 6-3　5 月 8 日的经济业务凭证(续)

(4) 2012 年 5 月 9 日，以银行存款支付城市维护建设税 166.60 元，教育费附加 71.40 元，相关业务凭证如图 6-4 所示。

中华人民共和国　　地

税收通用缴款书

隶属关系：市级　　　　　　　　№2012050056328

经济类型：制造业　　填发日期：2012 年 5 月 9 日　　收入机关：北京市长安里

缴款单位(人)		预算科目	
代　码	431311555666777	款	工商税收
全　称	北京市中林电器有限责任公司	项	城建税
开户银行	中国工商银行北京长安里支行	级次	
账　号	81451058675081005	收款国库	市金库
税款所属时期：2012 年 4 月 1 日-4 月 30 日		税款限缴日期：2012 年 5 月 9 日	

品目名称	课税数量	计税金额或销售收入	税率或单位税额	已缴或扣除额	千	百	十	万	千	百	十	元	角	分
城建税		2380.00	7%							1	6	6	6	0
教育附加		2380.00	3%								7	1	4	0
金额合计（大写）零万零仟贰佰叁拾捌元零角零分									¥	2	3	8	0	0
缴款单位（人）（盖章）经办人（章）	税务机关（盖章）填票人（盖章）	上列款项已收妥并划转收款单位账户 国库（银行）盖章 2012 年 5 月 9 日		备注										

图 6-4　5 月 9 日的经济业务凭证

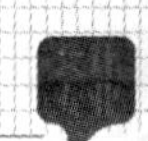

(5) 2012 年 5 月 18 日，向湘潭电机厂销售 F-HB 风机 20 台，单价 12 000 元，开出增值税专用发票一张，发票注明价款 240 000 元，增值税 40 800 元，相关单据交存银行办理托收手续。相关业务凭证如图 6-5 所示。

湖南增值税专用发票

抵扣联

43000654785　　No 00098504

开票日期 2012 年 5 月 18 日

购货单位	名　　称：湘潭电机厂 纳税人识别号：430320107789654 地址、电话：湘潭市岳塘路 25 号 0731-8329504 开户行及账号：工行岳塘支行 6689732567821				密码区	22167 — 82<-12> >3<45>241690001　加密版本：01 448 = -53> - ×　4301092331 15=251216189458　09016323 58 —<<288887		
货物或应税劳务名称	规格型号	单位	数量	单价	金额		税率	税额
F-HB 风机		台	20	12000	240 000.00		17%	40 800.00
合计					240 000.00			¥40 800.00
价税合计(大写)	人民币贰拾捌万零仟捌佰元整					(小写)¥280 800.00		
销货单位	名　　称：北京市中林电器有限责任公司 纳税人识别号：4443131155566677 地址、电话：北京市长安里 888 号，010-8888504 开户行及账号：中国工商银行北京长安里支行 81451058675081005				备注			

收款人：陈丽　　复核：王成　　开票人：宋平　　销货单位(章)

第四联　记账联　销货作销售的记账凭证

中国工商银行委托收款凭证(回单)　1　　第 0880657 号

委托日期　2012 年 5 月 18 日

付款人	全　　称	湘潭电机厂	收款人	全　　称	北京市中林电器有限责任公司
	账　　号	6689732567821		账　　号	81451058675081005
	开户银行	工行湘潭市岳塘支行		开户银行	中国工商银行北京长安里支行
托收金额	人民币（大写）贰拾捌万零捌佰元整			百 十 万 千 百 十 元 角 分	¥ 2 8 0 8 0 0 0 0
附件　3	商品发运情况		合同名称号码	20100526	
附　寄单证张数或册数	已发运				
备注：			款项收妥日期 年　月　日	收款人开户行（银行盖章）	

单位主管：刘婷　　会计：宋平　　复核：王成　　经办人：宋平

工行北京长安里支行 2012.05.18 业务受理章

图 6-5　5 月 18 日的经济业务凭证

(6) 2012 年 5 月 22 日，接到开户银行收款通知，托收湘潭电机厂货款 280 800 元，已收到存入银行，相关经济业务凭证如图 6-6 所示。

中国工商银行委托收款凭证(收账通知)　3　第 0880657 号

委托日期　2012 年 5 月 18 日

付款人	全　称	湘潭电机厂	收款人	全　称	北京市中林电器有限责任公司
	账　号	6689732567821		账　号	81451058675081005
	开户银行	工行湘潭市岳塘支行		开户银行	中国工商银行北京长安里支行

托收金额	百	十	万	千	百	十	元	角	分
人民币（大写）贰拾捌万零捌佰元整	¥	2	8	0	8	0	0	0	0

附件	商品发运情况	合同名称号码
附寄单证张数或册数	已发运	

备注：	款项收妥日期 2012 年 5 月 22 日	行京长 安里支行 2012.05.18 收讫 收款人开户行（银行盖章）

单位主管：刘婷　　会计：宋平　　复核：王成　　记账：宋平

图 6-6　5 月 22 日的经济业务凭证

(7) 2012 年 5 月 24 日，从哈尔滨恒信公司购入一批货物，收到对方开具的增值税专用发票，货款 10 000 元，增值税 1 700 元，全部款项以银行存款支付，货物收到后填制收料单验收入库。相关业务凭证如图 6-7 所示。

收　料　单

2012 年 5 月 20 日　　编号：20100301

供应者：哈尔滨恒信公司			发票　230100891　号				2012 年 5 月 20 日收到									
编号	材料名称	规格	送验数量	实收数量	单位	单价	金额									
							千	百	十	万	千	百	十	元	角	分
	黄铜		1	1	吨	5600					5	6	0	0	0	0
	电器元件		20	20	个	220					4	4	0	0	0	0
	合计									1	0	0	0	0	0	0
备注				验收人签章	周红	合计：¥10 000.00										

会计：　　出纳：　　复核：　　记账：张冲　　制单：彭丹

图 6-7　5 月 24 日的经济业务凭证

黑龙江增值税专用发票

230100891　　　　抵扣联　　　　№ 1034568

开票日期：2012 年 5 月 20 日

购货单位	名　　称：北京市中林电器有限责任公司 纳税人识别号：443131155566677 地址、电话：北京市长安里 888 号，010-8888504 开户行及账号：工行北京长安里支行 14510586750810058				密码区	321—3<-12> 5<89>61246= -25>-98=255 8910—342	加密版本： 09 230100891 038923
货物或应税劳务名称	规格型号	单位	数量	单价	金　额	税率	税　额
黄铜		吨	1	5 600	5 600.00	17%	952.00
电器元件		个	20	220	4400.00	17%	748.00
合计					¥10000.00		¥1700.00
价税合计（大写）	⊗壹万壹仟柒佰元整				（小写）¥11700.00		
销货单位	名　　称：哈尔滨恒信公司 纳税人识别号：230103278190345 地址、电话：哈尔滨市南直路 33 号 0451-28734268 开户行及账号：工行南直支行 2301100890235608				备注	哈尔滨恒信公司 230103278190345 发票专用章	

第三联　抵扣联　购货方扣税凭证

收款人：　　　复核：　　　开票人：李军　　　销货单位（章）

中国工商银行 转账支票存根(黑)
Ⅷ 20102311
附加信息
出票日期 2012 年 5 月 24 日
收款人：哈尔滨恒信公司
金　额：¥11 700.00
用　途：采购材料
单位主管 刘婷　　会计 宋平

图 6-7　5 月 24 日的经济业务凭证(续)

(8) 2012 年 5 月 26 日，以银行存款支付月应付职工薪酬 69 150 元，同时代扣本月养老金 6915 元，代扣个人所得税 324 元，相关业务凭证如图 6-8 所示。

工资发放汇总表

2012 年 5 月 26 日　　　　单位：元

部　门	基本工资	岗位工资	各种补贴	应付工资	代　扣养老金	代　扣所得税	实付工资
基本生产车间	23 220	17 420	3 460	44 100	4 410	215	39 475
其中：F4 百叶窗生产工人工资	8 800	7 400	2 000	18 200	1 820	145	16 235
F-HB 风机生产工人工资	9 600	8 600	1 300	19 500	1 950	164	17 386
车间管理人员工资	4 820	1 420	160	6 400	640	52	5 708
厂部管理人员	9 860	4 218	722	14 800	1 480	68	13 252
销售部门	4 320	2 680	3 250	10 250	1 025	41	9 184
合　计	37 400	2 4318	7 432	69 150	6 915	324	61 911

制单：王英　　　　复核：宋平　　　　审批：刘林

中国工商银行
现金支票存根
Ⅷ 02971666

附加信息

出票日期 2013 年 5 月 26 日
收款人：中林电器有限责任公司
金　额：¥61911.00
用　途：支付工资

单位主管 刘婷　　会计 宋平

图 6-8　5 月 26 日的经济业务凭证

要求：

(1) 根据上述经济业务内容进行相应的会计处理，填制记账凭证。

(2) 根据上述经济业务的记账凭证登记银行存款日记账。

【实训 6-3】 银行存款余额调节表的编制

资料：

北京市中林电器有限责任公司 2012 年 6 月 25 日以后的银行存款日记账记录与 6 月 30 日收到的银行对账单记录分别如表 6-10 和表 6-11 所示(假定 25 日之前的记录全部相符)。

表 6-10　银行存款日记账

月	日	结算凭证号	摘　要	借　方	贷　方	余　额
6	25	略	略			30 000
	26	00123	销 A 产品	12 000		42 000
	27	02566	购甲材料		22 000	20 000
	28	00323	销 B 产品收支票	300		20 300
	29	04895	付汽车修理费		2 100	18 200
	30	07755	销 A 产品收支票	1 800		20 000
			本月合计	14 100	24 100	20 000

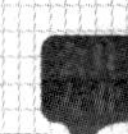

表 6-11　银行存款对账单

月	日	结算凭证号	摘　要	借　方	贷　方	余　额
6	25	略	略			30 000
	26	00123	A 产品货款		12 000	
	27	07755	A 产品货款		1 800	
	28	02566	甲材料货款	22 000		
	29	00334	M 公司汇款		400	
	30	02099	水费	200		22 000

要求：

根据上述资料，采用逐步核对账目法找出未达账项，然后编制银行存款余额调节表。

项目小结

银行结算账户是指存款人在经办银行开立的办理资金收付结算的人民币活期存款账户，它是存款人办理存、贷款和资金收付活动的基础。银行结算账户按存款人不同，分为单位银行结算账户和个人结算账户。根据开户地的不同，分为本地银行结算账户和异地银行结算账户。按结算币种的不同分为人民币银行结算账户和外币银行结算账户。

中国人民银行负责监督、检查银行结算账户的开立和使用，开户银行应对已开立的单位银行结算账户实行年检制度。银行结算账户管理的基本原则：一个基本账户原则，自愿选择，存款保密原则，银行不垫款原则。

单位人民币银行结算账户的开立必须具备相应的条件，存款人申请开立基本存款账户，程序如下：应填制开户申请书，向开户银行出具相关证明文件，填制并提交印鉴卡片，经中国人民银行核准，领取开户许可证，开立账户。单位人民币银行结算账户的变更和撤销应办理相关手续。

为了反映和监督银行存款的收支和结存情况，企业应设置“银行存款”账户进行总分类核算，同时设置“银行存款日记账”逐日逐笔地记录和反映银行存款的增减变化及其结果。

练　习　题

一、单项选择题

1. 以下对银行基本存款账户的说法中表述正确的是(　　)。
   A. 企业可以开设两个以上的基本存款账户
   B. 基本存款账户可以提取现金，不能存入现金
   C. 基本存款账户只能在国有银行开立
   D. 基本存款账户是企业主要的结算账户，可以提取现金，也可以办理结算，但只能开立一个

2. 根据《人民币银行结算账户管理办法》的规定，下列各项中不属于一般存款账户适用范围的有(　　)。

A. 办理借款转存　　B. 办理借款归还
C. 办理现金支取　　D. 办理现金缴存

3. 以下对于一般存款账户的说法中正确的是(　　)。

A. 企业只能开立一个一般存款账户
B. 一般存款账户不能支取现金，但可以办理转账结算
C. 在一家银行可以同时开立一个基本存款账户和一般存款账户
D. 一般存款账户可以存入现金，但不能提取现金

4. 将现金存入银行，应该填制(　　)凭证。

A. 银行存款收款　　B. 现金付款　　C. 现金收款　　D. 银行存款付款

5. 银行借款利息采取预提办法的，应设置(　　)账户。

A. 财务费用　　B. 应付利息　　C. 长期借款　　D. 应计利息

6. 在记账无误情况下，银行对账单与银行存款日记账账面余额不一致的原因是存在(　　)。

A. 未达账项　　B. 在途货币资金
C. 应付账款　　D. 应收账款

7. 人民币由(　　)统一印制、发行。

A. 中国人民银行　　B. 印币厂　　C. 银监会　　D. 某企业

8. 企业银行存款的清查采用(　　)方法。

A. 实地盘点法　　B. 核对账目法
C. 抽样盘存法　　D. 函证核对法

9. 银行汇票金额起点为(　　)元。

A. 200 元　　B. 300 元　　C. 400 元　　D. 500 元

10. 企业银行存款日记账与银行对账单的核对，属于(　　)。

A. 账证核对　　B. 账实核对　　C. 账账核对　　D. 账表核对

11. 企业银行存款日记账应该采用(　　)账簿。

A. 订本式　　B. 活页式　　C. 卡片式　　D. 数量金额式

12. 存款人出租或转让账户，银行除责令其纠正外，按规定对该行为的处罚是(　　)。

A. 对该行为的发生金额处以 0.5%的罚款
B. 对该行为的发生金额处以 1 000 元的罚款
C. 对该行为人，银行将责令其撤销账户
D. 对该行为的发生金额处以 5%但不低于 1 000 元的罚款

13. 下列单据不作为记账凭证编制依据的为(　　)。

A. 银行存款余额调节表　　B. 实存账存对比表
C. 发料凭证汇总表　　D. 银行付款通知

14. 银行对账单上有一笔支付到期商业汇票款 320 000 元，企业银行存款日记账上没有该笔业务，这笔款项可能是未达账项中的(　　)款项。

A. 银行已收而企业未收　　B. 银行已付而企业未付

C. 企业已收而银行未收　　D. 企业已付而银行未付

二、多项选择题

1. 根据《人民币银行结算账户管理办法》的规定，银行存款账户有(　　)。

A. 基本存款账户　　B. 一般存款账户

C. 临时存款账户　　D. 专用存款账户

2. 下列存款人中可以申请开立基本存款账户的是(　　)。

A. 具有营业执照的公司　　B. 个体工商户

C. 异地常设机构　　D. 外国驻华机构

3. 企业银行存款日记账账面余额大于银行对账单余额的原因有(　　)。

A. 企业账簿记录有误　　B. 银行账簿记录有误

C. 企业已作收入入账，银行未达　　D. 银行已作收入入账，企业未达

4. 银行的结算原则包括(　　)。

A. 恪守信用，履约付款　　B. 先收后付，收妥抵用

C. 谁的钱进谁的账，由谁支配　　D. 银行不垫款

5. 下列属于违反支付结算规定的行为有(　　)。

A. 企业法人内部独立核算的单位以其名义在银行开立基本存款账户

B. 单位签发没有真实债权债务的商业承兑汇票

C. 银行办理空头汇款

D. 单位签发没有资金保证的支票

6. 未达账项的类型包括(　　)。

A. 银行已收而企业未收　　B. 银行已付而企业未付

C. 企业已收而银行未收　　D. 企业已付而银行未付

7. 根据《人民币银行结算账户管理办法》规定，下列各项中属于一般存款账户适用范围的有(　　)。

A. 办理贷款支付　　B. 办理贷款收取

C. 办理现金支取　　D. 办理现金缴存

8. 银行结算账户管理的基本原则有(　　)。

A. 一个基本账户原则　　B. 自愿选择原则

C. 存款保密原则　　D. 银行不垫付款原则

9. 下列情况中，会使企业银行存款日记账余额小于银行对账单余额的有(　　)。

A. 银行已收而企业未收　　B. 银行已付而企业未付

C. 企业已收而银行未收　　D. 企业已付而银行未付

10. 根据《人民币银行结算账户管理办法》的规定，存款人可以申请开立专用存款账户的是(　　)。

A. 基本建设资金　　B. 信托基金

C. 住房基金　　D. 单位银行卡备用金

11. 企业银行存款日记账的登记依据有(　　)。

A. 银行存款收款　　B. 现金付款　　C. 现金收款　　D. 银行存款付款

12. 企业基本存款账户开立的程序为(　　)。

A. 填写开户申请　　B. 提交有关的证明文件

C. 填制并提交印鉴卡　　D. 开户银行审查

13. 存款人选择开户银行的一般原则是(　　)。

A. 就近原则　　B. 服务原则　　C. 贷款原则　　D. 保密原则

三、判断题

1. 转账结算按区域分为同城支付和异地结算。　(　　)
2. 存款人开立的账户办理存款人本身的业务，可以出租和转让账户。　(　　)
3. 存款人只能在注册地开立一个基本存款账户，不得在异地开立银行结算账户。　(　　)
4. 单位的工资、奖金等现金的支取可以通过一般存款账户办理。　(　　)
5. 基本存款账户的存款人可以通过本账户办理日常转账结算和现金缴存，但不能办理现金支取。　(　　)
6. 企业银行存款的清查采用与开户银行核对账目法进行，至少每月核对一次。(　　)
7. 未达账项的存在会导致企业银行存款日记账余额与银行对账单余额不一致。(　　)
8. 企业及个体工商户流动资金贷款期限最长不得超过1年。　(　　)
9. 长期借款是指企业向银行或其他金融机构借入的期限在1年以上(包含1年)或超过1年的一个营业周期以上的各项借款。　(　　)
10. 企业长期借款的利息费用都计入财务费用。　(　　)
11. 企事业单位可以根据需要选择几家商业银行的营业场所开立多个基本账户。　(　　)
12. 专用存款账户由于有特殊的用途，因此不得用于提取现金。　(　　)
13. 临时存款账户的有效期限最长不得超过1年。　(　　)
14. 银行存款日记账是由出纳员根据审核无误的银行存款收、付款凭证及将现金送存银行的付款凭证逐日逐笔顺序登记的。　(　　)
15. 银行存款每天由出纳员与银行核对，做到日清。　(　　)
16. 银行存款余额调节表是调整账簿记录的原始凭证。　(　　)

四、简答题

1. 银行结算账户分为哪几类？各自有什么用途？
2. 银行账户管理的基本规定有哪些？

3. 哪些存款人可以申请开立银行基本存款账户？
4. 单位和个人在办理结算过程中，违反银行结算制度规定时应负哪些责任？
5. 银行存款的清查采用什么方法？清查结果如何处理？
6. 什么是未达账项？它可以分为哪几类？
7. 如何设置和登记银行存款日记账？
8. 银行结算账户的管理应该遵循什么原则？
9. 银行账户变更、撤销的规定有哪些？
10. 银行存款管理的基本规定有哪些？

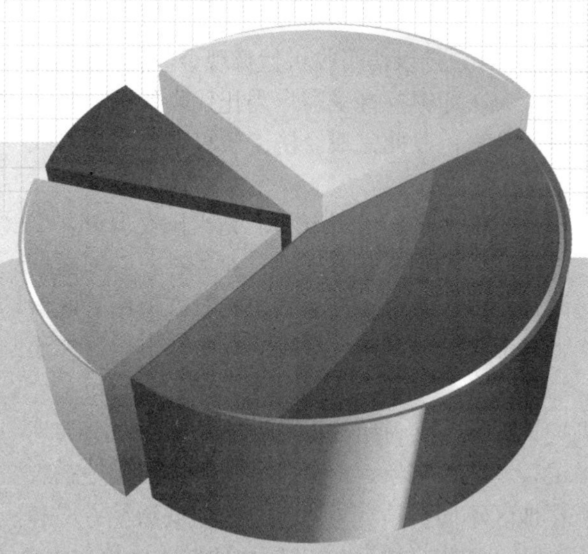

项目 7

银行结算业务

学习目标

了解银行结算的意义和银行结算方式的种类；熟练掌握银行结算方式的管理规定、适用范围及收付款双方账务处理的依据和方法。

项目重点与难点

银行结算方式的种类和适用范围；各种银行结算方式的财务处理方法。

技能要求

通过本项目的学习，熟练掌握银行结算方式的管理规定和相关账务处理；能正确使用各种结算方式进行款项的支付结算。

【项目导入】

王琳是某单位的出纳员，吴大勇是该单位的采购员。2012 年 5 月，吴大勇要去江苏的扬州采购原材料，所需要的货款大约为 15 万元，外出携带大量现金既不方便也不安全，咨询银行工作人员后得知可先向银行申请签发银行汇票，然后持票到外地进行货款结算，这样既安全又方便。那么什么是银行汇票？如何办理和使用银行汇票？除此以外，还有哪些结算方式可供企业选择？如何正确使用银行结算方式呢？通过本章的学习，以上问题能得到一一解答。

银行结算业务即转账结算业务，也叫支付结算，是以信用收付代替现金收付的业务，是指通过银行账户的资金转移而实现收付的行为，即银行接受客户委托代收代付，从付款单位存款账户划出款项，转入收款单位存款账户，以此完成经济上债权债务的清算或资金的调拨。

支付结算是单位、个人在社会经济活动中使用票据、信用卡和汇兑、托收承付、委托收款等结算方式进行货币给付及资金清算的行为。企业在办理结算业务时，必须根据不同的款项收支，考虑结算金额的大小、结算距离的远近、利息支出和对方信用等因素进行综合分析，选择适当的支付结算方式，以缩短结算时间，减少结算资金占用，加速资金周转。

银行是支付结算和资金清算的中介机构。根据《支付结算办法》的规定，目前的支付结算方式主要有银行汇票、商业汇票、银行本票、支票、汇兑、委托收款和异地托收承付以及信用卡等方式。按照结算双方所在地区不同，结算方式可分为同城结算方式和异地结算方式。同城结算方式是指同一城市(同一票据交换区域)范围内的转账结算方式；异地结算方式是指不同地区之间的转账结算方式。我国现行的同城结算方式有支票、银行本票、商业汇票、委托收款、信用卡等；异地结算方式有商业汇票、银行汇票、委托收款、托收承付、汇兑、信用卡等。其中商业汇票、委托收款、信用卡是同城和异地均可使用的转账结算方式。

结算工作的任务是根据经济往来，合理组织结算和准确、及时、安全办理结算，加强结算管理，保障结算活动正常进行。办理结算的原则是恪守信用、履约付款，谁的钱进谁的账、由谁支配，银行不垫款。支付结算实行集中统一和分级管理相结合的管理体制。中国人民银行总行负责制定统一的支付结算制度，组织、协调、管理、监督全国的支付结算工作，调解、处理银行之间的支付结算纠纷。

任务 7.1　支票结算方式

支票是指由出票人签发，委托办理支票存款业务的银行在见票时无条件支付确定的金额给收款人或持票人的票据。以支票向收款人付清款项的结算方式称支票结算方式。支票具有以下两个特点。

(1) 支票是见票即付的票据。在有效提示付款期限内，持票人一旦提示支付，付款人则应当无条件支付票面金额，法定抗辩的事由除外。

(2) 支票的付款人只限于银行和其他金融机构，而在出票人和付款人之间，要求必须有一定的资金关系存在。这与汇票和本票的付款人无身份限制有很大不同。

7.1.1　支票必须记载的事项

支票上必须记载以下事项。支票上未记载下述事项之一的，为无效支票。

(1) 表明“支票”的字样。

(2) 无条件支付的委托。

(3) 确定的金额。

(4) 付款人名称。

(5) 出票日期。

(6) 出票人签章。

7.1.2　支票的适用范围与分类

支票适用于单位和个人在同一票据交换区域的各种款项结算。凡在银行开立账户的单位和个人经开户银行同意，均可以使用支票。

支票由银行统一印制，支票的票样如第 2 章的图 2-9 和图 2-10 所示。

我国《票据法》按照支付票款方式，将支票分为现金支票、转账支票、普通支票三种。支票上印有“现金”字样的为现金支票，其只可以用于支取现金；支票上印有“转账”字样的为转账支票，其只能通过银行转账，不能支取现金；支票上未印有“现金”或“转账”字样的为普通支票，其既可以用于支取现金，也可以用于转账；在普通支票左上角划有两条平行线的为划线支票，其只能转账，不能支取现金。

支票的出票人是在银行机构开立、使用支票的存款账户的单位和个人，出票人开户银行是付款人，付款人受出票人委托从其账户支付款项。按规定，单位和个人的各种款项结算均可使用支票，签发支票时，出票人在付款人处的存款应足以支付支票金额，银行见票即付。

签发现金支票和用于支取现金的普通支票，必须符合国家现金管理的规定。

7.1.3　支票结算的基本规定

(1) 签发支票应使用碳素墨水或墨汁填写。

(2) 支票出票日期应使用规范的大写中文填写。填写出票日期的基本规定是：在填写月、日时，月为 1、2、10 的，日为 1— 9、10、20、30 的，应在大写汉字前加“零”；月为 11、12，日为 11—19 的，应在其前加“壹”。例如，1 月 15 日，应写为零壹月壹拾伍日。11 月 30 日，应写为壹拾壹月零叁拾日。

(3) 支票金额以大写中文和阿拉伯数码同时记载，两者必须一致。中文大写金额应用正楷或行书填写，大写金额应紧接“人民币”字样填写，不得留有空白。

(4) 支票的出票日期、出票金额、收款人名称不得更改，其他记载事项更改必须由签发者加盖预留银行印鉴之一证明。

(5) 支票一律记名，即签发的支票必须注明收款人的名称。

(6) 支票的有效期限为 10 天。有效期从签发的次日算起，到期日遇节假日顺延。过期支票银行不予受理，支票自动作废。

(7) 支票上出票人的签章必须与预留银行印鉴相符。

(8) 签发人必须在银行账户余额内按规定向收款人签发支票。不准签发空头支票或印章与预留银行印鉴不符的支票，否则，银行除退票外，还要按票面金额处以 5%但不低于 1000 元的罚款。持票人有权要求出票人赔偿支票金额 2%的赔偿金。

空头支票是指单位或个人签发的支票票面金额，超过其在银行存款的余额或透支限额而不能生效的支票。

(9) 已签发的现金支票遗失，可以向银行申请挂失。挂失前已经支付的，银行不予受理。已签发的转账支票遗失，应当办理支票挂失止付，具体的程序是。

① 向开户银行提交挂失止付通知书。

② 经开户行查询支票未支付后，在挂失的第二天起 3 天内向法院申请催告或诉讼。

③ 向开户银行提供申请催告或诉讼的证明。

④ 3 天期满的第二天起 12 天内，开户银行收到法院的停止支付通告时，才完成挂失支付的程序。

空白的支票不能挂失。

7.1.4 支票结算程序

1. 现金支票结算程序

开户单位用现金支票提取现金时，由本单位出纳人员签发现金支票并加盖银行预留印鉴后，到开户银行提取现金。

开户单位用现金支票向外单位或个人支付现金时，由付款单位的出纳人员签发现金支票并加盖银行预留印鉴并注明收款人后交收款人，同时收款人需在存根联签收。收款人持现金支票到付款单位的开户银行提取现金，并按照银行的要求交验有关证件。

2. 转账支票结算程序

转账支票由付款人签发后，可以直接交给收款人，由收款人委托其开户银行代收；也可以直接交给付款人开户银行，委托开户银行将款项划转给收款人，二者在结算程序上略有不同。第一种方式下的结算程序如下。

1) 由付款人签发，交收款人办理转账结算程序

(1) 付款人按应支付的款项签发转账支票并加盖银行预留印鉴后，交给收款人。

(2) 收款人审查无误后，应作委托收款背书，在支票背面“背书人签章”栏签章，记载“委托收款”字样、背书日期，在“被背书人”栏记载开户银行名称，并将支票和填制的“进账单”一并交其开户银行办理转账。

(3) 银行受理后，在“进账单”上加盖银行印章，退回收款人，作为收款入账的凭据。

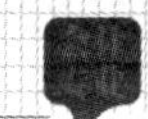

(4) 银行之间传递支票并清算资金。

2) 由付款人签发，委托开户银行办理转账结算程序

(1) 付款人按应支付的款项签发转账支票并加盖银行预留印鉴，填制“进账单”后，直接交其开户银行，要求转账。

(2) 付款人开户银行受理后，退回“进账单”回单联(第一联)，然后将款项划转收款人开户银行。

(3) 银行之间传递凭证，并办理划转手续。

(4) 收款人开户银行办妥进账手续后，通知收款人收款入账。

支票的结算流程图如图 7-1 所示。

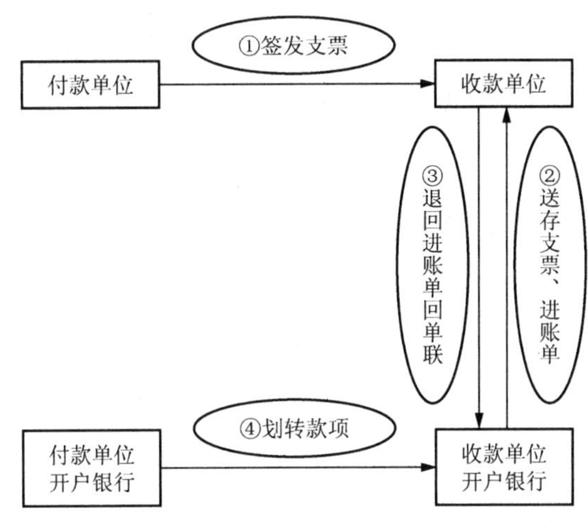

图 7-1　支票结算流程图

7.1.5　支票结算的账务处理

1. 付款单位的账务处理

企业因购买材料或商品支付价款或增值税，签发转账支票付讫后，根据支票存根联和发票账单等，借记“材料采购”、“库存商品”、“库存现金”等账户，贷记“银行存款”账户。

2. 收款单位的账务处理

收款单位收到支票并填制“进账单”办理收款手续后，根据“进账单”收款通知联和发票账单等，借记“银行存款”账户，贷记“主营业务收入”、“应收账款”等账户。

【例 7-1】 2012 年 1 月 3 日，兴娄锅业红公司签发现金支票提取现金 800 元备用。根据支票存根联，编制会计分录如下。

借：库存现金　　800

　　贷：银行存款　　800

【例 7-2】 2012 年 1 月 20 日，兴娄锅业红公司向本市日红商场销售产品 50 000 元，增值税 8 500 元，收到对方交来的转账支票一张，金额 58 500 元，填制进账单，连同支票一并交存银行，根据银行盖章退回的“进账单”收款通知联和发票账单等编制的会计分录如下。

借：银行存款	58 500	
贷：主营业务收入		50 000
应交税费——应交增值税(销项税额)		8 500

任务 7.2　银行汇票结算方式

银行汇票是出票银行签发的，由其在见票时按照实际结算金额无条件支付给收款人或持票人的票据。银行汇票结算方式是指申请人(付款人)将款项交存银行，由银行签发给其银行汇票，凭以办理转账结算或支取现金的一种结算方式。

7.2.1　银行汇票结算方式的特点

与其他银行结算方式相比，银行汇票结算方式具有如下特点。

(1) 适用范围广。银行汇票是异地结算中较为广泛采用的一种结算方式。这种结算方式不仅适用于在银行开户的单位、个体经济户和个人，而且适用于未在银行开户的个体经济户和个人。

(2) 票随人走，钱货两清。实行银行汇票结算，购货单位交款，银行开票，票随人走；购货单位购货给票，销货单位验票发货，一手交票，一手交钱；银行见票付款，这样可以减少结算环节，缩短结算资金在途时间，方便购销活动。

(3) 信用度高，安全可靠。银行汇票是银行在收到汇款人款项后签发的支付凭证，因而具有较高的信誉，银行保证支付，收款人持有票据则可以安全及时地到银行支取款项。而且，银行内部有一套严密的处理程序和防范措施，只要汇款人和银行认真按照汇票结算的规定办理，汇款就能保证安全。一旦汇票丢失，如果确属现金汇票，则汇款人可向银行挂失，填明收款单位和个人，银行可以协助防止款项被他人冒领。

(4) 使用灵活，适应性强。实行银行汇票结算，持票人可以将汇票背书转让给销货单位，也可以通过银行办理分次支取或转让。另外还可以使用信汇、电汇或重新办理汇票转汇款项，因而有利于购货单位在市场上灵活地采购货物。

(5) 结算准确，余款自动退回。单位持银行汇票购货，凡在汇票的汇款金额之内的，可根据实际采购金额办理支付，多余款项将由银行自动退回。这样可以有效地防止交易尾欠的发生。

7.2.2　银行汇票的适用范围

凡是各单位、个体经济户和个人需要在异地进行商品交易、劳务供应和其他经济活动及债权债务的结算，都可以使用银行汇票。银行汇票可以用于转账结算，填明“现金”

7.2.3　银行汇票必须记载的事项

银行汇票必须记载下列事项。欠缺记载下述事项之一的，银行汇票无效。

(1) 表明“银行汇票”的字样。

(2) 无条件支付的承诺。

(3) 出票金额。

(4) 收款人名称。

(5) 付款人名称。

(6) 出票日期。

(7) 出票人签章。

银行汇票的票样以及申请书如图 7-2 和图 7-3 所示。

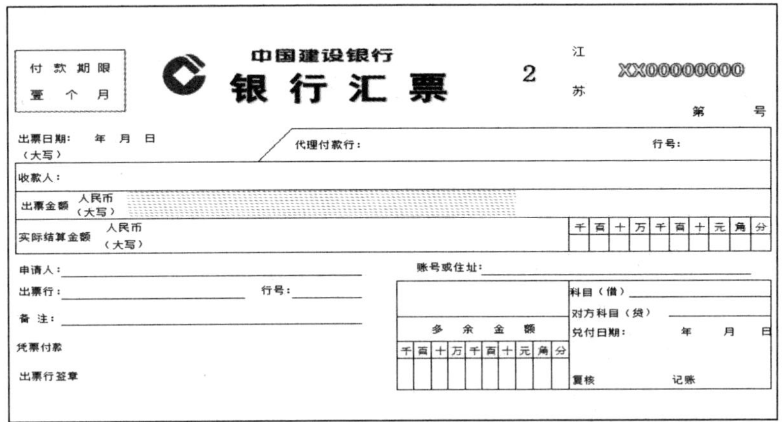

付款期限 壹个月

中国建设银行 银行汇票 2 江苏 XX00000000

第　号

出票日期：年　月　日（大写）　代理付款行：　行号：

收款人：

出票金额 人民币（大写）

实际结算金额 人民币（大写）　千 百 十 万 千 百 十 元 角 分

申请人：　账号或住址：

出票行：　行号：

备　注：

凭票付款

出票行签章

多余金额 千 百 十 万 千 百 十 元 角 分

科目（借）

对方科目（贷）

兑付日期：年　月　日

复核　记账

(a) 银行汇票正面

(b) 银行汇票背面

图 7-2　银行汇票的票样

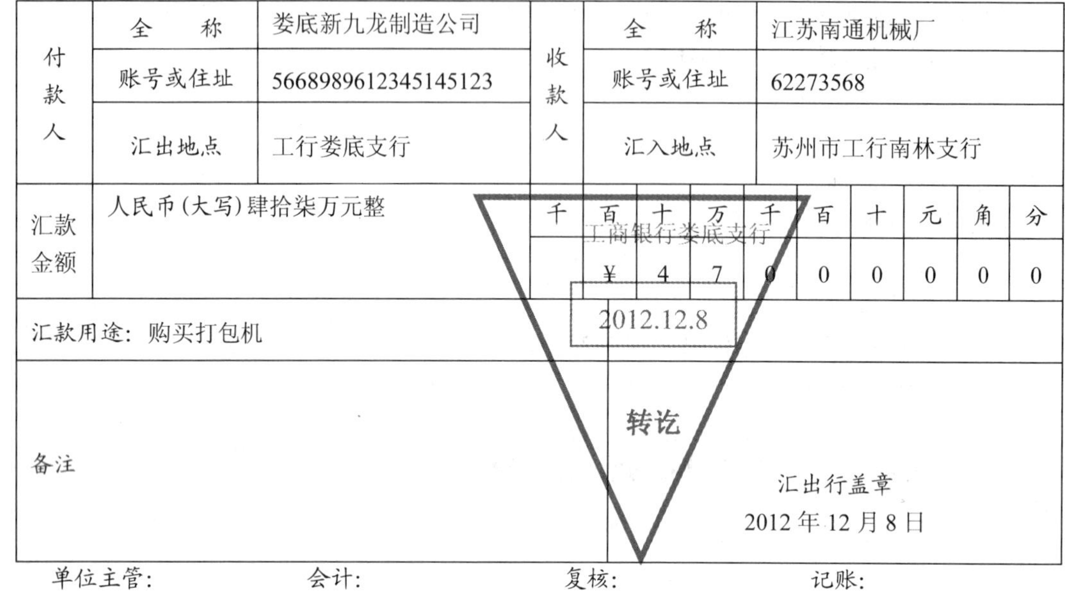

中国工商银行汇票(申请书)　(存根)

委托时间 2012 年 12 月 8 日

付款人	全　称	娄底新九龙制造公司	收款人	全　称	江苏南通机械厂
	账号或住址	5668989612345145123		账号或住址	62273568
	汇出地点	工行娄底支行		汇入地点	苏州市工行南林支行

汇款金额	千	百	十	万	千	百	十	元	角	分
人民币(大写)肆拾柒万元整		¥	4	7	0	0	0	0	0	0

工商银行娄底支行　2012.12.8　转讫

汇款用途：购买打包机

备注

汇出行盖章
2012 年 12 月 8 日

单位主管:　　会计:　　复核:　　记账:

图 7-3　银行汇票申请书

7.2.4　银行汇票结算的基本规定

1．银行汇票的签发和解付

银行汇票的签发和解付，只能由中国人民银行和商业银行参加“全国联行往来”的银行机构办理。银行开户不能签发银行汇票的汇款人应将款项转交附近能签发银行汇票的银行办理。

2．银行汇票一律记名

记名是指在汇票中指定某一特定人为收款人，其他任何人都无权领款；但如果指定收款人以背书方式将领款权转让给其指定的收款人，则其指定的收款人有领款权。

3．银行汇票的提示付款期为自出票日起1个月

这里所说的付款期，是指从签发之日起到办理兑付之日止的时期。这里所说的1个月，是指从签发日开始，不论月大月小，统一到下月对应日期止的1个月。如果到期日遇节假日则可以顺延。逾期的汇票，兑付银行将不予办理，原汇款人只能向签发行请求退款。

4．银行汇票可以背书转让

银行汇票反面有背书栏，可以填写被背书人和背书人以及收款人的证件信息。

5．银行汇票的支取

在银行开立账户的收款人或被背书人受理银行汇票后，在汇票背面加盖预留银行印鉴章，连同解讫通知、进账单送交开户银行办理转账。未在银行开立账户的收款人持银行汇票向银行支取款项时，必须交验本人身份证或兑付地有关单位足以证实收款人身份的证明，并在银行汇票背面盖章或签字，注明证件名称、号码及发证机关后，才能办理支取手续。

6．支取现金的规定

收款人若需要在兑付地支取现金的，汇款人在填写“银行汇票申请书”(见图 7-3)时，应在“汇票金额”大写栏，先填写“现金”字样，后填写汇款金额。

注意，已转汇的银行汇票，必须全额兑付。

7．分次支取的规定

收款人持银行汇票向银行支取款项时，如需要分次支取，则应以收款人名义开立临时存款账户。该账户只付不收，付完清户，不计利息。

8．转汇的规定

银行汇票可以转汇，可委托兑付银行重新签发银行汇票，但转汇的收款人和用途必须是原收款人和用途，兑付银行必须在银行汇票上加盖“转汇”戳记。已转汇的银行汇票必须全额兑付。

9．退汇的规定

汇款单位因汇票超过了付款期限或其他原因没有使用汇票款项时，可以分情况向签发银行申请退款。

10．挂失的规定

持票人不慎遗失银行汇票后，可以根据不同情况采取相应补救措施。

(1) 如果遗失了注明“现金”字样的银行汇票，失票人应当立即向签发银行或兑付银行请求挂失止付。

(2) 如果遗失了注明收款单位、个体经济户名称的汇票，失票人应当立即通知收款单位、个体经济户、收款人、兑付银行、签发银行，请求这些单位或个人协助防范。因为这类汇票遗失后，银行不办理挂失止付。

银行汇票遗失后，在付款期满后一个月内确未被冒领的，可以办理退汇手续。

7.2.5　银行汇票结算程序

1．申请办理汇票

汇款人申请办理汇票，应按规定向签发银行提交“银行汇票申请书”，在填写完备的

“银行汇票申请书”上加盖汇款人预留银行的印鉴，由银行审查后签发银行汇票。如汇款人未在银行开立存款账户，则可以交存现金办理汇票。

交存现金办理的汇票，需要在汇入银行支取现金的，应在汇票委申请书上的“汇款金额”大写栏先填写“现金”字样，后填写汇款金额。

2. 签发汇票

签发银行受理“银行汇票委托书”，审核申请内容和印鉴，并在办妥转账或收妥现金之后向汇款人签发转账或支取现金的银行汇票。

3. 异地办理结算

汇款人持银行汇票(第二联)和解讫通知(第三联)向填明的收款人办理结算。

4. 审核和进账

收款单位出纳员受理银行汇票时，应该认真审查。审查的内容主要包括以下 6 项。

(1) 收款人或背书人是否确为本单位。

(2) 银行汇票是否在付款期内，日期、金额等填写是否正确无误。

(3) 出票人印章是否清晰。

(4) 是否有压数机压印的出票金额，与大写出票金额是否一致。

(5) 汇票和解讫通知是否齐全、相符。

(6) 必须记载的事项是否齐全。

审查无误后，在汇款金额以内，根据实际需要的款项办理结算，并将实际结算金额和多余金额准确、清晰地填入银行汇票和解讫通知的有关栏内。全额解付的银行汇票，应在“多余金额”栏写上“0”符号。填写完结算金额和多余金额后，收款人或被背书人将银行汇票和解讫通知同时提交兑付银行，缺少任何一联均无效，银行将不予受理。

在银行开立账户的收款人或被背书人受理银行汇票后，在银行汇票背面“持票人向银行提示付款签章”处签章，该签章须与预留银行签章相同，并将银行汇票连同解讫通知和进账单送交开户银行办理转账。

5. 收款

收款人开户银行受理银行汇票后，将实际结算金额划入收款人账户上，并将进账单收账通知联退回收款人作为收款依据。

6. 银行清算

收款人开户银行与汇票签发银行办理内部资金清算。银行汇票的实际结算金额低于出票金额的，其多余金额由签发银行退交汇款人。

银行汇票结算流程如图 7-4 所示。

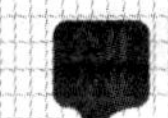

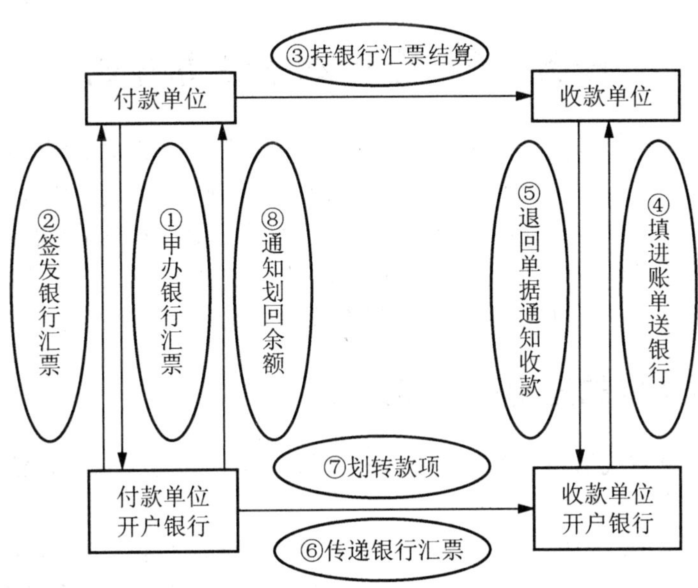

图 7-4　银行汇票结算流程

7.2.6　银行汇票结算的账务处理

银行汇票结算中应当设置“其他货币资金——银行汇票存款”科目。

1. 付款单位

(1) 企业在填写“银行汇票申请书”并将款项交存银行，取得银行汇票后，财务部门根据银行盖章退回的申请书存根联作如下会计分录。

借：其他货币资金——银行汇票存款

　　贷：银行存款

(2) 企业持银行汇票采购货物，根据发票账单等凭证及银行转来的多余款收账通知作如下会计分录。

借：材料采购

　　应交税费——应交增值税(进项税额)

　　银行存款

　　贷：其他货币资金——银行汇票存款

2. 收款单位

收款单位收到购货单位交来的“银行汇票联”、“解讫通知单”和填写的进账单送其开户银行办理收账手续后，根据银行退回的进账单收账通知所列实际结算金额和发票账单等原始凭证作如下会计分录。

借：银行存款

　　贷：主营业务收入

　　　　应交税费——应交增值税(进项税额)

任务 7.3　银行本票结算方式

银行本票是银行签发的，承诺自己在见票时无条件支付确定金额给收款人或者持票人的票据。银行本票结算方式是指申请人(付款人)将款项交存银行，由银行签发给其银行本票，凭以办理转账结算或支取现金的一种结算方式。银行本票是应客户请求而签发，以代替现金流通，节约现金使用，缓冲货币投放压力的票据。银行本票作为流通和支付手段，具有信誉度高、支付能力强，并有代替现金使用功能的特点。

7.3.1　银行本票的适用范围和分类

银行本票结算方式适用于单位和个人在同城范围内(票据交换区域)的商品交易和劳务供应以及其他款项的结算。

银行本票有两种：一种是定额本票，另一种是不定额本票。定额本票由中国人民银行委托专业银行代理签发，面额有 1 000 元、5 000 元、10 000 元和 50 000 元；不定额本票的金额起点为 1 000 元，由专业银行签发。我国现阶段已不再使用定额银行本票。

银行本票票样及格式如图 7-5 和图 7-6 所示。

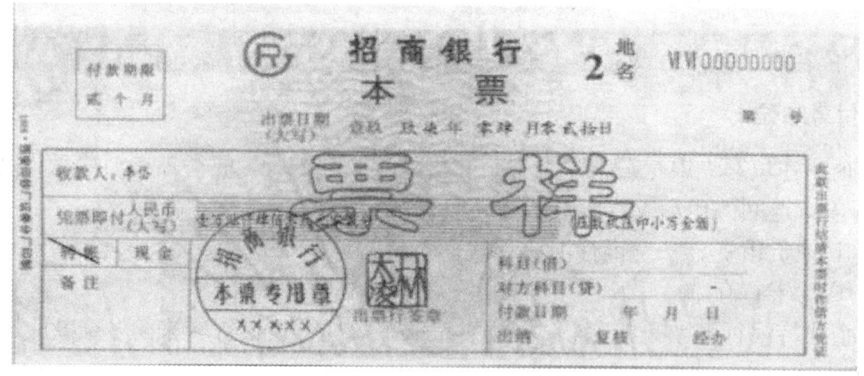
付款期限 贰个月
招商银行
本　票　2　地名
WW00000000
出票日期(大写)
收款人：
凭票即付 人民币(大写)
转账　现金
备注
本票专用章
出票行签章
科目(借)
对方科目(贷)
付款日期　年　月　日
出纳　复核　经办

图 7-5　银行本票正面

注 意 事 项
一、本票在指定的城市范围使用。
二、本票经背书可以转让。

被背书人	被背书人	被背书人
背书人 日期　年　月　日	背书人 日期　年　月　日	背书人 日期　年　月　日

图 7-6　银行本票背面

7.3.2　银行本票必须记载的事项

银行本票必须记载下列事项。欠缺记载下述事项之一的，银行本票无效。

(1) 表明“本票”的字样。

(2) 无条件支付的承诺。

(3) 明确的金额。

(4) 收款人名称。

(5) 出票日期。

(6) 出票人签章。

7.3.3　银行本票结算的基本规定

(1) 银行本票一律记名，允许背书转让。

(2) 不定额银行本票的金额起点为 1 000 元。定额银行本票面额有 1 000 元、5 000 元、10 000 元和 50 000 元。

(3) 银行本票的提示付款期自出票日起最长不超过 2 个月(不分大月、小月，一律按次月对日计算)，逾期的银行本票，兑付银行不予受理。

(4) 申请人办理银行本票，应填写“银行本票申请书”，详细填明收款人名称。银行本票需支取现金的，付款人在“银行本票申请书”上填明“现金”字样。银行受理签发本票时，在本票上划去“转账”字样并盖章，收款人凭此本票即可支取现金。申请人或收款人为单位的，不得申请签发现金银行本票。

(5) 未在银行开立账户的收款人，凭具有“现金”字样的银行本票向银行支取现金，应在银行本票背面签字或盖章，并向银行交验有关证件。

(6) 银行本票见票即付。本票的出票人在持票人提示付款时，必须承担付款的责任。

(7) 注明“现金”字样的现金银行本票丢失可以挂失止付，注明“转账”字样的转账银行本票丢失的，不予挂失。

(8) 遗失的不定额银行本票在付款期满后 1 个月确未冒领的，可以办理退款手续。

(9) 申请人因银行本票超过付款期或者其他原因要求退款时，可持银行本票到签发银行办理。

7.3.4　银行本票结算的程序

1. 申请办理银行本票

付款人需要使用银行本票办理结算的，应向银行填写一式三联“银行本票申请书”，详细写明收款单位名称等各项内容。“银行本票申请书”的第一联由签发单位或个人留存，第二联为签发行办理本票的付款凭证，第三联为签发行办理本票的收款凭证。

2. 签发银行本票

签发银行受理“银行本票申请书”后，应认真审查申请书填写的内容是否正确。审查无误后，办理收款手续。付款单位在银行开立账户的，签发银行直接从其账户划拨款项；付款人用现金办理本票的，签发银行直接收取现金。银行按照规定收取银行本票的手续费，在办妥票款和手续费收取手续后，向付款人签发银行本票。

3．办理结算

申请人持银行本票向银行本票中所填明的收款人办理结算，并取回发票账单。

4．收款人进账

收款人在对银行本票审核无误后，在背面“持票人向银行提示付款签章”处加盖预留银行印鉴，并填写“进账单”连同银行本票一起送交开户银行办理进账。

5．银行办理收款

收款人开户银行受理审查无误后办理转账，将“进账单”第一联退回给收款人，通知收款人款项收妥。

银行本票结算流程如图 7-7 所示。

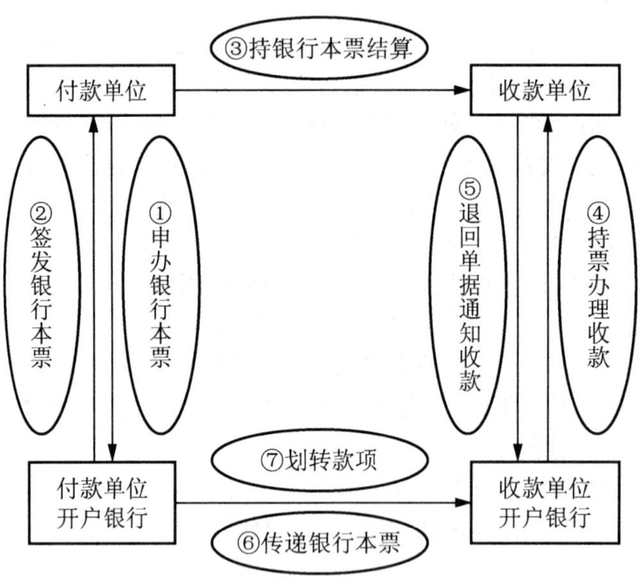

图 7-7 银行本票结算流程

7.3.5 银行本票结算的账务处理

1．付款单位

(1) 申请使用银行本票时，付款单位收到银行本票和银行退回的“银行本票申请书”存根联后，财务部门根据该申请书存根联编制银行存款付款凭证，作如下会计分录。

借：其他货币资金——银行本票存款

　　贷：银行存款

(2) 对于银行按照规定收取银行本票的手续费，根据银行收据作如下会计分录。

借：财务费用——银行手续费

　　贷：银行存款或库存现金

(3) 持银行本票采购货物，根据发票账单等凭证作如下会计分录。

借：材料采购或库存商品

　　应交税费——应交增值税(进项税额)

　　贷：其他货币资金——银行本票存款

若实际结算金额大于银行本票金额，则付款单位可以用支票或现金等补齐不足的款项，根据有关凭证按照不足的款项编制如下会计分录。

借：材料采购或库存商品

　　应交税费——应交增值税(进项税额)

　　贷：银行存款或库存现金

若实际结算金额小于银行本票金额，则收款单位用支票或现金等退回多余的款项，付款单位根据有关凭证按照退回的多余款项编制如下会计分录。

借：银行存款或库存现金

　　贷：其他货币资金——银行本票存款

(4) 企业因故未使用银行本票而要求退款时，填写“进账单”连同本票一并交银行办理退款手续，凭银行退回的进账单作如下会计分录。

借：银行存款

　　贷：其他货币资金——银行本票存款

2. 收款单位

收到购货单位交来的银行本票时，填写“进账单”，根据回单联和有关发票账单等作如下会计分录。

借：银行存款

　　贷：主营业务收入

　　　　应交税费——应交增值税(销项税额)

如果实际结算金额与票面金额不一致，则以现金或支票补差。

【例 7-3】 2012 年 3 月 6 日，兴娄锅业红公司申请办理银行本票 50 000 元，向其开户银行提交“银行本票申请书”，并将款项交存银行。取得银行本票后，根据银行盖章退回的申请书存根联编制的会计分录如下。

借：其他货币资金——银行本票存款　　　　50 000

　　贷：银行存款　　　　50 000

【例 7-4】 2012 年 3 月 21 日，兴娄锅业红公司采购员持金额为 40 000 元的银行本票采购甲材料，收到的增值税专用发票中注明的价款为 30 000 元，增值税为 5 100 元。付出银行本票，多余款 4 900 元由对方单位以转账支票结清。根据发票账单、进账单等有关凭证编制的会计分录如下。

借：材料采购　　　　30 000

　　应交税费——应交增值税(进项税额)　　　　5 100

银行存款　4 900

贷：其他货币资金——银行本票存款　40 000

任务 7.4　商业汇票结算方式

商业汇票是出票人签发的，委托付款人在指定日期无条件支付确定的金额给收款人或者持票人的票据。

7.4.1　商业汇票结算的特点

和其他结算方式相比，商业汇票结算具有如下特点。

(1) 适用范围相对较窄，使用对象也相对较少。在银行开立存款账户的法人以及其他组织之间，必须具有真实的交易关系或债权债务关系才能使用商业汇票。除此之外的其他结算，不得使用商业汇票结算方式。

(2) 商业汇票可以由付款人签发，也可以由收款人签发，但都必须经过承兑。只有经过承兑的商业汇票才具有法律效力，承兑人负有到期无条件付款的责任。

(3) 未到期的商业汇票可向银行办理贴现，从而可使结算与银行金额融通相结合，有利于企业及时补充流动资金，维持生产经营的正常进行。

(4) 商业汇票同城和异地都可使用，且没有结算起点的限制。

7.4.2　商业汇票的适用范围与分类

在银行开立存款账户的法人以及其他组织之间，必须具有真实的交易关系或债权债务关系才能使用商业汇票。不管是同城还是异地，其款项结算都可以使用商业汇票的结算方式。

商业汇票按其承兑人的不同又可分为商业承兑汇票和银行承兑汇票。承兑是汇票的付款人承诺在汇票到期日支付汇票金额的票据行为。

商业承兑汇票是出票人签发并承诺在汇票到期日支付汇票金额，并且由银行以外的付款人承兑的票据。商业承兑汇票可以由付款人签发并承兑，也可以由收款人签发交由付款人承兑，其承兑人为付款人，也是交易中的购货企业，出票人为在银行开立存款账户的法人或其他组织，与付款人具有真实的委托付款关系，具有支付汇票金额的可靠资金来源。

银行承兑汇票是指银行承诺在汇票到期日支付汇票金额的票据。它是由出票人签发并由其开户银行承兑的票据。银行承兑汇票的出票人是购货企业，承兑人和付款人是购货企业的开户银行。承兑银行应按票面金额向出票人收取 5‰的手续费。

银行承兑汇票的出票人必须具备下列条件。

(1) 在承兑银行开立存款账户的法人以及其他组织。

(2) 与承兑银行具有真实的委托付款关系。

(3) 能提供具有法律效力的购销合同及其增值税发票。

(4) 有足够的支付能力、良好的结算记录和结算信誉。

(5) 与银行信贷关系良好，无贷款逾期记录。

(6) 能提供相应的担保或按要求存入一定比例的保证金。

商业承兑汇票的票样如图 7-8 和图 7-9 所示。

商业承兑汇票 1

签发日期 年 月 日 汇票号码

第 号

<table>
<tr><td rowspan="3">收款人</td><td>全　称</td><td colspan="3"></td><td rowspan="3">付款人</td><td>全　称</td><td colspan="10"></td></tr>
<tr><td>账　号</td><td colspan="3"></td><td>账　号</td><td colspan="10"></td></tr>
<tr><td>开户银行</td><td></td><td>行号</td><td></td><td>开户银行</td><td colspan="5"></td><td>行号</td><td colspan="4"></td></tr>
<tr><td colspan="2" rowspan="2">汇票金额</td><td colspan="5" rowspan="2">人民币
(大写)</td><td>千</td><td>百</td><td>十</td><td>万</td><td>千</td><td>百</td><td>十</td><td>元</td><td>角</td><td>分</td></tr>
<tr><td></td><td></td><td></td><td></td><td></td><td></td><td></td><td></td><td></td><td></td></tr>
<tr><td colspan="2">汇票到期日</td><td colspan="3">年 月 日</td><td colspan="2">交易合同号码</td><td colspan="10"></td></tr>
<tr><td colspan="5">本汇票请你单位承兑，并及时将承兑汇票寄交我单位。此到
承兑人

收款人盖章
负责 经办</td><td colspan="12">备注</td></tr>
</table>

此联承兑人(付款人)留存

10×17.5 厘米(白纸黑油墨)

图 7-8 商业承兑汇票正面

注 意 事 项

一、付款人于汇票到期日前须将票款足额交存开户银行，如账户存款余额不足时，银行比照空头支票处以罚款。

二、本汇票经背书可以转让。

被背书人	被背书人	被背书人
背书 日期 年 月 日	背书 日期 年 月 日	背书 日期 年 月 日

图 7-9 商业承兑汇票背面

7.4.3 商业汇票结算的基本规定

(1) 使用商业汇票的单位必须是在银行开立存款账户的企业法人。

(2) 签发商业汇票应以商品交易为基础，禁止签发、承兑、贴现无商品交易的商业汇票。

(3) 商业汇票一律记名，允许背书转让。

(4) 商业汇票承兑期限由交易双方商定，最长不得超过 6 个月。商业汇票的提示付款期限为自汇票到期日起 10 日内。如果分期付款，则应一次签发若干张不同期限的商业汇票。

(5) 商业汇票到期后，一律通过银行办理转账结算，银行不支付现金。

(6) 无款支付的规定。不得签发没有资金保证的商业承兑汇票，否则，银行按照商业承兑汇票的票面金额处以5%但不低于1000元的罚款，并处以2%的赔偿金给收款人。银行承兑汇票到期，付款人无款支付或不足支付的，银行除凭票向收款人无条件支付款项外，还将根据承兑协议对付款人执行扣款。对尚未收回的款项转入付款人的逾期贷款户，按每日万分之五计收罚息。

7.4.4 商业汇票结算程序

1. 商业承兑汇票结算程序

1) 签发汇票并将承兑后的汇票交收款人

商业承兑汇票由收款人签发后交付款人承兑或由付款人签发并承兑。承兑是指付款人在商业承兑汇票第二联正面签署“承兑”字样，填写承兑日期并加盖预留银行印鉴。

2) 委托收款

收款人在汇票到期日起10日内，将汇票和委托收款凭证交其开户银行，委托开户银行向承兑人(付款人)收取票款。

3) 银行清算

收款人开户银行将收到的凭证寄交付款人开户银行，委托其代收票款。

4) 付款人到期付款

付款人应于商业承兑汇票到期前将票款足额交存银行，在收到开户银行转来的委托收款凭证付款通知时，当日通知银行付款。付款人在接到通知的次日起3日内(遇法定节假日顺延)未通知银行付款的，视同付款人承诺付款，银行于第4天上午将票款划给收款人或被背书人。商业承兑汇票结算的一般程序如图7-10所示。

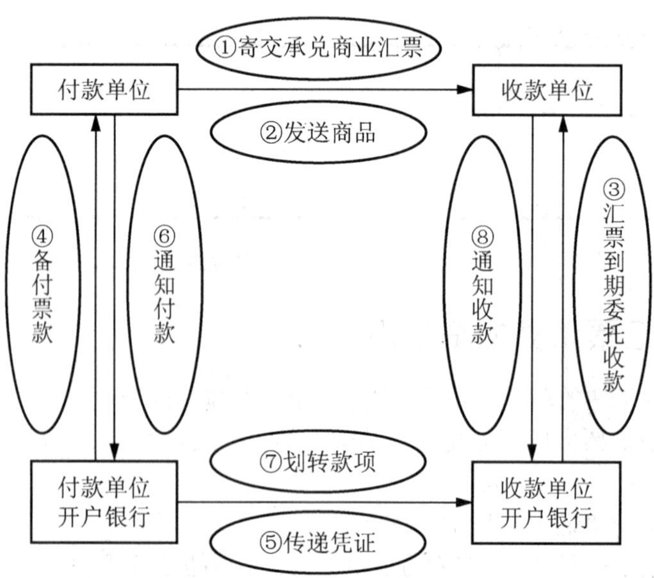

图7-10 商业承兑汇票结算的一般程序

2．银行承兑汇票结算程序

(1) 出票并申请承兑。收款人或承兑申请人(付款人)签发银行承兑汇票。由承兑申请人(付款人)向其开户银行申请承兑，银行按照有关规定审查后，与承兑申请人(付款人)签订“银行承兑协议书”，并按票面金额的万分之五收取承兑手续费。

(2) 银行予以承兑。承兑申请人(付款人)开户银行在银行承兑汇票上加盖印章。用压数机压印汇票金额后，退给承兑申请人(付款人)。

(3) 承兑申请人(付款人)将银行承兑汇票交给收款人，请求发运货物。

(4) 委托收款。

收款人于银行承兑汇票到期日起 10 日内，持银行承兑汇票与填写的进账单一并交开户银行，办理托收转账。银行受理后将进账单第一联退给收款人或被背书人。承兑申请人(付款人)应于银行承兑汇票到期前将票款足额交存开户银行，以备到期支付票款。

(5) 承兑银行将款项划拨给收款人开户银行。

(6) 收款人收妥票款入账。

银行承兑汇票结算的一般程序如图 7-11 所示。

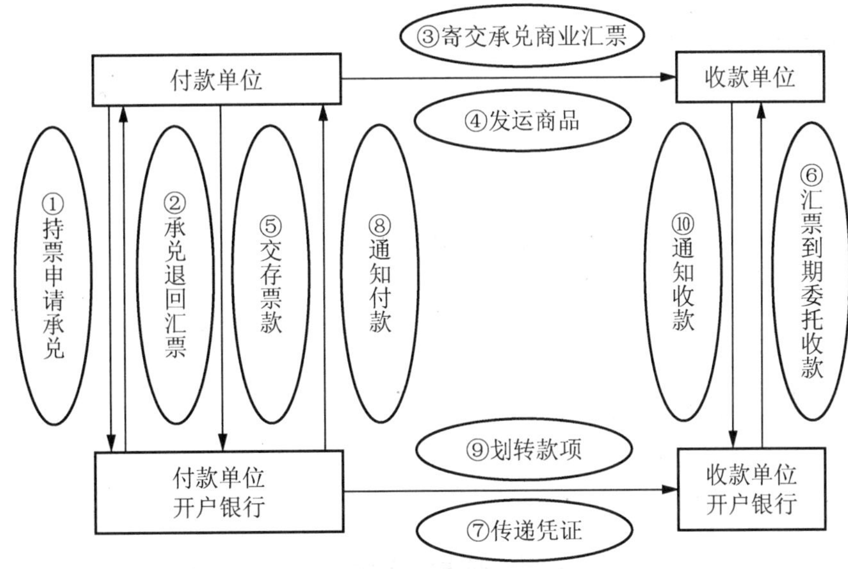

图 7-11　银行承兑汇票结算的一般程序

7.4.5　商业汇票结算的账务处理

商业汇票结算的账务处理应当设置“应付票据”、“应收票据”等科目进行核算。

1．付款单位

1) 开出、承兑商业汇票采购货物时

借：材料采购

　　应交税费——应交增值税(进项税额)

贷：应付票据

2) 支付银行承兑汇票手续费时

借：财务费用——手续费

贷：银行存款

3) 到期偿还票款时

借：应付票据

贷：银行存款

4) 到期无力偿还时

(1) 商业承兑汇票

借：应付票据

贷：应付账款——××单位

(2) 银行承兑汇票

借：应付票据

贷：短期借款

2. 收款单位

1) 收到商业汇票时

借：应收票据

贷：主营业务收入

应交税费——应交增值税(销项税额)

2) 票据到期收回票款时

借：银行存款

贷：应收票据

3) 商业承兑汇票到期不能收回票款时

借：应收账款——××单位

贷：应收票据

任务 7.5　委托收款结算方式

委托收款是收款人委托银行向付款人收取款项的结算方式。

7.5.1　委托收款的适用范围与分类

委托收款便于收款人主动收款，在同城、异地均可办理，且不受金额起点限制。无论是单位还是个人，都可凭已承兑商业汇票、债券、存单等付款人债务证明，采用该结算方式办理款项的结算。城镇公用企事业单位向用户收取的水费、电费、电话费、邮费、煤气费等也都可以采用委托收款结算方式。

委托收款结算款的划回方式分为邮寄和电报两种，由收款人选择。前者是以邮寄方式由付款人开户银行向收款人开户银行转送委托收款凭证、提供收款依据的方式；后者则是以电报方式由付款人开户银行向收款人开户银行转送委托收款凭证，提供收款依据的方式。

委托收款结算凭证如图 7-12 所示。

委收号码：第 1065 号

委电　　委托收款凭证(付款通知) 5

委托日期：2012 年 12 月 2 日　　付款日期 2012 年 12 月 3 日

付款人	全称	兴娄锅业红公司	收款人	全称	长沙市顺发公司	
	账号或地址	9005600589400351234		账号或地址	5668989612345145123	
	开户银行	中国建设银行娄底支行		开户银行	建行望城支行	行号 26568
委收金额	人民币(大写)				千 百 十 万 千 百 十 元 角 分	
款项内容		委托收款凭据名称	增值税专用发票	附寄单证张数	张	
备注	电划		付款人注意：1.应于见票当日通知开户银行划款。2.如需拒付，应在规定期限内，将拒付理由书并附债务证明交退开户银行。			

此联为付款人开户银行给付款人按期付款的通知

单位主管　　会计　　复核　　记账　　付款人开户银行盖章 2012 年 12 月 3 日

图 7-12　委托收款结算凭证

7.5.2　委托收款结算的基本规定

(1) 委托收款不受金额起点限制。

(2) 付款期时间的规定。

委托收款的付款期为 3 天，从付款人开户银行发出付款通知的次日算起(付款期内遇节假日可以顺延)。付款人在付款期内未向银行提出异议的，银行视作同意付款，并在付款期满的次日开始营业时，将款项主动划给收款人。若在付款期满前付款人通知银行提前付款，则银行即刻付款。

(3) 付款人拒绝付款的规定。

付款人审查有关债务证明后，对收款人委托收取的款项需要拒绝付款的，可以办理拒绝付款。付款人需要全部拒绝付款的，应在付款期内填制“委托收款结算全部拒绝付款理由书”，并加盖银行预留印鉴章，连同有关单证送交开户银行。银行不负责审查拒付理由，而是将拒绝付款理由书和有关凭证及单证寄给收款人开户银行转交收款人。需要部分拒绝付款的，应在付款期内填制“委托收款结算部分拒绝付款理由书”，并加盖银行预留印鉴章，连同有关单证送交开户银行，银行办理部分划款，并将部分拒绝付款理由书寄给收款人开户银行转交收款人。

(4) 无款支付的规定。

付款人在付款期满日，银行营业终了前如无足够资金支付全部款项，即为无款支付。银行于次日上午开始营业时，将有关单证(单证已作账务处理的，付款人可填制“应付款项证明书”)在两天内退回开户银行，银行将有关结算凭证连同单证或应付款项证明书退回收款人开户银行转交收款人。

(5) 付款人过期不退单证的，开户银行应按照委托收款的金额自发出通知的第 3 天起，每天处以万分之五但不低于 50 元的罚金，并暂时终止付款人委托银行向外办理的结算业务，直到退回单证时止。

7.5.3 委托收款结算程序

1. 收款人委托收款

收款人委托银行收款，应向银行填写委托收款凭证并提交有关的债务证明，经开户银行审核后，据以办理委托收款。

2. 受理托收

收款人开户银行受理审查后，将委托收款凭证第一联回单加盖银行业务受理章后退回收款人。

3. 传递凭证

收款人开户银行将有关单证寄交付款人开户银行，以通知付款人。

4. 付款人付款

付款人开户银行接到收款人开户银行寄来的委托收款凭证及债务证明，审查无误后办理付款。

(1) 付款人为银行的，银行应当在当天将款项主动支付给收款人。

(2) 付款人为单位的，银行应及时通知付款人。付款人接到通知后，应在规定的付款期限内付款付款期为 3 天。付款人在付款期内未向银行提出异议的，银行视作同意付款，并在付款期满的次日开始营业时，将款项主动划给收款人。如付款人审查有关债务证明后，对收款人委托收取的款项需要拒绝付款的，应在付款期内填写拒付理由书，连同委托收款凭证第五联、有关债务证明等凭证一并交开户银行，办理拒绝付款手续。委托收款结算的流程如图 7-13 所示。

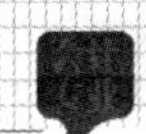

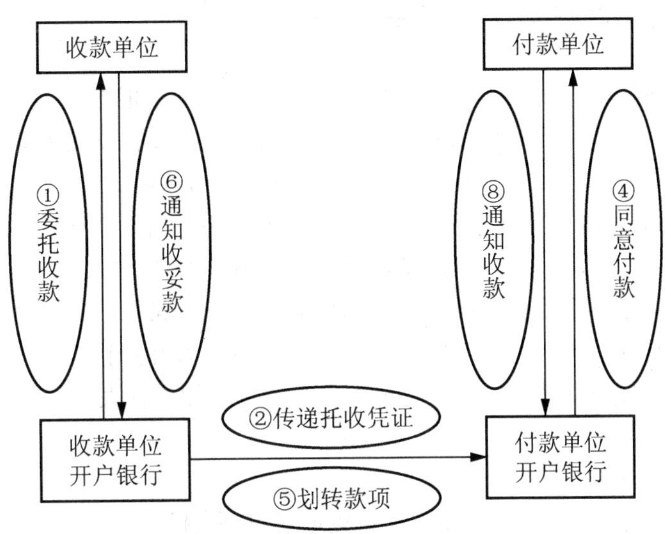

图 7-13　委托收款结算流程

7.5.4　委托收款结算的账务处理

1. 收款单位

(1) 办妥委托银行收款手续后，根据委托收款结算凭证第一联回单。作如下会计分录。

借：应收账款——××单位

　　贷：主营业务收入

　　　　应交税费——应交增值税(销项税额)

(2) 接到银行转来的委托收款结算凭证第四联收账通知时，作如下会计分录。

借：银行存款

　　贷：应收账款——××单位

2. 付款单位

接到银行转来的委托收款结算凭证第五联付款通知后，于付款时作如下会计分录。

借：材料采购

　　应交税费——应交增值税(进项税额)

　　贷：银行存款

任务 7.6　托收承付结算方式

托收承付亦称异地托收承付，是根据购销合同由收款人发货后委托银行向异地付款人收取款项，由付款人向银行承认付款的结算方式。

7.6.1　托收承付的适用范围与分类

托收承付业务使用范围较小，监督严格且信用度较高。根据《支付结算办法》的规定，托收承付结算只适用于异地企业之间订有经济合同的商品交易及因商品交易而产生的劳务供应款项的结算。代销、零售、赊销商品的款项不得办理托收承付结算。

托收承付结算款项的划回方法，分邮寄和电报两种，由收款人选用。邮寄和电报两种结算凭证均为一式五联。第一联回单，是收款人开户行给收款人的回单；第二联委托凭证，是收款人委托开户行办理托收款项后的收款凭证；第三联支票凭证，是付款人向开户行支付货款的付款凭证。第四联收款通知，是收款人开户行在款项收妥后给收款人的收款通知；第五联承付(付款)通知，是付款人开户行通知付款人按期承付货款的承付(付款)通知。

托收承付凭证如图 7-14 所示。

托收承付凭证(受理回单)

委托日期　　年　　月　　日

<table>
<tr><td colspan="2">业务类型</td><td colspan="14">委托收款(□邮划，□电划) 收托承付(□邮划，□电划)</td></tr>
<tr><td rowspan="3">付款人</td><td>全称</td><td colspan="3"></td><td rowspan="3">收款人</td><td>全称</td><td colspan="9"></td></tr>
<tr><td>账号</td><td colspan="3"></td><td>账号</td><td colspan="9"></td></tr>
<tr><td>地址</td><td>省 市 县</td><td>开户行</td><td></td><td>地址</td><td colspan="3">省 市 县</td><td colspan="3">开户行</td><td colspan="3"></td></tr>
<tr><td rowspan="2">金额</td><td colspan="5" rowspan="2">人民币
(大写)</td><td>亿</td><td>千</td><td>百</td><td>十</td><td>万</td><td>千</td><td>百</td><td>十</td><td>元</td><td>角</td><td>分</td></tr>
<tr><td></td><td></td><td></td><td></td><td></td><td></td><td></td><td></td><td></td><td></td><td></td></tr>
<tr><td colspan="2">款项内容</td><td colspan="2"></td><td>托收凭据名称</td><td colspan="3"></td><td colspan="2">附寄单证张数</td><td colspan="6"></td></tr>
<tr><td colspan="2">商品发运情况</td><td colspan="4"></td><td colspan="3">合同名称号码</td><td colspan="7"></td></tr>
<tr><td colspan="3">备注：

复核　　　　记账</td><td colspan="5">款项收妥日期

年　月　日</td><td colspan="8">收款人开户行盖章

年　月　日</td></tr>
</table>

图 7-14　托收承付凭证

7.6.2　托收承付结算的基本规定

(1) 使用托收承付结算方式的收款单位和付款单位，必须是国有企业，供销合作社以及经营管理较好并经开户银行审查同意的城乡集体所有制工业企业。

(2) 收款双方使用托收承付结算，必须签有符合《经济合同法》的购销合同，并在合同上订明使用异地托收承付结算方式。

(3) 收付双方办理托收承付结算，必须重合同，守信用。

收款人对同一付款人发货托收累计 3 次收不回货款的，收款开户银行应暂停收款人向该付款人办理托收；付款人累计 3 次提出无理拒付的，付款人开户银行应暂停其向外办理托收。

(4) 收款人办理托收，必须具有商品确已发运的证件。

(5) 托收承付结算每笔的金额起点为 10 000 元，新华书店系统每笔金额起点为 1 000 元。

7.6.3　托收承付结算程序

托收承付结算方式分为托收和承付两个阶段。托收是指收款人根据购销合同发货后，委托银行向付款人收取款项的行为；承付是指付款人根据经济合同核对单证或验货后，向银行承认付款的行为。

1. 收款人委托收款

收款人根据购销合同发运商品并支付代垫运费后，向银行提交托收承付结算凭证及购销合同、发票账单、发运证明等单证。收款人在第二联上加盖银行预留印鉴，委托银行向付款人收取款项。

2. 受理托收

收款人开户银行审查受理后，将托收承付结算凭证第一联回单加盖银行业务受理章后退回收款人。

3. 传递凭证

收款人开户银行将有关单证寄交付款人开户银行，以通知付款人。

4. 承付

付款人开户银行收到托收凭证及其附件后，应当及时通知付款人付款。付款人应在承付期内审查核对，安排资金。承付货款分为验单付款和验货付款两种，由收付双方商量选用，并在合同中明确规定。

验单付款承付期限为 3 天，从付款人开户银行发出承付通知的次日算起(承付期内遇节假日可以顺延)；验货付款承付期限为 10 天，从运输部门向付款人发出提货通知的次日算起。付款人在付款期内未向银行提出异议，银行视作同意付款，并在付款期满的次日开始营业时，将款项主动划给收款人。不论是验单付款还是验货付款，付款人都可以在承付期内提前向银行表示承付，并通知银行提前付款，银行应立即办理划款。

5. 逾期付款

付款人在承付期满日银行营业终了时，如无足够资金支付，则其不足部分，即为逾期未付款项。付款人开户银行应当根据逾期付款金额和逾期天数，按每天万分之五计算逾期未付赔偿金。当付款人账户有款时，开户银行必须将逾期未付款项和应付的赔偿金及时扣划给收款人，不得拖延扣划。

6．拒绝付款

付款人如果在验单或验货时发现收款单位托收款项计算错误，或所收货物的品种、质量、规格、数量等与合同规定不符等情况，可以在承付期内提出全部或部分拒付，并填写“拒绝付款理由书”，向银行办理拒付手续。银行审查拒付理由后，同意拒付的，在拒付理由书上签署意见，并将有关单证寄交收款人开户银行并转交收款人。同时，付款人对所拒收的物资要妥善保管。

托收承付结算的流程如图 7-15 所示。

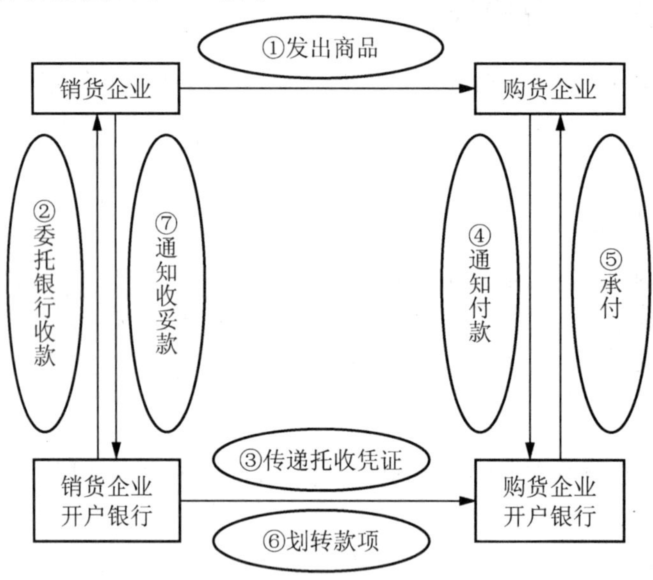

图 7-15　托收承付结算流程

7.6.4　托收承付结算的账务处理

1．收款单位

(1) 办妥委托银行收款手续后，根据托收承付结算凭证第一联回单，作如下会计分录。

借：应收账款——××单位

　　贷：主营业务收入

　　　　应交税费——应交增值税(销项税额)

(2) 接到银行转来的托收承付结算凭证第四联收账通知时，作如下会计分录。

借：银行存款

　　贷：应收账款——××单位

2．付款单位

接到银行转来的托收承付结算凭证第五联付款通知后，于付款时作如下会计分录。

借：材料采购

　　应交税费——应交增值税(进项税额)

　　贷：银行存款

【例 7-5】 2012 年 7 月 8 日，A 公司向外地××公司发出甲商品一批，售价 30 000 元，增值税 5 100 元。发货时，以转账支票为对方垫付运费 600 元。根据有关单证填制托收承付结算凭证，连同有关单据交付银行。银行审核后，盖章退回托收凭证回单联。编制会计分录如下。

借：应收账款——××公司 35 700
　　贷：主营业务收入 30 000
　　　　应交税费——应交增值税(销项税额) 5 100
　　　　银行存款 600

7 月 20 日，收到银行转来的托收凭证收账通知联，收回××公司货款。编制会计分录如下。

借：银行存款 35 700
　　贷：应收账款——××公司 35 700

任务 7.7 汇兑结算方式

汇兑是汇款人委托银行将其款项支付给收款人的结算方式。

7.7.1 汇兑的适用范围与分类

汇兑结算方式适用于异地之间单位或个人的各种款项结算，具有划拨款项简单、灵活的特点。

汇兑按划款方式不同分为信汇和电汇两种，由汇款人根据需要选择使用。

信汇，是指汇款人委托银行通过邮寄方式将款项支付给收款人。电汇，是指汇款人委托银行通过电报将款项划给收款人。汇兑结算凭证样式如图 7-16 和图 7-17 所示。

中国工商银行 信汇凭证(回单)

委托日期　　年　月　日　　　　No00461253

<table>
<tr><td rowspan="3">汇款人</td><td>全　称</td><td colspan="2"></td><td rowspan="3">收款人</td><td>全　称</td><td colspan="11"></td></tr>
<tr><td>账　号</td><td colspan="2"></td><td>账　号</td><td colspan="11"></td></tr>
<tr><td>汇出地点</td><td>省</td><td>市/县</td><td>汇入地点</td><td colspan="11">省　　　市/县</td></tr>
<tr><td colspan="2">汇出行名称</td><td colspan="2"></td><td colspan="2">汇入行名称</td><td colspan="11"></td></tr>
<tr><td rowspan="2">金额</td><td colspan="5" rowspan="2">人民币
(大写)</td><td>亿</td><td>千</td><td>百</td><td>十</td><td>万</td><td>千</td><td>百</td><td>十</td><td>元</td><td>角</td><td>分</td></tr>
<tr><td></td><td></td><td></td><td></td><td></td><td></td><td></td><td></td><td></td><td></td><td></td></tr>
<tr><td colspan="4" rowspan="2">

汇出行签章</td><td colspan="2">支付密码</td><td colspan="11"></td></tr>
<tr><td colspan="13">附加信息及用途：

复核　　　记账</td></tr>
</table>

此联为汇出行给汇款人的回单

图 7-16 信汇凭证样式

中国银行　电汇凭证(回单)　　　№ 02809654　1

□普通　□加急　　　　委托日期　2012 年 1 月 18 日

汇款人	全　称	湖南叶溪饮料有限公司	收款人	全　称	新疆天山农产品有限公司
	账　号	50831742010386		账　号	60813507487904
	汇出地点	湖南 省 衡阳 市/县		汇入地点	新疆 省 天山 市/县
汇出行名称		中国银行来雁支行	汇入行名称		中国工商银行天山支行
金额	人民币(大写)	陆万叁仟零柒拾元整			百 十 万 千 百 十 元 角 分：¥ 6 3 0 7 0 0 0
汇出行签章					支付密码
					附加信息及用途:
					复核:　记账:

中国银行来雁支行　转讫

此联为汇出行给汇款人的回单

图 7-17　电汇凭证样式

7.7.2　汇兑结算的基本规定

1. 汇兑起点的规定

汇兑结算不受金额起点的限制，即不论汇款金额多少均可以办理信汇和电汇结算。

2. 支取现金的规定

个体经济户和个人需要在汇入行支取现金的，应在信(电)汇凭证“汇款金额”大写栏，先填写“现金”字样，后填写汇款金额。款项汇入异地后，收款人需携带本人身份证件或汇入地有关单位足以证实收款人身份的证明，到银行一次性办理现金支付手续。信(电)汇凭证上未注明“现金”字样而需要支取现金的，由汇入银行按照现金管理规定审查支付。需部分支取现金的，收款人需填写取款凭证和存款凭证送交汇入银行，办理支取部分现金和转账手续。

3. 留行待取的规定

汇款人将款项汇往异地需要派人领取的，在办理汇款时，应在签发的汇兑凭证各联的收款人账号或地址栏注明“留行待取”字样。留行待取的汇款，需要指定单位的收款人领取汇款的，应注明收款人的单位名称。信汇凭印鉴支取的，应在第四联凭证上加盖预留的收款人印鉴。款项汇入异地后，收款人须携带足以证明本人身份的证件，或汇入地有关单位足以证实收款人身份的证明向银行支取款项。如信汇凭印鉴支取的，收款人必须持与预留印鉴相符的印章，经银行验对无误后，方可办理支款手续。

4. 分次支取的规定

若汇出款需要分次支取的，则要向汇入银行说明分次支取的原因和情况，经汇入银行同意，以收款人名义设立临时存款账户，该账户只付不收，结清为止，不计利息。

5. 转汇的规定

收款人如需将汇款转到另一个地点，应在汇入银行重新办理汇款手续，转汇时，收款人和用途不得改变，汇入银行必须在信(电)汇凭证上加盖“转汇”戳记。

6. 退汇的规定

汇款人对汇出银行尚未汇出的款项可以申请撤销；对已经汇出的款项可以申请退汇。汇入银行对于收款人拒绝接受的汇款，应立即办理退汇。汇入银行对于向收款人发出取款通知 2 个月后仍无法交付的汇款，应主动办理退汇。

7.7.3　汇兑结算程序

1. 汇款人办理汇款

汇款人委托银行办理汇兑结算时，出纳员应填写一式四联的信汇凭证或一式三联的电汇凭证。如需注明“留行待取”、“现金”字样的，在有关栏目填写。填好后在第二联“汇款人盖章”处加盖预留银行印鉴，交其开户银行办理划转手续。

2. 银行受理汇兑

汇款单位开户银行受理汇款人签发的汇兑凭证，经审查无误后即可办理汇款手续，在凭证第一联回单联加盖“转讫”章后退给汇款人，同时收取汇款手续费。

3. 通知收款人收款

出纳员办理好汇兑手续后，应该传真汇兑凭证或电话通知收款单位，告知对方准备收取汇款。

4. 收款人办理进账或取款

在银行开立存款账户的收款人，收到汇入银行转来的汇款凭证，按汇入银行的通知办理转账。如果需要办理取款，则出纳员应在收款通知上加盖本单位的预留银行印鉴后，到银行办理取款。需要在汇入银行支取现金的，汇款凭证上必须有按规定填写的“现金”字样。

汇兑结算的流程如图 7-18 所示。

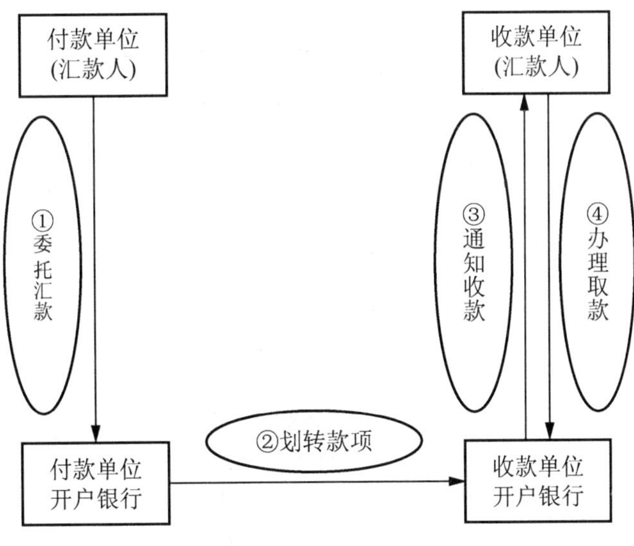

图 7-18　汇兑结算流程

7.7.4 汇兑结算的账务处理

1. 付款单位

1) 委托银行汇出款项后，根据信(电)汇凭证回单和有关发票账单等，作如下会计分录。
借：材料采购或库存商品
　　应交税费——应交增值税(进项税额)
　　贷：银行存款
或　　借：应付账款
　　　　贷：银行存款
2) 当企业向异地汇款办理采购专户时，根据汇兑凭证回单，作如下会计分录。
借：其他货币资金——外埠存款
　　贷：银行存款
3) 采购完毕，根据有关发票账单等，作如下会计分录。
借：材料采购或库存商品
　　应交税费——应交增值税(进项税额)
　　贷：其他货币资金——外埠存款

2. 收款单位

收到购货单位根据银行转来的汇兑凭证收款通知和有关发票账单等，作如下会计分录。
借：银行存款
　　贷：主营业务收入
　　　　应交税费——应交增值税(销项税额)
或　借：银行存款
　　　　贷：应收账款

任务 7.8 专 项 实 训

【实训】 票据的填制和银行结算方式的账务处理

1) 企业基本情况

企业名称：娄底新星有限责任公司
纳税人识别号：431302214563002，注册资金： 15000 万元
经营范围：主营百货、五金、建材批发
　　　　　兼营字画、古董、玉石、金银首饰的零售
公司地址：娄星区新星路 12 号(注册地址与经营地址一致)
开户银行及账号：建设银行娄底支行 5668989612345145123
法定代表人：娄新星；财务负责人：王有才；会计：张媛媛； 出纳兼办税员：赵大薇。

公司其他情况：经营期限 20 年，公司电话 0738-8329000 ，邮编 417000， 公司于 2012 年 1 月 1 日领取工商营业执照，1 月 18 日正式开业。该公司系私营有限责任公司，由娄新星

和张天天二人各出资一半设立。公司的主管税务机关是娄星区国家税务局。公司 2012 年 1—3 月为小规模纳税人，4 月申请成为一般纳税人(正式)并进入防伪税控系统，实行一机一卡。

2)　2013 年 1 月发生如下经济业务

(1) 2013 年 1 月 9 日提取 1 000 元现金备用。(附空白支票 1 张，如图 7-19 所示)

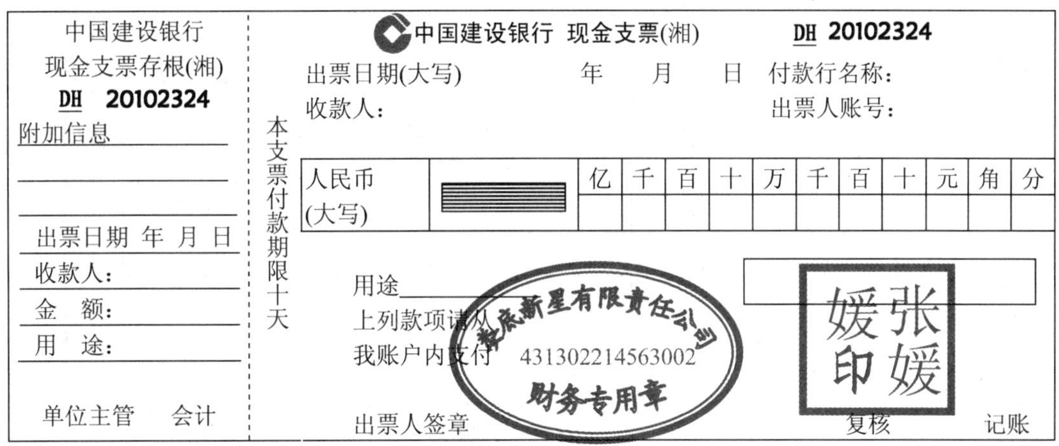

中国建设银行
现金支票存根(湘)
DH 20102324
附加信息
出票日期 年 月 日
收款人：
金 额：
用 途：
单位主管　会计

本支票付款期限十天

中国建设银行 现金支票(湘)　DH 20102324
出票日期(大写)　年　月　日　付款行名称：
收款人：　出票人账号：

人民币(大写)		亿	千	百	十	万	千	百	十	元	角	分

用途
上列款项请从
我账户内支付
出票人签章
娄底新星有限责任公司 431302214563002 财务专用章
张媛印媛
复核　记账

图 7-19　空白支票

(2) 2013 年 1 月 10 日，购买货物一批，收到的增值税专用发票上注明货款 13200 元，税额 22100 元，全部款项开出转账支票支付，货物收到验收入库。(附原始凭证 3 张，如图 7-20 所示。)

湖南增值税专用发票

4301094330　发 票 联　№ 09028868　开票日期：2013 年 1 月 10 日

购货单位	名　称：娄底新星有限责任公司 纳税人识别号：431302214563002 地址、电话：娄星区新星路 12 号 0738-8329000 开户行及账号：建行娄底支行 5668989612345145123	密码区	2489－1＜9－7－ 61596284<032/52>加密版本： 9/2953－49741626＜8 4301094330 －3024＞82906－2－09028868 47−6<7>2*−/>*>6/				
货物或应税劳务名称	规格型号	单位	数量	单价	金额	税率	税额
电压力锅	22#	个	1000	130.00	130000.00	17%	22100.00
合　计					¥130 000.00		¥22 100.00
价税合计(大写)	⊗壹拾伍万贰仟壹佰元整				(小写)¥152 100.00		
销货单位	名　称：湖南省双峰公司 纳税人识别号：420101021318405 地址、电话：娄底市底新路 110 号 0731-8553182 开户行及账号：工行娄底支行 9026723145351121213	备注					

第三联　发票联　购货方记账凭证

收款人：陈小兰　复核：曹阳　开票人：刘悦　销货单位(章)

湖南省双峰公司 420101021318405 发票专用章

图 7-20　1 月 10 日的原始凭证

入 库 单

供应单位：湖南省双峰公司　　　　　　　　　　　　编号：*3021*

发票号码：0002516　　　　*2013* 年 *1* 月 10 日　　　　仓库：一仓库

规格	商品名称	编号	数量		实际价格(元)				合计									
			应收	实收	单位	单价	发票金额	运杂费	千	百	十	万	千	百	十	元	角	分
22	电压力锅	1	1 000	1 000	个	130	130 000			¥	1	3	0	0	0	0	0	0
备注			验收人盖章		张　全			合计¥130 000.00										

第二联　会计部门

采购人：周伟　　　　检验员：王强　　　　记账员：张媛媛　　　　保管员：张丹

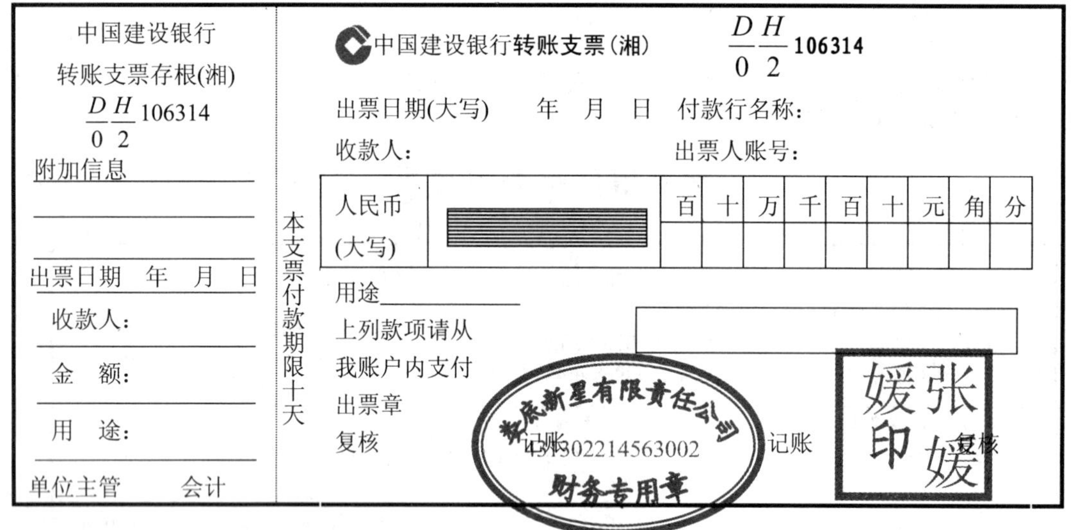

中国建设银行
转账支票存根(湘)
$\frac{D\ H}{0\ 2}$ 106314
附加信息
出票日期　年　月　日
收款人：
金　额：
用　途：
单位主管　　会计

中国建设银行转账支票(湘)　$\frac{D\ H}{0\ 2}$ 106314
出票日期(大写)　年　月　日　付款行名称：
收款人：　出票人账号：
人民币(大写)　百 十 万 千 百 十 元 角 分
本支票付款期限十天
用途
上列款项请从
我账户内支付
出票章
复核　记账
娄底新星有限责任公司 431302214563002 财务专用章
张媛 印

图 7-20　1 月 10 日的原始凭证(续)

(3) 12 日收到上海顺达公司银行汇票一张，以归还原欠货款 80 000 元(上海顺达公司开户行：中国建行福州路支行，账号：4367480007713996319，地址：上海市福州路 725 号，电话：021-63226610)，要求填写进账单，后附空白进账单，如图 7-21 所示。

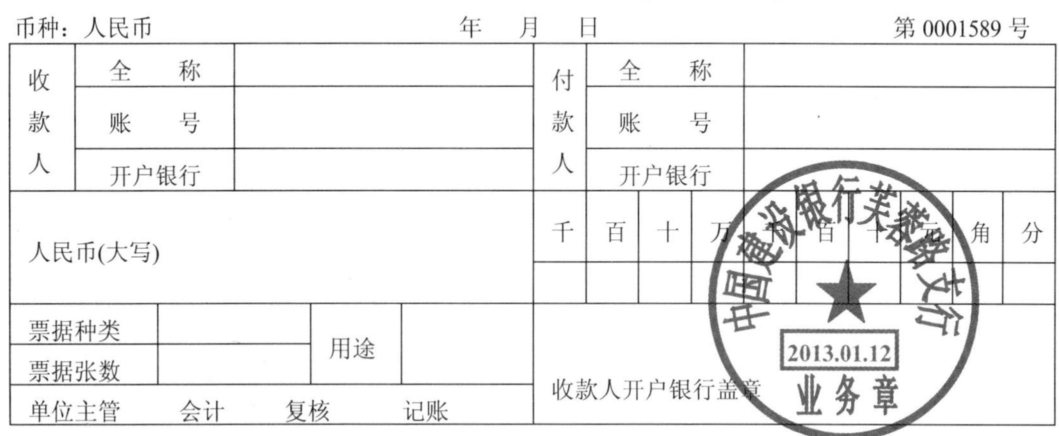

中国建设银行进账单(收账通知)

币种：人民币　　　　　　年　月　日　　　　　　第 0001589 号

收款人	全　称		付款人	全　称	
	账　号			账　号	
	开户银行			开户银行	

人民币(大写)	千	百	十	万	千	百	十	元	角	分

票据种类		用途		收款人开户银行盖章
票据张数				
单位主管　会计　复核　记账				

中国建设银行芙蓉路支行
2013.01.12
业务章

图 7-21　进账单

(4) 2013 年 1 月 13 日，购买货物一批，收到增值税专用发票注明货款 35 000 元，增值税 5 950 元，全部款项以银行存款支付，货物收到验收入库(附原始凭证 4 张，如图 7-22 所示)。

湖南增值税专用发票

全国统一发票监制章　湖南　发票联

4300081140　　　　　　　　　　　　№ 0082356

效验码 22728370132849902010　　　　开票日期：2013 年 1 月 13 日

购货单位	名称：娄底新星有限责任公司 纳税人识别号：431302214563002 地址、电话：娄星区新星路 12 号 0738-8329000 开户行及账号：建行娄底支行 5668989612345145123	密码区	34—1 < 9-12 = 3　加密版本：01 9 < 22 > 65586 = 6 4300081140-83 > * ×24=24 0082356

货物或应税劳务名称	规格型号	单位	数量	单价	金额	税率	税额
黏合剂		千克	700	50	35 000.00	17%	5 950.00
合　计					¥35 000.00		¥5 950.00
价税合计(大写)	⊗肆万零玖佰伍拾元整						(小写)¥40 950.00

销货单位	名称：湖南沅江化工有限公司 纳税人识别号：43010500028370 地址、电话：湖南省长沙市八一路 100 号 24572230 开户行及账号：建行一支行　252004252531	备注	湖南沅江化工有限公司 43010500028370 发票专用章

收款人：章文　　　复核：李沙　　　开票人：周三　　　销货单位(章)

第二联　发票联　购货方记账凭证

图 7-22　1 月 13 日的原始凭证

入 库 单

供应单位：湖南沅江化工有限公司　　　　　　　　　　　　　　编号：3018

发票号码：0082356　　　　　　2013 年 1 月 13 日　　　　　　仓库：一仓库

规格	商品名称	编号	数量		实际价格(元)				合计									
			应收	实收	单位	单价	发票金额	运杂费	千	百	十	万	千	百	十	元	角	分
	黏合剂		700	700	千克	50	35000			¥	3	5	0	0	0	0	0	0
备注			验收人盖章		张　全			合计¥35 000.00										

第二联 会计部门

采购人：周伟　　　检验员：王强　　　记账员：张媛媛　　　保管员：张丹

中国建设银行　电汇凭证(回单)　　　　№ 028094631

□普通　□加急　　　委托日期　2013 年 1 月 13 日

汇款人	全称	娄底新星有限责任公司	收款人	全称	湖南沅江化工有限公司
	账号	5668989612345145123		账号	252004252531
	汇出地点	湖南 省 娄底 市/县		汇入地点	湖南 省 沅江 市/县
汇出行名称		建行娄底支行	汇入行名称		建行一支行
金额	人民币(大写)	肆万零玖佰伍拾元整	百 十 万 千 百 十 元 角 分		¥ 4 0 9 5 0 0 0
汇出行签章			支付密码		
			附加信息及用途：		复核：　记账：

此联为汇出行给汇款人的回单

中国建设银行娄底支行 2013.1.13 转讫

中国建设银行　收费凭证

2013 年 1 月 13 日

户名	娄底新星有限责任公司			账号	5668989612345145123	
收费项目	起止号码	数量	单价	工本费	手续费	邮电费
电汇				4.5	5.5	
金额小计				4.5	5.5	
金额合计(大写)	壹拾元整			十 万 千 百 十 元 角 分	¥ 1 0 0 0	

第一联 客户回单

中国建设银行娄底支行 2013.1.13 转讫

制票：王万　　　复核：李额

图 7-22　1 月 13 日的原始凭证(续)

(5) 2013 年 1 月 15 日，收到长沙大华公司转账支票一张，用以归还之前所欠货款 28 000 元。填制进账单交银行收款(附原始凭证 2 张，如图 7-23 所示)。

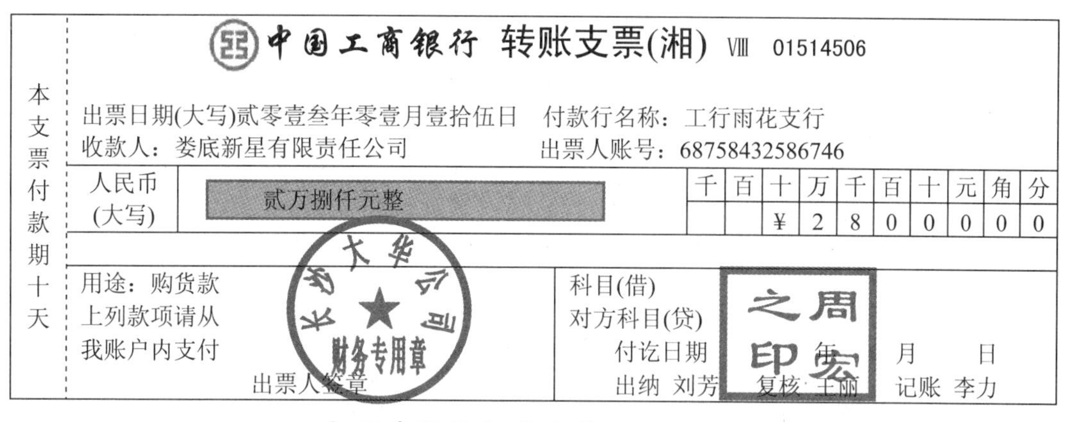

中国工商银行 转账支票(湘) Ⅷ 01514506

本支票付款期十天

出票日期(大写)贰零壹叁年零壹月壹拾伍日 付款行名称：工行雨花支行
收款人：娄底新星有限责任公司 出票人账号：68758432586746

人民币(大写)	贰万捌仟元整	千	百	十	万	千	百	十	元	角	分
				¥	2	8	0	0	0	0	0

用途：购货款 科目(借)
上列款项请从 对方科目(贷)
我账户内支付 付讫日期 年 月 日
出票人签章 出纳 刘芳 复核 王丽 记账 李力

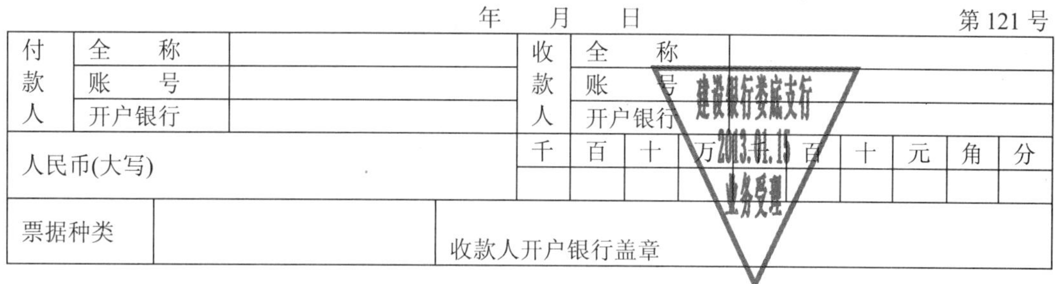

中国建设银行进账单(回单或收账通知)

年 月 日 第 121 号

付款人	全 称		收款人	全 称	
	账 号			账 号	
	开户银行			开户银行	

人民币(大写)	千	百	十	万	千	百	十	元	角	分

票据种类		收款人开户银行盖章

建设银行娄底支行 2013.01.15 业务受理

图 7-23 1 月 15 日的原始凭证

(6) 2013 年 1 月 15 日，以银行存款缴纳上月增值税 1019.42 元，城市维护建设税 71.35，教育费附加 5 097 元(附原始凭证 2 张，如图 7-24 所示)。

中华人民共和国 国税 国

税收通用缴款书

隶属关系： №：2010050056328
经济类型：商业 签发日期 2013 年 1 月 15 日 收入机关：娄底市娄星区国税局

缴款单位(人)	纳税代码	431302214563002	预算科目	款	工商税收
	全 称	娄底新星有限责任公司		项	增值税
	开户银行	建行娄底支行		级次	市级
	账 号	5668989612345145123	收款国库		中国人民银行娄底支行国库

税款所属时期：2012 年 12 月 1 日—2012 年 12 月 31 日 税款限缴日期：2013 年 1 月 15 日

税目名称	课税数量	计税金额或销售收入	税率或单位税额	已缴或扣除额	千	百	十	万	千	百	十	元	角	分
增值税		33980.58	3%						1	0	1	9	4	2
金额合计	(大写)零万壹仟零佰壹拾玖元肆角贰分							¥	1	0	1	9	4	2

（表头“实缴税额”横跨“千”至“分”各栏。）

上列款项已收妥并划转收款单位账户
国库(银行)盖章 2013 年 1 月 14 日
备注

中国建设银行娄底支行 2013.1.14 转 讫

图 7-24 1 月 15 日的原始凭证

中华人民共和国　　地税　　地
税收通用缴款书

隶属关系：　　　　　　　　　　　　　　　　　　　　　　　　　№：2010050056328

经济类型：商业　签发日期　2013 年 1 月 15 日　　　　　　收入机关：娄底市娄星区地税局

缴款单位(人)	纳税代码	431302214563002	预算科目	款	工商税收
	全　称	娄底新星有限责任公司		项	城建税、教育费附加
	开户银行	建行娄底支行		级次	市级
	账　号	5668989612345145123	收款国库		中国人民银行娄底支行国库
税款所属时期：2012 年 12 月 1 日—2012 年 12 月 31 日			税款限缴日期：2013 年 1 月 15 日		

税目名称	课税数量	计税金额或销售收入	税率或单位税额	已缴或扣除额	实缴税额									
					千	百	十	万	千	百	十	元	角	分
城建税		1019.42	7%								7	1	3	5
教育费附加		1019.42	5%								5	0	9	7
金额合计	(大写)⊗零万零仟壹佰贰拾贰元叁角贰分									¥	1	2	2	3	2
上列款项已收妥并划转收款单位账户 国库(银行)盖章 2013 年 1 月 14 日					备注									

说明：湖南省从 2011 年 1 月 1 日开始，教育费附加的征收比例统一提高到 5%。

图 7-24　1 月 15 日的原始凭证(续)

(7) 2013 年 1 月 20 日，向衡阳市益农饮料厂销售锤片粉碎机 10 台，单价 12 000 元/台，混合机 2 台，单价 3 000 元/台，货款共计 126 000 元，增值税 21 420 元，收到对方转账支票，支付款项 120 000 元，余款未付。填制进账单交银行进账(附原始凭证 3 张，如图 7-25 所示)。

湖南增值税专用发票

4300092170　　　　　　　　　湖南　　　　　　　　　　№ 00128872

记账联　　　　　　　　　　　　　　　　　开票日期：2013 年 1 月 20 日

购货单位	名　　称：衡阳市益农饲料厂 纳税人识别号：430436215789432 地址、电话：向农路 22 号 0734-8012456 开户行及账号：农业银行向农支行 8013642741					密码区	215—1<-12>>　加密版本：01 3<22>61246=　4300092170 -83>-×24=241　00128872		
货物或应税劳务名称	规格型号	单位	数量	单价		金额	税率	税额	
锤片粉碎机		台	10	12 000		120 000.00	17%	20 400.00	
混合机		台	2	3 000		6 000.00	17%	1 020.00	
合　计						¥126 000.00		¥21 420.0	
价税合计(大写)	⊗壹拾肆万柒仟肆佰贰拾元整						(小写)¥147420.00		
销货单位	名　　称：娄底新星有限责任公司 纳税人识别号：431302214563002 地址、电话：娄星区新星路 12 号 0738-8329000 开户行及账号：建行娄底支行 5668989612345145123					备注	娄底新星有限责任公司 431302214563002 发票专用章		

第一联　记账联　销货方记账凭证

收款人：　　　　　复核：　　　　　开票人：赵丽　　　　　销货单位(章)

图 7-25　1 月 20 日的原始凭证

发　货　单

购货单位：衡阳市益农饲料厂　　2013 年 1 月 20 日　　编号：20411457

产品编号	产品名称	规格	单位	数量 请发	数量 实发	单价	金额 十	万	千	百	十	元	角	分
	锤片粉碎机		台	10	10									
	混合机		台	2	2									
合计														

审批：孙力珂　　发货人：章经　　提货人：　　记账：

第二联 会计部门记账

中国建设银行 进账单(受理回单) 1

填制日期 2013 年 1 月 20 日　　第　号

付款人	全　称	衡阳市益农饲料厂	收款人	全　称	娄底新星有限责任公司
	账　号	8013642741		账　号	5668989612345145123
	开户银行	农业银行向农支行		开户银行	建行娄底支行
人民币(大写)	壹拾贰万元整			千 百 十 万 千 百 十 元 角 分	¥ 1 2 0 0 0 0 0 0
票据种类	转账支票		此联不作收款用		
票据张数	1 张				
单位主管　会计　复核　记账			受理银行盖章		

（印章：建设银行娄底支行 2013.01.20 业务受理）

开户行交给收款人的受理回单

图 7-25　1 月 20 日的原始凭证(续)

(8) 2013 年 1 月 23 日，向光华机床有限公司销售生铁 30 吨，单价 2250 元/吨，圆钢 10 吨，单价 3100 元/吨，货款共计 98 500 元，增值税 16 745 元，收到全部款项存入银行(附原始凭证 2 张，如图 7-26 所示)。

湖南增值税专用发票

4301094330　　记账联　　№ 09028868

开票日期：2013 年 01 月 23 日

购货单位	名　　称：光华机床有限责任公司 纳税人识别号：430622890635288 地址、电话：冷水江市锦江路 85 号 0738-3689045 开户行及账号：工商银行冷水江支行 8322068749458717	密码区	2489 －1 <9 －7 － 615962848 < 032/52 >　加密版本： 9/2953－49741626<8－　4301094330 3024>82906－2－47－　09028868 6<7>2*－/>*>6/

货物或应税劳务名称	规格型号	单位	数量	单价	金额	税率	税额
生铁		吨	30	2250	67 500.00	17%	11 475.00
圆钢	20#	吨	10	3100	31 000.00	17%	5 270.00
合　计					¥98 500.00		¥16 745.00
价税合计(大写)	⊗壹拾壹万伍仟贰佰肆拾伍元整				(小写)¥115245.00		

销货单位	名　　称：娄底新星有限责任公司 纳税人识别号：431302214563002 地址、电话：娄星区新星路 12 号 0738-8329000 开户行及账号：建行娄底支行 5668989612345145123	备注	

收款人：王勇　　复核：张立可　　开票人：李明　　销货单位：(章)

（印章：娄底新星有限责任公司 431302214563002 发票专用章）

第二联 记账联 销货方记账凭证

图 7-26　1 月 23 日的原始凭证

中国工商银行信汇凭证(付款通知)　3

2013 年 1 月 23 日					第 002457 号
收款人	全　称	娄底新星有限责任公司	付款人	全　称	光华机床有限责任公司
	账　号	5668989612345145123		账　号	8322068749458717
	开户银行	中国建设银行娄底支行		开户银行	中国工商银行冷水江支行
人民币(大写)		壹拾壹万伍仟贰佰肆拾伍元整		百 十 万 千 百 十 元 角 分	¥ 1 1 5 2 4 5 0 0
票据种类				付款人开户行盖章　2013 年 1 月 23 日	

此联是银行交付款人的付账通知

中国工商银行冷水江支行 2013.01.23 付讫

复核：罗瑞雪　　　　记账：方玲

图 7-26　1 月 23 日的原始凭证(续)

(9) 2013 年 1 月 25 日，收到大连重型机械厂银行汇票 1 张，用以归还之前所欠货款 160 000 元，填制进账单交银行进账(附原始凭证 3 张，如图 7-27 所示)。

中国工商银行
银行汇票　2

ⅢXI 00448978
第　　号

出票日期(大写)	贰零壹叁年零壹月贰拾伍日	代理付款行：中国建设银行娄底支行　行号:410	
收款人：娄底新星有限责任公司		账号：5668989612345145123	
出票金额	人民币(大写)　壹拾陆万元整		
实际结算金额	人民币(大写)　壹拾陆万元整	千 百 十 万 千 百 十 元 角 分	¥ 1 6 0 0 0 0 0 0

申请人：大连重型机械厂　　　　账号或住址：061466385245700

出票行：中国工商银行大连支行		科目(借) 对方科目(贷) 兑付日期：2013 年 1 月 25 日
备　注：前欠货款		
出票银行签章	多余金额	复核　　记账

图 7-27　1 月 25 日的原始凭证

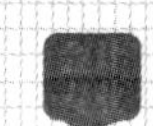

中国建设银行
银行汇票 3

ⅢXI 00448978
第　　号

出票日期（大写）	贰零壹叁年零壹月贰拾伍日	代理付款行：中国建设银行娄底支行　行号：410
收款人：娄底新星有限责任公司		账号：5668989612345145123
出票金额	人民币（大写）	壹拾陆万元整

实际结算金额	人民币（大写）	壹拾陆万元整	千	百	十	万	千	百	十	元	角	分
				¥	1	6	0	0	0	0	0	0

申请人：大连重型机械厂　　账号或住址：061466385245700

出票行：中国工商银行大连支行

备　注：前欠货款

出票银行签章

多余金额	科目(借)…… 对方科目(贷)…… 兑付日期：2013 年 1 月 25 日 复核　　记账

此联代理付款行兑付后随报单寄出票行，由出票行作多余款贷方凭证

中国建设银行 进账单

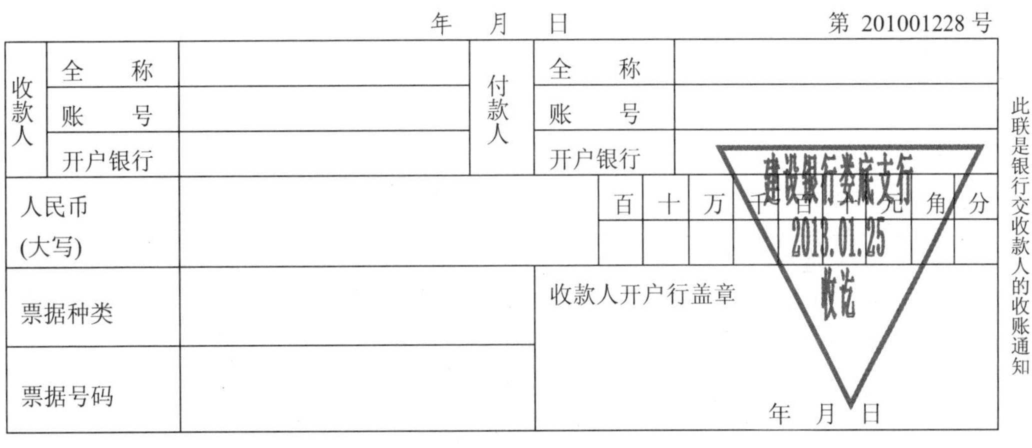

年　月　日　　　　第 201001228 号

收款人	全　称		付款人	全　称	
	账　号			账　号	
	开户银行			开户银行	

人民币（大写）		百	十	万	千	百	十	元	角	分

票据种类		收款人开户行盖章 年　月　日
票据号码		

此联是银行交收款人的收账通知

图 7-27　1 月 25 日的原始凭证(续)

(10) 2013 年 1 月 26 日，向中南汽车销售公司销售 301 真空泵 200 台，单价 4000 元/台，增值税发票注明售价 800 000 元，增值税 136 000 元，全部款项收到存入银行(附原始凭证 2 张，如图 7-28 所示)。

中国建设银行 进账单(收账通知)

2013 年 1 月 26 日　　　　No4581909

<table>
<tr><td rowspan="3">收款人</td><td>全　称</td><td>娄底新星有限责任公司</td><td rowspan="3">付款人</td><td>全　称</td><td colspan="9">中南汽车销售公司</td></tr>
<tr><td>账　号</td><td>5668989612345145123</td><td>账　号</td><td colspan="9">6589745895214656265</td></tr>
<tr><td>开户银行</td><td>建设银行娄底支行</td><td>开户银行</td><td colspan="9">农行雁城支行</td></tr>
<tr><td colspan="2" rowspan="2">人民币(大写)</td><td colspan="3" rowspan="2">玖拾叁万陆仟元整</td><td>百</td><td>十</td><td>万</td><td>千</td><td>百</td><td>十</td><td>元</td><td>角</td><td>分</td></tr>
<tr><td>¥</td><td>9</td><td>3</td><td>6</td><td>0</td><td>0</td><td>0</td><td>0</td><td>0</td></tr>
<tr><td colspan="2">票据种类</td><td>银行承兑汇票</td><td colspan="11" rowspan="3">收款人开户行盖章
2013 年 1 月 26 日</td></tr>
<tr><td colspan="2">票据张数</td><td>2</td></tr>
<tr><td colspan="3">单位主管　会计　复核　记账</td></tr>
</table>

此联是银行交收款人的收账通知

建设银行娄底支行 2013.01.26 收讫

湖南增值税专用发票

43000654785　　此联不作报销、扣税凭证使用　　No 00098504

全国统一发票监制章 湖南 国家税务总局监制

开票日期：2013 年 1 月 26 日

<table>
<tr><td rowspan="4">购货单位</td><td colspan="3">名　　称：</td><td rowspan="4">密码区</td><td colspan="2">2489—1<9—7—61596284</td><td>加密版本 01</td></tr>
<tr><td colspan="3">纳税人识别号：</td><td colspan="2">8<032/52>9/29533—4974</td><td>43000654785</td></tr>
<tr><td colspan="3">地址、　电话：</td><td colspan="2">1626<8—3024>82906—2</td><td>00098504</td></tr>
<tr><td colspan="3">开户行及账号：</td><td colspan="2">—47—6<7>2˙—/>˙>6</td><td></td></tr>
<tr><td colspan="2">货物或应税劳务名称</td><td>计量单位</td><td>数量</td><td>单价</td><td>金　额</td><td>税率</td><td>税　额</td></tr>
<tr><td colspan="2">301 真空泵</td><td>台</td><td>200</td><td>4000.00</td><td>800000.00</td><td>17%</td><td>136000.00</td></tr>
<tr><td colspan="2">合　计</td><td></td><td></td><td></td><td>¥800000.00</td><td></td><td>¥136000.00</td></tr>
<tr><td colspan="2">价税合计(大写)</td><td colspan="6">⊗玖拾叁万陆仟元整　　(小写)¥936000.00</td></tr>
<tr><td rowspan="4">销货单位</td><td colspan="3">名　　称：娄底新星有限责任公司</td><td rowspan="4">备注</td><td colspan="3" rowspan="4">娄底新星有限责任公司 431302214563002 发票专用章</td></tr>
<tr><td colspan="3">纳税人识别号：431302214563002</td></tr>
<tr><td colspan="3">地址：　电话：娄星区新星路 12 号 0738-8329000</td></tr>
<tr><td colspan="3">开户行及账号：建行娄底支行 5668989612345145123</td></tr>
</table>

收款人　　复核　　开票人：吴名　　销货单位(章)

第二联 记账联 销货单位记账凭证

图 7-28　1 月 26 日的原始凭证

(11) 2013 年 1 月 29 日，接银行收账通知福建昌平公司所欠货款 50 000 元已收妥入账(附原始凭证 1 张，如图 7-29 所示)。

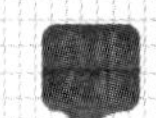

中国建设银行 信汇凭证(收账通知)

委托日期 2013 年 1 月 29 日　　　　第 42 号

收款人	全称	娄底新星有限责任公司			汇款人	全称	福建昌平公司
	账号或住址	5668989612345145123				账号或住址	1402020809600001589
	汇入地点	湖南娄底市	汇入行名称	建行娄底支行		汇出地点	福建昌平县　汇出行名称

金额	人民币(大写)	伍万元整	千	百	十	万	千	百	十	元	角	分
					¥	5	0	0	0	0	0	0

汇款用途：归还原欠货款

上列款项已根据委托办理，如需查询，请持此回单来行面洽。

单位主管：　　会计：　　复核：　　出纳：　　汇出行盖章　2013年1月29日

图 7-29　1 月 29 日的原始凭证

(12) 2013 年 1 月 30 日，从湖南沅江化工有限公司购入黏合剂 700 千克，增值税发票注明买价 28 000 元，增值税 4760 元，全部款项以银行存款付货物收到验收入库(附原始凭证 4 张，如图 7-30 所示)。

中国建设银行　电汇凭证(回　单)　　№ 02809463　1

□普通　□加急　　委托日期　2013 年 1 月 30 日

汇款人	全称	娄底新星有限责任公司	收款人	全称	湖南沅江化工有限公司
	账号	5668989612345145123		账号	252004252531
	汇出地点	湖南 省 娄底 市		汇入地点	湖南 省 长沙 市/县
汇出行名称		中国建设银行娄底支行	汇入行名称		建行一支行

金额	人民币(大写)	叁万贰仟柒佰陆拾元整	百	十	万	千	百	十	元	角	分
				¥	3	2	7	6	0	0	0

支付密码

附加信息及用途：

汇出行签章　　复核：　记账：

此联为汇出行给汇款人的回单

中国银行　收费凭证

2013 年 1 月 30 日

户名	湖南恒财服饰有限公司			账号	314074791908	
收费项目	起止号码	数量	单价	工本费	手续费	邮电费
电汇				4.5	5.5	
金额小计				4.5	5.5	

金额合计(大写)	壹拾元整	十	万	千	百	十	元	角	分
					¥	1	0	0	0

制票：王万　　复核：李额

第一联 客户回单

图 7-30　1 月 30 日的原始凭证

湖南增值税专用发票

发票联

4300081140　　　　　　　　　　　　　　№ 0082356

效验码 22728370132849902010　　　　开票日期：2013 年 1 月 30 日

购货单位	名　　称：娄底新星有限责任公司 纳税人识别号：431302214563002 地址、电话：娄星区新星路 12 号 0738-8329000 开户行及账号：建行娄底支行 566898961234514512 3	密码区	34—1＜9-12＝3　加密版本：01 9＜22＞65586＝6　4300081140 -83＞＊×24=24　0082356

货物或应税劳务名称	规格型号	单位	数量	单价	金额	税率	税额
黏合剂		千克	700	40	28000.00	17%	4760.00
合　计					¥28000.00		¥4760.00
价税合计(大写)	⊗叁万贰仟柒佰陆拾元整					(小写)¥32760.00	

销货单位	名　　称：湖南沅江化工有限公司 纳税人识别号：43010500028370 地址、电话：湖南省长沙市八一路 100 号 24572230 开户行及账号：建行一支行　252004252531	备注	

收款人：章文　　复核：李沙　　开票人：周三　　销货单位(章)

第二联　发票联　购货方记账凭证

湖南沅江化工有限公司　43010500028370　发票专用章

全国统一发票监制章　国家税务总局监制

收　料　单

供应单位：湖南沅江化工有限公司　　　　编号：0123855

发票号码：0082356　　　2013 年 1 月 30 日　　　仓库：原料库

编号	材料名称	规格	单位	数量 应收	数量 实收	单价	千	百	十	万	千	百	十	元	角	分
	黏合剂		千克	700	700	40				2	8	0	0	0	0	0
				运杂费												
				合计					¥	2	8	0	0	0	0	0
备注																

第二联　会计部门记账

保管员：刘颖　　记账：孙洁　　验收员：李平　　制单：张宁

图 7-30　1 月 30 日的原始凭证

要求：

(1) 根据上述资料正确填写相关的票据。

(2) 根据上述资料的原始凭证进行账务处理，填制记账凭证。

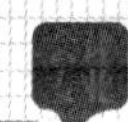

项目小结

银行结算业务是以信用收付代替现金收付的业务，银行是支付结算和资金清算的中介机构。目前的支付结算方式主要有银行汇票、商业汇票、银行本票、支票、汇兑、委托收款和异地托收承付以及信用卡等方式。

支票适用于单位和个人在同一票据交换区域的各种款项结算。凡在银行开立账户的单位和个人，经开户银行同意，均可以使用支票。

银行汇票是异地结算中较为广泛采用的一种结算方式。凡是各单位、个体经济户和个人需要在异地进行商品交易、劳务供应和其他经济活动及债权债务的结算，都可以使用银行汇票。

银行本票结算方式适用于单位和个人在同城范围内(票据交换区域)的商品交易和劳务供应以及其他款项的结算。我国的银行本票目前有两种，一种是定额本票，另一种是不定额本票。定额本票由中国人民银行委托专业银行代理签发，面额有1 000元、5 000元、10 000元和50 000元；不定额本票的金额起点为1 000元。

在银行开立存款账户的法人以及其他组织之间，必须具有真实的交易关系或债权债务关系，才能使用商业汇票。不管是同城还是异地，其款项结算都可以使用商业汇票的结算方式。商业汇票按其承兑人的不同又可分为商业承兑汇票和银行承兑汇票。

委托收款便于收款人主动收款，在同城、异地均可办理，且不受金额起点限制，委托收款结算款的划回方式，分邮寄和电报两种，由收款人选择。

托收承付结算只适用于异地企业之间订有经济合同的商品交易及因商品交易而产生的劳务供应款项的结算。代销、零售、赊销商品的款项不得办理托收承付结算。

托收承付结算款项的划回方法，分邮寄和电报两种，由收款人选用。

汇兑结算方式适用于异地之间单位或个人的各种款项结算，具有划拨款项简单、灵活的特点，且结算不受金额起点的限制。汇兑按划款方式不同分为信汇和电汇两种。

练　习　题

一、单项选择题

1. 由出票人签发的，委托办理支票存款业务的银行在见票时无条件支付确定的金额给收款人或持票人的票据是(　　)。

A. 银行汇票　　B. 支票　　C. 银行本票　　D. 商业汇票

2. 下列关于支票的说法正确的是(　　)。

A. 支票的收款人可由出票人授权补记

B. 支票不可以背书转让

C. 支票的提示付款期限为出票日起1个月

D. 持票人提示付款时，支票的出票人账户金额不足的，银行应先向持票人支付票款

3. 对于企业向银行填写的电汇凭证金额，中文大写与阿拉伯数码不一致时(　　)。

A. 银行以凭证上注明的较小的金额为准

B. 以中文大写为准

C. 以阿拉伯数码记载为准

D. 该电汇凭证银行不予受理

4. 支票的提示付款期限是(　　)。

A. 自出票日起 6 个月　　B. 自出票日起 10 日

C. 自出票日起 1 个月　　D. 自出票日起 15 日

5. 商业汇票的最长付款期限是(　　)。

A. 6 个月　　B. 3 个月　　C. 1 个月　　D. 2 个月

6. 依据《票据法》的规定，下列票据中，需要提示承兑的是(　　)。

A. 银行汇票　　B. 支票

C. 银行本票　　D. 见票后定期付款的汇票

7. 银行本票的提示付款期限是(　　)。

A. 自出票日起 6 个月　　B. 自出票日起 2 个月

C. 自出票日起 1 个月　　D. 自出票日起 3 个月

8. 下列关于银行汇票的说法，错误的是(　　)。

A. 单位和个人各种款项的结算都可以使用银行汇票

B. 银行汇票不可以背书转让

C. 银行汇票的提示付款期限为出票日起 1 个月

D. 银行汇票一律记名

9. 以下只能用于同城结算的结算方式有(　　)。

A. 汇兑结算　　B. 银行汇票结算

C. 银行本票结算　　D. 商业汇票结算

10. 支票的出票日期是 2012 年 10 月 9 日，填写时，应写为(　　)。

A. 贰零壹贰年零壹拾月零玖日　　B. 贰零壹贰年零壹拾月玖日

C. 贰零壹贰年壹拾月零玖日　　D. 贰零壹贰年壹拾月玖日

11. 50061.03 元，大写正确的是(　　)。

A. 伍万零陆拾壹元零叁分　　B. 伍万零零陆拾壹元零角叁分

C. 伍万零陆拾壹元叁分　　D. 伍万陆拾壹元零叁分

12. 一张支票的票面金额为 15 万元，5 月 10 日到期。持票人向银行提示付款时，发现付款人的银行账户金额为 10 万元。根据《支付结算办法》的有关规定，银行对付款人的罚款数额为(　　)元。

A. 10 500　　B.1 050　　C. 7 500　　D. 750

二、多项选择题

1. 根据《支付结算办法》的规定，下列支付结算种类中，没有结算金额起点的是(　　)。

A. 委托收款　　B. 托收承付　　C. 汇兑　　D. 商业汇票

2. 下列各项中，属于无效票据的有(　　)。
   A. 更改签发日期的票据
   B. 更改收款单位名称的票据
   C. 中文大写金额与阿拉伯数码金额不一致的票据
   D. 更改金额的票据
3. 根据《票据法》的规定，支票上可以由出票人授权补记的事项是(　　)。
   A. 收款人名称　　B. 出票日期
   C. 支票金额　　D. 付款人名称
4. 银行汇票结算的特点有(　　)。
   A. 方便及时，使用广泛　　B. 票随人走，钱货两清
   C. 信誉度高，支付能力强　　D. 结算准确，余款自动退回
5. 商业承兑汇票的签发人可以是(　　)。
   A. 收款人　　B. 开户银行　　C. 承兑人　　D. 付款人
6. 下列各项中，有关银行汇票和支票的区别表述正确的是(　　)。
   A. 银行汇票可以背书转让，支票不可以背书转让
   B. 银行汇票有即期汇票与远期汇票，支票均为见票即付
   C. 银行汇票提示付款期限为自出票日起 1 个月，支票为自出票日起 10 日
   D. 汇票上的收款人名称可经出票人授权补记，支票上的收款人名称不能补记
7. 下列各项票据中，可以挂失止付的包括(　　)。
   A. 已承兑的商业汇票　　B. 支票
   C. 填明“现金”字样的银行汇票　　D. 银行汇票
8. 下列关于商业汇票的说法中，正确的是(　　)。
   A. 商业汇票的付款人为承兑人
   B. 商业汇票的出票人为付款人
   C. 商业汇票的提示付款期限为自汇票到期日起 10 日
   D. 商业汇票的提示付款期限为自汇票到期日起 6 个月
9. 根据《支付结算办法》的规定，下列支付结算种类中，属于同城结算方式的是(　　)。
   A. 银行本票　　B. 托收承付　　C. 支票　　D. 商业汇票
10. 根据我国有关规定，不可以挂失止付的票据有(　　)。
   A. 未记载付款人的票据　　B. 无法确定付款人的票据
   C. 未填明代理付款人的银行汇票　　D. 银行本票
11. 可以支取现金的支票有(　　)。
   A. 现金支票　　B. 转账支票　　C. 普通支票　　D. 划线支票
12. 出票人签发空头支票的，则(　　)。
   A. 银行应予以退票
   B. 银行按票面金额处以 3%但不低于 1 000 元的罚款
   C. 持票人有权要求出票人赔偿支票金额 2%的赔偿金
   D. 对屡次签发的，银行应停止其签发支票权

三、判断题

1. 根据《支付结算办法》的规定，银行汇票的提示付款期限是自出票日起2个月。（ ）

2. 商业承兑汇票既可以由付款人签发，也可以由收款人签发，但银行承兑汇票只能由付款人签发。（ ）

3. 结算凭证金额应以中文大写和阿拉伯数码同时记载，两者必须一致，两者不一致的，银行不予受理。（ ）

4. 挂失止付不是票据丧失后采取的必经措施，而是一种暂时的预防措施，失票人最终要申请公示催告或提起普通诉讼。（ ）

5. 在银行开立存款账户的法人以及其他组织之间，必须具有真实的交易关系或债权债务关系，才能使用商业汇票。（ ）

6. 支票的出票人签发支票的金额不得超过付款时在付款人处实有的存款金额。（ ）

7. 票据和结算凭证的金额、出票或者签发日期以及收款人的名称不得更改，更改的票据无效；对更改的结算凭证，银行不予受理。（ ）

8. 出票人为单位的，票据上的印章为与该单位在银行预留签章一致的财务专用章或者公章，加其他法定代表人或者授权的代理人的签名或签章。（ ）

9. 银行对出票人签发的空头支票除退票外，还要按票面金额处以5%但不低于1 000元的罚款。持票人有权要求出票人赔偿支票金额2%的赔偿金。（ ）

10. 托收承付结算只适用于异地企业之间订有经济合同的商品交易及因商品交易而产生的劳务供应款项的结算。代销、零售、赊销商品的款项不得办理托收承付结算。（ ）

11. 托收承付的付款人拒付全部或部分货款时，应填写拒付理由书，连同有关单证交开户银行，银行不负责审查拒付理由，而将拒绝付款理由书和有关凭证及单证寄给收款人开户银行并转交收款人。（ ）

12. 支票限于见票即付，另行记载付款日期的，支票无效。（ ）

四、简答题

1. 什么是银行结算业务？通过银行结算有什么意义？
2. 银行支付结算方式有哪些类型？各自的结算适用范围是什么？
3. 什么是支票结算方式？它分为哪几类？具体如何使用？
4. 支票结算方式的使用有哪些规定？
5. 比较银行汇票和银行本票的异同。
6. 什么是商业汇票？它分为哪几类？具体如何使用？
7. 比较委托收款结算方式和托收承付结算方式的异同。
8. 支票遗失的补救措施有哪些？
9. 签发支票应该注意哪些问题？
10. 商业汇票结算有哪些特点？

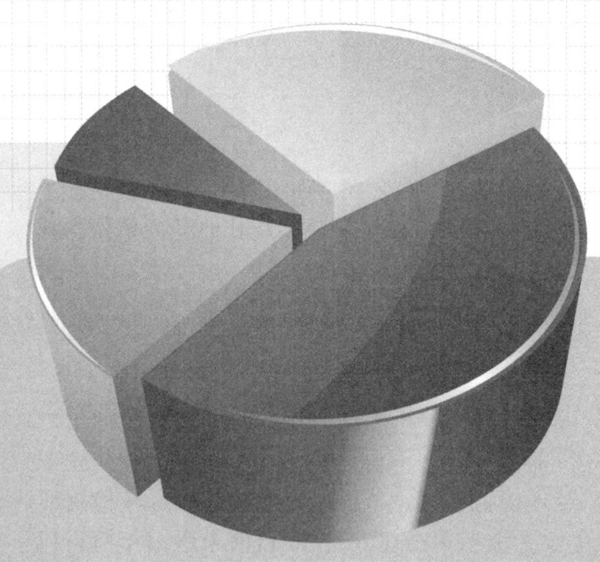

项目 8

企业工商年检与涉税业务

学习目标

了解企业工商年检和税务登记验证；熟悉税务登记的种类和具体操作；掌握纳税申报的种类与操作要求、发票管理操作要求。

项目重点与难点

开业税务登记操作；发票管理操作；一般纳税申报和税款缴纳操作。

技能要求

通过本项目学习，能独立完成工商年检和税务登记，正确领购、使用发票；准确进行纳税申报和税款缴纳。

【项目导入】

王林大学毕业后准备自行创设一家小型商贸企业，可是他对工商和税收这一块儿业务不是很熟悉，存在这样一些疑问：①公司成立后如何与税务机关建立税收征管关系？②公司怎样才能领到发票？③公司要交哪些税，怎么样去交？④年终时如何办理工商年检手续？通过本项目的学习，以上问题能得到一一解答。

任务 8.1　企业工商年检

8.1.1　年检对象

凡领取营业执照的有限责任公司、股份有限公司、非公司企业法人、合伙企业、个人独资企业及其分支机构、来华从事经营活动的外国(地区)企业，以及其他经营单位，都应当办理年检。

8.1.2　年检时间

年检时间为从每年的 3 月 1 日至 6 月 30 日止，主管机关在规定的时间内对企业上一年度的情况进行检查。企业应当于 6 月 30 日前到登记主管机关报送年检材料。有些企业在 6 月 30 日前提交年检材料确有困难时，经年检机关同意，可以适当延长报送年检材料的期限，年检机关可免予对其处罚；如果企业无正当理由在 6 月 30 日前未送报年检材料或在年检截止日期前未申报年检的，则登记主管机关将依法予以处罚，情节严重的，吊销其营业执照。

8.1.3　工商年检的内容

企业进行工商年检时主要检验以下内容。

(1) 企业法人登记事项的执行和变动情况。

(2) 企业对外投资情况。年检中检查的企业投资情况，主要是指企业以股东身份向其他公司法人的投资，或以联营者的身份在联营企业法人中的出资。

(3) 企业生产经营情况。企业必须如实地在资产负债表和损益表中反映生产经营情况和资产的运用效益情况，向有关部门申报，接受其监督管理和指导。

(4) 股东或者出资人的出资或提供合作条件的情况。出资人的出资是指投资者按照企业章程或协议规定，准时足额投入企业的资金数额。

(5) 企业设立分支机构情况。

8.1.4　工商年检所需材料

企业进行工商年检时所需材料如下。

(1) 年检报告书。

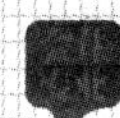

(2) 营业执照正、副本和工商 IC 卡。

(3) 企业法人年度资产负债表和损益表。

(4) 其他应当提交的材料。

(5) 非法人分支机构，除提交(1)、(2)、(4)项所列文件外，还应当提交所属法人营业执照复印件。营业执照复印件应当加盖登记主管机关的公章。

(6) 公司和外商投资企业应当提交年度审计报告。

(7) 不足一个会计年度新设立的企业法人和按照章程或合同规定出资期限到期的外商投资企业，应当提交验资报告。

(8) 登记主管机关要求进行验资的其他企业，也应当提交验资报告。

(9) 持有“免检证书”的企业免于提交审计报告。

8.1.5　年检基本程序

企业进行年检的基本程序如下。

(1) 企业申领、报送年检报告书和其他有关材料。

(2) 登记主管机关受理审核年检材料。

(3) 企业交纳年检费。

(4) 登记主管机关加贴年检标识和加盖年检戳记。

(5) 登记主管机关返还企业营业执照。

企业进行年检时的网上操作流程如图 8-1 所示。

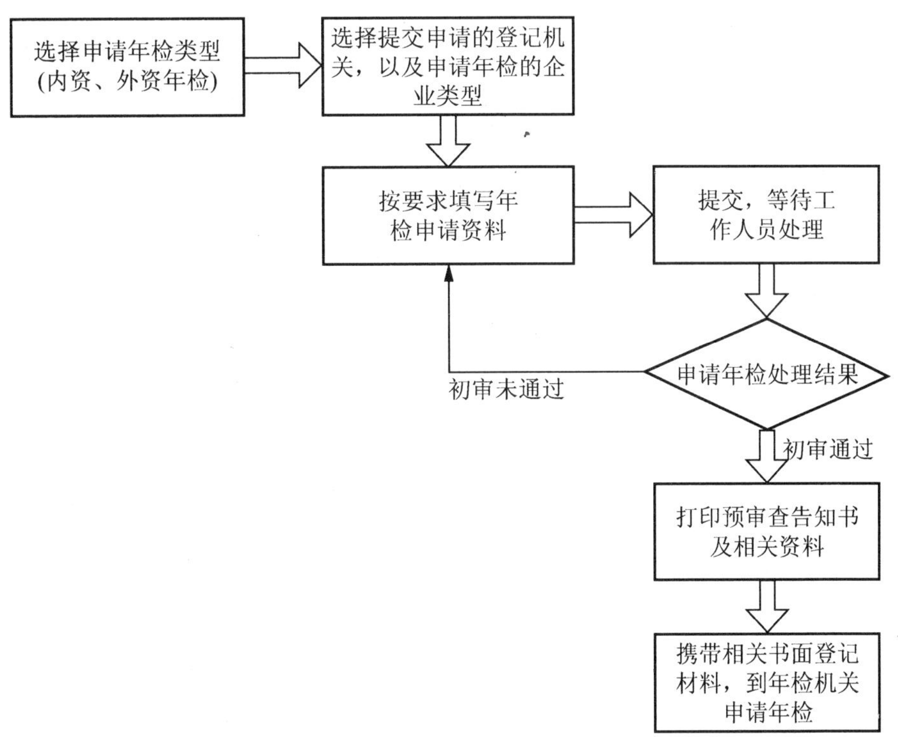

图 8-1　网上年检流程图

任务 8.2 税 务 登 记

8.2.1 开业税务登记

按照《税收征管法》及其实施细则和税务登记管理办法的有关规定，除国家机关、个人(自然人)和无固定生产、经营场所的流动性农村小商贩外，纳税人都应当申报办理税务登记。国家机关所属事业单位有经营行为、取得应税收入、财产、所得的，也应当办理税务登记。

1. 办理开业税务登记的时间和地点

纳税人自工商部门领取营业执照或经有关部门批准后，应在30日内向主管税务机关领取和填报《税务登记表》，办理税务登记。

纳税企业和事业单位跨县(市)、区设立的分支机构和从事生产经营的场所，除总机构向当地主管税务机关申报办理税务登记外，分支机构还应当向其所在地主管国家税务机关申报办理税务登记。有固定生产经营场所的个体工商户，向经营地主管税务机关申报办理税务登记；流动经营的个体工商户，向户籍所在地主管税务机关申报办理税务登记。

2. 办理开业税务登记的操作程序

1) 纳税人提出书面申请报告，并提供下列有关证件和资料

(1) 营业执照或其他核准执业证件。

(2) 有关合同、章程、协议书。

(3) 法定代表或业主居民身份证、护照或者其他证明身份的合法证件。

(4) 组织机构统一代码证书。

(5) 属于享受税收优惠政策的企业，应当提供相应的证明、资料。

(6) 其他需要提供的有关证件、资料，由省、自治区、直辖市税务机关确定。

2) 填写税务登记表

纳税人领取税务登记表(见表 8-1)或注册登记表后，按照规定的内容逐项填写，并加盖企业印章，经法定代表人签字后将税务登记表报送主管国家税务机关。

表 8-1 税务登记表(适用单位纳税人)格式

填表日期：

纳税人名称				纳税人识别号			
登记注册类型				批准设立机关			
组织机构代码				批准设立证明或文件号			
开业(设立)日期		生产经营期限		证照名称		证照号码	

续表

注册地址		邮政编码		联系电话	
生产经营地址		邮政编码		联系电话	
核算方式	请选择对应项目打(“ √ ”)□独立核算 □非独立核算	从业人数		其中外籍人数	
单位性质	请选择对应项目打(“ √ ”)□ 企业 □ 事业单位 □社会团体 □ 民办非企业单位 □其他				
网站网址		国标行业	□□ □□ □□ □□		
适用会计制度	请选择对应项目打(“ √ ”) □企业会计制度 □小企业会计制度 □金融企业会计制度 □行政事业单位会计制度				

经营范围	请将法定代表人(负责人)身份证件复印件粘贴在此处。

项目 内容 联系人	姓 名	身份证件		固定电话	移动电话	电子邮箱
		种类	号码			
法定代表人(负责人)						
财务负责人						
办税人						

税务代理人名称	纳税人识别号	联系电话	电子邮箱

注册资本或投资总额	币种	金额	币种	金额	币种	金额

投资方名称	投资方经济性质	投资比例	证件种类	证件号码	国籍或地址

自然人投资比例		外资投资比例		国有投资比例	

分支机构名称	注册地址	纳税人识别号

总机构名称		纳税人识别号	
注册地址		经营范围	

法定代表人姓名		联系电话		注册地址邮政编码	

代扣代缴、代收代缴税款业务情况	代扣代缴、代收代缴税款业务内容	代扣代缴、代收代缴税种

附报资料:

经办人签章: 年 月 日	法定代表人(负责人)签章: 年 月 日	纳税人公章: 年 月 日

续表

<table>
<tr><td>以下由税务机关填写</td><td colspan="5"></td></tr>
<tr><td>纳税人所处街乡</td><td colspan="3"></td><td>隶属关系</td><td></td></tr>
<tr><td>国税主管税务局</td><td></td><td>国税主管税务所(科)</td><td></td><td rowspan="2">是否属于国税、地税共管户</td><td></td></tr>
<tr><td>地税主管税务局</td><td></td><td>地税主管税务所(科)</td><td></td><td></td></tr>
<tr><td colspan="2">经办人(签章)：
国税经办人：______
地税经办人：______

受理日期：
____年___月____日</td><td colspan="2">国家税务登记机关
(税务登记专用章)：

核准日期：
____年____月____日
国税主管税务机关：</td><td colspan="2">地方税务登记机关
(税务登记专用章)：

核准日期：
____年____月____日
地税主管税务机关：</td></tr>
<tr><td colspan="6">国税核发《税务登记证副本》数量：　　本　发证日期：________年____月____日</td></tr>
<tr><td colspan="6">地税核发《税务登记证副本》数量：　　本　发证日期：________年____月____日</td></tr>
</table>

国家税务总局监制

3) 领取税务登记证件

纳税人报送的税务登记表和提供的有关证件、资料，经主管国家税务机关审核后，报有关国家税务机关批准予以登记的，应当按照规定的期限到主管国家税务机关领取税务登记证及其副本，并按规定缴付工本管理费。

8.2.2 变更税务登记

1. 办理变更税务登记的时间

纳税人税务登记内容发生变化的，应当自工商行政管理机关或者其他机关办理变更登记之日起 30 日内，持有关证件向原税务登记机关申报办理变更税务登记。纳税人税务登记内容发生变化，不需要到工商行政管理机关或者其他机关办理变更登记的，应当自发生变化之日起 30 日内，持有关证件向原税务登记机关申报办理变更税务登记。

2. 办理变更税务登记的操作程序

1) 变更税务登记申报并提供资料

办理变更税务登记需要提供以下资料。

(1) 工商营业执照及工商变更登记表复印件。

(2) 组织机构统一代码证书(副本)原件(涉及变动的提供)。

(3) 业主或法定代表人身份证件的原件及复印件(涉及变动的提供)。

(4) 场地使用证明：自有房屋的，提供房屋产权证，租赁房屋的，提供租房协议和出租方的房屋产权证复印件；无房屋产权证的，提供情况说明；无偿使用的，提供无偿使用证明(地址)(涉及变动的提供)。

(5) 《税务登记证》正、副本原件。

2) 填写税务变更登记表

纳税人税务登记内容发生以上变更时，在税法规定的期限内，到税务机关领取“变更税务登记表”，按要求如实填写后报送主管税务机关。“变更税务登记表”如表 8-2 所示。

表 8-2　变更税务登记表

<table>
<tr><td colspan="2">纳税人名称</td><td colspan="2"></td><td>纳税人识别号</td><td></td></tr>
<tr><td colspan="6">变更登记事项</td></tr>
<tr><td>序号</td><td>变更项目</td><td colspan="2">变更前内容</td><td>变更后内容</td><td>批准机关名称及文件</td></tr>
<tr><td></td><td></td><td colspan="2"></td><td></td><td></td></tr>
<tr><td></td><td></td><td colspan="2"></td><td></td><td></td></tr>
<tr><td></td><td></td><td colspan="2"></td><td></td><td></td></tr>
<tr><td colspan="6">送缴证件情况：</td></tr>
<tr><td colspan="6">纳税人

经办人　　　　　　　法定代表人(负责人)：　　　　　纳税人(签章)
年　月　日　　　　　　年　月　日　　　　　　年　月　日</td></tr>
<tr><td colspan="6">经办税务机关审核意见

经办人：　　　　　　负责人：　　　　　　税务机关(签章)
年　月　日　　　　　　年　月　日　　　　　　年　月　日</td></tr>
</table>

3) 领取变更后的税务登记证

税务登记证件内容需作更改的，收回原税务登记证件(正、副本)，并按变更后的内容重新核发税务登记证件(正、副本)。纳税人凭缴费凭证，领取税务登记证件。

8.2.3　注销税务登记

纳税人发生解散、破产、撤销以及其他情形而依法终止纳税义务，或者因住所、经营地点变动而涉及改变税务登记机关的应向原税务登记机关申报办理注销税务登记。

1．办理注销税务登记的时间和地点

纳税人发生解散、破产、撤销以及其他情形，依法终止纳税义务的，应当在向工商行政管理机关或者其他机关办理注销登记前，持有关证件向原税务登记机关申报办理注销税务登记；按照规定不需要在工商行政管理机关或者其他机关办理注销登记的，应当自有关机关批准或者宣告终止之日起 15 日内，持有关证件向原税务登记机关申报办理注

销税务登记。

纳税人因住所、经营地点变动，涉及改变税务登记机关的，应当在向工商行政管理机关或者其他机关申请办理变更、注销登记前，或者住所、经营地点变动前，持有关证件和资料，向原税务登记机关申报办理注销税务登记。

纳税人被工商行政管理机关吊销营业执照或者被其他机关予以撤销登记的，应当自营业执照被吊销或者被撤销登记之日起 15 日内，向原税务登记机关申报办理注销税务登记。

境外企业在中国境内承包建筑、安装、装配、勘探工程或提供劳务的，应当在项目完工、离开中国前 15 日内，持有关证件和资料，向原税务登记机关申报办理注销税务登记。

2. 办理注销税务登记的操作程序

1) 注销税务登记申报并提供资料

纳税人在向工商行政管理机关申请办理注销登记之前，到税务机关办税服务厅领取“注销税务登记申请审批表”，或登录税务机关网站下载相关表格，向税务机关申报办理注销税务登记。纳税人如需补交税款等的，应先结清税款后再提交申请。

办理注销税务登记应提供以下证件和资料：①注销登记申请；②注销登记的有关证明文件；③税务机关原核发的税务登记证件(登记证正本、副本和登记表)；④发票缴销登记表；⑤所持有的发票领购簿及未使用完的各类空白发票、收据；⑥取消税务认定申请审批表；⑦税务机关要求提供的其他证件资料。

2) 填写注销税务登记申请审批表

纳税人在向工商行政管理机关申请办理注销登记之前，到税务机关办税服务厅领取“注销税务登记申请审批表”(见表 8-3)，或登录税务机关网站下载相关表格，及时填写完整、盖章后，提交给税务机关办税服务厅，申请办理注销登记。

表 8-3 注销税务登记申请审批表

纳税人名称		纳税人识别号	
注销原因			
附送资料			
纳税人 经办人： 年 月 日	法定代表人(负责人)： 年 月 日	纳税人(签章) 年 月 日	
以下由税务机关填写			
受理时间	经办人： 年 月 日	负责人： 年 月 日	

续表

清缴税款、滞纳金、罚款情况	经办人： 年　月　日		负责人： 年　月　日		
缴销发票情况	经办人： 年　月　日		负责人： 年　月　日		
税务检查意见	检查人员： 年　月　日		负责人： 年　月　日		
收缴税务证件情况	种类	税务登记证正本	税务登记证副本	临时税务登记证正本	临时税务登记证副本
	收缴数量				
	经办人： 年　月　日		负责人： 年　月　日		
批准意见	部门负责人： 年　月　日			税务机关 (签章) 年　月　日	

3) 领取通知书

纳税人在告知的期限后凭注销受理单到税务机关办税服务厅领取通知书。

8.2.4　外出经营税收管理登记

1. 外出经营活动税收管理证明的范围

从事生产、经营的纳税人到外县(市)临时从事生产、经营活动的，应当持税务登记证副本和所在地税务机关填开的外出经营活动税收管理证明，向营业地税务机关报验登记，接受税务管理。从事生产、经营的纳税人外出经营，在同一地累计超过 180 日的，应当在营业地办理税务登记手续。

2. 外出经营活动的税收管理

国税部门负责征收企业所得税的企业外出临时提供营业税应税劳务，纳税人应向其机构所在地国税部门申请开具；地税部门负责征收企业所得税的企业外出临时提供营业税应税劳务，纳税人应向其机构所在地地税部门申请开具，即纳税人到外县(市)临时从事生产经营活动的(不分行业或项目)，应按《中华人民共和国税收征收管理法》和《税收征收管理实施细则》及其《税务登记管理办法》的规定，在外出生产经营以前，持税务登记证向主管税务机关(负责征收企业所得税的税务机关)申请开具“外管证”，并在“外管证”注明地进行生产经营前必须向经营地税务机关报验登记(如果企业所得税由国税局征收，则应分别向经营地国税、地税部门办理报验登记)。

3．外出经营报验登记核准

纳税人在申请开具“外管证”后，在外出经营地进行生产经营前应向经营地主管地税机关办理报验登记，报验登记时需要提供以下资料。

(1) 外出经营签订的合同原件或复印件(外文需同时提供中文翻译件)。

(2) 营业执照副本、税务登记证副本及复印件。

(3) 外出经营活动税收管理证明开具申请表(见表 8-4)(加盖公章)。

(4) 按照要求填写的“外出经营活动税收管理证明登记表”(见表 8-5)(本表一式两份，一份税务机关留存，一份交纳税人)，需法定代表人(负责人)签字和加盖公章。

(5) 税务机关要求提供的其他资料。

表 8-4 外出经营活动税收管理证明开具申请表

□新开　　□续期

纳税人编码			项目编码		
外出经营所在地市			外出经营所在区县(镇)		
外出经营负责人		固定电话		移动电话	
纳税人声明：本表所填内容正确无误，所提交的证件、资料及复印件真实有效，如有虚假愿承担法律责任。 经办人：　　　　纳税人(签章)					
以下由地税机关填写					
省内外出经营外管证有效日期	自　年　月　日起至　年　月　日				
主管地税机关意见： 经办人：　　　　负责人：　　　　地税机关(签章) 年　月　日　　　　年　月　日　　　　年　月　日					

表 8-5 外出经营活动税收管理证明登记表

______税外证〔　〕　号　　项目编码：

纳税人名称			纳税人识别号		
法定代表人(负责人)		身份证件名称		身份证件号码	
税务登记地			外出经营地		
登记注册类型			经营方式		
外出经营活动情况					
应税劳务	劳务地点		有效期限		合同金额

续表

			年 月 日至 年 月 日	
			年 月 日至 年 月 日	
货物名称	数量	销售地点	有效期限	货物总值
			年 月 日至 年 月 日	
			年 月 日至 年 月 日	
合同总金额				

机构所在地地税机关意见：

经办人： 负责人： 地税机关(签章)

年 月 日 年 月 日 年 月 日

有效日期	自 年 月 日起至 年 月 日

以下由外出经营地地税机关填写

应税劳务	营业额	缴纳税款	使用发票名称	发票份数	发票号码
合计金额					

货物名称	销售数量	销售额	缴纳税款	使用发票名称	发票份数	发票号码
合计金额						

外出经营地地税机关意见：

经办人： 负责人： 地税机关(签章)

年 月 日 年 月 日 年 月 日

同时纳税人还需注意的事项是，纳税人应当在“外管证”有效期届满后 10 日内，持“外管证”回原税务登记地税务机关办理“外管证”缴销手续。

8.2.5 违反税务登记规定的法律责任

纳税人未按照规定申报办理开业税务登记、变更税务登记或者注销税务登记，以及未按规定申报办理税务登记验证、换证的，应当依照主管国家税务机关通知按期改正。逾期不改正的，由国家税务机关处以 2000 元以下的罚款；情节严重的处以 2000 元以上 1 万元以下的罚款。

纳税人未按规定使用税务登记证件或者转借、涂改、损毁、买卖、伪造税务登记证件的，由国家税务机关处以 2000 元以下的罚款；情节严重的处以 2000 元以上 1 万元以下的罚款。

任务 8.3 发 票 管 理

税务机关是发票的主管机关，负责发票印制、领购、开具、取得、保管、缴销的管理和监督。国务院税务主管部门统一负责全国的发票管理工作。省、自治区、直辖市国家税务局和地方税务局(以下统称省、自治区、直辖市税务机关)依据各自的职责，共同做好本行政区域内的发票管理工作。财政、审计、工商行政管理、公安等有关部门在各自的职责范围内，配合税务机关做好发票管理工作。

8.3.1 发票的印制与领购

1. 发票的印制

发票由省、自治区、直辖市税务机关指定的企业印制；增值税专用发票由国务院税务主管部门确定的企业印制；其他发票，按照国务院税务主管部门的规定，由省、自治区、直辖市税务机关确定的企业印制。禁止私自印制、伪造、变造发票。省、自治区、直辖市税务机关对发票印制实行统一管理原则，严格审查印制发票企业的资格，对指定为印制发票的企业发给发票准印证。

印制发票的企业应当具备下列条件。

(1) 取得印刷经营许可证和营业执照。

(2) 设备、技术水平能够满足印制发票的需要。

(3) 有健全的财务制度和严格的质量监督、安全管理、保密制度。

税务机关应当以招标方式确定印制发票的企业，并发给发票准印证。

印制发票应当使用国务院税务主管部门确定的全国统一的发票防伪专用品。禁止非法制造发票防伪专用品。发票应当套印全国统一发票监制章，该监制章的式样和发票版面印刷的要求，由国家税务总局规定，发票监制由省、自治区、直辖市税务机关制作。禁止伪造发票监制章。发票实行不定期换版制度。印制发票的企业按照税务机关的统一规定，建立发票印制管理制度和保管措施。发票监制章和发票防伪专用品的使用和管理实行专人负责制度。印制发票的企业必须按照税务机关批准的式样和数量印制发票。

发票应当使用中文印制。民族自治地方的发票，可以加印当地一种通用的民族文字。有实际需要也可以同时使用中外两种文字印制。

各省、自治区、直辖市内的单位和个人使用的发票，除增值税专用发票外，应当在本省、自治区、直辖市内印制；确有必要到外省、自治区、直辖市印制的，应当由省、自治区、直辖市税务机关商印制地省、自治区、直辖市税务机关同意，由印制地省、自治区、直辖市税务机关指定的印制发票的企业印制。禁止在境外印制发票。

发票使用量较大的单位，可以申请印制印有本单位名称的发票；如统一发票式样不能满足业务需要，也可以自行设计本单位的发票式样，但均须报经县(市)以上税务机关批准，其中增值税专用发票由国家税务总局另定。

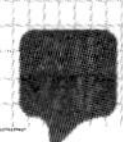

2. 发票的领购

依法办理税务登记的单位和个人，在领取税务登记证件后，向主管税务机关申请领购发票。需要临时使用发票的单位和个人，可以凭购销商品、提供或者接受服务以及从事其他经营活动的书面证明、经办人身份证明，直接向经营地税务机关申请代开发票。依照税收法律、行政法规规定应当缴纳税款的，税务机关应当先征收税款，再开具发票。税务机关根据发票管理的需要，可以按照国务院税务主管部门的规定委托其他单位代开发票。

临时到本省、自治区、直辖市从事经营活动的单位或者个人，应当凭所在地税务机关的证明，向经营地税务机关申请领购经营地的发票。临时在本省、自治区、直辖市以内跨市、县从事经营活动领购发票的办法，由省、自治区、直辖市税务机关制定。

税务机关对外省、自治区、直辖市来本辖区从事临时经营活动的单位和个人领购发票的，可以要求其提供保证人或者根据所领购发票的票面限额及数量缴纳不超过 1 万元的保证金，以限期缴销发票。按期缴销发票的，解除保证人的担保义务或者退还保证金；未按期缴销发票的，由保证人或者以保证金承担法律责任。税务机关收取保证金应当开具收据。

发票领购的程序如下。

1) 提出领购申请

申请领购发票的单位和个人在领取税务登记证件后，向主管国税机关提出领购发票申请(见表 8-6)，并提供经办人身份证明，税务登记证件或者其他有关证明，以及财务印章或者发票专用章的印模。

表 8-6　发票领购申请表

<table>
<tr><td colspan="4">用票单位(人)盖章：</td><td colspan="3">经济性质：</td></tr>
<tr><td colspan="4">税务登记证：　字　号</td><td colspan="3">发证日期：　年　月　日</td></tr>
<tr><td colspan="4">办税员：</td><td colspan="3">办税员证件号码：</td></tr>
<tr><td colspan="4">负责购买发票人员：</td><td colspan="3">负责购买发票人员身份证号码：</td></tr>
<tr><td colspan="7">经营范围：</td></tr>
<tr><td colspan="7">申请领购发票情况</td></tr>
<tr><td>发票名称</td><td>发票代码</td><td>联次</td><td>金额版</td><td>每月用量(本或份)</td><td>每次购买量(本或份)</td><td>购票方式认定</td></tr>
<tr><td></td><td></td><td></td><td></td><td></td><td></td><td></td></tr>
<tr><td></td><td></td><td></td><td></td><td></td><td></td><td></td></tr>
<tr><td></td><td></td><td></td><td></td><td></td><td></td><td></td></tr>
<tr><td></td><td></td><td></td><td></td><td></td><td></td><td></td></tr>
<tr><td></td><td></td><td></td><td></td><td></td><td></td><td></td></tr>
<tr><td></td><td></td><td></td><td></td><td></td><td></td><td></td></tr>
<tr><td></td><td></td><td></td><td></td><td></td><td></td><td></td></tr>
<tr><td></td><td></td><td></td><td></td><td></td><td></td><td></td></tr>
<tr><td></td><td></td><td></td><td></td><td></td><td></td><td></td></tr>
<tr><td></td><td></td><td></td><td></td><td></td><td></td><td></td></tr>
<tr><td></td><td></td><td></td><td></td><td></td><td></td><td></td></tr>
</table>

注：本表适用于纳税人初次办理发票领购前或因经营范围变化等原因须增加或减少发票领购种类、数量时填写。本表一式一份。

2) 领取“发票领购簿”

主管国税机关在对用票单位和个人的领购发票申请及有关证件审核后，根据纳税人的经营范围和规模，确认领购的种类、数量以及领购方式，并在 5 个工作日内发给发票领购簿。

3) 按规定数量购票

领购发票的单位和个人凭发票领购簿核准的种类、数量及购票方式，向主管税务机关领购发票。单位和个人领购发票时，应当按照税务机关的规定报告发票使用情况，税务机关应当按照规定进行查验。

8.3.2 发票的开具

1. 发票的开具时间

开具发票的单位和个人必须在发生经营业务确认营业收入时开具发票，未发生经营业务一律不准开具发票。发票应按以下规定时限开具，不得提前或滞后。

(1) 采用预收账款、托收承付、委托银行收款结算方式的，为货物发出的当天。

(2) 采用交款提货结算方式的，未收到货款的当天。

(3) 采用赊销、分期收款结算方式的，为合同约定的收款日期的当天。

(4) 将货物交付他人代销，为收到受托人送交的代销清单的当天。

(5) 设有两个以上机构并实行统一核算的纳税人，将货物从一个机构移送其他机构用于销售，按规定应当征收增值税的，为货物移送的当天。

(6) 将货物作为投资提供给其他单位或个体经营者，为货物移送的当天。

(7) 将货物分配给股东，为货物移送的当天。

2. 发票的开具要求

(1) 销售商品、提供服务以及从事其他经营活动的单位和个人，对外发生经营业务收取款项，收款方应向付款方开具发票，但收购单位和扣缴义务人支付个人款项时，由付款方向收款方开具发票。所有单位和从事生产、经营活动的个人在购买商品、接受服务以及从事其他经营活动支付款项时，应当向收款方取得发票。取得发票时，不得要求变更品名和金额。

(2) 开具发票应当按照规定时限、顺序、逐栏全部联次一次性如实开具，并加盖单位财务印章或者发票专用章。不符合规定的发票不得作为财务报销凭证，任何单位和个人有权拒收。

任何单位和个人不得有下列虚开发票行为：①为他人、为自己开具与实际经营业务情况不符的发票；②让他人为自己开具与实际经营业务情况不符的发票；③介绍他人开具与实际经营业务情况不符的发票。

(3)安装税控装置的单位和个人，应当按照规定使用税控装置开具发票，并按期向主管税务机关报送开具发票的数据。使用非税控电子器具开具发票的，应当将非税控电子器具使用的软件程序说明资料报主管税务机关备案，并按照规定保存、报送开具发票的

数据。国家推广使用网络发票管理系统开具发票，具体管理办法由国务院税务主管部门制定。

(4) 任何单位和个人不能转借、转让、代开发票；未经税务机关批准，不能拆本使用发票；不能自行扩大专业发票使用范围或以其他凭证代替发票使用。禁止倒买倒卖发票、发票监制章和发票防伪专用品。

(5) 除国务院税务主管部门规定的特殊情形外，发票限于领购单位和个人在本省、自治区、直辖市内开具。除国务院税务主管部门规定的特殊情形外，任何单位和个人不得跨规定的使用区域携带、邮寄、运输空白发票。禁止携带、邮寄或者运输空白发票出入境。

(6) 开具发票的单位和个人应当建立发票使用登记制度，设置发票登记簿，并定期向主管税务机关报告发票使用情况。

(7) 开具发票的单位和个人应当在办理变更或注销税务登记的同时，办理发票和发票领购簿的变更、缴销手续。

(8) 开具发票的单位和个人应当按照税务机关的规定存放和保管发票，不得擅自损毁。已经开具的发票存根联和发票登记簿，应当保存 5 年。保存期满，报经税务机关查验后销毁。

3. 红字发票的开具

开具发票后，如发生销货退回需开红字发票的，必须收回原发票并注明“作废”字样或取得对方有效证明；发生销售折让的，在收回原发票并注明“作废”字样后，重新开具销售发票。所谓“对方有效证明”，是要对方书面写明情况、单位盖章、注明身份证号码、地址和联系电话，经销货单位负责人批示后方可开具红字发票。

在购买方已付货款，或者货款未付但已作账务处理，发票联及抵扣联无法退还的情况下，购买方必须取得当地主管国税机关开具的“进货退出或索取折让证明单”(以下简称“证明单”)送交销售方，作为销售方开具红字专用发票的合法依据。销售方在未收到“证明单”以前，不得开具红字专用发票；收到“证明单”后，根据退回货物的数量、价款或折让金额向购买方开具红字专用发票。红字专用发票的存根联、记账联作为销售方扣减当期销项税额的凭证，其发票联、税款抵扣联作为购买方扣减进项税额的凭证；购买方收到红字专用发票后，应将其所注明的增值税额从当期进项税额中扣减。“证明单”的基本联次为三联：第一联为存根联，由国家税务机关留存备查；第二联为证明联，交由购买方送销售方作为开具红字专用发票的合法依据；第三联由购货方单位留存。一般纳税人取得的“证明单”应按照国家税务机关的要求装订成册，并按照有关发票保管的规定进行保管。

8.3.3　发票的保管、缴销及违反规定的法律责任

1. 发票的保管

1) 发票保管制度

用票单位和个人应建立严格的发票保管制度。

(1) 专人保管制度：就是要确定专人负责发票管理、日常领发等工作。地税机关以及用票单位和个人应根据实际需要，设置专职发票管理员，明确其工作职责，并严格岗位责任考核。

(2) 专库保管制度：就是要有专门的发票存放设施，确保发票的安全。各级地税机关要严格按照规定设立专门存储发票的仓库，并配有必要的防盗、防火、防霉烂毁损、防虫蛀鼠咬、防丢失等安全设施。用票单位和个人也要配备专柜存放发票，并分门别类、按顺序号码存放，以有利于发票的存取和盘查。

(3) 专账登记制度：就是要按规定设立专门的账、表反映发票印、领、用、存情况，并由购领人员签章，做到手续齐全，责任清晰。

(4) 保管交接制度：发票保管人员发生变化时，应按下列程序办理交接手续。

① 清点库存发票和缴销的发票存根种类和数量。

② 核对发出尚未缴销的发票种类和数量。

③ 清点、装订需要移交的有关账表、资料、印章和物品。

④ 填写移交清单(一式三份，移交人、接收人、监交人各执一份)。

移交工作由上级主管人员负责监督，如发现移交的资料、物品不符，则应责成原发票保管人员限期查明，待查明相符后，方可办理移交手续。未按规定办理移交手续的发票管理人员，不得办理调动手续。

(5) 定期盘点制度：用票单位和个人，应在每月底对库存未用的发票进行一次清点，填报“发票盘存报告表”，确保发票账实相符。

2) 空白发票的保管

(1) 用票单位和个人领回的空白发票，要设立专库或专柜进行保管，做到防盗、防失、防潮，确保发票安全。

(2) 用票单位都要指定专人保管空白发票。领发空白发票，一律由发票保管人员统一办理，其他人员不得替代，并要建立严格的发票领发制度。凡领发发票，必须注明领发发票的名称、种类、数量、起止号码等，并由领用人员签章。

3) 作废发票的保管

(1) 开具发票过程中出现的作废发票的管理。对由于开票人员工作失误或其他原因开错的发票，应当在发票上加盖“作废”戳记，重新开具发票，不得在开错的发票上涂改。开错的“作废”发票必须全部联次妥善保管，粘贴在原发票存根上，不得私自销毁，以备查核。

(2) 政策调整等原因造成作废发票的管理。发票统一换版或政策变化等原因造成发票作废的，在规定的过渡期内，新旧版发票可以同时使用；到期后，旧版发票全部作废，由税务机关组织全面清理和收缴；收缴完毕以后，指定专人集中保管，并登记造册，按规定统一集中销毁。

4) 发票存根的保管

用票单位和个人已开具的发票存根联和发票登记簿，应妥善保管，保管期为 5 年。在保管期内，任何单位和个人都不得擅自损毁。用票单位和个人对已使用需自己保存的

发票存根，要分年限、分发票种类设立专柜进行保管。保存期满，报经主管地税机关查验后现场销毁。

5) 封存发票的保管

用票单位和个人申请停业的，主管地税机关应封存其“发票领购簿”和未使用的发票，并设立专柜保管；纳税人重新开业办妥手续后发还封存的“发票领购簿”和未使用的发票。用票单位和个人在办理注销税务登记之前，主管地税机关应收缴其“发票领购簿”和未使用的发票，登记缴销记录。异地重新办理税务登记的，应重新申请办理“发票领购簿”。

2. 发票的缴销

单位和个人应当在办理变更或者注销税务登记的同时，向主管地税机关办理发票和发票领购簿的变更、缴销手续。纳税人停歇业或者发票发生换版时，应将所有尚未使用的空白发票(包括旧版空白发票)连同“发票缴销/核销单”一并报送主管地税机关办理缴销手续。

3. 违反发票管理规定的法律责任

(1) 违反发票管理办法的规定，有下列情形之一的，由税务机关责令改正，可以处 1 万元以下的罚款；有违法所得的予以没收。

① 应当开具而未开具发票，或者未按照规定的时限、顺序、栏目，全部联次一次性开具发票，或者未加盖发票专用章的。

② 使用税控装置开具发票，未按期向主管税务机关报送开具发票的数据的。

③ 使用非税控电子器具开具发票，未将非税控电子器具使用的软件程序说明资料报主管税务机关备案，或者未按照规定保存、报送开具发票的数据的。

④ 拆本使用发票的。

⑤ 扩大发票使用范围的。

⑥ 以其他凭证代替发票使用的。

⑦ 跨规定区域开具发票的。

⑧ 未按照规定缴销发票的。

⑨ 未按照规定存放和保管发票的。

(2) 跨规定的使用区域携带、邮寄、运输空白发票，以及携带、邮寄或者运输空白发票出入境的，由税务机关责令改正，可以处 1 万元以下的罚款；情节严重的，处 1 万元以上 3 万元以下的罚款；有违法所得的予以没收。丢失发票或者擅自损毁发票的，依照前款规定处罚。

(3) 违反规定虚开发票的，由税务机关没收违法所得；虚开金额在 1 万元以下的，可以并处 5 万元以下的罚款；虚开金额超过 1 万元的，并处 5 万元以上 50 万元以下的罚款；构成犯罪的，依法追究刑事责任。非法代开发票的，依照前款规定处罚。

(4) 私自印制、伪造、变造发票，非法制造发票防伪专用品，伪造发票监制章的，由税务机关没收违法所得，没收、销毁作案工具和非法物品，并处 1 万元以上 5 万元以下的罚款；情节严重的，并处 5 万元以上 50 万元以下的罚款；对印制发票的企业，可以并处吊销发票准印证；构成犯罪的，依法追究刑事责任。 前款规定的处罚，《中华人民共和国税收征收管理法》有规定的，依照其规定执行。

(5) 有下列情形之一的，由税务机关处 1 万元以上 5 万元以下的罚款；情节严重的，处 5 万元以上 50 万元以下的罚款；有违法所得的予以没收：①转借、转让、介绍他人转让发票、发票监制章和发票防伪专用品的；②知道或者应当知道是私自印制、伪造、变造、非法取得或者废止的发票而受让、开具、存放、携带、邮寄、运输的。

任务 8.4　纳税申报与税款缴纳

8.4.1　纳税申报

纳税申报是指纳税人、扣缴义务人按照法律、行政法规的规定，在申报期限内就纳税事项向税务机关书面申报的一种法定手续。

1. 一般纳税申报

1) 一般纳税申报流程

纳税人必须依照法律、行政法规规定或税务机关依照法律、行政法规的规定确定的申报期限、申报内容如实办理纳税申报，报送纳税申报表、财务会计报表以及税务机关根据实际需要要求纳税人报送的其他纳税资料。享受减免税的纳税人，在减免税期间应当进行纳税申报。扣缴义务人必须依照法律、行政法规规定或者税务机关依照法律、行政法规的规定确定的申报期限、申报内容如实报送代扣代缴、代收代缴税款报告表，以及税务机关根据实际需要要求扣缴义务人报送的其他有关资料。纳税人、扣缴义务人可以直接到税务机关办理纳税申报或者报送代扣代缴、代收代缴税款报告表，也可以按照规定采取邮寄、数据电文或者其他方式办理上述申报、报送事项。具体纳税申报流程如见图 8-2 所示。

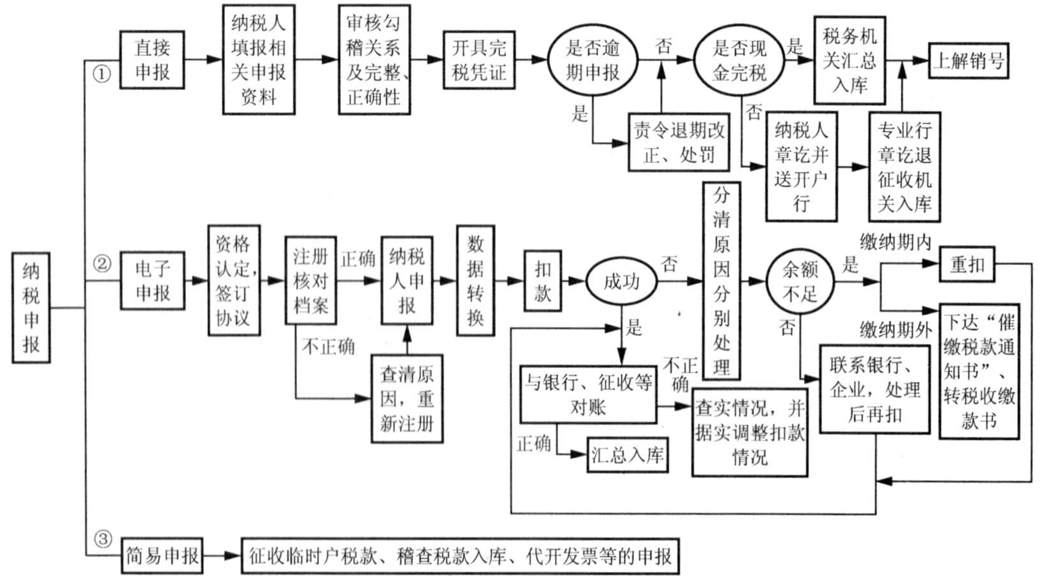

图 8-2　纳税申报流程图

2) 一般纳税申报的内容

纳税申报时应该申报填写税种、税目，应纳税项目或者应代扣代缴、代收代缴税款项目，适用税率或者单位税额，计税依据，扣除项目及标准，应纳税额或者应代扣代缴、代收代缴税额，税款所属期限、延期缴纳税款、欠税、滞纳金等。另外，在申报期内无论有无收入都必须在规定的期限内如实填报申报表并附送有关资料；享受减、免税待遇的，在减、免税期间也应办理纳税申报。

纳税人办理纳税申报时，应当如实填写纳税申报表，并根据不同的情况相应报送下列有关证件、资料。

(1) 财务会计报表及其说明材料。

(2) 与纳税有关的合同、协议书及凭证。

(3) 税控装置的电子报税资料。

(4) 外出经营活动税收管理证明和异地完税凭证。

(5) 境内或者境外公证机构出具的有关证明文件。

(6) 税务机关规定应当报送的其他有关证件、资料。

2. 延期纳税申报

纳税人、扣缴义务人、代征人按照规定的期限办理纳税申报或者报送代扣代缴、代收代缴税款报告表、委托代征税款报告表确有困难，需要延期的，应当在规定的申报期限内向主管国家税务机关提出书面延期申请，经主管国家税务机关核准，在核准的期限内办理。纳税人、扣缴义务人、代征人因不可抗力情形，不能按期办理纳税申报或者报送代扣代缴、代收代缴税款或委托代征税款报告的，可以延期办理。但是，应当在不可抗力情形消除后立即向主管国家税务机关报告。

1) 延期纳税申报的条件

因不可抗力，不能按期办理纳税申报或者报送代扣代缴、代收代缴税款报告表的，可以延期办理。但是，应当在不可抗力情形消除后立即向税务机关报告。税务机关应当查明事实，予以核准。所谓不可抗力，是指人们无法预见、无法避免、无法克服的自然灾害，如水灾、火灾、风灾、地震等。因财务处理上的特殊原因，账务未处理完毕，不能计算应纳税额，按照规定的期限办理纳税申报或者报送代扣代缴、代收代缴税款报告表确有困难，需要延期的，应当在规定的期限内向税务机关提出书面延期申请，经税务机关核准，在核准的期限内办理。

2) 延期纳税申报的操作

(1) 申请。申请延期申报的纳税人、扣缴义务人应在规定的纳税申报期限内向主管地税机关提交“延期申报申请核准表”及申请资料。纳税人、扣缴义务人因不可抗力，不能按期办理纳税申报或者报送代扣代缴、代收代缴税款报告表的，应当在不可抗力情形消除后立即向税务机关报告，进行延期申报。申请资料包括书面申请报告、延期申报申请核准表以及主管地税机关要求报送的其他资料。

(2) 受理。主管税务机关审阅纳税人、扣缴义务人“延期申报申请核准表”，以及所附资料是否齐全。符合条件的予以受理，并按规定程序审核。

(3) 核准。主管地税机关应当从收到纳税人、扣缴义务人申请资料之日起 5 个工作日内办结。核准的送发“核准延期申报通知书”，并要求纳税人、扣缴义务人在纳税期内按照上期实际缴纳的税额或者税务机关核定的税额预缴税款；不予核准的，应当及时答复纳税人。

(4) 预缴税款结算。纳税人、扣缴义务人应当在核准的延期内办理税款结算。

3) 延期纳税申报的税款缴纳

依法经核准允许延期申报，不等于可以延期纳税。除纳税人因特殊困难，不能按期缴纳税款，并经省级税务机关批准，可以延期纳税的以外，其他经税务机关核准，允许延期申报的纳税人应当在纳税期内按照上期实际缴纳的税额或者税务机关核定的税额预缴税款，并在核准的延期内办理税款结算。

3. 零申报

纳税人在领取税务登记证件正式营业后，如无经营收入和所得，或没有应纳税款发生(含亏损及免税)，也必须按照主管税务机关规定的申报期限向主管税务机关报送纳税申报表和财务会计报表。在纳税申报表的“经营收入”或“所得”一栏填上零或无，这就是零申报。

在税务机关办理了税务登记的纳税人、扣缴义务人当期未发生应税行为，按照国家税收法律、行政法规和规章的规定，应向税务机关办理零申报手续，并注明当期无应税事项。

8.4.2 税款缴纳

1. 税款缴纳程序

税款缴纳业务是税务机关通过各种方式将纳税人申报的应纳税款、滞纳金和罚款征收入库的业务。税款缴纳方式按应纳税额缴库渠道分为自报自缴、储款扣税、现金缴税、持卡缴税等方式。各缴纳方式的程序如下。

1) 自报自缴

自报自缴是指在法定的纳税申报期内，纳税人持纳税申报表和有关资料，到主管税务机关征收部门办理纳税申报，由纳税人持税务机关开具的税收缴款书，自行到开户银行划款入库的一种方式，如图 8-3 所示。

图 8-3　自报自缴业务流程图

2) 储款扣税

储款扣税是指纳税人在经中国人民银行批准可以设立“税款预储账户”的银行开设“税款预储账户”，按期提前存入足以缴纳当期税款的金额，并在法定申报期内，到主管税务机关征收部门报送纳税申报表和有关资料，由主管税务机关通知银行划缴入库的

一种方式。采用储款扣税的纳税人、扣缴义务人，应当事先与税务机关、合作银行三方签订储款扣税协议。合作银行应及时将扣缴信息反馈给税务机关，对于纳税人、扣缴义务人的存款账户不足扣缴当期应纳税款的，由税务机关用电话等方式催缴，超过征收期仍未补足存款的，自动计收滞纳金，税务机关发出“催缴税款通知书”。超过催缴期限仍未补足存款的，移送检查部门处理，其流程如图 8-4 所示。

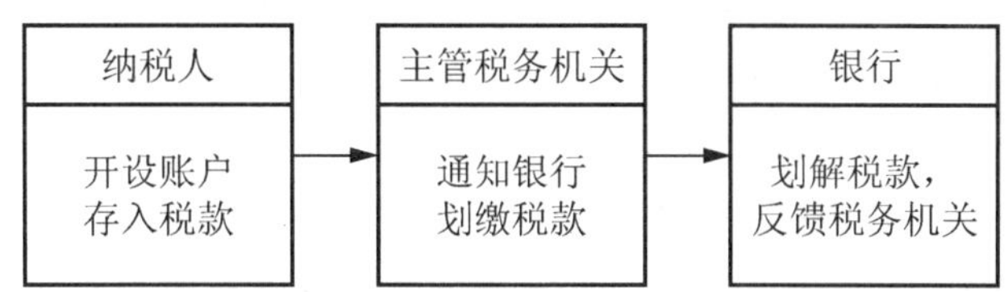

图 8-4　储款扣税业务流程图

3) 现金缴税

现金缴税是指纳税人未在银行开设账户，或者虽在银行开设账户，但特殊情况下需用现金缴税的纳税人，在法定的申报期内，到征收部门报送纳税申报表和有关资料，并直接缴纳现金完税的一种方式。纳税人、扣缴义务人在报送申报表的同时，以现金缴纳当期应纳的税款、滞纳金或罚款。征收员接受申报表，并当面点清现金数额，无误后输入纳税申报资料，开具完税证给纳税人。每个工作日结束后，征收员对当天受理的各项纳税申报数据进行应征日结，与现金申报数据核对无误后，会计部门按会计程序办理票款结报手续，其流程如图 8-5 所示。

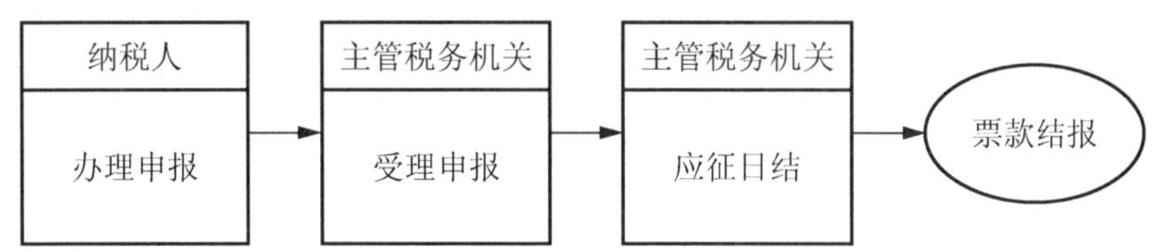

图 8-5　现金缴税业务流程图

4) 持卡缴税

持卡缴税是指纳税人持卡提前存入足以缴纳当期税款的金额，在法定申报期内持卡、申报表及有关资料到征收部门刷卡缴税的一种方式。每个工作日结束后，主管税务机关每个征收员应办理应征税款日结，并对电脑征收数据、完税证数据与刷卡机结算的金额三方核对，无误后进行税款确认日结。复核员对征收员已做的确认日结再次核对，审核无误后，进行税款复核日结。次日，主管税务机关会计部门汇总复核日结数后，与银行刷卡机账户余额核对无误，生成汇总缴款书的电子数据。其流程如图 8-6 所示。

图 8-6　持卡缴税业务流程图

2．正常缴纳

1) 税款缴纳方式

纳税人应当按照主管国家税务机关确定的征收方式缴纳税款。

(1) 自核自缴。生产经营规模较大，财务制度健全，会计核算准确，一贯依法纳税的企业，经主管国家税务机关批准，依照税法规定，自行计算应纳税款，自行填写、审核纳税申报表及税收缴款书，到开户银行解缴应纳税款，并按规定向主管国家税务机关办理纳税申报并报送纳税资料和财务会计报表。

(2) 申报核实缴纳。生产经营正常，财务制度基本健全，账册、凭证完整，会计核算较准确的企业依照税法规定计算应纳税款，自行填写纳税申报表，按照规定向主管国家税务机关办理纳税申报，并报送纳税资料和财务会计报表；经主管国家税务机关审核，并填开税收缴款书，按规定期限到开户银行缴纳税款。

(3) 申报查定缴纳。即财务制度不够健全，账簿凭证不完备的固定业户，应当如实向主管国家税务机关办理纳税申报并提供其生产能力、原材料、能源消耗情况及生产经营情况等，经主管国家税务机关审查测定或实地查验后，填开税收缴款书或者完税证，按规定期限到开户银行或者税务机关缴纳税款。

(4) 定额申报缴纳。生产经营规模较小，确无建账能力或者账证不健全，不能提供准确纳税资料的固定业户，按照国家税务机关核定的营业(销售)额和征收率，按规定期限向主管国家税务机关申报缴纳税款。纳税人实际营业(销售)额与核定额相比升降幅度在 20%以内的，仍按核定营业(销售)额计算申报缴纳税款；对当期实际营业(销售)额上升幅度超过 20%的，按当期实际营业(销售)额计算申报缴纳税款；当期实际营业(销售)额下降幅度超过 20%的，当期仍按核定营业(销售)额计算申报缴纳税款，经主管国家税务机关调查核实后，其多缴税款可在下期应纳税款中予以抵扣。需要调整定额的，可向主管国家税务机关申请调升或调降定额。但是对定额的调整规定不适用实行起点定额或保本定额缴纳税款的个体工商户。

2) 税款缴纳时间

缴纳时间是税法规定纳税人向国家缴纳税款的时间限期。缴纳时间是根据纳税人的生产经营规模和各个税种的不同特点确定的，包括纳税计算期和税款缴库期。纳税计算期一般可分为按次计算和按期计算。按次计算，是以纳税人从事生产经营活动的次数为纳税计算期。一般适用于行为目的税和财产税以及对临时经营者课税。按期计算，是以纳税人发生纳税义务的一定时间期限作为纳税计算期，一般适用于流转税和所得税。税款缴库期是指纳税计算期满后，纳税人缴纳税款的法定期限。纳税人未按规定限期缴纳税款的，税务机关除责令限期缴纳外，从滞纳税款之日起，按日加收滞纳税款 0.5‰的滞纳金。

3．延期缴纳

在国家税务机关办理税务登记的纳税人因有特殊困难，不能按期缴纳税款的，可以向主管国家税务机关申请延期缴纳税款，但最长不得超过 3 个月。

纳税人有以下情形之一的，可以申请延期缴纳税款。

(1) 因不可抗力导致发生了较大损失，正常的生产经营活动受到较大影响。

(2) 当期货币资金在扣除应付职工工资、社会保险费后，不足以缴纳税款。

纳税人申请延期缴纳税款，必须在规定的纳税期限之前，向主管国家税务机关提出书面申请，领取延期纳税审批表(见表 8-7)，说明原因，经主管国家税务机关报县以上国家税务局核准后，在批准的延期内缓缴税款；未经核准的，仍应在规定的纳税期限内缴纳税款。

表 8-7　延期缴纳税款申请审批表

金额单位：元(列至角分)

<table>
<tr><td>纳税人识别号</td><td colspan="2"></td><td>纳税人名称</td><td colspan="2"></td></tr>
<tr><td rowspan="4">申请延期缴纳税款情况</td><td>税种</td><td>税款所属时期</td><td>应纳税额</td><td>申请延期缴纳税额</td><td>申请延期缴纳期限</td></tr>
<tr><td></td><td></td><td></td><td></td><td></td></tr>
<tr><td></td><td></td><td></td><td></td><td></td></tr>
<tr><td></td><td></td><td></td><td></td><td></td></tr>
<tr><td>当期货币资金余额</td><td colspan="5">人民币(大写)　　　　　　　　　　¥</td></tr>
<tr><td>当期应付职工工资支出预算</td><td colspan="2"></td><td>当期社会保险费支出预算</td><td colspan="2"></td></tr>
<tr><td>申请延期缴纳税款理由</td><td colspan="5">经办人：　　　　法定代表人(负责人)：　　　　纳税人(签章)
年　月　日　　　　年　月　日　　　　年　月　日</td></tr>
<tr><td colspan="6">税务机关审批意见</td></tr>
</table>

<table>
<tr><td colspan="3">管理部门意见</td><td colspan="3">县(区)税务机关意见</td></tr>
<tr><td>税种</td><td>延期缴纳税额</td><td>延期缴纳期限</td><td>税种</td><td>延期缴纳税额</td><td>延期缴纳期限</td></tr>
<tr><td></td><td></td><td></td><td></td><td></td><td></td></tr>
<tr><td></td><td></td><td></td><td></td><td></td><td></td></tr>
<tr><td></td><td></td><td></td><td></td><td></td><td></td></tr>
<tr><td colspan="3">经办人：　负责人：　税务机关(签章)
年 月 日　年 月 日　年 月 日</td><td colspan="3">经办人：　负责人：　税务机关(签章)
年 月 日　年 月 日　年 月 日</td></tr>
<tr><td colspan="3">(地)市级税务机关审核意见</td><td colspan="3">省级税务机关批准意见</td></tr>
<tr><td>税种</td><td>延期缴纳税额</td><td>延期缴纳期限</td><td>税种</td><td>延期缴纳税额</td><td>延期缴纳期限</td></tr>
<tr><td></td><td></td><td></td><td></td><td></td><td></td></tr>
<tr><td></td><td></td><td></td><td></td><td></td><td></td></tr>
<tr><td></td><td></td><td></td><td></td><td></td><td></td></tr>
<tr><td colspan="3">经办人：　负责人：　税务机关(签章)
年 月 日　年 月 日　年 月 日</td><td colspan="3">经办人：　负责人：　税务机关(签章)
年 月 日　年 月 日　年 月 日</td></tr>
</table>

纳税人向主管税务局文书受理窗口提出延期缴纳税款申请时还需提供以下资料。

(1) “延期缴纳税款申请审批表”，应明确填写“延期缴纳税款申请审批表”中申请延期的税种、税额、税款所属期、限缴日期等有关项目，由法定代表人签章，并加盖公章。

(2) 税务登记证副本。

(3) 资产负债表。

(4) 当期货币资金余额情况及所有银行存款账户的对账单及复印件。

(5) 书面申请报告，说明纳税人的财务状况、申请延期缴纳税款的理由、应付职工工资和社会保险费的开支预算等。

(6) 因不可抗力导致纳税人发生较大损失，正常生产经营活动受到较大影响而申请延期缴纳税款的，还应提供相应的证明资料。

(7) 税务机关要求的其他相关资料。

纳税人延期税款到期后，应按时向区地方税务局(税务所)缴纳延期税款，缴款时应携带原批准的“申请表”查验。超过批准期限缴纳税款的，应按《中华人民共和国税收征收管理法》的有关规定加收滞纳金。

任务 8.5　专 项 实 训

【实训 8-1】 税务登记

实训资料：

华兴大酒店有限公司为民营企业，于 2009 年 5 月 5 日领取工商营业执照，执照号为 43130000000000，5 月 26 日正式开业。该酒店主管单位为某房地产开发集团，申请注册地为清源市中山区，生产经营地址为中山区滨海路 12 号。该酒店为餐饮、住宿、娱乐为一体的三星级酒店，兼营烟酒、字画、古董、玉石的零售，经营期限 20 年，酒店员工共计 120 人，实行独立核算，自负盈亏。该酒店工商营业执照核准的注册资本为 9000 万元，企业合同规定的投资总额为 10 000 万元。开户银行和账号为建设银行 6227003030130006352。

该企业的法人代表为王清林，身份证号为 43250119640608002X；财务负责人李华，身份证 432503197203220001；办税员陈芸，身份证号 432506197805160002。

2010 年 1 月，该酒店因经营管理的需要，将公司名称更改为格林联盟大酒店有限公司，开户银行和账号变更为工商银行 6222003121140005290。

2013 年 8 月，该酒店因经营管理不善，发生巨大亏损，决定将经营地址迁移至深圳市龙岗区。

实训要求：

(1) 该酒店应该在什么时候办理开业税务登记？根据以上资料填写税务登记表(见表 8-8)及税种登记表(见表 8-9)，并指出分别需要递交哪些资料才能进行相应的登记。

(2) 2010 年 1 月，该酒店需要办理什么税务登记手续？如何办理？

(3) 2013 年 8 月，该酒店需要办理什么税务登记手续？如何办理？

表 8-8　税务登记表(适用单位纳税人)

填表日期：

纳税人名称				纳税人识别号			
登记注册类型				批准设立机关			
组织机构代码				批准设立证明或文件号			
开业(设立)日期		生产经营期限		证照名称		证照号码	
注册地址				邮政编码		联系电话	
生产经营地址				邮政编码		联系电话	
核算方式	请选择对应项目打(“√”)□独立核算 □非独立核算				从业人数	其中外籍人数	
单位性质	请选择对应项目打(“√”)□企业　□事业单位　□社会团体 □民办非企业单位　□其他						
网站网址				国标行业	□□　□□　□□　□□		
适用会计制度	请选择对应项目打(“√”) □企业会计制度　□小企业会计制度　□金融企业会计制度 □行政事业单位会计制度						

经营范围	请将法定代表人(负责人)身份证件复印件粘贴在此处。

项目 内容 联系人	姓　名	身份证件		固定电话	移动电话	电子邮箱
		种类	号码			
法定代表人(负责人)						
财务负责人						
办税人						

税务代理人名称	纳税人识别号	联系电话	电子邮箱

注册资本或投资总额	币种	金额	币种	金额	币种	金额

投资方名称	投资方经济性质	投资比例	证件种类	证件号码	国籍或地址

自然人投资比例		外资投资比例		国有投资比例	

分支机构名称	注册地址	纳税人识别号

总机构名称			纳税人识别号	
注册地址			经营范围	
法定代表人姓名		联系电话		注册地址邮政编码	

续表

<table>
<tr><td rowspan="4">代扣代缴、代收代缴税款业务情况</td><td colspan="3">代扣代缴、代收代缴税款业务内容</td><td colspan="3">代扣代缴、代收代缴税种</td></tr>
<tr><td colspan="3"></td><td colspan="3"></td></tr>
<tr><td colspan="3"></td><td colspan="3"></td></tr>
<tr><td colspan="3"></td><td colspan="3"></td></tr>
<tr><td colspan="7">附报资料:</td></tr>
<tr><td colspan="2">经办人签章:
年　月　日</td><td colspan="3">法定代表人(负责人)签章:
年　月　日</td><td colspan="2">纳税人公章:
年　月　日</td></tr>
<tr><td colspan="2">以下由税务机关填写</td><td colspan="3"></td><td colspan="2"></td></tr>
<tr><td>纳税人所处街乡</td><td colspan="4"></td><td>隶属关系</td><td></td></tr>
<tr><td>国税主管税务局</td><td></td><td>国税主管税务所(科)</td><td></td><td></td><td rowspan="2">是否属于国税、地税共管户</td><td></td></tr>
<tr><td>地税主管税务局</td><td></td><td>地税主管税务所(科)</td><td></td><td></td><td></td></tr>
<tr><td colspan="2">经办人(签章):
国税经办人: ________
地税经办人: ________

受理日期:
____年____月____日</td><td colspan="3">国家税务登记机关
(税务登记专用章):

核准日期:
____年____月____日
国税主管税务机关:</td><td colspan="2">地方税务登记机关
(税务登记专用章):

核准日期:
____年____月____日
地税主管税务机关:</td></tr>
<tr><td colspan="7">国税核发《税务登记证副本》数量:　　本　发证日期: ________年____月____日</td></tr>
<tr><td colspan="7">地税核发《税务登记证副本》数量:　　本　发证日期: ________年____月____日</td></tr>
</table>

国家税务总局监制

表 8-9　纳税人税种登记表

纳　税　人　识　别　号　| | | | | | | | | | | | | | | |

纳税人名称:

<table>
<tr><td colspan="5">一、增值税:</td></tr>
<tr><td rowspan="2">类

别</td><td rowspan="2">1.销售货物
2.加工
3.修理修配
4.其他</td><td rowspan="2">货物或
项目名称</td><td>主营</td><td></td></tr>
<tr><td>兼营</td><td></td></tr>
<tr><td colspan="2">纳税人认定情况</td><td colspan="3">1.增值税一般纳税人 □　2.小规模纳税人 □
3.暂定增值税一般纳税人 □</td></tr>
<tr><td colspan="2">经营方式</td><td colspan="3">1.境内经营货物 □　2.境内加工修理 □　3.自营出口 □
4.间接出口 □　5.收购出口 □　6.加工出口 □</td></tr>
<tr><td colspan="2">备注:</td><td colspan="3"></td></tr>
</table>

续表

二、消费税			
类别	1.生产 2.委托加工 3.零售	应税消费品名称	1.烟 □　2.酒及酒精 □　3.化妆品 □　4.护肤、护发品 □ 5.贵重首饰及珠宝玉石 □　6.鞭炮、烟火 □　7.汽油 □ 8.柴油 □　9.汽车轮胎 □　10.摩托车 □　11.小汽车 □
经营方式		1.境内销售 □　2.委托加工出口 □　3.自营出口 □　4.境内委托加工 □	
备注：			
三、营业税			
经营项目	主营		
	兼营		
备注：			
五、企业所得税、外商投资企业和外国企业所得税：			
法定或申请纳税方式	1.按实纳税 □ 3.按经费支出换算收入计算纳税 □ 5.航空、海运企业纳税方式 □		2.核定利润率计算纳税 □ 4.按佣金率换算收入纳税 □ 6.其他纳税方式 □
非生产性收入占总收入的比例（%）			
备注：季度预缴方式：1.按上年度四分之一 □			2.按每季度实际所得 □
六、资源税：			
产品名称		应税项目	
备注：			
七、土地增值税			
八、房产税			
计　税　类　别	1.自有房产 □		2.出租房产 □
备注：			
九、车船税：			
车　船　类　别	1.机动船 □　2.非机动船 □		3.机动车 □　4.非机动车 □
十一、屠宰税：			
屠宰类别	1.猪 □　2.牛 □　3.羊 □		
备注：			
十二、城镇土地使用税			
税额类别	1.大城市□　2.中等城市□		3.小城市□　4.县城、建制镇、工矿区□
备注：			
十三、城市维护建设税：1.市区 □	2.县城镇 □	3.其他 □	
十四、教育费附加：			
十五、基金：			
十六、矿区使用费：			
原　油	不超过一百万吨□ 二百万吨至三百万吨□	一百万吨至一百五十万吨□ 三百万吨至四百万吨□	一百五十万吨至二百万吨□ 四百万吨以上□

续表

天然气	不超过二十亿立方米 □　　二十亿至三十五亿立方米 □ 三十五亿至五十亿立方米 □　　五十亿立方米以上 □
预缴方式	分次 □　　分期 □
十七、其他费用：	
以上内容纳税人必须如实填写，如内容发生变化，应及时办理变更登记。	
以下由税务机关填写	

税种	税目或品目	子目	申报期限	纳税期限	征收率或单位税额	征收项目分类	申报方式	征缴方式	预算款名	预算项名	级次分配比例					是否单独纳税
											中央	省	市	县、区	乡、街	
鉴定人		鉴定日期		录入人		录入日期										

注：1.本表系纳税人根据工商登记的生产经营范围及税法的有关规定，对纳税事项的自行核定及税务机关据此核定的应税项目；

2.税目或品目、子目：按税收统计项目填写；

3.申报期限、纳税期限：按各税种条例规定填写；

4.征收项目分类：填“城市”或“农村”；

5.征缴方式：填“一般转账缴款方式”、“自核自缴”、“预储账户缴税”、“支票缴税”、“现金缴税”、“信用卡缴税”、“委托代征”等；

6.本表一式一份，纳税人填写后，与税务登记表一同交给主管税务机关，由税务机关留存。

【实训 8-2】纳税申报

实训资料：

2011 年 9 月，林县新海商务公司应纳营业税税款为 100 万元；由于会计休产假，资金周转有困难，公司向主管税务机关提出延期缴纳税款的请求，县地税局局长批准其可延期 2 个月缴纳税款。2012 年 6 月 8 日，税务机关进行日常检查时，发现新海商务公司该笔税款仍未缴纳，虽经过征收分局的多次催缴，但公司一直以种种理由拖欠。然而，经过检查往来账项，发现新海商务公司应收账款余额较大，其中债务人 A 企业所欠营业款 250 万元早已到期，且了解到 A 企业近半年资信情况一直很好。

实训要求：

(1) 新海商务公司应该怎样申请延期纳税？必须递交哪些资料？

(2) 县地方税务局局长是否应批准新海商务公司延期纳税？为什么？

(3) 新海商务公司应该在什么时候缴纳税款？对新海商务公司逾期未缴纳的税款，税务机关有权如何处置？

项目小结

企业税务登记的范围主要涉及两个方面：企业、企业设在外地的分支机构和从事生产经营的场所，个体工商户和从事生产经营的事业单位的税务登记。税务登记这一工作任务分为若干个活动项目，分别是开业税务登记、变更税务登记、注销税务登记、外出经营税收管理登记等。

纳税人应在领取“税务登记证”副本后和申报纳税之前，到主管税务机关的征收管理部门申请税种认定登记，填写“纳税人税种登记表”。纳税人如果变更税务登记的内容涉及税种、税目、税率变化的，则应在变更税务登记之后重新申请税种认定登记，并附送申请报告。从事生产、经营的纳税人应当自领取营业执照或者发生纳税义务之日起 15 日内，按照国家有关规定设置总账、明细账、日记账以及其他辅助性账簿，其中总账、日记账应当采用订本式。

税务机关是发票的主管机关，负责发票的印制、领购、开具、取得、保管、缴销的管理和监督。国家税务总局统一负责全国发票管理工作。省、自治区、直辖市税务机关依据各自的职责，共同做好本行政区域内的发票管理工作。

纳税人必须依照法律、行政法规规定或税务机关依照法律、行政法规的规定确定的申报期限、申报内容如实办理纳税申报，报送纳税申报表、财务会计报表以及税务机关根据实际需要要求纳税人报送的其他纳税资料。享受减免税的纳税人，在减免税期间应当进行纳税申报。

税款缴纳业务是税务机关通过各种方式将纳税人申报的应纳税款、滞纳金和罚款征收入库的业务。税款缴纳方式按应纳税额缴库渠道分为自报自缴、储款扣税、现金缴税、持卡缴税等方式。

练　习　题

一、单项选择题

1. 按照规定不需要在工商行政管理机关办理注销登记的纳税人，应当自有关机关批准或宣告终止之日起(　　)内，向原税务登记机关申报办理注销税务登记。

A. 10 日　　B. 15 日　　C. 20 日　　D. 30 日

2. 根据《税收征收管理法》的规定，企业向税务机关申报办理税务登记的时间是(　　)。

A. 自领取营业执照之日起 15 日内　　B. 自领取营业执照之日起 30 日内

C. 自领取营业执照之日起 45 日内　　D. 自领取营业执照之日起 60 日内

3. 下列关于纳税申报的说法中，正确的是(　　)。

A. 甲公司 2012 年 5 月成立，5～8 月由于其他原因没有进行生产经营，没有取得经营收入，所以应该从 9 月开始纳税申报

B. 乙公司 2012 年 6 月应税收入为零，所以不需要办理纳税申报

C. 丙公司属于增值税免税纳税人，在免税期内应该办理纳税申报

D. 丁公司因管理不善发生火灾，将准备进行纳税申报的资料全部烧毁，经税务机关批准，丁公司可以延期办理纳税申报，并且可以延期缴纳税款

4. 下列关于发票管理规定错误的是(　　)。

A. 单位和个人对外发生经营业务收取款项，收款方一般应向付款方开具发票

B. 任何单位和个人不能转借、转让、代开发票

C. 不符合规定的发票不得作为财务报销凭证，任何单位和个人有权拒收

D. 企业可以根据实际情况拆本使用发票

5. 纳税人因有特殊困难，不能按期缴纳税款的，可以向主管国家税务机关申请延期缴纳税款，但最长不得超过(　　)。

A. 1 个月　　B. 2 个月　　C. 6 个月　　D. 3 个月

6. 主管地税机关核准延期纳税申报，应当从收到纳税人、扣缴义务人申请资料之日起(　　) 工作日内办结。

A. 5 个　　B. 20 个　　C. 3 个　　D. 30 个

7. 企业工商年检的截止时间为每年的(　　)。

A. 3 月 1 日　　B. 6 月 1 日　　C. 4 月 1 日　　D. 5 月 1 日

二、多项选择题

1. 税务登记的种类包括(　　)。

A. 开业登记　　B. 注销税务

C. 外出经营报验登记　　D. 领取扣缴税款凭证登记

2. 下列内容发生变化的，应按规定办理变更税务登记(　　)。

A. 改变经营范围　　B. 增减注册资本

C. 改变法人代表　　D. 银行账号增减变更

3. 税款缴纳方式按应纳税额缴库渠道分为(　　)。

A. 自报自缴　　B. 储款扣税　　C. 现金缴税　　D. 持卡缴税

4. 下列关于发票的开具时间的说法，正确的是(　　)。

A. 用预收账款结算方式的，为收到预收款的当天

B. 用交款提货结算方式的，为收到货款的当天

C. 用赊销、分期收款结算方式的，为合同约定的收款日期的当天

D. 将货物交付他人代销的，为收到受托人送交的代销清单的当天

5. 下列属于违反发票管理规定行为的是(　　)。

A. 转借、转让发票监制章和发票防伪专用品

B. 应开具而未开具发票

C. 虚构经营业务活动，虚开发票

D. 丢失或擅自销毁发票存根联以及发票登记簿

6. 纳税人应当按照主管国家税务机关确定的征收方式缴纳税款，征收税款的方式包括(　　)。

A. 自核自缴　　B. 申报核实缴纳

C. 申报查定缴纳　　D. 定额申报缴纳

7. 企业工商年检需提交以下材料(　　)。
   A. 年检报告书
   B. 营业执照正、副本和工商 IC 卡
   C. 税务登记证
   D. 企业法人年度资产负债表和损益表

8. 发票保管制度具体包括(　　)。
   A. 专人保管制度
   B. 专库保管制度
   C. 专账登记制度
   D. 定期盘点制度

三、判断题

1. 按照税收征管法及其实施细则和税务登记管理办法的有关规定，除国家机关、个人(自然人)和无固定生产、经营场所的流动性农村小商贩外，纳税人都应当申报办理税务登记。(　　)

2. 凡领取营业执照的有限责任公司、股份有限公司、非公司企业法人、合伙企业、个人独资企业及其分支机构、来华从事经营活动的外国(地区)企业，以及其他经营单位，都应当办理年检。(　　)

3. 纳税人应该在向工商行政管理机关申请办理注销登记之前，向税务机关申报办理税务登记。(　　)

4. 纳税人在领取税务登记证件正式营业后，如无经营收入和所得，或没有应纳税款发生(含亏损及免税)，则不需要按照主管税务机关规定的申报期限向主管税务机关报送纳税申报表和财务会计报表。(　　)

5. 所有纳税人注销税务登记都采用国税局先注销、地税局后注销的顺序。(　　)

6. 实行定期定额征收方式的个体工商户需要停业的，可以在停业后向税务机关申报办理停业登记。(　　)

7. 依法办理税务登记的单位和个人，在领取税务登记证件后，可直接向主管税务机关申请领购发票。(　　)

8. 任何情况下都是由收款方在对外发生经营业务收取款项时向付款方开具发票，不得由付款方向收款方开具发票。(　　)

9. 对由于开票人员工作失误或其他原因开错的“作废”发票，应直接撕毁，不需要连同存根保存，以备查核。(　　)

10. 依法经核准允许延期纳税申报的纳税人，可以延期缴纳税款。(　　)

四、简答题

1. 简述工商年检的范围和基本程序。
2. 简述税务登记的种类及其适用范围。
3. 比较延期纳税申报和延期缴纳税款的异同。
4. 简述发票的开具要求。
5. 企业应该如何保管和使用发票？
6. 简述税款缴纳的方式及其适用范围。

项目 9

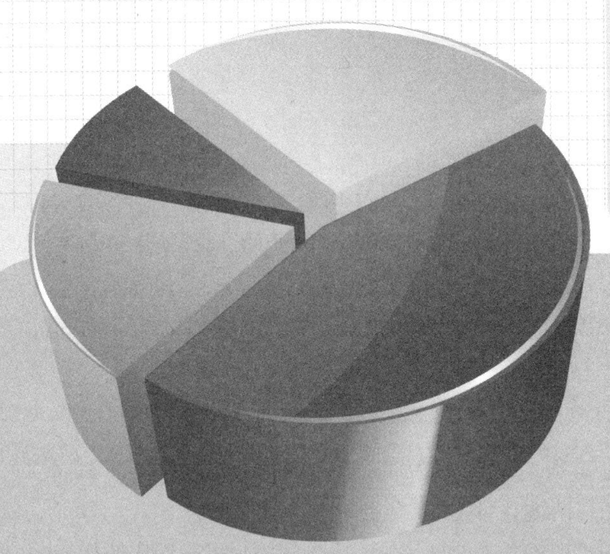

出纳档案保管与工作交接

学习目标

了解出纳工作交接的原因和作用；熟悉出纳档案的内容和保管规定；掌握出纳工作交接的内容和操作流程。

项目重点与难点

出纳档案保管要求；出纳工作交接的操作流程；出纳交接手册的填写。

技能要求

通过本项目的学习，掌握出纳工作交接操作流程，能正确处理出纳交接工作；学习过程体验协作互助，提高与人合作的能力；通过实践活动中的角色扮演，体验出纳工作，培养客观公正、恪守标准等职业精神。

【项目导入】

王琳是某单位的出纳员，一年的工作结束了，她手头的会计档案应该如何保管？由谁保管？各类会计档案应该保管多长时间？对保管期满的会计档案又应该如何处置？出纳人员工作异动应该如何办理交接手续？通过本章的学习，这些问题都能得到一一解答。

任务 9.1　出纳档案保管

9.1.1　出纳档案概述

1. 出纳档案的概念

出纳档案是指会计凭证、会计账簿和财务会计报告等会计核算专业材料，是记录和反映单位经济业务的重要历史资料和证据。出纳档案对于总结工作经验，指导生产经营管理和事业管理，查验经济财务问题，防止贪污舞弊，研究经济发展的方针、战略都具有重要作用。因此，各单位都应加强对会计档案的管理，确保会计档案资料的安全和完整，并加以充分利用。

2. 出纳档案的内容

出纳档案主要有会计凭证类、会计账簿类、财务报告类、档案管理类及其他。各单位的预算、计划、制度等文件材料属于文书档案，不属于会计档案。

(1) 会计凭证类是指反映资金收付业务的原始凭证、记账凭证、汇总凭证及其他出纳凭证。

(2) 会计账簿类主要是指现金日记账、银行存款日记账、其他货币资金明细账、辅助账簿及其他备查账簿。

(3) 财务报告类包括月度、季度、年度的出纳报告。

(4) 档案管理类则指档案移交清册、出纳档案保管清册、出纳档案销毁清册。

(5) 其他类指的是作为收付依据的合同、协议及其他文件；按规定应单独存放保管的重要票据，如作废的支票、发票存根联及作废发票、收据存根联及作废收据；出纳盘点表和出纳考核报告等。

9.1.2　出纳档案的归档

装订成册的会计凭证要按年份月份顺序排列，并指定专人保管，但出纳不得兼管会计档案。当年形成的会计档案，在会计年度终了后，可暂由会计机构保管一年，期满之后，应当由会计机构编制移交清册，移交本单位档案机构统一保管；未设立档案机构的，应当在会计机构内部指定专人保管。

移交本单位档案机构保管的会计档案，原则上应当保持原卷册的封装。个别需要拆封重新整理的，档案机构应当会同会计机构和经办人员共同拆封整理，以分清责任。

对会计档案应进行科学管理，做到妥善保管、存放有序、查找方便，不得随意堆放，严防毁损、散失和泄密。

9.1.3 出纳档案的保管规定

1. 出纳档案的保管要求

(1) 档案记录必须真实、完整、准确、连续，不得擅自篡改、涂抹或歪曲档案记录。
(2) 档案整理、装订成册均应按规定办理，做到不易散失、便于查阅。
(3) 档案记录必须按照规定的保存年限进行保管。
(4) 档案的使用、移交和销毁必须按照严格的程序办理。
(5) 档案不得外借、撕毁、遗失。
(6) 档案的存放地应当安全、防火、防盗、防潮、防虫。
(7) 档案资料应能积极地为本单位所利用。

2. 出纳档案的保管期限

出纳档案的保管期限视所保管档案的重要性而定，不同的出纳档案其保管期限有所不同。根据《会计档案管理办法》的规定，会计档案的保管期限分为永久、定期两类。永久，是指会计档案须永久保存；定期，是指会计档案保存应达到法定的时间会计档案的定期保管期限分为 3 年、5 年、10 年、15 年和 25 年五种，其保管期限从会计年度终了后的第一天算起。

各类出纳档案的保管期限由国家统一规定，各单位不得擅自变更。国家对不同类别的会计档案规定了不同的保管期限，见表 9-1。

表 9-1　企业和其他组织出纳档案保管期限表

序　号	档案名称	保管期限	备　注
一	会计凭证类		
1	原始凭证	15 年	
2	记账凭证	15 年	
3	汇总凭证	15 年	
二	会计账簿类		
4	总账	15 年	包括日记总账
5	明细账	15 年	
6	日记账	15 年	现金和银行存款日记账保管 25 年
7	固定资产卡片		固定资产报废清理后保管 5 年
8	辅助账簿	15 年	
三	财务报告类		包括各级主管部门的汇总财务报告
9	月、季度财务报告	3 年	包括文字分析
10	年度财务报告(决算)	永久	包括文字分析
四	其他类		
11	会计移交清册	15 年	
12	会计档案保管清册	永久	
13	会计档案销毁清册	永久	
14	银行余额调节表	5 年	
15	银行对账单	5 年	

3. 会计档案的查阅和复制

各单位保存的会计档案可供本单位或相关部门和单位查阅与使用。会计档案原则上不得借出。如有特殊需要，经本单位负责人批准，则可以提供查阅或者复制，并办理登记手续。查阅或者复制会计档案的人员，严禁在会计档案上涂画、拆封和抽换。

各单位应当建立健全会计档案查阅、复制登记制度。

4. 会计档案的销毁

会计档案保管期满需要销毁时，可以按照以下程序销毁。

1) 编制会计档案销毁清册

会计档案保管期满需要销毁的，由本单位档案机构会同会计机构提出销毁意见，编制会计档案销毁清册，列明销毁会计档案的名称、卷号、册数、起止年度和档案编号、应保管期限、已保管期限、销毁时间等内容。单位负责人在会计档案销毁清册上签署意见。

2) 专人负责监销

销毁会计档案时，应当由档案机构和会计机构共同派员监销。国家机关销毁会计档案时，应当由同级财政部门、审计部门派员参加监销。财政部门销毁会计档案时，应当由同级审计部门派员参加监销。监销人在销毁会计档案前，应当按照会计档案销毁清册所列内容清点核对所要销毁的会计档案；销毁后，应当在会计档案销毁清册上签名盖章，并将监销情况报告本单位负责人。

对于保管期满但未结清的债权债务原始凭证和涉及其他未了事项的原始凭证，不得销毁，应当单独抽出立卷，保管到未了事项完结时为止。单独抽出立卷的会计档案，应当在会计档案销毁清册和会计档案保管清册中列明。此外，正在项目建设期间的建设单位，其保管期满的会计档案不得销毁。

任务 9.2　出纳工作交接

9.2.1　出纳工作交接概述

《会计基础工作规范》第二十五条规定，会计人员工作调动或者因故离职，必须将本人所经管的会计工作全部移交给接替人员，没有办清交接手续的，不得调动或者离职。

出纳工作交接是指出纳人员因工作调动或者离职等原因，由原任出纳人员将有关工作和资料移交给后任出纳人员的工作过程。

1. 出纳工作交接的原因

出纳人员办理交接手续主要有以下几个方面的原因。

(1) 出纳人员因辞职、调动而离开单位。

(2) 企业内部工作变动不再担任出纳职务，例如出纳岗位轮岗调换到其他会计岗位。

(3) 出纳岗位内部增加工作人员，工作重新进行分工。

(4) 因病假、事假或临时调用，不能继续从事出纳工作。

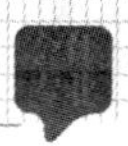

(5) 因特殊情况如停职审查等按规定不宜继续从事出纳工作。

(6) 企业因其他情况按规定应办理出纳交接工作的，如企业解散、破产、兼并、合并、分立等情况发生时，出纳人员应向接收单位或清算组移交。

2. 出纳工作交接的作用

出纳人员发生调动工作或者离职等情况时，与接管人员办清交接手续，是出纳人员应尽的职责，也是分清移交人员与接管人员责任的重大措施。办好交接工作，从而使出纳工作前后衔接，从而防止账目不清、财物混乱。

出纳人员必须按有关规定和要求办理好工作的交接手续，搞好工作的移交。出纳工作交接的作用主要有以下几方面。

(1) 可以明确工作责任。

(2) 便于接管的出纳人员熟悉工作，能够立即进入工作角色。

(3) 有利于账目清晰与账簿归档。

(4) 有利于发现和处理出纳工作和资金管理工作中存在的问题。

(5) 预防经济犯罪的发生。

(6) 防止资金流失。

9.2.2 出纳工作交接的内容

出纳工作交接的内容指原出纳人员离职时要将具体的、每一项与之有关的内容移交给后任出纳人员。

1. 手工记账的企业出纳工作交接的内容

总体来看，出纳交接工作主要包括以下一些基本内容。

(1) 出纳凭证：包括与现金、银行存款及其他货币资金有关的原始凭证和记账凭证。

(2) 出纳账簿：包括现金日记账和银行存款日记账等。

(3) 现金：包括库存的人民币和外币。

(4) 支票：空白支票、支票领用备查登记簿。

(5) 有价证券：包括债券、股票等。

(6) 用于银行结算的各种银行汇票、银行本票、商业汇票等票据。

(7) 各种收款收据：包括空白收据、已用或作废收据的存根联等。

(8) 印章：包括财务专用章、银行预留印鉴以及“现金收讫”、“现金付讫”、“银行收讫”、“银行付讫”、“作废”等业务专用章。

(9) 会计文件：如应由出纳人员保管的相关文件、银行对账单、合同、协议等。

(10) 会计用品：如报销单据、借据等。

(11) 办公室、办公桌与保险工具的钥匙，各种保密号码。

(12) 本部门保管的各种档案资料和公用会计工具、器具等。

(13) 各种文件资料和其他业务资料。

(14) 经办未了事项。

2. 实行会计电算化的企业出纳工作交接的内容

(1) 会计软件及与会计软件有关的密码或口令。

(2) 存储会计数据的介质，包括磁带、磁盘和光盘等。

(3) 其他资料，指有关电算化的其他资料和实物等。

3. 出纳工作业务交接的内容

原出纳人员要将有关事项对后任出纳人员进行相关介绍，以保证后任出纳工作的顺利进行。主要的业务介绍有以下几点。

(1) 原出纳人员工作职责和工作范围的介绍。

(2) 每期固定办理的业务介绍，如按期交纳电费、水费、电话费的时间等。

(3) 复杂业务的具体说明，如交纳电话费的号码、银行账户的开户地址、联系人等。

(4) 历史遗留问题的说明。

(5) 其他需要说明的事项。

9.2.3 出纳工作交接的程序、责任及工作移交表

1. 出纳工作交接的程序

出纳工作交接一般分三个阶段进行。

1) 交接前的准备工作

为保证出纳交接工作顺利进行，出纳人员在办理交接手续前，必须做好以下准备工作。

(1) 已经受理的经济业务中尚未登记完毕的日记账以及股票、债券等明细账要登记完毕，并在最后一笔余额后加盖名章。

(2) 在出纳账的账簿启用表上填写移交日期，并加盖名章。

(3) 出纳日记账与现金、银行存款总账核对相符，现金账面余额与实际库存现金核对一致，银行存款账面余额与银行对账单无误。如有不符，则要找出原因，弄清问题，加以解决，务求在移交前做到相符。

(4) 清理账目和其他资料，移交人对该收回的款项要尽快催收，该支付的款项要及时付出，各种借款要清理与核对，各种现金票据、有价证券、收据、借据等要清理与整理好，文件该归档的要归档，该收回的要及时收回，该移交的要整理好，各种登记簿要与所登记内容进行核对，对未了事项写出书面材料。

(5) 根据清理情况，将应列入移交的内容填制好移交清册，例如会计凭证、账簿、报表、印章、现金、有价证券、支票簿、发票、文件、其他会计资料和物品等内容。

实行会计电算化的单位，从事该项工作的移交人员还应当在移交清册中列明会计软件及密码、会计软件数据磁盘(磁带等)及有关资料、实物等内容。

2) 正式交接

《会计基础工作规范》规定，会计人员办理交接手续，必须由监交人员负责监交。

一般会计人员交接，由单位会计机构负责人、会计主管人员负责监交；会计机构负责人、会计主管人员交接，由单位领导人负责监交，必要时可由上级主管部门派人会同监交。

出纳工作交接一般在单位会计机构负责人、会计主管人员监督下进行。出纳员的离职交接，必须在规定的期限内向接交人员移交清楚。具体操作如下。

(1) 现金、有价证券、贵重物品要根据会计账簿有关记录由移交人向接交人逐一点交。不得短缺，接交人员发现不一致或有白条顶库现象时，移交人员应在规定期限内负责查清处理。

(2) 银行存款账户余额要与银行对账单核对。在核对时如发现疑问，移交人和接交人应一起到开户银行当面核对，并取得银行存款余额调节表等。

(3) 在银行存款账户余额与银行对账单余额核对相符的前提下，移交有关票据、票证及印章，同时由接交人更换预留在银行的印鉴章。

(4) 出纳账簿移交时，接交人应该核对账账、账实是否相符，即现金日记账、银行存款日记账、有价证券明细账应与现金、银行存款和有价证券总账核对相符。实行会计电算化的单位交接双方应在计算机上对有关数据进行实际操作，确认有关数字，正确无误后，再将账页打印出来，装订成册后再进行交接。核对无误后，移交人在结账数字上盖章，以示对前段工作的负责，最后，交接双方在账簿的经管人员一览表上签章，并注明交接的年、月、日。

(5) 出纳凭证、出纳账簿和其他会计核算资料必须完整无缺。如有短缺，则必须查清原因，并在移交清册中注明，由移交人员负责。

(6) 工作计划移交时，为了方便接交人开展工作，移交人应向接交人详细介绍工作计划执行情况以及今后在执行过程中应注意的问题，以方便出纳工作的延续。

(7) 移交人应将保险柜密码、钥匙、办公桌和办公室钥匙一一移交给接交人。接交人在接交完毕后，应立即更换保险柜密码及有关锁具。

(8) 接交人办理接交完毕，应在出纳账簿启用表上填写接收时间，并签名盖章。

3) 交接结束

出纳人员办理移交手续时，必须由监交人监交：监交人一般为会计机构负责人、会计主管人员或由会计机构负责人指定的某一会计人员。交接完毕后，交接双方和监交人要在移交清册上签名或盖章。移交清册必须具备：单位名称、交接日期、交接双方和监交人的职务及姓名，以及移交清册页数、份数和其他需要说明的问题和意见。

移交清册一般一式三份，其中交接双方各执一份，另一份作为会计档案，在交接结束后归档保管。

出纳交接要做到以下两点。

第一，移交人与接交人要办清手续。

第二，交接过程中要有专人负责监交，交接要求进行财产清理，做到账账、账实、账款核对无误，交接清楚后填妥移交清册，由交、接、监三方签字盖章。移交表应存入会计档案。

2. 出纳交接的相关责任

出纳交接工作结束后，在交接前后各期的工作责任应由当时的经办人负责，主要体现在以下几个方面。

(1) 接交人应认真接管移交工作，继续办理未了事项。

(2) 接交人应继续使用移交后的账簿等资料，保持会计记录的连续性，不得自行另立账簿或擅自销毁移交资料。

(3) 移交后，移交人对自己经办的已办理移交的资料负完全责任，不得以资料已移交为由推脱责任。

3. 工作移交表

工作移交表主要包括库存现金移交表、银行存款移交表、有价证券与贵重物品移交表、核算资料移交表和物品移交表，以及交接说明书等。

1) 库存现金移交表

根据库存现金实有数，按币种(分人民币和各种外币)、币别分别填入库存现金移交表内。库存现金移交表样式如表 9-2 所示。

表 9-2 库存现金移交表样式

移交日期： 年 月 日 单位：元 第 页

币 别	数 量(张)	移交金额	接交金额	备 注
合 计				

单位领导人： 移交人： 监交人： 接管人：

2) 银行存款移交表

根据银行存款实有数，按币种(分人民币和各种外币)、币别分别填入银行存款移交表内。银行存款移交表样式如表 9-3 所示。

表 9-3 银行存款移交表样式

移交日期： 年 月 日 单位：元 第 页

开户银行	币 种	期 限	账面数	实有数	备 注
合 计					

附件及说明：

(1)账面数为银行存款日记账金额，实有数为银行对账单金额

(2)银行存款调节表 1 份

(3)银行印鉴卡片 2 张

单位领导人： 移交人： 监交人： 接管人：

3) 有价证券与贵重物品移交表

根据有价证券与贵重物品实有数，按种类分别填入有价证券与贵重物品移交表内。有价证券与贵重物品移交表样式如表 9-4 所示。

表 9-4 有价证券与贵重物品移交表样式

移交日期： 年 月 日 单位：元 第 页

名 称	购入日期	单 位	数 量	面 值	到期日期	备 注

单位领导人： 移交人： 监交人： 接管人：

4) 核算资料移交表

根据核算资料的实际情况，按种类分别填入核算资料移交表内。核算资料移交表样式如表 9-5 所示。

表 9-5 核算资料移交表样式

移交日期： 年 月 日

名 称	年 度	数 量	起止时间	备 注

单位领导人： 移交人： 监交人： 接管人：

5) 物品移交表

根据需要移交的物品，按种类分别填入物品移交表内。物品移交表样式如表 9-6 所示。

表 9-6 物品移交表样式

移交日期： 年 月 日

名 称	型 号	购入日期	单 位	数 量	备 注

单位领导人： 移交人： 监交人： 接管人：

4. 出纳工作交接实例

2012 年 12 月广州市东方公司原出纳员李佳佳，因工作调动，财务处已决定将出纳工作移交给许萍接管。现办理交接过程如下。

(1) 在 2012 年 12 月 2 日前，由移交人李佳佳将应移交的有关出纳资料准备齐全，并编制好“移交清册”(见表 9-7)。

(2) 12 月 2 日，在监交人陈丽丽监督下，移交人李佳佳按“移交清册”所列项目将准备齐全的相关资料逐一交给接交人许萍，并由许萍逐一清点、核对。

(3) 双方移交完毕并无误后由移交人李佳佳、接交人许萍和监交人陈丽丽在移交清单上签名盖章。

表 9-7 移交清册

一、交接日期

2012 年 12 月 2 日

二、具体业务的移交

(1) 库存现金：12 月 2 日账面余额 1 534 元，与实存数相符，日记账余额与总账相符。

(2) 库存国库券：589 000 元，经核对无误。

(3) 银行存款余额 286 790 元，经编制“银行存款余额调节表”后核对相符。

三、移交的会计凭证、账簿、文件

(1) 本年度现金日记账一本。

(2) 本年度银行存款日记账两本。

(3) 空白现金支票 15 张(00213458 号至 00213472 号)。

(4) 空白转账支票 8 张(00982356 号至 00982363 号)。

(5) 托收承付、委托收款登记簿一本。

(6) 托收承付、委托收款付款登记簿一本。

(7) 应收票据备查登记簿一本。

(8) 应付票据备查登记簿一本。
(9) 转账支票领用登记簿一本。
(10) 贵重物品明细表一份，与实物核对相符。
(11) 银行对账单 1—11 月份 11 份；11 月未达账项说明 1 份。
四、印鉴
(1) 沙洲市东方公司财务处转讫印章一枚。
(2) 沙洲市东方公司财务处现金收讫印章一枚。
(3) 沙洲市东方公司财务处现金付讫印章一枚。
(4) 沙洲市东方公司财务处银行收讫印章一枚。
(5) 沙洲市东方公司财务处银行付讫印章一枚。
(6) 沙洲市东方公司财务专用章一枚。
(7) 沙洲市东方公司法人章一枚。
五、交接前后工作责任的划分
2012 年 12 月 2 日前的出纳责任事项由李佳佳负责；2012 年 12 月 3 日起的出纳工作由许萍负责。以上移交事项均经交接双方认定无误。
六、本移交清册一式三份，双方各执一份，存档一份
移交人：李佳佳
接管人：许萍
监交人：陈丽丽
沙洲市东方公司财务处(盖章)
2012 年 12 月 2 日

任务 9.3　专 项 实 训

【实训】出纳工作交接

实训资料：

李芳是娄底兴娄锅业红公司新进的财会人员，经公司决定，李芳担任本公司出纳工作，原出纳人员陈兴不再担任本公司出纳工作。因此，需要办理原出纳陈兴与李芳的出纳工作交接。具体交接程序如下。

(1) 单位主管会计工作的负责人刘婷监督出纳工作移交的全过程。出纳工作交接时暂不办理现金、银行存款收支业务。

(2) 原出纳陈兴清点库存现金 3122 元，与昨日的现金日记账核对无误后，再将保险柜及密码告诉李芳，交由李芳验收完毕后在出纳交接书该项目上予以确认，并将现金 3122 元放入保险柜。

(3) 原出纳陈兴将昨日银行存款日记账和开户银行确认的银行存款余额确认函交由李芳审验，李芳审验无误后在出纳交接书该项目上予以确认。银行存款余额为 43 218.52 元。

(4) 原出纳陈兴将托收承付票据、收据、转账支票等各一本交给李芳，并将作废的支票等向李芳解释清楚，李芳核实支票编号、收据编号及相关情况，审验无误后在出纳交接书该项目上予以确认。

(5)原出纳陈兴将支票专用印鉴及法定代表人印鉴等相关印鉴交由李芳，李芳审验无

误后在出纳交接书该项目上予以确认。

(6) 交接双方在出纳工作移交清册上签字确认，监督人刘婷也在移交清册上签字。至此，出纳移交工作程序执行完毕，交接后出纳责任将由李芳承担。

实训要求：

(1) 根据上述实训资料整理好需要交接的相关资料和表格。

(2) 根据上述实训资料正确填写出纳移交清册，办理好交接手续。

项目小结

会计档案是指会计凭证、会计账簿和财务会计报告等会计核算专业材料，是记录和反映单位经济业务的重要历史资料和证据。出纳档案主要有会计凭证类、会计账簿类、财务报告类、档案管理类及其他。会计档案对于总结工作经验，指导生产经营管理和事业管理，查验经济财务问题，防止贪污舞弊，研究经济发展的方针、战略都具有重要作用。

会计档案的保管期限分为永久、定期两类。永久，是指会计档案须永久保存；定期，是指会计档案保存应达到法定的时间。会计档案的定期保管期限分为 3 年、5 年、10 年、15 年和 25 年五种。

会计档案保管期满需要销毁时，可以按照以下程序销毁：编制会计档案销毁清册，专人负责监销。

会计人员工作调动或者因故离职， 必须将本人所经管的会计工作全部移交给接替人员。出纳交接一般分三个阶段进行：第一阶段，交接准备。第二阶段，正式交接。第三阶段，交接结束。交接完毕后，交接双方和监交人要在移交清册上签名或盖章。

练　习　题

一、单项选择题

1. 出纳人员在下列情况下不需要办理移交手续的是(　　)。

A. 工作调动　　B. 外出学习　　C. 出差　　D. 国庆长假

2. 出纳人员进行出纳工作交接时，应当填制移交清册，移交清册一般的份数为(　　)。

A. 一式一份　　B. 一式两份　　C. 一式三份　　D. 一式四份

3. 银行存款日记账的保管期限为(　　)。

A. 3 年　　B. 25 年　　C. 15 年　　D. 5 年

4. 下列资料不属于出纳档案的是(　　)。

A. 会计凭证　　B. 会计账簿　　C. 出纳报告　　D. 预算计划

5. 不需要在出纳移交清册上签名或盖章的是(　　)。

A. 接替人员　　B. 某会计人员　　C. 原移交人员　　D. 监交人

6. 出纳员可以登记的账不包括(　　)。

A. 银行存款日记账　　B. 现金日记账

C. 出纳报告　　D. 收入费用账

7. 会计机构负责人办理会计工作交接手续时，负责监交的人员应当是(　　)。

A. 一般会计人员　　B. 主管会计工作负责人

C. 单位负责人　　D. 单位负责人指定的人员

8. 一般会计人员办理会计工作交接手续时，应由(　　)负责监交。

A. 其他会计人员　　B. 审计人员

C. 会计机构负责人　　D. 单位负责人

9. 根据会计法律法规的有关规定，会计人员在办理会计工作交接手续中发现“白条抵库”时，应采取的做法是(　　)。

A. 由监交人员负责查清处理

B. 由移交人员在规定期限内负责查清处理

C. 由接管人员在移交后负责查清处理

D. 由会计档案人员负责查清处理

10. 会计工作交接时，接替人员在交接时因疏忽没有发现所接会计资料的真实性、完整性方面的问题，如事后发现，则该问题应由(　　)负责。

A. 接替人员　　B. 会计机构负责人

C. 原移交人员负责　　D. 接替人员和原移交人员共同负责

二、多项选择题

1. 《会计法》规定出纳人员不得兼管(　　)。

A. 所有账簿　　B. 会计档案

C. 收入、费用账目登记　　D. 债权、债务账目登记

2. 会计档案是指记录和反映经济业务事项的重要历史资料和证据，一般包括(　　)。

A. 会计凭证　　B. 会计账簿　　C. 会计制度　　D. 财务计划

3. 移交人员离职前，必须将本人经管的会计工作交接清楚，具体要求是(　　)。

A. 现金要根据会计账簿记录余额当面点交，不得短缺

B. 有价证券面额与发行价不一致时，按会计账簿余额交接

C. 公章、收据、空白支票、发票以及其他物品必须交接清楚

D. 因为可能存在未达款项，所以无须核对银行存款账户余额与银行对账单余额

4. 下列关于移交人员和接管人员的责任说法正确的有(　　)。

A. 移交人员应对所移交的会计资料的真实性、完整性负责

B. 接管人员对所接管的会计资料的真实性、完整性负责

C. 接管人员在交接后发现原交接资料有不合法问题，则该问题由接管人员负责；交接时发现的问题由移交人员负责

D. 接管人员在交接时未发现所接资料的真实性、完整性方面的问题，如事后发现，该问题仍应由移交人员负责

5. 出纳人员办理移交手续时，监交人可以是(　　)。

A. 单位负责人　　B. 会计机构负责人

C. 会计主管人员　　D. 由会计部门负责人指定某一会计人员

6. 装订成册的会计凭证必须加盖封面，封面上应注明(　　)。

A. 单位名称　　B. 年度

C. 记账凭证的起讫编号　　　　D. 记账凭证的张数

7. 出纳工作交接的作用主要有(　　)。

A. 可以明确工作责任

B. 便于接办的出纳人员熟悉工作，能够立即进入工作角色

C. 有利于发现和处理出纳工作和资金管理工作中存在的问题

D. 有利于预防经济犯罪的发生，防止资金流失

三、判断题

1. 会计凭证、会计账簿、财务会计报告、财务预算计划等都是会计档案。(　　)

2. 会计人员工作调动或者因故离职，必须将本人所经管的会计工作全部移交给接替人员，没有办清交接手续的，不得调动或者离职。(　　)

3. 在进行会计工作交接时，若移交人因病不能亲自办理移交手续，可委托他人移交，受托人应对会计资料的真实性、完整性承担责任。(　　)

4. 一般会计人员办理交接手续时，应由单位负责人监交。(　　)

5. 出纳工作交接，交接双方在移交清册上签名或盖章，监交人不必签章。(　　)

6. 出纳工作交接后，接管人员应另立账簿进行登记以明确交接双方的责任。(　　)

7. 会计档案原则上不得借出。如有特殊需要，则经本单位负责人批准，可以对外借出。(　　)

8. 出纳交接工作结束后，在交接前后各期的工作责任应由当时的经办人负责。(　　)

9. 当年形成的会计档案，在会计年度终了后，可暂由会计机构保管一年，期满之后，应当由会计机构编制移交清册，移交本单位档案机构统一保管；未设立档案机构的，应当在会计机构内部指定专人保管。(　　)

10. 装订成册的会计凭证必须加盖封面，封面上应注明单位名称、年度、月份、本月共几册、本册是第几册，记账凭证的起讫编号、张数，并由会计主管、装订人分别签名或盖章。(　　)

11. 会计机构负责人办理会计交接手续时，应当由单位负责人监交，必要时主管单位可以派人监交。(　　)

四、简答题

1. 什么是出纳档案？具体包括哪些内容？

2. 简述出纳档案的保管要求。

3. 什么情况下必须办理出纳工作交接？

4. 简述出纳工作交接的意义。

5. 简述出纳工作交接的具体内容。

6. 如何做好出纳人员的交接工作？

7. 出纳工作交接后交接双方各自要承担什么责任？

8. 如何销毁保管期满的会计档案？

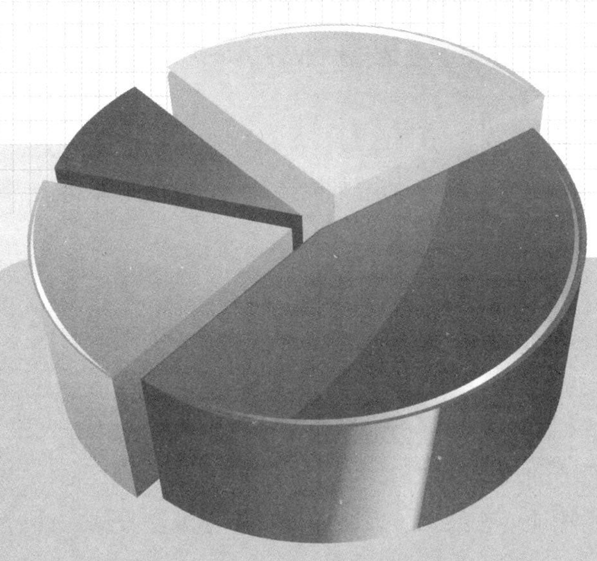

项目 10

出纳业务综合实训

学习目标

熟悉出纳工作的内容和职责范围；掌握出纳业务的会计处理。

项目重点与难点

银行结算凭证的填制，出纳业务事项的会计处理。

技能要求

通过本项目的学习，体验出纳实践工作，熟悉出纳的岗位工作内容和职责，能使用相关结算凭证办理出纳业务，能正确处理出纳事项，以提高实际操作能力。

10.1.1 实训目的、要求及设计

1. 实训目的

出纳工作是整个会计核算工作的基础和重要组成部分。出纳人员不仅要负责办理现金收付和银行结算业务，同时还要负责现金、票据和有价证券的保管等任务。出纳业务综合实训是把出纳业务浓缩于企业模拟操作资料中，在教师的指导下，学生以独立操作为主，运用所学的出纳岗位理论知识和基本技能，对企业的出纳业务事项进行实务操作，以掌握实际操作能力，培养学生的综合职业素养。

通过实训，使学生全面、系统地掌握出纳岗位相关原始凭证的填制和审核；记账凭证的编制和审核；会计账簿的建立、登记、对账、结账；出纳报表的编制等基本操作技能和方法，提高学生实践操作能力。

2. 实训要求

本实训以娄底湘丰制造有限公司 2012 年 12 月的出纳业务为背景，要求学生模拟企业出纳实务流程，全面、系统地掌握出纳岗位基本操作技能。具体要求如下。

(1) 根据实训资料(一)设置“库存现金”、“银行存款”日记账，并登记月初余额。

(2) 完成实训资料(二)相关业务原始凭证的填制并审核。

(3) 根据实训资料(二)相关业务的原始凭证，按照业务发生的先后顺序编制收款、付款和转账凭证。

(4) 根据审核无误的记账凭证逐笔登记“库存现金”、“银行存款”日记账，并结出余额。

(5) 月末，将银行存款日记账与银行对账单进行核对，找出未达账项，编制银行存款余额调节表。

(6) 编制出纳报告。

3. 训设计

实训形式：分组协作实训，每实训组两人，一人担任会计，负责编制记账凭证；另一人担任出纳，负责现金及银行存款的收付及记账。

实训所需资料：收款凭证 5 张，付款凭证 40 张，转账凭证 15 张；“库存现金”、“银行存款”日记账页各 4 张；其他资料如夹子、回形针、剪刀、尺子、红笔等。

实训时间：20 课时。

10.1.2 实训企业基本情况

企业名称：湘丰制造有限公司；企业类型：生产型企业；

公司地址：娄底市湘阳路 38 号；联系电话和传真均为 0738-83295040；

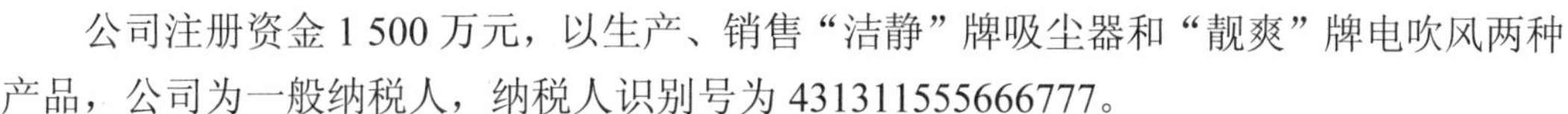

公司注册资金 1 500 万元，以生产、销售“洁静”牌吸尘器和“靓爽”牌电吹风两种产品，公司为一般纳税人，纳税人识别号为 431311555666777。

公司员工共 120 人，法定代表人张爱国；出纳陈兴；会计张红；审核王凡；主管刘婷。

基本户的开户行为工商银行娄底支行，账号为 19130101090245698961，银行核准公司库存现金限额为 8 000.00 元。

公司内部组织机构为厂办、生产车间、采购部、销售部、财务部，公司对销售部实行定额备用金制，核定的备用金定额为 10 000.00 元，每 10 天报销一次费用，补足定额。

10.1.3　实训资料

1．建账资料

湘丰制造有限公司 2012 年 12 月有关账户余额如下。

“库存现金”账户　　7 864.28 元

“银行存款”账户　　3 628 700.00 元

其中：基本存款户　　2 708 700.00 元

2．湘丰制造有限公司 2012 年 12 月发生的经济业务

(1) 12 月 1 日，开出现金支票从银行提取现金 8 000 元备用(见图 10-1)。

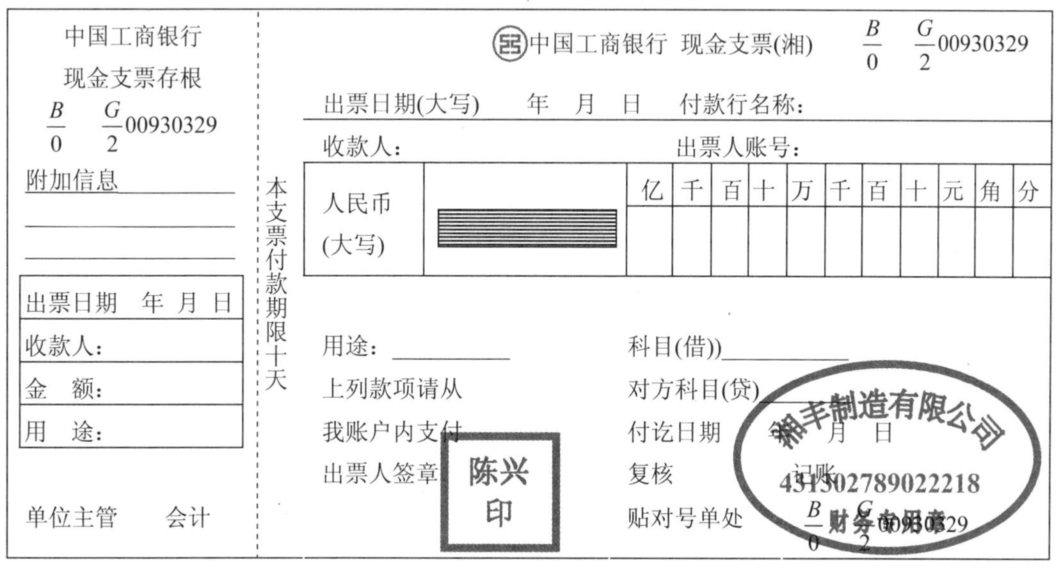

中国工商银行
现金支票存根
B/0 G/2 00930329
附加信息

出票日期　年　月　日
收款人：
金　额：
用　途：

单位主管　　会计

本支票付款期限十天

中国工商银行　现金支票(湘)　B/0 G/2 00930329

出票日期(大写)　年　月　日　付款行名称：
收款人：　出票人账号：

人民币(大写)		亿	千	百	十	万	千	百	十	元	角	分

用途：　科目(借)
上列款项请从　对方科目(贷)
我账户内支付　付讫日期　年　月　日
出票人签章　复核　记账
贴对号单处　B/0 G/2 00930329

图 10-1　现金支票

(2) 12 月 1 日，接到工商银行通知，株洲市阳光置业公司(开户行：中国银行株洲市华府路支行，账号：5001006765，地址、电话：株洲市华府路 469 号，0734-4485623)还来货款 500 万元，存入银行(见图 10-2)。

中国工商银行信汇凭证(收账通知)

委托日期：　　年　月　日　　　　第 002457 号

付款人	全称		收款人	全称	
	账号			账号	
	开户银行			开户银行	工商银行娄底支行
人民币(大写)			千 百 十 万 千 百 十 元 角 分		
票据种类			收款人开户银行盖章		
票据张数					
单位主管　会计　复核　记账					

图 10-2　中国工商银行信汇凭证(收账通知)

(3) 12 月 2 日，以现金支付销售部李俊定额备用金 10 000 元(见图 10-3)。

借款单(1)

2012 年　12　月　2 日　　　　第　1　号

部　门	销售部	姓名	李俊	借款用途	定额备用金
借款金额	人民币(大写)壹万元整				(小写)¥10 000.00
实际报销金额		节余金额		审核意见	同意借款　张爱国
		超支金额			
备注：					

会计主管：刘婷　　出纳：陈兴　　借款人：李俊

现金付讫

图 10-3　借款单(1)

(4) 12 月 2 日，以银行存款向新星设备公司(开户行：中国工商银行解放路支行，账号：5002001289，地址、电话：星城市解放路 338 号，0731-4652139，纳税人识别号：430421198801428)预付购货款 15 万元(见图 10-4)。

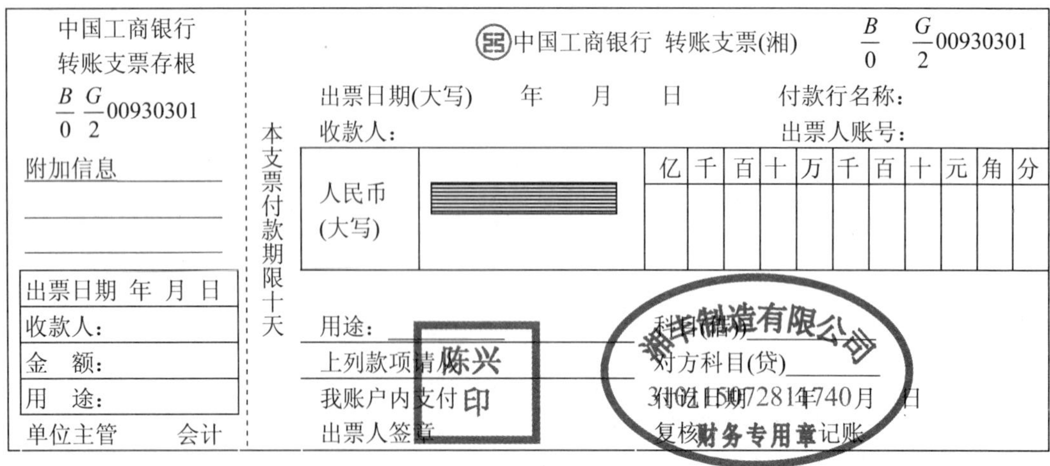

中国工商银行
转账支票存根
$\frac{B}{0}\ \frac{G}{2}$ 00930301
附加信息

出票日期　年　月　日
收款人：
金　额：
用　途：
单位主管　　会计

本支票付款期限十天

中国工商银行　转账支票(湘)　$\frac{B}{0}\ \frac{G}{2}$ 00930301

出票日期(大写)　年　月　日　　付款行名称：
收款人：　　出票人账号：

人民币(大写)		亿	千	百	十	万	千	百	十	元	角	分

用途：　　科目(借)
上列款项请从　　对方科目(贷)
我账户内支付　　转账日期　年　月　日
出票人签章　　复核　记账

图 10-4　转账支票

(5) 12 月 3 日，采购员李宇出差向财务科借现金 4 000 元(见图 10-5)。

借款单(2)

2012 年 12 月 3 日　　　　第 2 号

部　门	采购部	姓　名	李宇	借款用途	出差
借款金额	人民币(大写)肆仟元整			(小写)¥20 000.00	
实际报销金额		节余金额		审核意见	同意借款 张爱国
		超支金额			
备注:					

现金付讫

会计主管：刘婷　　　　出纳：陈兴　　　　借款人：李宇

图 10-5 借款单(2)

(6) 12 月 3 日，销售给浏阳仁和有限公司(开户行：中国工商银行平安支行营业部，账号：554732403585435，地址、电话：安平路 87 号，0376-523648，纳税人识别号：431585662478360)“洁静”牌吸尘器 500 台，价款 126 000 元，增值税 21 420 元，价款收存银行基本存款户(见表 10-1，图 10-6～图 10-9)。

中国工商银行 进账单(收账通知)

年 月 日　　　　第 号

付款人	全　称		收款人	全　称	
	账　号			账　号	
	开户银行			开户银行	
人民币(大写)			千 百 十 万 千 百 十 元 角 分		
票据种类			收款人开户银行盖章		
票据张数					
单位主管　会计　复核　记账			年　月　日		

工商银行娄底支行 2012.12.03 转讫

图 10-6 中国工商银行进账单(收账通知)

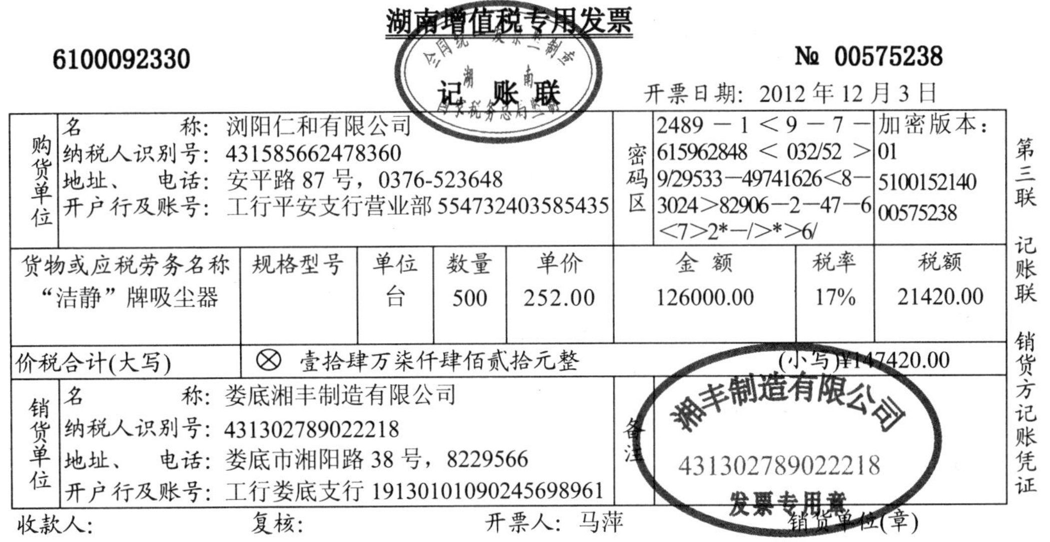

湖南增值税专用发票

6100092330　　　　记账联　　　　№ 00575238

开票日期：2012 年 12 月 3 日

购货单位	名　称：浏阳仁和有限公司 纳税人识别号：431585662478360 地址、电话：安平路 87 号，0376-523648 开户行及账号：工行平安支行营业部 554732403585435				密码区	2489－1＜9－7－ 615962848 ＜ 032/52 ＞ 9/29533－49741626＜8－ 3024＞82906－2－47－6 ＜7＞2*－/＞*＞6/	加密版本：01 5100152140 00575238
货物或应税劳务名称	规格型号	单位	数量	单价	金额	税率	税额
“洁静”牌吸尘器		台	500	252.00	126000.00	17%	21420.00
价税合计(大写)	⊗ 壹拾肆万柒仟肆佰贰拾元整				(小写)¥147420.00		
销货单位	名　称：娄底湘丰制造有限公司 纳税人识别号：431302789022218 地址、电话：娄底市湘阳路 38 号，8229566 开户行及账号：工行娄底支行 19130101090245698961				备注	湘丰制造有限公司 431302789022218 发票专用章	

第三联 记账联 销货方记账凭证

收款人：　　　复核：　　　开票人：马萍　　　销货单位(章)

图 10-7 增值税发票

表 10-1

产品出库单

购货单位：浏阳仁和有限公司　　　　　　　　　　　　　　　　编号：1201

发票号码：　№ 00575238　　　　　2012 年 12 月 3 日　　　　　　　仓库：三仓库

规格	材料名称	编号	数量		实际成本/元											
			应发	实发	单位	单价	合计									
							千	百	十	万	千	百	十	元	角	分
	“洁静”牌吸尘器		500	500	台											
备注				发货人盖章			合计									

主管：　　　　　　　　保管员：李玉　　　　　　　　检验员：　　　　　　记账员：

付款期限
壹个月

中国工商银行

银行汇票（收款通知）2　　　　　　III XI 00448978 第　号

出票日期（大写）贰零壹贰年壹拾贰月零叁日

代理付款行：中国工商银行平安分行　行号：410

收款人：湘丰制造有限公司　　　　账号：9870461472243115839

出票金额　人民币（大写）壹拾伍万元整

实际结算金额	千	百	十	万	千	百	十	元	角	分
壹拾肆万柒仟肆佰贰拾元整		¥	1	4	7	4	2	0	0	0

申请人：浏阳仁和有限公司　　　　账号或地址：061466385245700

出票行：工商银行平安分行

行　号：

备　注：货　款

凭票付款

出票行签章

多余金额									
千	百	十	万	千	百	十	元	角	分
			¥	2	5	8	0	0	0

工商银行娄底支行　2012.12.03　转讫

科目(借)________

对方科目(贷)________

兑付日期 2012 年 12 月 3 日

复核　　　　记账

此联出票行交收款行作收款凭证

图 10-8　中国工商银行银行汇票(1)

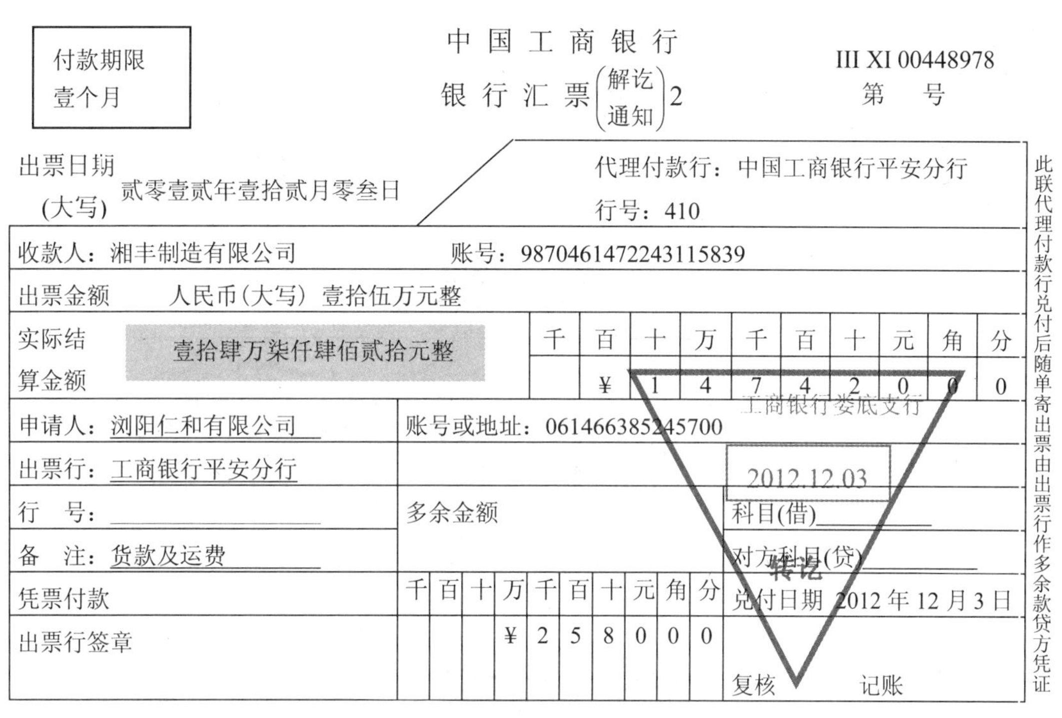

付款期限 壹个月

中国工商银行
银行汇票（解讫通知）2　　III XI 00448978 第　号

出票日期（大写）	贰零壹贰年壹拾贰月零叁日	代理付款行：中国工商银行平安分行 行号：410
收款人：湘丰制造有限公司		账号：9870461472243115839
出票金额	人民币（大写）壹拾伍万元整	
实际结算金额	壹拾肆万柒仟肆佰贰拾元整	千 百 十 万 千 百 十 元 角 分：¥ 1 4 7 4 2 0 0 0
申请人：浏阳仁和有限公司	账号或地址：061466385245700	
出票行：工商银行平安分行		工商银行娄底支行 2012.12.03 转讫
行号：	多余金额	科目(借)
备注：货款及运费		对方科目(贷)
凭票付款	千 百 十 万 千 百 十 元 角 分	兑付日期 2012 年 12 月 3 日
出票行签章	¥ 2 5 8 0 0 0	复核　记账

此联代理付款行兑付后随单寄出票由出票行作多余款贷方凭证

图 10-9　中国工商银行银行汇票(2)

(7) 12 月 4 日，开出支票从银行提取现金 8 000 元备用(见图 10-10)。

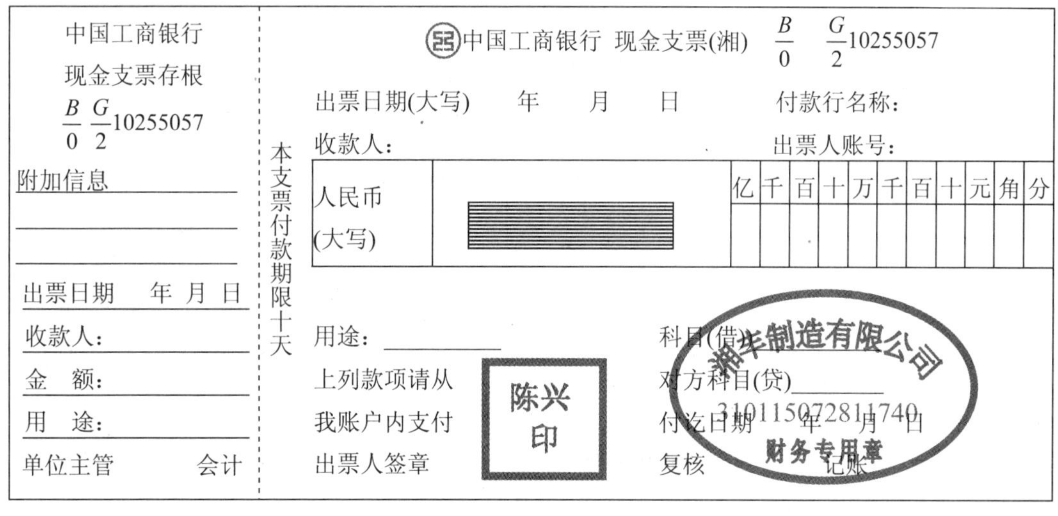

中国工商银行
现金支票存根
$\frac{B}{0}\frac{G}{2}$10255057
附加信息
出票日期　年　月　日
收款人：
金　额：
用　途：
单位主管　会计

本支票付款期限十天

中国工商银行 现金支票(湘)　$\frac{B}{0}\frac{G}{2}$10255057

出票日期(大写)　年　月　日	付款行名称：
收款人：	出票人账号：
人民币（大写）	亿 千 百 十 万 千 百 十 元 角 分
用途：	科目(借)
上列款项请从我账户内支付 出票人签章　陈兴印	对方科目(贷)
	付讫日期　年　月　日
	复核　记账

湘丰制造有限公司 3101150728111740 财务专用章

图 10-10　现金支票

(8) 12 月 5 日，从大发工厂(开户行：中国建设银行浏阳支行，账号：30010023456547 8，地址、电话：浏阳市开元路 56 号，纳税人识别号：430104199201428)购入 PS 塑料 5000

米，单价 12 元/米，发票注明的原材料价款 60 000 元，增值税额 10 200 元，材料验收入库，贷款及税款以转账支票支付(图 10-11 和图 10-12 和表 10-2)。

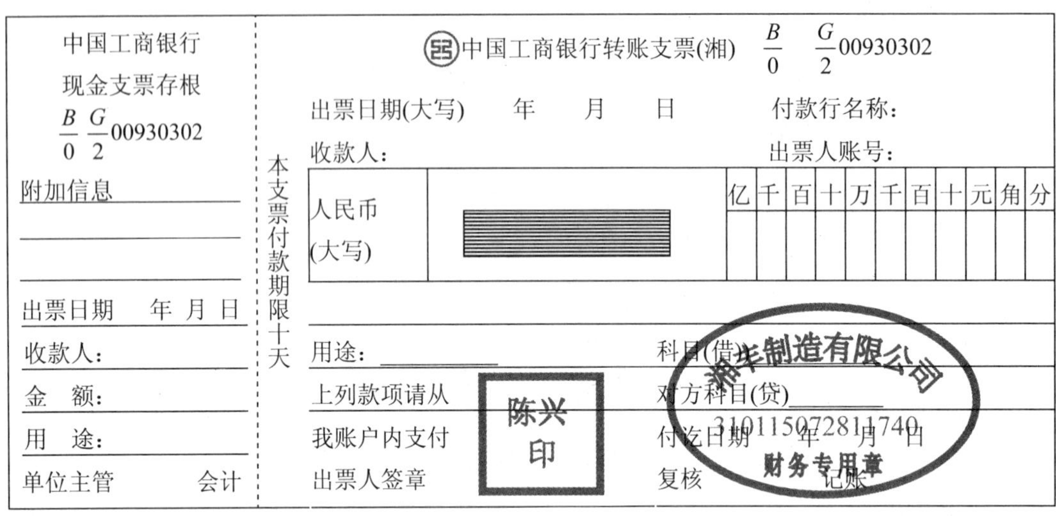

中国工商银行 现金支票存根 $\frac{B}{0}\frac{G}{2}$00930302

附加信息

出票日期 年 月 日

收款人:

金 额:

用 途:

单位主管 会计

本支票付款期限十天

中国工商银行转账支票(湘) $\frac{B}{0}\frac{G}{2}$00930302

出票日期(大写) 年 月 日 付款行名称:

收款人: 出票人账号:

人民币(大写)		亿	千	百	十	万	千	百	十	元	角	分

用途: 科目(借)

上列款项请从我账户内支付 对方科目(贷)

出票人签章 陈兴印 付讫日期 年 月 日

复核 记账

湘丰制造有限公司 3101150728111740 财务专用章

图 10-11 转账支票

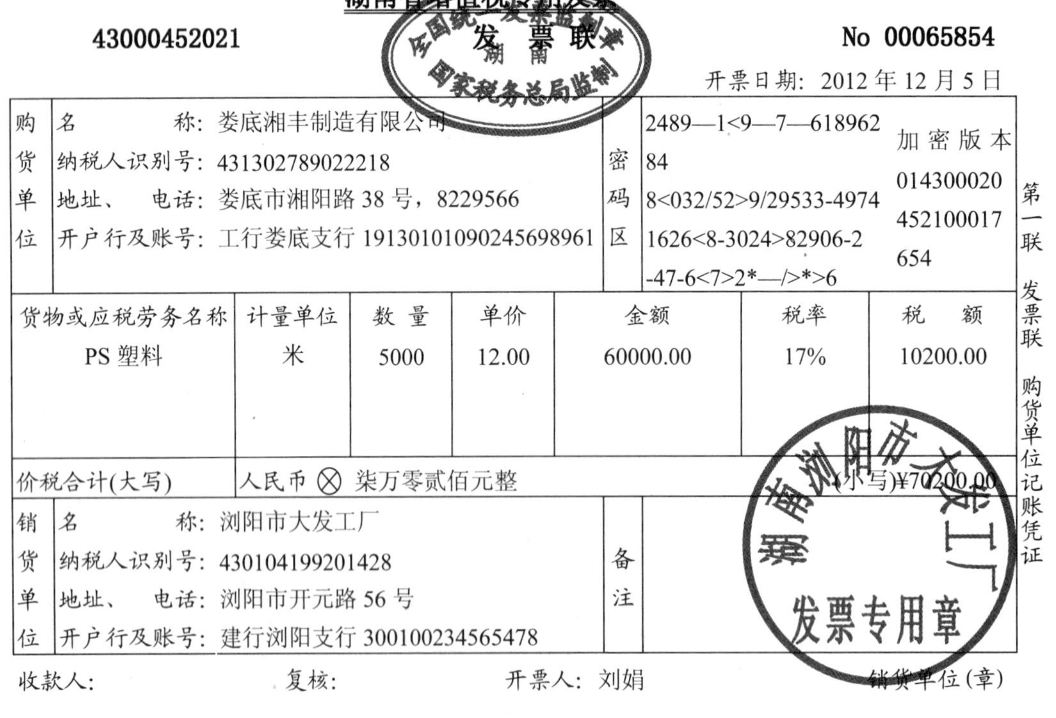

湖南省增值税专用发票

43000452021 发票联 No 00065854

全国统一发票监制章 湖南 国家税务总局监制

开票日期：2012 年 12 月 5 日

购货单位	名称：娄底湘丰制造有限公司 纳税人识别号：431302789022218 地址、电话：娄底市湘阳路 38 号，8229566 开户行及账号：工行娄底支行 19130101090245698961	密码区	2489—1<9—7—618962 84 8<032/52>9/29533-4974 1626<8-3024>82906-2 -47-6<7>2*—/>*>6	加密版本 014300020 452100017 654

货物或应税劳务名称	计量单位	数量	单价	金额	税率	税额
PS 塑料	米	5000	12.00	60000.00	17%	10200.00
价税合计(大写)	人民币 ⊗ 柒万零贰佰元整					(小写)¥70200.00

销货单位	名称：浏阳市大发工厂 纳税人识别号：430104199201428 地址、电话：浏阳市开元路 56 号 开户行及账号：建行浏阳支行 300100234565478	备注	

收款人： 复核： 开票人：刘娟 销货单位(章)

湖南浏阳市大发工厂 发票专用章

第一联 发票联 购货单位记账凭证

图 10-12 增值税发票

表 10-2

收料单

编号：1010

发票号码：　　　　　　　　2012 年 12 月 5 日　　　　　　　　仓库：一仓库

规格	材料名称	编号	数量		实际价格(元)													
			应收	实收	单位	单价	发票金额	运杂费	合计									
									千	百	十	万	千	百	十	元	角	分
	PS 塑料		5000	5000	米	12.00	60000.00											
备注				验收人盖章				合计										

第二联　会计部门

采购员：　　　　　检验员：　　　　　记账员：　　　　　保管员：李玉

(9) 12 月 5 日，公司行政办公室报销业务招待费 4 650 元，以现金支付(见图 10-13)。

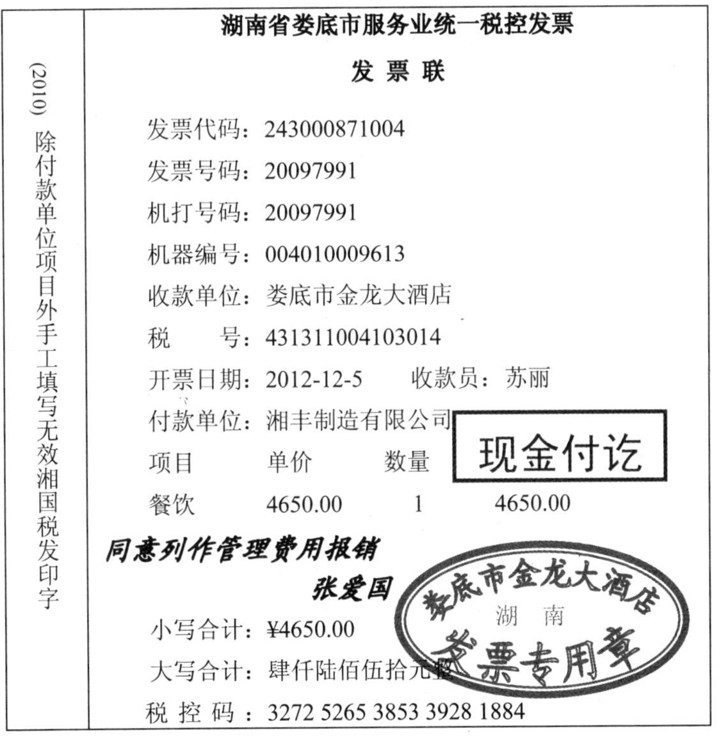

(2010) 除付款单位项目外手工填写无效湘国税发印字

湖南省娄底市服务业统一税控发票

发 票 联

发票代码：243000871004

发票号码：20097991

机打号码：20097991

机器编号：004010009613

收款单位：娄底市金龙大酒店

税　　号：431311004103014

开票日期：2012-12-5　　收款员：苏丽

付款单位：湘丰制造有限公司

项目	单价	数量	
餐饮	4650.00	1	4650.00

小写合计：¥4650.00

大写合计：肆仟陆佰伍拾元整

税 控 码：3272 5265 3853 3928 1884

图 10-13　统一税控发票

(10) 12 月 6 日，向本市永宏公司(开户行：工行五一路分行，账号：722403823628201，地址、电话：五一路 18 号，0738-4632510，纳税人识别号：00181027010132)，销售“靓爽”牌电吹风 1000 台，单价 150/台元，增值税率 17%，货款及税款已委托工商银行收款(见图 10-14 和表 10-16)。

湖南增值税专用发票

6100092330 　　记账联　　№ 00575238

开票日期：2012 年 12 月 6 日

购货单位	名　　称：娄底永宏公司 纳税人识别号：00181027010132 地址、电话：五一路 18 号 0738-4632510 开户行及账号：工行五一路分行 22403823628201				密码区	2489 - 1 < 9 - 7 - 615962848 < 032/52 > 9/29533 - 49741626 < 8 - 3024 > 82906 - 2 - 47 - 6 <7>2* - />*>6/	加密版本：01 5100152140 00575238
货物或应税劳务名称	规格型号	单位	数量	单价	金额	税率	税额
“靓爽”牌电吹风		台	1000	150.00	150000.00	17%	25500.00
价税合计(大写)	⊗ 壹拾柒万伍仟伍佰元整				(小写)¥175500.00		
销货单位	名　　称：娄底湘丰制造有限公司 纳税人识别号：431302789022218 地址、电话：娄底市湘阳路 38 号，8229566 开户行及账号：工行娄底支行 19130101090245698961				备注		

收款人：　　复核：　　开票人：马萍　　销货单位(章)

第三联 记账联 销货方记账凭证

图 10-14　增值税专用发票

中国工商银行委托收款凭证(回单)

委托时间 2012 年 12 月 6 日　　第 0880657 号

付款人	全　称	娄底永宏公司	收款人	全　称	娄底湘丰制造有限公司					
	账　号	22403823628201		账　号	19130101090245698961					
	开户银行	工行五一路分行		开户银行	工行娄底支行					
托收金额	人民币(大写)壹拾柒万伍仟伍佰元整		千	百	十	万	千	百	十	元	角	分
				¥	1	7	5	5	0	0	0	0
附件	商品发运情况		合同名称号码							
附寄单证张数或册数	4									
备注	款项收妥日期		收款人开户银行盖章							

单位主管：　　会计：　　复核：　　记账：

图 10-15　中国工商银行委托收款凭证(回单)

(11) 12 月 7 日，向苏州市工行南林支行(账号：45378569)汇出 85 500 元，以备采购材料(见表 10-15)。

中国工商银行 电汇凭证(回单)

委托时间 2012 年 12 月 7 日

付款人	全　称	娄底湘丰制造有限公司	收款人	全　称	苏州市红光制造有限公司					
	账号或住址	19130101090245698961		账号或住址	45378569					
	汇出地点	工行娄底支行		汇入地点	苏州市工行南林支行					
金额	人民币(大写)捌万伍仟伍佰元整		千	百	十	万	千	百	十	元	角	分
					¥	8	5	5	0	0	0	0
汇款用途：采购材料										
备注			汇出行盖章							

单位主管：　　会计：　　复核：　　记账：

图 10-16　中国工商银行电汇凭证(回单)

(12) 12 月 8 日，向银行申请面额为 470000 元的银行汇票一张，拟向福建海通机械厂(账号：62273568)购买打包机一台(见表 10-16)。

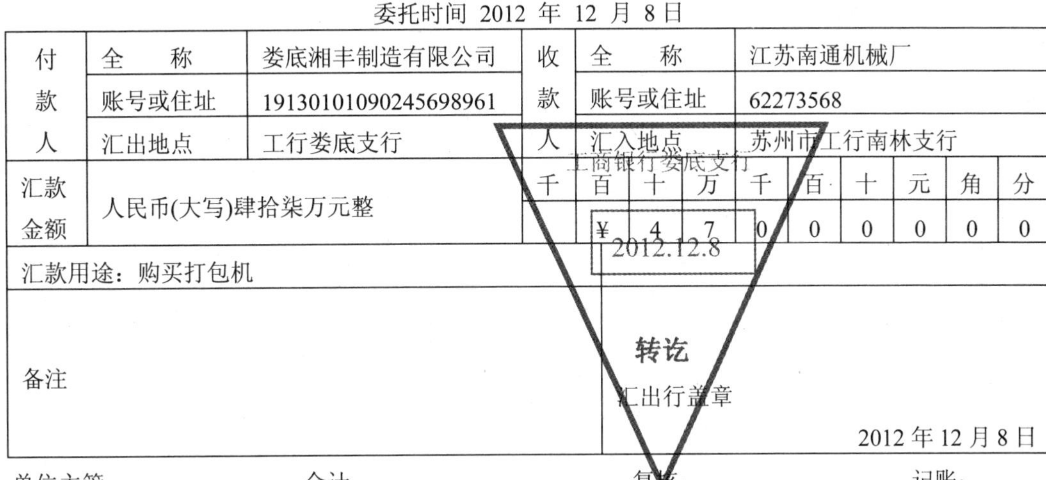

中国工商银行汇票(申请书)(存根)

委托时间 2012 年 12 月 8 日

付款人	全　　称	娄底湘丰制造有限公司	收款人	全　　称	江苏南通机械厂								
	账号或住址	19130101090245698961		账号或住址	62273568								
	汇出地点	工行娄底支行		汇入地点	苏州市工行南林支行								
汇款金额	人民币(大写)肆拾柒万元整		千	百	十	万	千	百	十	元	角	分	
				¥	4	7	0	0	0	0	0	0	
汇款用途：购买打包机													
备注			转讫 汇出行盖章 2012 年 12 月 8 日										

工商银行娄底支行 2012.12.8

单位主管：　　　会计：　　　复核：　　　记账：

图 10-17　中国工商银行汇票(申请书)(存根)

(13) 12 月 9 日，零售“洁静”牌吸尘器 10 台，货款 3042 元，收到现金存入银行(见表 10-3、表 10-4 和图 10-18)。

表 10-3　星城商业零售企业统一发票

客户：　刘琳　　　　2012 年 12 月 9 日　　　　№01423254

品名	单位	数量	单价	金额						
				万	千	百	十	元	角	分
“洁静”牌吸尘器	台	10	304.20		3	0	4	2	0	0
合计金额(大写)	人民币叁仟零肆拾贰元整						(小写)¥3 042.00			
备　注										

湘丰制造有限公司 431302789022218 发票专用章

发票专用章(未盖章无效)：　　　开票人：张立　　　收款人：陈兴

表 10-4

产品出库单(第二联会计部门)

购货单位：刘琳　　　　　　　　　　　　　　　　　　编号：1206

发票号码：№01423254　　　2012 年 12 月 9 日　　　　仓库：一仓库

规格	名称	编号	数量		实际成本(元)											
			应发	实发	单位	单价	合计									
							千	百	十	万	千	百	十	元	角	分
	“洁静”牌吸尘器		10	10	台											
备注			发货人盖章			合计										

主管：　　　　保管员：李玉　　　　检验员：　　　　记账员：

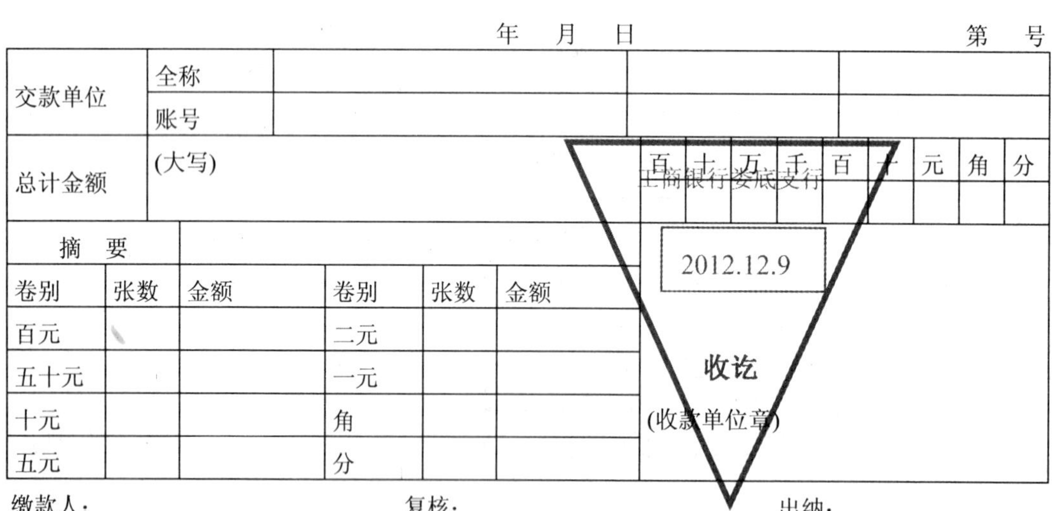

中国工商银行 现金缴款单(回单)

年　月　日　　　　　　　　第　号

交款单位	全称			
	账号			

总计金额	(大写)	百	十	万	千	百	十	元	角	分

摘要						工商银行娄底支行 2012.12.9 收讫 (收款单位章)
卷别	张数	金额	卷别	张数	金额	
百元			二元			
五十元			一元			
十元			角			
五元			分			

缴款人：　　　　复核：　　　　出纳：

图 10-18　中国工商银行现金缴款单(回单)

(14) 12 月 9 号，以银行存款支付园林绿化费 5000 元(见图 10-19)。

湖南省非税收入一般缴款书(回单)　　　　第 0880657 号

填制日期：2012 年 12 月 9 日　单位名称：娄底市园林管理局　　　　单位编号：00001245

付款人	全　　称	娄底湘丰制造有限公司	收款人	全　　称	娄底市园林局
	账　　号	19130101090245698961		账　　号	422330100030175
	开户银行	工行娄底支行		开户银行	工行娄底支行

金额	人民币(大写)伍仟元整	千	百	十	万	千	百	十	元	角	分
					¥	5	0	0	0	0	0

项目编号	项目名称	计费单位	计费数量	计费标准	金额
	园林绿化费	元/季	1	5000.00	5000.00

执收单位盖章：（娄底市园林管理局 43130221454823 财务专用章）　　　　经办人盖章：彭俊

图 10-19　湖南省非税收收入一般缴款书(回单)

(15) 12 月 10 日，从本市宏达公司(开户行：工行新兴路分行，账号：622403823628456，地址、电话：新兴南路 11 号，0738-8632556，纳税人识别号：00181027010322)购入电动机 200 台，单价 150 元/台；购入刷头 200 箱，单价 145 元/箱，增值税率 17%，货款及税款开出转账支票支付(见图 10-20、表 10-5 和图 10-21)。

湖南省增值税专用发票

43000452021　　　　**发　票　联**　　　　No 00065621

开票日期：2012 年 12 月 10 日

购货单位	名　　称：娄底湘丰制造有限公司 纳税人识别号：431302789022218 地址、电话：娄底市湘阳路 38 号，8229566 开户行及账号：工行娄底支行 19130101090245698961	密码区	2489—1<9—7—61896284 8<032/52>9/29533-4974 1626<8-3024>82906-2 -47-6<7>2*—/>*>6	加密版本 01430002045 2100017654

货物或应税劳务名称	计量单位	数量	单价	金额	税率	税额
电动机	台	200	150.00	30000.00	17%	5100.00
刷头	箱	200	145.00	29000.00	17%	4930.00
价税合计(大写)	人民币 ⊗陆万玖仟零叁拾元整				小写	¥69030.00

销货单位	名　　称：娄底市宏达公司 纳税人识别号：00181027010322 地址、电话：娄底市新兴南路 11 号 8632556 开户行及账号：工行新兴路分行 622403823628456	备注	

收款人：　　复核：　　开票人：王如　　销货单位(章)

第一联 发票联 购货单位记账凭证

表 10-20　增值税专用发票

表 10-5

收料单

编号：1010

发票号码：　　　　2012 年 12 月 10 日　　　　仓库：一仓库

规格	材料名称	编号	数量		实际价格(元)													
			应收	实收	单位	单价	发票金额	运杂费	合计									
									千	百	十	万	千	百	十	元	角	分
	电动机		200	200	台	150.00	30 000.00					3	0	0	0	0	0	0
	刷头		200	200	箱	145.00	29 000.00					2	9	0	0	0	0	0
							59 000.00				¥	5	9	0	0	0	0	0
备注			验收人盖章					合计										

第二联　会计部门

采购员：　　检验员：　　记账员：　　保管员：李玉

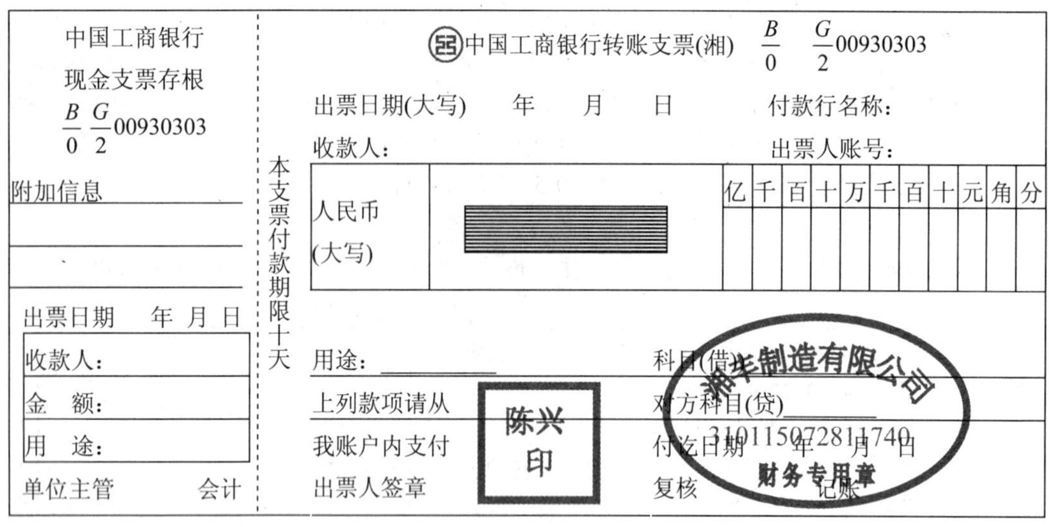
中国工商银行
现金支票存根
$\frac{B}{0}\ \frac{G}{2}$00930303
附加信息
出票日期　年　月　日
收款人：
金　额：
用　途：
单位主管　　会计

本支票付款期限十天

中国工商银行转账支票(湘)　$\frac{B}{0}\ \frac{G}{2}$00930303
出票日期(大写)　年　月　日　　付款行名称：
收款人：　　出票人账号：
人民币(大写)　亿 千 百 十 万 千 百 十 元 角 分
用途：　　科目(借)
上列款项请从　　对方科目(贷)
我账户内支付　　付讫日期　年　月　日
出票人签章　　复核　记账
陈兴印
湘华制造有限公司 310115072811740 财务专用章

图 10-21　中国工商银行转账支票

(16) 12 月 10 日，用存款缴纳上月各种税费，其中：增值税 58 600 元，城建税 4 102 元，教育附加费 1 758 元(见图 10-22 和图 10-23)。

中华人民共和国税收通用缴款书

隶属关系：市级　　　　国　　　　№0000056321

经济类型：有限公司　　填发日期：2012 年 12 月 10 日　　收入机关：娄底市国税局

缴款单位(人)		预算科目	
代　码	431302789022218	款	
全　称	娄底湘丰制造有限公司	项	增值税
开户银行	工行娄底支行	级次	中央 75%，地方 25%
账　号	19130101090245698961	收款国库	市金库

税款所属时期：2012 年 11 月 1 日—11 月 30 日　　税款限缴日期：2012 年 12 月 15 日

品目名称	课税数量	计税金额或销售收入	税率或单位税额额	已缴或扣除额	千	百	十	万	千	百	十	元	角	分
增值税								5	8	6	0	0	0	0
金额合计	(大写)伍万捌仟陆佰零拾零元零角零分						¥	5	8	6	0	0	0	0

缴款单位(人)(盖章) 经办人(章)	税务机关(盖章) 填票人(盖章)	上列款项已收妥并划转收款单位账户 国库(银行)盖章 2012 年 12 月 10 日	备注

图 10-22　中华人民共和国税收通用缴款书(1)

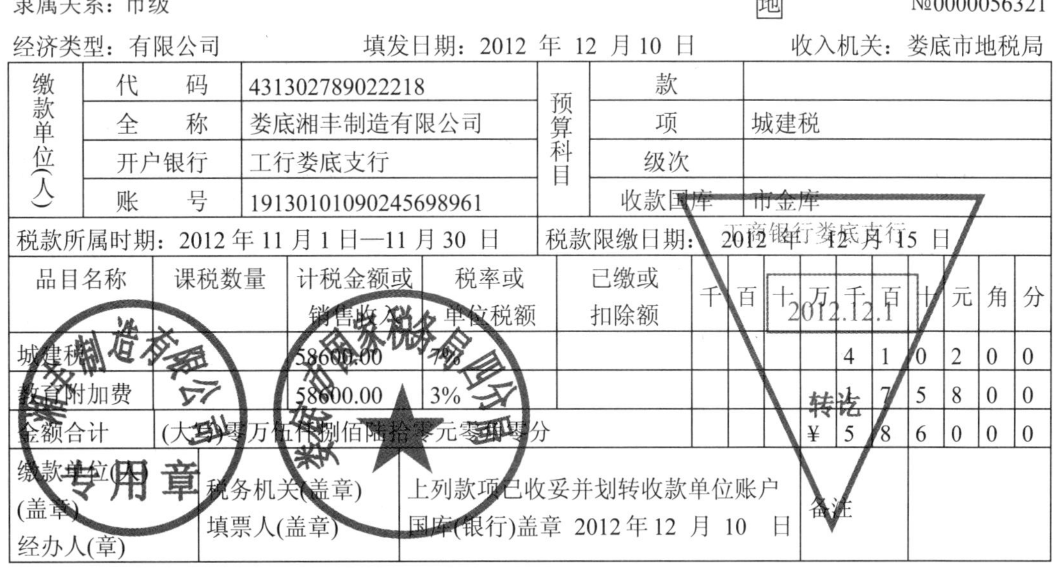

中华人民共和国税收通用缴款书

隶属关系：市级　　　　地　　　　№0000056321

经济类型：有限公司　　填发日期：2012 年 12 月 10 日　　收入机关：娄底市地税局

缴款单位(人)		预算科目	
代　码	431302789022218	款	
全　称	娄底湘丰制造有限公司	项	城建税
开户银行	工行娄底支行	级次	
账　号	19130101090245698961	收款国库	市金库

税款所属时期：2012 年 11 月 1 日—11 月 30 日　　税款限缴日期：2012 年 12 月 15 日

品目名称	课税数量	计税金额或销售收入	税率或单位税额	已缴或扣除额	千	百	十	万	千	百	十	元	角	分
城建税		58600.00	7%						4	1	0	2	0	0
教育附加费		58600.00	3%						1	7	5	8	0	0
金额合计	(大写)零万伍仟捌佰陆拾零元零角零分							¥	5	8	6	0	0	0

缴款单位(人)(盖章) 经办人(章)	税务机关(盖章) 填票人(盖章)	上列款项已收妥并划转收款单位账户 国库(银行)盖章 2012 年 12 月 10 日	备注

图 10-23　中华人民共和国税收通用缴款书(2)

(17) 12 月 10 日，根据工资汇总表，签发现金支票一张，金额 323 800 元，以发放工资(见图 10-24 和表 10-6)。

中国工商银行 现金支票存根 $\frac{B}{0}\frac{G}{2}$10255058 附加信息 出票日期　年　月　日 收款人： 金　额： 用　途： 单位主管　　会计	本支票付款期限十天	中国工商银行　现金支票(湘)　$\frac{B}{0}$　$\frac{G}{2}$10255058 出票日期(大写)　年　月　日　付款行名称： 收款人：　出票人账号： 人民币(大写)　亿 千 百 十 万 千 百 十 元 角 分 用途：　科目(借) 上列款项请从　对方科目(贷) 我账户内支付　付讫日期　年　月　日 出票人签章　复核　记账 陈兴印　湘丰制造有限公司 310115072811740 财务专用章 贴对号单处 $\frac{B}{0}$ $\frac{G}{2}$10255058

图 10-24　中国工商银行现金支票

表 10-6

2012 年 11 月份工资结算汇总表

发放日期：2012 年 12 月 10 日

车间、部门	职工类别	基本工资	津　贴	应发工资	代扣款项			实发工资
					水费	燃气费	合计	
生产车间	生产工人	231 212.47	10 340.00	241 652.47	876.60	2 150.82	3 027.42	238 625.05
	管理人员	8 361.40	2 980.00	11 341.40	153.73	399.10	552.83	10 788.57
	小计	239 573.87	13 320.00	252 993.87	1 030.33	2 549.92	3 580.25	249 413.62
公司管理人员		28 667.40	8 100.00	36 767.40	389.25	1 206.36	1 595.61	35 171.79
销售人员		33 417.70	6 160.00	39 577.70	87.25	175.86	263.11	39 314.59
合　计		301 658.97	27 580.00	329 238.47	1 506.83	3 932.14	5 438.97	323 800.00

会计主管：刘婷　　审核：王凡　　出纳：陈兴　　制单：张红

(18) 12 月 10 日，销售部报销以备用金支付的业务招待费 2876 元，以现金补付(见表 10-7 和图 10-25)。

表 10-7

湘丰公司费用报销单

报销日期　　2012 年 12 月 10 日　　附件

费用项目	类别	金额	负责人签章	李超
业务招待费		2876.00		
			审查意见	同意报销 张爱国
			报销人	销售部　陈明
报销金额		¥2876.00		
核实金额(大写)人民币贰仟捌佰柒拾陆元整			现金付讫	
备注：				

会计主管：刘婷　　审核：王凡　　出纳：陈兴

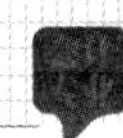

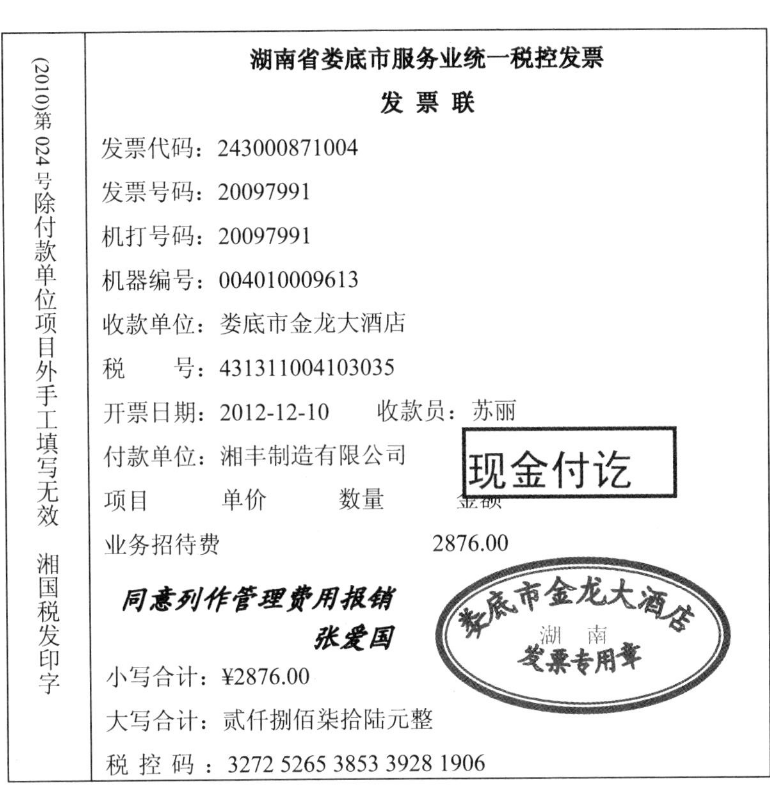

(2010)第 024 号除付款单位项目外手工填写无效　湘国税发印字

湖南省娄底市服务业统一税控发票

发 票 联

发票代码：243000871004

发票号码：20097991

机打号码：20097991

机器编号：004010009613

收款单位：娄底市金龙大酒店

税　　号：431311004103035

开票日期：2012-12-10　　收款员：苏丽

付款单位：湘丰制造有限公司

现金付讫

项目　　单价　　数量　　金额

业务招待费　　　　2876.00

同意列作管理费用报销

张爱国

娄底市金龙大酒店 湖南 发票专用章

小写合计：¥2876.00

大写合计：贰仟捌佰柒拾陆元整

税 控 码 ：3272 5265 3853 3928 1906

图 10-25　统一税控发票

(19) 12 月 10 日，采购员李宇出差回来报销差旅费 4 355 元，差额 355 元以现金补付(见表 10-8)。

表 10-8

差旅费报销单

单位名称：　　　　填报日期 2012 年 12 月 11 日　　　　单位：元

姓名		李宇	职务	采购员		出差事由	采购	出差时间	计划　天 实际　天		备注
日期		起 止 地 点		飞机、车、船票		其 他 费 用					
月	日	起	止	类别	金额	项目		标准	计算天数	核报金额	
12	3	娄底	南京	飞机	1200.00	住宿费	包干报销	200	5	1000.00	
12	9	南京	娄底	飞机	1200.00		限额报销				
						伙食补助费		45	5	225.00	
						车、船补助费		80	5	400.00	
						其他杂支		330		330.00	
小计					2400.00	小计				1955.00	
总计金额(大写)		⊗ 肆仟叁佰伍拾伍元整				预支 4000.00 核销 4355.00 补 355.00					

现金付讫

会计主管：刘婷　　　　复核：王凡　　　　出纳：陈兴

(20) 12 月 11 日，以银行存款支付娄底市电视台的产品广告费 69 000 元(收款人：娄底市电视台，账号：445500638752，开户银行：工行娄底市长青分理处)(见图 10-26 和图 10-27)。

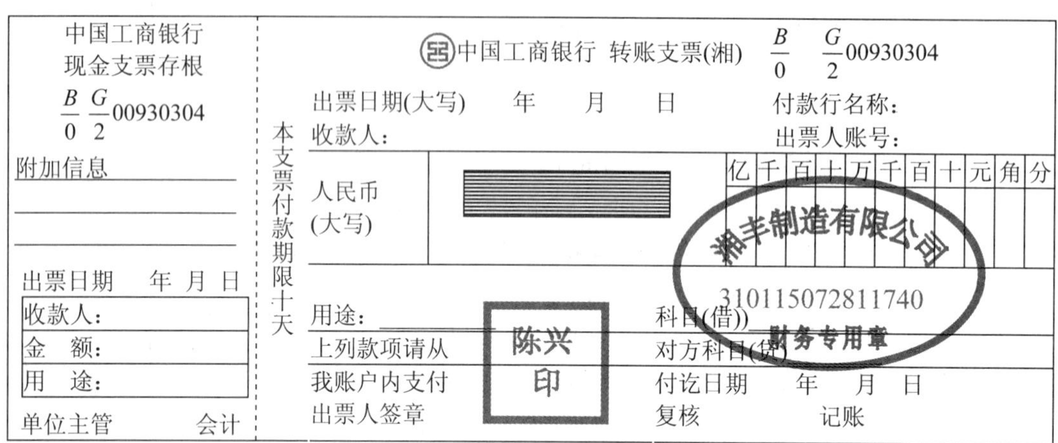

中国工商银行 现金支票存根

$\frac{B}{0}\frac{G}{2}$00930304

附加信息

出票日期 年 月 日

收款人：

金 额：

用 途：

单位主管 会计

本支票付款期限十天

中国工商银行 转账支票(湘) $\frac{B}{0}\frac{G}{2}$00930304

出票日期(大写) 年 月 日 付款行名称：

收款人： 出票人账号：

人民币(大写) | 亿 | 千 | 百 | 十 | 万 | 千 | 百 | 十 | 元 | 角 | 分

用途： 科目(借)

上列款项请从我账户内支付 对方科目(贷)

出票人签章 付讫日期 年 月 日

复核 记账

湘丰制造有限公司 310115072811740 财务专用章

陈兴印

图 10-26 中国工商银行转账支票

星城劳务(服务)收入发票

(02) 3 号 №0001034

开户银行：建行东城分理处
账号：30012423004

客户：湘丰制造有限公司 2012 年 12 月 11 日

项 目	规 格	单 位	数 量	金 额								备注
				十	万	千	百	十	元	角	分	
广告宣传费					6	9	0	0	0	0	0	
金额(大写)：陆万玖仟元整				¥	6	9	0	0	0	0	0	

娄底市电视台 发票专用章

收款单位盖章(未盖章无效) 开票人：刘文 收款人：彭丽

图 10-27 星城劳务(服务)收入发票

(21) 12 月 12 日，从银行提取现金 6000 元备用(见图 10-28)。

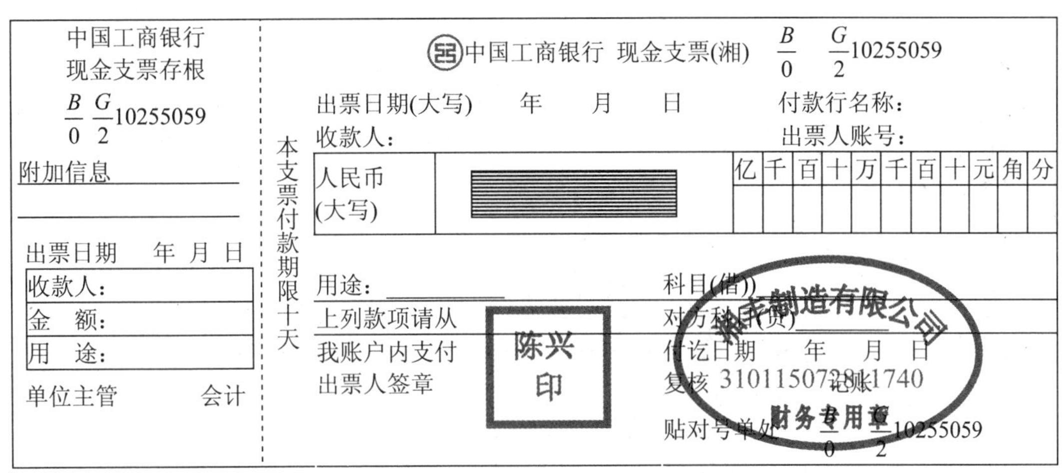

中国工商银行
现金支票存根
$\frac{B}{0}\frac{G}{2}$10255059
附加信息
出票日期　年 月 日
收款人：
金　额：
用　途：
单位主管　会计

本支票付款期限十天

中国工商银行 现金支票(湘) $\frac{B}{0}\frac{G}{2}$10255059
出票日期(大写)　年　月　日　付款行名称：
收款人：　出票人账号：

人民币(大写)		亿	千	百	十	万	千	百	十	元	角	分

用途：
上列款项请从
我账户内支付
出票人签章　陈兴印
科目(借)
对方科目(贷)
付讫日期　年　月　日
复核　记账
贴对号单处 $\frac{B}{0}\frac{G}{2}$10255059

（印章：湘丰制造有限公司 财务专用章 310115072811740）

表 10-28　中国工商银行转账支票

(22) 12 月 12 日，车间技术员陈东出差预借差旅费 3 000 元，以现金支付(见表 10-9)。

表 10-9　借款单

2012　年 12　月 12 日

部　门	车间	姓 名	陈东	借款用途	出差
借款金额	人民币(大写)叁仟元整			(小写)¥3000.00	
实际报销金额		节余金额		审核意见　现金付讫	同意借款　张爱国
		超支金额			
备注：					

会计主管：刘婷　　出纳：陈兴　　借款人：陈东

(23) 12 月 3 日，销售给成都长新公司“洁静”牌吸尘器 800 台，单价 300 元/台；“靓爽”牌电吹风 750 台，单价 160 元/台，增值税率 17%，并用银行存款垫付运杂费 9000 元，全部款项已向银行办妥托收手续(见图 10-29～图 10-31、表 10-10)。(长新公司：账号 0200200214509980561，开户行：工行远大支行；纳税人识别码：451302792364667；地址：成都市双林路 22 号。运杂费收款人为成都市大华运输有限公司，账号：4400753228，开户行：成都市双林路分理处)。

湖南增值税专用发票

6100092330　　　　记账联　　　　№ 00575238

开票日期：2012 年 12 月 13 日

购货单位	名　　称：成都长新公司 纳税人识别号：451302792364667 地址、电话：成都市双林路 22 号 开户行及账号：工行远大支行 0200200214509980561	密码区	2489 − 1 < 9 − 7 − 615962848 < 032/52 > 9/29533 − 4974162 <8 − 3024 > 82906 − 2 − 47 − 6<7>2* −/>*>6/	加密版本：01 65100152140 00575238

货物或应税劳务名称	规格型号	单位	数量	单价	金额	税率	税额
“洁静”牌吸尘器		台	800	300.00	240 000.00	17%	40 800.00
“靓爽”牌电吹风		台	750	160.00	120 000.00	17%	20 400.00
价税合计(大写)	⊗肆拾贰万壹仟贰佰元整				(小写)¥421 200.00		

销货单位	名　　称：娄底湘丰制造有限公司 纳税人识别号：431302789022218 地址、电话：娄底市湘阳路 38 号，0738-8229566 开户行及账号：工行娄底支行 19130101090245698961	备注	湘丰制造有限公司 431302789022218 发票专用章

收款人：　　　复核：　　　开票人：马萍　　　销货单位(章)

第三联　记账联　销货方记账凭证

图 10-29　增值税专用发票

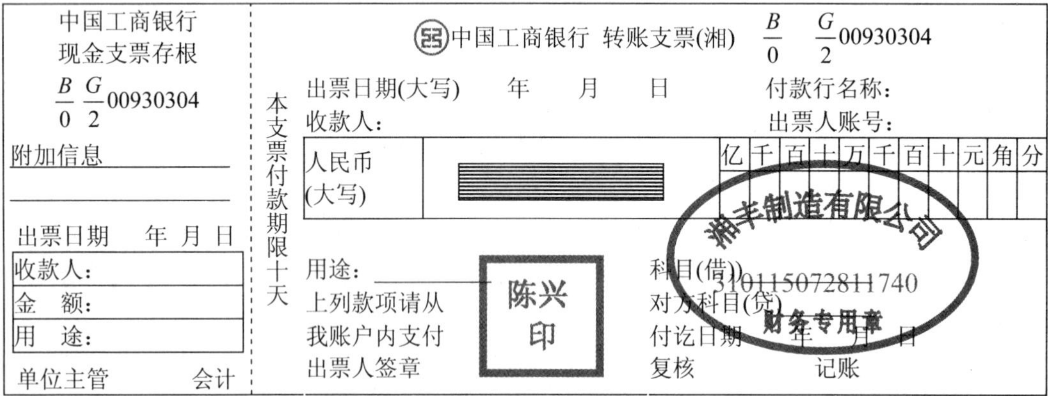
中国工商银行
现金支票存根
$\frac{B}{0}\frac{G}{2}$00930304
附加信息
出票日期　年　月　日
收款人：
金　额：
用　途：
单位主管　　会计

本支票付款期限十天

中国工商银行　转账支票(湘)　$\frac{B}{0}\frac{G}{2}$00930304
出票日期(大写)　年　月　日　付款行名称：
收款人：　出票人账号：
人民币(大写)　亿 千 百 十 万 千 百 十 元 角 分
用途：
上列款项请从我账户内支付
出票人签章　陈兴印　湘丰制造有限公司 310115072811740 财务专用章
科目(借)
对方科目(贷)
付讫日期　年　月　日
复核　记账

图 10-30　中国工商银行转账支票

中国工商银行委托收款凭证(回单)

委托时间 2012 年 12 月 13 日　　　　第 0680153 号

付款人	全称	成都长新公司				收款人	全称	娄底湘丰制造有限公司				
	账号	0200200214509980561					账号	19130101090245698961				
	开户银行	工行远大支行					开户银行	工行娄底支行				
托收金额	人民币(大写) 肆拾叁万零贰佰元整		千	百	十	万	千	百	十	元	角	分
				¥	4	3	0	2	0	0	0	0
附件		商品发运情况					合同名称号码					
附寄单证张数或册数		4										
备注		款项收妥日期					收款人开户银行盖章					

单位主管：　　　会计：　　　复核：　　　记账：

(工商银行娄底支行 2012.12.13 转讫)

图 10-31　中国工商银行委托收款凭证(回单)

面向十二五高职高专会计专业规划教材

表 10-10

产品出库单

购货单位：成都长新公司　　　　　　　　　　　　　　　　编号：1206
发票号码：№01423254　　　　　　2012 年 12 月 13 日　　　仓库：一仓库

规格	名称	编号	数量		实际成本(元)											
			应发	实发	单位	单价	合计									
							千	百	十	万	千	百	十	元	角	分
	“洁静”牌吸尘器		800	800	台											
	“靓爽”牌电吹风		750	750	台											
备注			发货人盖章						合计							

第二联　会计部门

主管　　　　　　保管员：李玉　　　　　　检验员　　　　记账员

(24) 12 月 15 日，进行现金清查，根据清查结果填写“现金盘点盈亏报告表”并进行相应账务处理(见表 10-11)。

表 10-11　库存现金盘点盈亏报告表

盘点日期：2012 年 12 月 15 日　　　　　　单位：元

面值	数量	金额	主管批示	
100 元	3	300.00		总经理
50 元	10	500.00		
20 元	24	480.00		
10 元	46	460.00		按财务制度规定处理。 张爱国
5 元	25	125.00		
2 元	30	60.00		经理
1 元	98	98.00		
2 角	6	1.20		按财务制度规定处理。 娄新明
1 角	5	0.50		
实点合计		2033.20		
现金日记账账面余额				出纳部门主管
加：收入凭证未记账				
减：付出凭证未记账				按财务制度规定处理。 王凡
加：跨日收入				
减：跨日借条				
调整后现金余额				
盘点盈亏				
上述款项于 12 月 15 日 17 时盘点，盘点时出纳本人在场，如数归还无误。 保管人 陈兴　　主管 刘婷　　盘点人 周琳				

(25) 12 月 16 日，开出转账支票预付下年度财产保险费 120 000 元，印花税 120 元。收款人中国平安保险公司娄底分公司，账号：2030123568，开户银行：工行华新支行(见图 10-32 和表 10-12)。

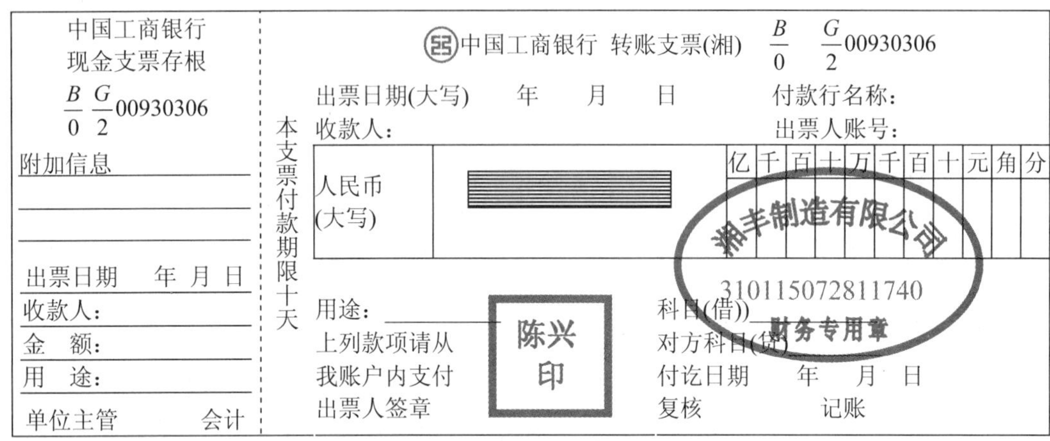

中国工商银行 现金支票存根 B0 G2 00930306 附加信息 出票日期 年 月 日 收款人: 金 额: 用 途: 单位主管 会计	本支票付款期限十天	中国工商银行 转账支票(湘) B0 G2 00930306 出票日期(大写) 年 月 日 付款行名称: 收款人: 出票人账号: 人民币(大写) 亿 千 百 十 万 千 百 十 元 角 分 湘丰制造有限公司 310115072811740 财务专用章 用途: 上列款项请从 我账户内支付 出票人签章 陈兴印 科目(借) 对方科目(贷) 付讫日期 年 月 日 复核 记账

图 10-32 中国工商银行转账支票

表 10-12 中国平安保险公司保险费发票

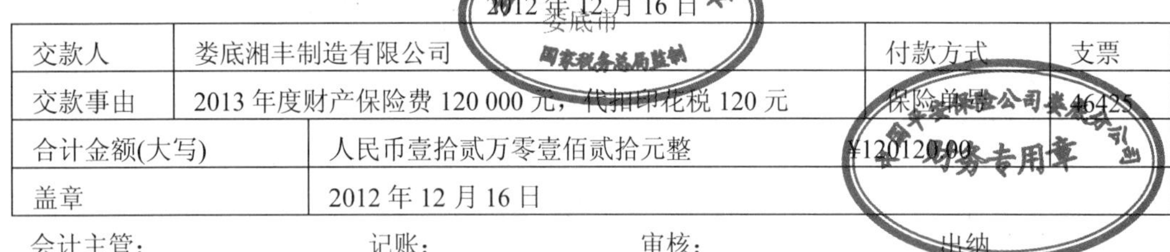

2012 年 12 月 16 日

交款人	娄底湘丰制造有限公司	付款方式	支票
交款事由	2013 年度财产保险费 120 000 元，代扣印花税 120 元	保险单号	46425
合计金额(大写)	人民币壹拾贰万零壹佰贰拾元整	¥120120.00	
盖章	2012 年 12 月 16 日		

会计主管: 记账: 审核: 出纳

(26) 12 月 17 日，从银行提取现金 6000 元备用(见图 10-33)。

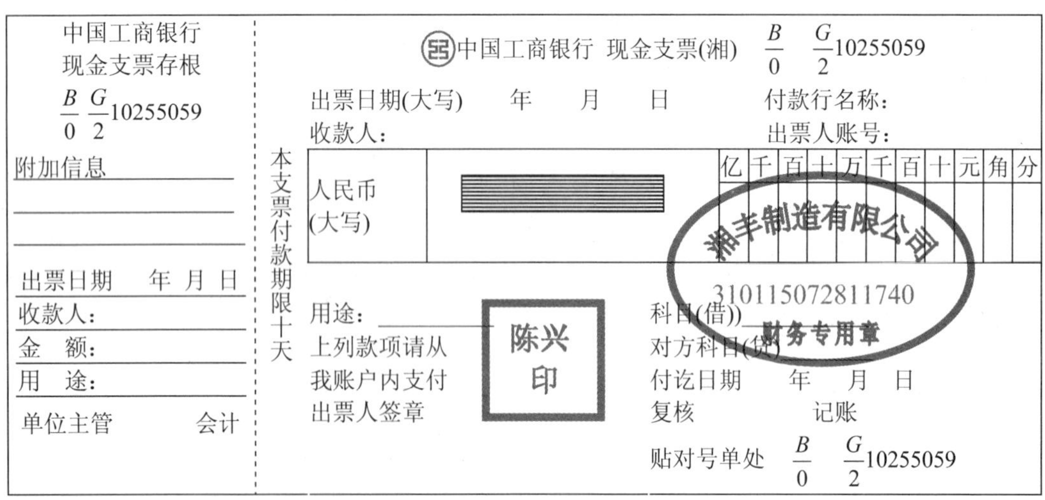

中国工商银行 现金支票存根 B0 G2 10255059 附加信息 出票日期 年 月 日 收款人: 金 额: 用 途: 单位主管 会计	本支票付款期限十天	中国工商银行 现金支票(湘) B0 G2 10255059 出票日期(大写) 年 月 日 付款行名称: 收款人: 出票人账号: 人民币(大写) 亿 千 百 十 万 千 百 十 元 角 分 湘丰制造有限公司 310115072811740 财务专用章 用途: 上列款项请从 我账户内支付 出票人签章 陈兴印 科目(借) 对方科目(贷) 付讫日期 年 月 日 复核 记账 贴对号单处 B0 G2 10255059

图 10-33 中国工商银行现金支票

(27) 12 月 17 日，持银行汇票向福建海通机械厂购买打包机一台，价款 395 000 元，增值税 67 150 元，运杂费 2850 元，该设备已经交付使用，余款 5 000 元退回银行(见图 10-34～图 10-37、表 10-13)。

福建省增值税专用发票

43000452021　　发票联　　No 00015641

开票日期：2012 年 12 月 17 日

购货单位	名　　称：娄底湘丰制造有限公司 纳税人识别号：431302789022218 地址、电话：娄底市湘阳路 38 号，8229566 开户行及账号：工行娄底支行 19130101090245698961	密码区	2489—1<9—7—61896284 加密版本 01 8<032/52>9/29533-4974 1626<8-3024>82906-2　43000204521 -47-6<7>2*—/>*>6　00017654

货物或应税劳务名称	计量单位	数量	单价	金额	税率	税额
打包机	台	1	395 000.00	395 000.00	17%	67 150.00
合　计				¥395 000.00		¥67 150.00
价税合计(人民币大写)	⊗肆拾陆万贰仟壹佰伍拾元整			(小写)¥462 150.00		

销货单位	名　　称：福建海通机械厂 纳税人识别号：31011300085223 地址、电话：华林路 12 号 开户行及账号：工行厦门市八里林分理处 62272568	备注	

收款人：　　复核：　　开票人：张军　　销货单位(章)

第二联 发票联 购货单位记账凭证

图 10-34 增值税专用发票

福建省增值税专用发票

43000452021　　抵扣联　　No 00015641

开票日期：2012 年 12 月 17 日

购货单位	名　　称：娄底湘丰制造有限公司 纳税人识别号：431302789022218 地址、电话：娄底市湘阳路 38 号，8229566 开户行及账号：工行娄底支行 19130101090245698961	密码区	2489—1<9—7—61896284 加密版本 01 8<032/52>9/29533-4974 1626<8-3024>82906-2　4300020452 -47-6<7>2*—/>*>6　100017654

货物或应税劳务名称	计量单位	数量	单价	金额	税率	税额
打包机	台	1	395 000.00	395 000.00	17%	67 150.00
合　计				¥395 000.00		¥67 150.00
价税合计(人民币大写)	⊗肆拾陆万贰仟壹佰伍拾元整			(小写)¥462150.00		

销货单位	名　　称：福建海通机械厂 纳税人识别号：31011300085223 地址、电话：华林路 12 号 开户行及账号：工行厦门市八里林分理处 62272568	备注	

收款人：　　复核：　　开票人：张军　　销货单位(章)

第二联 抵扣联 购货单位扣税凭证

图 10-35 增值税专用发票

福建省公路运费发票

发货单位：福建海通机械厂　　2012 年 12 月 17 日　　№ 005674

发　站	福建厦门站		到　站	湖南娄底站
货物名称	件　数	包　装	重　量	计费重量
打包机	1			
类　别	费　率	数　量	金　额	附　记
运杂费			2850.00	
合计金额(大写)：贰仟捌佰伍拾元整			¥2850.00	
收货单位：湘丰制造有限公司		经办人：安宁		

收款单位盖章(未盖章无效)　　会计：周新　　复核：李玉　　开票：冯兵

厦门市公路运输公司 发票专用章

图 10-36　福建省公路运费发票

付款期限 壹个月

中国工商银行

银行汇票（解讫通知）3　　III XI 00448978 第　号

出票日期(大写)	贰零壹贰年壹拾贰月壹拾柒日	代理付款行：工行厦门市八里林分理处　行号：410
收款人：娄底湘丰制造有限公司		账号：19130101090245698961
出票金额	人民币(大写) 肆拾柒万元整	
实际结算金额	肆拾陆万伍仟元整	千 百 十 万 千 百 十 元 角 分：¥ 4 6 5 0 0 0 0 0
申请人：娄底湘丰制造有限公司		账号或地址：
出票行：工商银行娄底支行		
行　号：	多余金额	科目(借)
备　注：货款及运费		对方科目(贷)
凭票付款	千 百 十 万 千 百 十 元 角 分	兑付日期 2012 年 12 月 17 日
出票行签章	¥ 5 0 0 0 0	复核　记账

此联代理付款行兑会后随单寄出票行，由出票行作多余款借贷方凭证

工商银行娄底支行 2012.12.17 转讫

图 10-37　中国工商银行银行汇票

表 10-13

固定资产移交验收单

保管单位：车间　　2012 年 12 月 17 日

固定资产编号	固定资产名称	规格	计量单位	数量	原始价值	预计使用年限	制造厂商
	打包机		台	1	397850	10	福建海通机械厂
固定资产管理部门意见	合格，同意接收		财会部门参加验收意见	合格		使用保管员签章	刘明

管理部门负责人：吴勇　　制单：陈新波

(28) 12 月 19 日，向成都人民公司销售“洁静”牌吸尘器 400 台，单价 300 元/台；“靓爽”牌电吹风 400 台，单价 150 元/台，增值税率 17%，全部款项收存银行(见图 10-38、图 10-39 和表 10-14)。

湖南增值税专用发票

6100092330　　　　记账联　　　　№ 00575238

开票日期：2012 年 12 月 19 日

购货单位	名　称：成都人民公司 纳税人识别号：510080559437023 地址、电话：成都市华北路 7 号 开户行及账号：工行成都市华北路分理处 4051738542	密码区	2489 - 1 < 9 - 7 - 615962848 < 032/52 > 9/29533 - 49741626 < 8 - 3024 > 82906 - 2 - 47 - 6 <7>2* - / > * > 6/	加密版本：01 5100152140 00575238

货物或应税劳务名称	规格型号	单位	数量	单价	金额	税率	税额
“洁静”牌吸尘器		台	400	300.00	120 000.00	17%	20 400.00
“靓爽”牌电吹风		台	400	150.00	60 000.00	17%	10 200.00
价税合计(大写)	⊗贰拾壹万零陆佰元整				(小写)¥210 600.00		

销货单位	名　称：娄底湘丰制造有限公司 纳税人识别号：431302789022218 地址、电话：娄底市湘阳路 38 号，8229566 开户行及账号：工行娄底支行 19130101090245698961	备注	湘丰制造有限公司 431302789022218 发票专用章

第三联 记账联 销货方记账凭证

收款人：　　复核：　　开票人：马萍　　销货单位(章)

图 10-38　增值税专用发票

中国工商银行进账单(收账通知)

2012 年 12 月 19 日

付款人	全　称	成都人民公司	收款人	全　称	娄底湘丰制造有限公司							
	账　号	4051738542		账　号	19130101090245698961							
	开户银行	工行成都市华北路分理处		开户银行	工行娄底支行							
人民币(大写)贰拾壹万零陆佰元整				百	十	万	千	百	十	元	角	分
				¥	2	1	0	6	0	0	0	0
票据种类	支票		工商银行娄底支行 2012.12. 转讫									
票据张数												
单位主管　会计　复核　记账			收款人开户银行盖章 2012 年 12 月 19 日									

图 10-39　中国工商银行进账单(收账通知)

表 10-14　产品出库单

购货单位：成都人民公司							编号：1206										
发票号码：№01423254					2012 年 12 月 19 日		仓库：一仓库										
规格	名称	编号	数量		实际成本(元)												
			应发	实发	单位	单价	合计										
							千	百	十	万	千	百	十	元	角	分	
	“洁静”牌吸尘器		400	400	台												
	“靓爽”牌电吹风		400	400	台												
备注			发货人盖章				合计										

第二联　会计部门

主管：　　　保管员：李玉　　　检验员：　　　记账员：

(29) 12 月 20 日，以现金补付销售部门报销的办公费 1 480 元和汽油费 4 200 元(见表 10-15～表 10-17)。

表 10-15

湘丰公司费用报销单

报销日期　　　2012 年 12 月 20 日　　　附件 2 张

费用项目	类别	金额	负责人签章	李超
办公费		1 480.00		
汽油费	90#	4 200.00	审查意见	同意报销 张爱国
			报销人	销售部　陈明
报销金额		¥5 680.00		
核实金额(大写)人民币伍仟陆佰捌拾元整				
备注：				

现金付讫

会计主管：　刘婷　　　审核：王凡　　　出纳：陈兴

表 10-16

星城市石化实业集团

客户：　　　2012 年 12 月 20 日　　　№ 00455

项　目	单位	数量	单价	金额							备　注
				万	千	百	十	元	角	分	
90#汽油					4	2	0	0	0	0	
金额(大写)：肆仟贰佰元整				¥	4	2	0	0	0	0	

星城市石化实业集团 发票专用章

收款单位盖章(未盖章无效)　开票人：刘星　收款人：张中　发票监督电话：0731-5468213

表 10-17

娄底商业零售企业统一发票

№01423231

客户：湘丰制造有限公司　　　　　2012 年 12 月 20 日

货号	品名	规格	单位	数量	单价	金额						备注
						千	百	十	元	角	分	
	A4 打印纸		箱	6	200	1	2	0	0	0	0	
	笔记本		本	20	10		2	0	0	0	0	
	笔		支	40	2			8	0	0	0	
	合计					1	4	8	0	0	0	
合计金额(大写)	人民币壹仟肆佰捌拾零元零角零分				¥1 480.00							

娄底百货有限公司 发票专用章

(30) 12 月 20 日，开出信汇凭证偿还前欠长沙明光公司货款 50 000 元(账号：44002387368，地址：长沙市枫林路 11 号，工行枫林路分理处)(见图 10-40)。

中国工商银行　信汇凭证(回单)

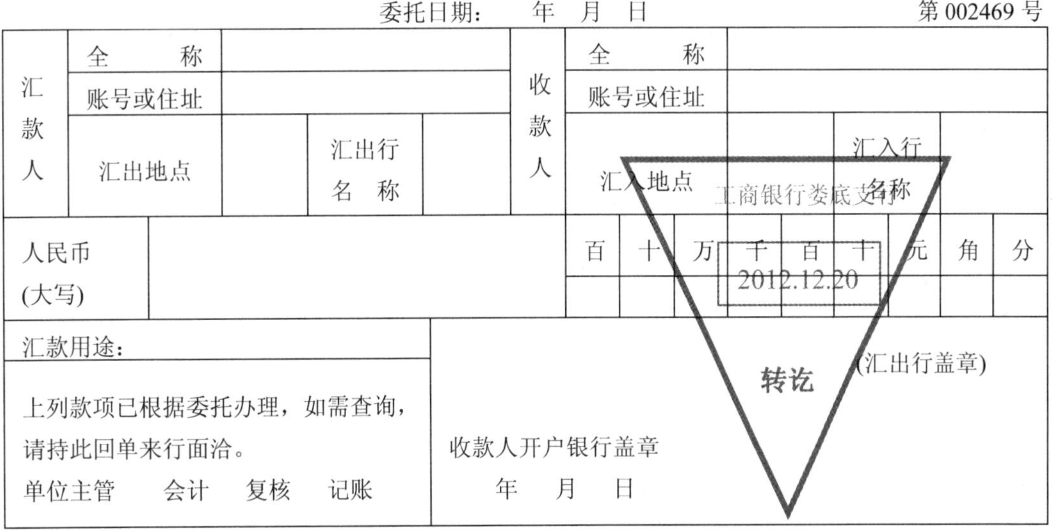

委托日期：　年　月　日　　　　第 002469 号

汇款人	全称			收款人	全称		
	账号或住址				账号或住址		
	汇出地点	汇出行名称			汇入地点	汇入行名称	
人民币(大写)					百 十 万 千 百 十 元 角 分		
汇款用途：							
上列款项已根据委托办理，如需查询，请持此回单来行面洽。 单位主管　会计　复核　记账			收款人开户银行盖章 年　月　日			(汇出行盖章)	

图 10-40　中国工商银行信汇凭证回单

(31) 12 月 21 日，接到银行通知，支付企业承兑的已到期银行承兑汇票款 46 800 元(见图 10-41)。

中国工商银行委托收款凭证(付款通知)

第 0880639 号

委托时间　2012 年 12 月 21 日

付款人	全称	娄底湘丰制造有限公司	收款人	全称	浏阳市利民实业公司
	账号	19130101090245698961		账号	440372546
	开户银行	工行娄底支行		开户银行	浏阳市东兴分理处

托收金额	千	百	十	万	千	百	十	元	角	分
人民币(大写)肆万陆仟捌佰元整			¥	4	6	8	0	0	0	0

附件	商品发运情况	合同名称号码
附寄单证张数或册数	4	

备注	款项收妥日期	
	2012 年 12 月 21 日	收款人开户银行盖章

工商银行娄底支行 201212.21 转讫

单位主管:　　会计:　　复核:　　记账:

图 10-41　中国工商银行委托收款凭证(收款通知)

(32) 12 月 22 日，从银行提取现金 10 000 元备用(见图 10-42)。

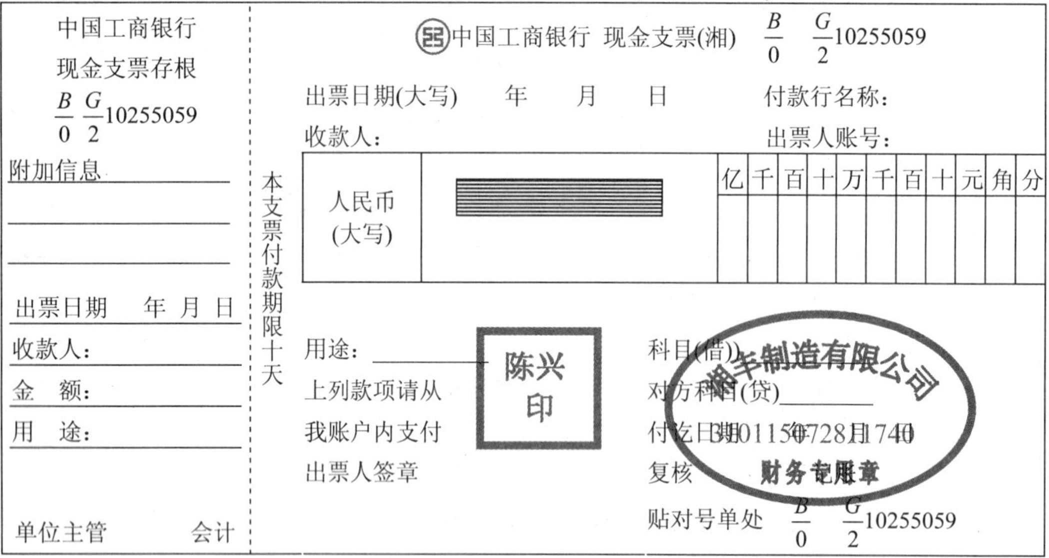

中国工商银行　现金支票存根　$\frac{B}{0}\frac{G}{2}$10255059

附加信息

出票日期　年　月　日

收款人:

金　额:

用　途:

单位主管　会计

本支票付款期限十天

中国工商银行　现金支票(湘)　$\frac{B}{0}\frac{G}{2}$10255059

出票日期(大写)　年　月　日　付款行名称:

收款人:　出票人账号:

人民币(大写)	亿	千	百	十	万	千	百	十	元	角	分

用途:

上列款项请从

我账户内支付

出票人签章

陈兴印

湘丰制造有限公司 财务专用章

科目(借)

对方科目(贷)

付讫日期

复核　记账

贴对号单处　$\frac{B}{0}\frac{G}{2}$10255059

图 10-42　中国工商银行现金支票

(33) 12 月 22 日,以现金支付行政管理部门办公经费 2 140 元(见表 10-18 和表 10-19)。

表 10-18

娄底商业零售企业统一发票

№01423254

客户：湘丰制造有限公司　　　　　2012 年 12 月 22 日

货号	品名	规格	单位	数量	单价	金额						备注
						千	百	十	元	角	分	
	A4 纸打印纸		箱	10	200	2	0	0	0	0	0	
	水笔		支	20	2			4	0	0	0	
	笔记本		本	1	10		1	0	0	0	0	
	合计				¥	2	1	4	0	0	0	
合计金额(大写)	人民币贰仟壹佰肆拾零元零角零分　　¥2140.00											

表 10-19　湘丰公司费用报销单

报销日期 2012 年 12 月 22 日　　　　附件 1 张

费用项目	类别	金额	负责人签章	李超
办公费		2 140.00		
			审查意见	同意报销 张爱国
			报销人	销售部　陈明
报销金额		¥2 140.00		
核实金额(大写)人民币贰仟壹佰肆拾元整				
备注：				

会计主管：刘婷　　　　审核：王凡　　　　出纳：陈兴

(34) 12 月 24 日，向邵阳新会公司销售 “洁静”牌吸尘器 300 台，单价 300 元/台；“靓爽”牌电吹风 500 台，单价 160 元/台，增值税率 17%，全部款项已向银行办妥托收手续(见图 10-43、图 10-44 和表 10-20)。

湖南增值税专用发票

6100092330　　记账联　　№ 00575238

开票日期：2012年12月24日

购货单位	名称：邵阳新会公司 纳税人识别号：430080559437023 地址、电话：邵阳市无林路17号 开户行及账号：工行邵阳市无林路分理处765173852				密码区	2489 - 1 < 9 - 7 - 615962848 < 032/52 > 加密版本：01 9/29533 - 49741626 < 85100152140 - 3024 > 82906 - 2 - 47 - 00575238 6<7>2* - / > * >6/		
货物或应税劳务名称	规格型号	单位	数量	单价	金额		税率	税额
“洁静”牌吸尘器		台	300	300.00	90 000.00		17%	15 300.00
“靓爽”牌电吹风		台	500	160.00	80 000.00		17%	13 600.00
价税合计(大写)	⊗壹拾玖万捌仟玖佰元整						(小写)¥198 900.00	
销货单位	名称：娄底湘丰制造有限公司 纳税人识别号：431302789022218 地址、电话：娄底市湘阳路38号，8229566 开户行及账号：工行娄底支行19130101090245698961				备注	湘丰制造有限公司 4313027890 发票专用章		

收款人：　　复核：　　开票人：马萍　　销货单位(章)

第三联 记账联 销货方记账凭证

图 10-43　增值税专用发票

中国工商银行委托收款凭证(回单)

第 0680153 号

委托时间 2012年 12月 24日

付款人	全称	邵阳新会公司	收款人	全称	娄底湘丰制造有限公司								
	账号	765173852		账号	19130101090245698961								
	开户银行	工行邵阳市无林路分理处		开户银行	工行娄底支行								
托收金额	人民币(大写)壹拾玖万捌仟玖佰元整		千	百	十	万	千	百	十	元	角	分	
				¥	1	9	8	9	0	0	0	0	
附件		商品发运情况			合同名称号码								
附寄单证张数或册数		4											
备注		款项收妥日期			收款人开户银行盖章								

工商银行娄底支行 2012.12.24 转讫

单位主管：　　会计：　　复核：　　记账：

图 10-44　中国工商银行委托收款凭证(回单)

表 10-20

产品出库单(第二联会计部门)

购货单位：邵阳新会公司　　　　　　　　　　　　　　　　　　　　编号：1206
发票号码：**№ 00575238**　　　　2012 年 12 月 24 日　　　　　　　　仓库：一仓库

规格	名称	编号	数量		单位	单价	实际成本(元)									
			应发	实发			合计									
							千	百	十	万	千	百	十	元	角	分
	“洁静”牌吸尘器		300	300	台											
	“靓爽”牌电吹风		500	500	台											
备注				发货人盖章			合计									

主管：　　　　　　　保管员：李玉　　　　　　　　检验员：　　　　　记账员：

(35) 12 月 26 日，车间技术员陈东出差报销差旅费 2880 元，退回余款 120 元(见表 10-21 和表 10-22)。

表 10-21

差旅费报销单

单位名称：车间　　　　　填报日期 ：2012 年 12 月 26 日　　　　　　　　单位：元

姓名		陈东	职务	技术员		出差事由	技术支持	出差时间		计划　天 实际　天	备注
日期		起 止 地 点		飞机、车、船票		其　他　费　用					
月	日	起	止	类别	金额	项　目		标准	计算天数	核报金额	
12	13	娄底	南宁	火车	240.00	住宿费	包干报销	150	10	1500.00	
12	24	南宁	娄底	火车	240.00		限额报销				
						伙食补助费		35	10	350.00	
						车船补助费		40	10	400.00	
						其他杂支		150		150.00	
小　计					480.00 640.00	小　计				2400.00	
总计金额(大写)		⊗ 贰仟捌佰捌拾元整				预支 *3000.00* 核销 2880.00 退 120.00					

现金付讫

表 10-22

收据

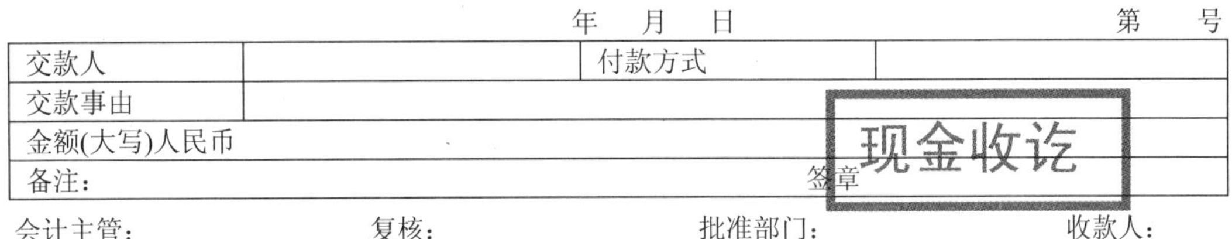

年　月　日　　　　　　　　　　　　　　　　　　第　号

交款人		付款方式	
交款事由			
金额(大写)人民币			
备注：		签章	

现金收讫

会计主管：　　　　　复核：　　　　　　批准部门：　　　　　　收款人：

(36) 12 月 27 日，接到银行通知，向成都长新公司托收的全部款项 430 200 元已收到存入银行(见图 10-45)。

中国工商银行委托收款凭证(收款通知)

委托时间 2012 年 12 月 27 日　　　　第 0680223 号

付款人	全　称	成都长新公司	收款人	全　称	娄底湘丰制造有限公司
	账　号	02002002145099880561		账　号	19130101090245698961
	开户银行	工行远大支行		开户银行	工行娄底支行

托收金额	人民币(大写) 肆拾叁万零贰佰元整	千	百	十	万	千	百	十	元	角	分
			¥	4	3	0	2	0	0	0	0

附件	商品发运情况	合同名称、号码
附寄单证张数或册数	4	
备注	款项收妥日期 2012 年 12 月 27 日	收款人开户银行盖章

工商银行娄底支行 2012.12.27 转讫

单位主管：　　会计：　　复核：　　记账：

图 10-45　中国工商银行委托收款凭证(收款通知)

(37) 12 月 27 日，支付自来水公司 11 月份水费(见图 10-46、图 10-47 和表 10-23)。

委托收款凭证(付款通知)

委托号码：第 05438 号

委电　　委托日期 2012 年 12 月 27 日　　　　付款日期：　年　月　日

付款人	全　称	娄底湘丰制造有限公司	收款人	全　称	娄底自来水公司		
	账号或地址	19130101090245698961		账号或地址	786105246638954		
	开户银行	工行娄底支行		开户银行	建行	行号	07

委收金额	人民币(大写)	贰万零叁佰肆拾圆整	千	百	十	万	千	百	十	元	角	分
					¥	[illegible]	0	3	4	0	0	0

款项内容	水费	委托收款凭证名称		附寄单证张数	1张
备注：	电划	付款人注意： 应于见票当日通知开户行划款。 如需拒付，应在规定的期限内，将拒付理由书并附债务证明退交开户行。			

中国工商银行芙蓉路支行 2012.12.27 业务章

单位主管：　　会计：　　复核：　　记账：　　付款人开户行收到日期 2012 年 12 月 27 日

图 10-46　委托收款凭证(付款通知)

湖南省增值税专用发票

发 票 联

43000202425　　　　No 00011164

开票日期：2012 年 12 月 27 日

购货单位	名 称：娄底湘丰制造有限公司 纳税人识别号：431302789022218 地址、电话：娄底市湘阳路 38 号，8229566 开户行及账号：工行娄底支行 19130101090245698961	密码区	2489—1<9-7-61896284 加密版本 01 8<032/52>9/29533-4974 1626<8-3024>82906-2 43000202425 -47-6<7>2*—/>*>6 00011164

货物或应税劳务名称	规格型号	单位	数量	单价	金额	税率	税额
水		吨	18 000	1.00	18 000.00	13%	2340.00
合 计					¥18 000.00		¥2340.00
价税合计(人民币大写)	⊗贰万零叁佰肆拾圆整				(小写) ¥20340.00		

销货单位	名 称：娄底自来水公司 纳税人识别号：430478521423554 地址、电话：体育路 8 号 0738-8652348 开户行及账号：建行体育路分理处 786105246638954	备注	

收款人：　　复核：　　开票人：王明　　销货单位(章)

第二联 发票联 购货方记账凭证

图 10-47 增值税专用发票

表 10-23

水费分配表

年 月 日

部门	分配标准/吨	分配率	分配金额
生产车间	11 000	1.0	
行政管理部门	7 000	1.0	
合 计	18 000		

会计主管：　　记账：　　制表：

(38) 12 月 29 日，收到银行转来电力公司托收凭证，付讫电费 14 625 元(见图 10-48、图 10-49 和表 10-24)。

委托收款凭证(付款通知)

委托号码：第 06213 号

委电　委托日期 2012 年 12 月 29 日　　付款日期：　年　月　日

付款人	全 称	娄底湘丰制造有限公司	收款人	全 称	娄底市电力公司
	账号或地址	19130101090245698961		账号或地址	786105246638954
	开户银行	工行娄底支行		开户银行	建行 行号 07

委收金额	人民币(大写)	壹万肆仟陆佰贰拾伍圆整	千	百	十	万	千	百	十	元	角	分
					¥	1	4	6	2	5	0	0

款项内容	水费	委托收款凭证名称		附寄单证张数	1 张
备注：	电划	付款人注意： 1. 应于见票当日通知开户行划款。 2. 如需拒付，应在规定的期限内，将拒付理由书并附债务证明退交开户行。			

单位主管：　会计：　复核：　记账：　付款人：　开户行收到日期 20012 年 12 月 29 日

中国工商银行芙蓉路支行 2012.12.29 业务章

图 10-48 委托收款凭证(付款通知)

湖南省增值税专用发票

全国统一发票监制章 国家税务总局监制

43000204521　　发 票 联　　No 00017654

开票日期：2012 年 12 月 29 日

<table>
<tr><td rowspan="4">购货单位</td><td colspan="5">名　　　称：娄底湘丰制造有限公司
纳税人识别号：431302789022218
地址、　电话：娄底市湘阳路 38 号，8229566
开户行及账号：工行娄底支行 19130101090245698961</td><td rowspan="4">密码区</td><td colspan="2" rowspan="4">2489—1<9-7-61896284　加密版本 01
8<032/52>9/29533-497
1626<8-3024>82906-2　4300020242
-47-6<7>2*—/>*>6　500011164</td></tr>
<tr></tr><tr></tr><tr></tr>
<tr><td colspan="2">货物或应税劳务名称</td><td>规格型号</td><td>单位</td><td>数量</td><td>单价</td><td>金额</td><td>税率</td><td>税额</td></tr>
<tr><td colspan="2">电</td><td></td><td>度</td><td>25 000</td><td>0.5</td><td>12 500.00</td><td>17%</td><td>2 125.00</td></tr>
<tr><td colspan="2">合　计</td><td></td><td></td><td></td><td></td><td>¥12 500.00</td><td></td><td>¥2 125.00</td></tr>
<tr><td colspan="2">价税合计(人民币大写)</td><td colspan="7">⊗壹万肆仟陆佰贰拾伍圆整　　(小写) ¥14 625.00</td></tr>
<tr><td>销货单位</td><td colspan="5">名　　　称：娄底市电力公司
纳税人识别号：430235543554785
地址、　电话：建设路 87 号 0738-5238648
开户行及账号：052457861466389</td><td>备注</td><td colspan="2">娄底市电力公司 电费专用章</td></tr>
</table>

第二联 发票联 购货方记账凭证

收款人：　　复核：　　开票人：李立　　销货单位(章)

图 10-49　增值税专用发票

表 10-24

电费分配表

年　月　日

部门	分配标准/吨	分配率	分配金额
生产车间	14 000	0.5	
行政管理部门	10 000	0.5	
营销部门	1 000	0.5	
合　计	25 000		

会计主管：　　记账：　　制表：

(39) 12 月 30 日，签发支票支付社保统筹退休金 120 000 元。收款人：湖南省娄底市社会保障局，账号：45003289，开户行：工行城西支行(见表 10-25 和图 10-50)。

表 10-25

湖南省社会保险基金专用收据

2012 年 12 月 30 日　　第　号

项　目	金额 百	十	万	千	百	十	元	角	分
养老保险金		1	2	0	0	0	0	0	0
失业保险									
工伤保险									
女职工生育保险									
大病医疗保险									
金额(大写) 人民币壹拾贰万元整	¥	1	2	0	0	0	0	0	0

签章：　　收款人：杨娟　　缴款人：娄底湘丰制造有限公司

湖南省社会保障局 业务专用章

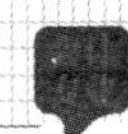

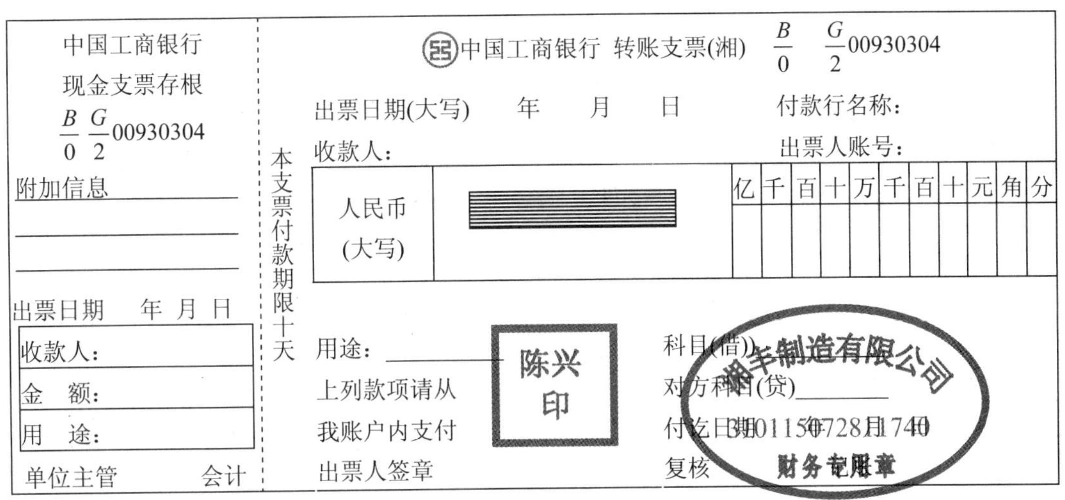

中国工商银行
现金支票存根
$\frac{B}{0}$ $\frac{G}{2}$ 00930304
附加信息
出票日期 年 月 日
收款人：
金 额：
用 途：
单位主管 会计

本支票付款期限十天

中国工商银行 转账支票(湘) $\frac{B}{0}$ $\frac{G}{2}$ 00930304
出票日期(大写) 年 月 日 付款行名称：
收款人： 出票人账号：

人民币 (大写)		亿	千	百	十	万	千	百	十	元	角	分

用途：
上列款项请从
我账户内支付
出票人签章
科目(借)
对方科目(贷)
付讫日期
复核 记账

图 10-50 中国工商银行转账支票

(40) 12 月 31 日，现金账实清查核对，盘点结果填写“现金盘点盈亏报告表”，并进行相应的账务处理(见表 10-26)。

表 10-26 库存现金盘点盈亏报告表

盘点日期：2012 年 12 月 31 日 单位：元

面值	数量	金额	主管批示	
100 元	71	7 100.00		总经理
50 元	12	600.00		
20 元	10	200.00		按财务制度规定处理。
10 元	4	40.00		张爱国
5 元	20	100.00		
2 元	10	20.00		经理
1 元	5	5.00		
2 角	6	1.20		按财务制度规定处理。
1 角	5	0.50		娄新明
实点合计		8 066.70		
现金日记账账面余额				出纳部门主管
加：收入凭证未记账				
减：付出凭证未记账				
加：跨日收入				按财务制度规定处理。
减：跨日借条				王凡
调整后现金余额				
盘点盈亏				
上列款项于 12 月 31 日 16 时盘点，盘点时出纳本人在场，现金如数归还无误。				
保管人 陈兴	主管 刘婷	盘点人 周琳		

(41) 期末，将银行存款日记账与银行对账单(见表 10-27)进行对账，如有未达账项，编制“银行存款余额调节表”。

表 10-27

中国工商银行客户存款对账单

账号：19130101090245698961　　　　户名：湘丰制造有限公司

2012 年		摘　要	结算凭证		借方	贷方	余额
月	日		种类	号码			
12	1	期初余额					2 708 700.00
	1	提取现金	现支	# 0329	8 000.00		2 700 700.00
	1	收回货款	托收	# 2457		5 000 000.00	7 700 700.00
	2	预付款	转支	# 0301	150 000.00		291 700.00
	3	收回货款				147 420.00	254 500.00
	4	提取现金	现支	# 5057	8 000.00		282 800.00
	5	付欠款	转支	# 0302	70 200.00		242 800.00
	7	付款	汇兑		85 500.00		239 300.00
	9	存入货款	其他			3 042.00	334 680.00
	10	付货款	转支	# 0303	69 030.00		297 880.00
	10	交税费	其他		58 600.00		303 780.00
	10	交税费	其他		4 102.00		
	10	交税费	其他		1 758.00		
	10	提取现金	现支	# 5058	323 800.00		
	11	付广告费	转支	# 0304	69 000.00		
	12	提取现金	现支	# 5059	6 000.00		
	13	垫付运费	转支	# 0305	9 000.00		
	16	付保险费	转支	# 0306	120 120.00		
	17	提取现金	现支	# 5060	6 000.00		
	19	收回货款	其他		210 600.00		
	20	付款	汇兑		50 000.00		
	21	付款	其他		46 800.00		
	22	提取现金	现支	# 5061	10 000.00		
	27	收款	托收			430 200.00	
	27	付水费	其他		20 340.00		
	27	付电费	其他		14 625.00		
	28	付款	其他		7 820.00		
	29	收款	其他			5 600.00	
	30	付社保退休金	转支	# 0307	120 000.00		
		本月合计				5 586 262.00	

(42) 根据本期现金、银行存款和其他货币资金账户的发生额和余额资料编制出纳报告(见表 10-28)。

表 10-28

出纳报告单

单位名称：　　　　　　　　　　年　　月　　日至　　　　年　　月　　日　　　　　　　　编号：

项　目	库存现金	银行存款	有价证券	备注
上期结存				
本期收入				
合　计				
本期支出				
本期结存				

主管________　　　记账________　　　出纳________　　　复核________　　　制单________

附录　参考答案

项目 1

一、单项选择题

1．A　2．D　3．C　4．C　5．D

二、多项选择题

1．CD　2．ABCD　3．ABC　4．BCD　5.ABC　6.ABCD

三、判断题

1．对　2．对　3．错　4．错　5．错　6．对　7．对

四、简答题(略)

项目 2

一、单项选择题

1．A　2．A　3．A　4．A　5．C
6．D　7．C　8．B　9．A　10．B

二、多项选择题

1．ABCD　2．ABCD　3．CD　4．ABC　5．ABCD
6．AB　7．AB　8．ABCD　9．BC

三、判断题

1．错　2．错　3．对　4．对　5．对
6．对　7．对　8．对　9．对　10．对

四、简答题(略)

项目 3

一、单项选择题

1．C　2．B　3．B　4．C　5．A　6．D　7．D　8．A

二、多项选择题

1．ABD　2．ABCD　3．ABCDE　4．AD　5．ABCD

三、判断题

1. 对　2. 错　3. 对　4. 对　5. 错

四、简答题(略)

项目4

一、单项选择题

1. D　2. C　3. C　4. A　5. B　6. C　7. D

二、多项选择题

1. ABC　2. ABCD　3. AB　4. BDE　5. ABCE

三、判断题

1. 错　2. 对　3. 对　4. 对　5. 错

四、简答题(略)

项目5

一、单项选择题

1. C　2. A　3. C　4. D　5. B　6. B　7. C　8. C

二、多项选择题

1. ABCD　2. BCD　3. ABCD　4. ABCD　5. ACD
6. ACD　7. BCD　8. AB　9. CD　10. AB

三、判断题

1. 对　2. 错　3. 对　4. 对　5. 对
6. 错　7. 对　8. 对　9. 对　10. 对

四、简答题(略)

项目6

一、单项选择题

1. D　2. C　3. D　4. B　5. B　6. A　7. A　8. B
9. D　10. B　11. A　12. D　13. A　14. B

二、多项选择题

1. ABCD　2. ABCD　3. ABCD　4. ACD　5. BCD　6. ABCD

7. ABD　8. ABCD　9. AD　10. ABC　11. ABD　12. ABCD　13. ABC

三、判断题

1. 错　2. 错　3. 错　4. 错　5. 错　6. 对　7. 对　8. 对　9. 错
10. 错　11. 错　12. 错　13. 错　14. 对　15. 错　16. 错

四、简答题(略)

项目 7

一、单项选择题

1. B　2. A　3. D　4. B　5. A　6. C　7. B
8. B　9. C　10. A　11. A　12. C

二、多项选择题

1. ACD　2. ABCD　3. AC　4. ABCD　5. ACD　6. BCD　7. BC
8. ABC　9. ACD　10. ABC　11. AC　12. ACD

三、判断题

1. 错　2. 错　3. 错　4. 错　5. 对　6. 对
7. 对　8. 对　9. 对　10. 对　11. 错　12. 对

四、简答题(略)

项目 8

一、单项选择题

1. B　2. B　3. C　4. D　5. D　6. A　7. B

二、多项选择题

1. ABC　2. ABCD　3. ABCD　4. BCD　5. ABCD
6. ABCD　7. ABD　8. ABCD

三、判断题

1. 对　2. 对　3. 对　4. 错　5. 错
6. 错　7. 对　8. 错　9. 错　10. 错

四、简答题(略)

项目 9

一、单项选择题

1. D　2. C　3. B　4. D　5. B
6. D　7. C　8. C　9. B　10. C

二、多项选择题

1. BCD　2. AB　3. ABC　4. AD　5. ABD　6. ABCD　7. ABCD

三、判断题

1. 错　2. 对　3. 错　4. 错　5. 错　6. 错
7. 错　8. 对　9. 对　10. 对　11. 对

四、简答题(略)

参 考 文 献

[1] ATEP 项目组. 出纳实务[M]. 北京：清华大学出版社，2013.
[2] 左卫青. 出纳实务[M]. 北京：人民邮电出版社，2012.
[3] 张丽，李霞. 出纳实务[M]. 上海：立信会计出版社，2009.
[4] 杨令芝，彭湘华，刘岳兰. 出纳实务[M]. 上海：立信会计出版社，2009.
[5] 杨清波，尤文利. 出纳实务[M]. 上海：立信会计出版社，2011.
[6] 黄性清，马述珍. 出纳实务[M]. 北京：北京交通大学出版社，2011.
[7] 李平，周军. 出纳实务[M]. 武汉：武汉大学出版社，2011.
[8] 施海利. 出纳实务[M]. 北京：清华大学出版社，2010.
[9] 郑宝凤. 出纳实务[M]. 浙江：浙江工商大学出版社，2012.
[10] 干学森. 出纳实务[M]. 浙江：浙江大学出版社，2008.
[11] 高翠莲，董京原. 出纳实务[M]. 北京：北京师范大学出版社，2011.
[12] 黄海艳，袁峥. 出纳实务[M]. 天津：天津大学出版社，2011.
[13] 彭湘华. 出纳实务[M]. 湖南：中南大学出版社，2007.